21世纪全国高校应用人才培养规划教材

全媒体新闻采写教程

主　编　张从明
副主编　杨东伶　邓胜光　卢建东

北京大学出版社
PEKING UNIVERSITY PRESS

内容简介

《全媒体新闻采写教程》是在"全媒体、大传播"业界变革的背景下和培养"全媒体记者"新闻教育改革的前提下编写的教材,旨在培养学生在全媒体时代新闻采访、采集、写作、制作的理论知识与综合技能。本书以清晰简约的观点和丰富新鲜的案例,介绍了全媒体产生的背景、全媒体背景下新闻采写的共同规律以及不同媒体的新闻采写技巧。本教材可用作高等院校新闻与传播学科教材、新闻爱好者自学读物,也可用作新闻工作者的业务参考书。

图书在版编目(CIP)数据

全媒体新闻采写教程/张从明主编. —北京:北京大学出版社,2010.9
(21世纪全国高校应用人才培养规划教材)
ISBN 978-7-301-17520-0

Ⅰ.①全… Ⅱ.①张… Ⅲ.①新闻采访－高等学校－教材②新闻写作－高等学校－教材 Ⅳ.①G212

中国版本图书馆CIP数据核字(2010)第132920号

书　　　名:	全媒体新闻采写教程
著作责任者:	张从明　主编
丛 书 主 持:	栾　鸥
责 任 编 辑:	赵学敏
标 准 书 号:	ISBN 978-7-301-17520-0/J・0328
出 版 发 行:	北京大学出版社(北京市海淀区成府路205号　100871)
网　　　址:	http://www.pup.cn
电 子 信 箱:	zyjy@pup.cn
电　　　话:	邮购部 62752015　发行部 62750672　编辑部 62756923　出版部 62754962
印 　刷 　者:	涿州市星河印刷有限公司
经 　销 　者:	新华书店
	787毫米×1092毫米　16开本　20.75印张　502千字
	2010年9月第1版　2020年1月第9次印刷
定　　　价:	42.00元

未经许可,不得以任何方式复制或抄袭本书之部分或全部内容。
版权所有,侵权必究
举报电话:(010)62752024　电子信箱:fd@pup.pku.edu.cn

河北传媒学院教材编审委员会

主　　　任　李　春
副　主　任　杜惠强　张玉柯　刘福寿　王春旭
常务副主任　张玉柯
编　　　委　（以姓氏笔画为序）
　　　　　　　马海牪　王迎春　王春旭　王祥生
　　　　　　　王福战　卢永芳　李玉玲　李　春
　　　　　　　杜惠强　孙东升　吕志敏　刘志勇
　　　　　　　刘香春　刘福寿　张从明　荆　方
　　　　　　　钟林轩　董孟怀　焦耀斌　檀梅婷

编写说明

教学是高等学校的中心任务，教材是完成中心任务的重要资源。因此，高等学校必须高度重视教材建设，既要科学使用全国统编教材和其他高校出版的优质教材，又要根据本校实际，编写体现学校特点的教材。

河北传媒学院是一所以传媒与艺术为主要特色，文、工、管兼容的全日制普通本科高等院校，多年来学院十分重视教材建设。2010年，学院在迎来建院十周年之际，专门设立了学术著作和教材建设出版基金，用以资助教师编著出版有一定学术价值的学术著作和适合传媒艺术专业教学需要的教材。

河北传媒学院第一批教材出版基金资助项目的申报、评审工作始于2009年，最终从各院系申报的六十项选题中评选出了十项，作为河北传媒学院第一批教材建设出版基金的资助项目和学院建院十周年的献礼工程。这十部教材包括《中国古代建筑及历史演变》、《全媒体新闻采写教程》、《营养保健学教程》、《影视非线性编辑》、《电视制作技术》、《影视剧作法》、《表演心理教程》、《经典电影作品赏析读解教程》、《管理学理论与方法》、《大学生心理健康辅导》。

自2009年5月至2010年4月，各编写组在繁重的教学工作之余分工协作、艰苦劳作，最终得以使这套教材与读者见面。这套教材既渗透着作者的心血与汗水，又凝聚着他们的经验与智慧，更彰显着河北传媒学院的师资水平。她既是精英教育集团领导、河北传媒学院领导与作者智慧的结晶，也是河北传媒学院与北京大学出版社合作的成果。她既可用作普通高校相关专业学生的教材，又可用作传媒与艺术工作者进修提高的学习资料和有关专家学者开展学术研究的参考书。我们相信，这套教材必定能够给广大学生和专家学者带来有益的启示和思考。

河北传媒学院教材建设出版基金项目的设立与第一批教材建设基金资助项目教材的出版，得到了精英教育传媒集团总裁和董事长翟志海先生、首席执行官张旭明先生、总督学邬德华教授等的大力支持，在此表示衷心感谢。

由于时间仓促，难免有疏漏乃至错误之处，期望各位读者、专家、学者提出批评指正。

河北传媒学院教材编审委员会
2010年5月

目 录

前　言 …………………………………………………………………………（1）
第一章　绪　论 ………………………………………………………………（1）
　　第一节　媒体与全媒体概述 ……………………………………………（3）
　　第二节　全媒体与新闻采写 ……………………………………………（7）
　　第三节　全媒体与新闻记者 ……………………………………………（9）
　　第四节　全媒体新闻采写教学 …………………………………………（13）
第二章　全媒体新闻采集概述 ………………………………………………（17）
　　第一节　全媒体新闻采集的含义和特点 ………………………………（19）
　　第二节　全媒体新闻采集的地位与作用 ………………………………（26）
　　第三节　全媒体新闻采集的基本内容 …………………………………（30）
第三章　全媒体新闻采集策划 ………………………………………………（37）
　　第一节　新闻采集策划的全媒体意识 …………………………………（39）
　　第二节　全媒体新闻线索获取 …………………………………………（42）
　　第三节　全媒体时代采集策划实施 ……………………………………（46）
第四章　全媒体新闻采集过程 ………………………………………………（53）
　　第一节　发现新闻——新闻敏感 ………………………………………（55）
　　第二节　新闻采集的基本流程与要求 …………………………………（57）
第五章　新闻采集的方式与方法 ……………………………………………（61）
　　第一节　个别访问 ………………………………………………………（63）
　　第二节　集体访问 ………………………………………………………（70）
　　第三节　特殊方式采访 …………………………………………………（72）
　　第四节　采集的深化 ……………………………………………………（76）
第六章　报纸新闻采集 ………………………………………………………（79）
　　第一节　报纸新闻采集的特征 …………………………………………（81）
　　第二节　报纸记者的观察记录 …………………………………………（85）
　　第三节　报纸记者的思辨能力 …………………………………………（89）
第七章　广播新闻采集 ………………………………………………………（93）
　　第一节　广播新闻采集概述 ……………………………………………（95）
　　第二节　广播新闻的现场采访报道 ……………………………………（98）
　　第三节　广播新闻现场音响的采录 ……………………………………（107）

第八章　电视新闻采集 (113)
- 第一节　电视新闻采集的个性特点 (115)
- 第二节　电视新闻采集的选题 (121)
- 第三节　电视新闻采集的策划 (125)
- 第四节　电视新闻采集的摄录编技巧 (129)
- 第五节　出镜新闻记者的素质要求 (134)
- 第六节　电视新闻采集的强势发展 (141)

第九章　新媒体新闻采集 (145)
- 第一节　网络新闻采集 (147)
- 第二节　手机新闻采集 (151)

第十章　全媒体新闻写作概述 (157)
- 第一节　全媒体新闻写作的内涵与发展 (159)
- 第二节　全媒体新闻写作的特点、地位和作用 (161)
- 第三节　全媒体新闻写作的融合与转换 (163)

第十一章　全媒体新闻写作的共同规律 (167)
- 第一节　新闻写作的要求 (169)
- 第二节　新闻写作的技巧 (172)
- 第三节　新闻作品的标题 (179)
- 第四节　新闻语言的运用 (184)

第十二章　报纸新闻写作 (189)
- 第一节　消　　息 (191)
- 第二节　专　　稿 (200)

第十三章　广播新闻写作 (211)
- 第一节　广播消息概述 (213)
- 第二节　录音消息的写作 (216)
- 第三节　广播深度报道的写作 (223)

第十四章　电视新闻文本写作 (229)
- 第一节　电视新闻文本写作概述 (231)
- 第二节　电视短新闻文本写作 (235)
- 第三节　电视新闻专题报道的解说词写作 (237)
- 第四节　电视深度报道的文字稿写作 (242)
- 第五节　电视新闻访谈的文字稿写作 (246)

第十五章　网络新闻写作 (251)
- 第一节　网络新闻写作的特点和种类 (253)
- 第二节　网络新闻写作的要求及注意事项 (254)
- 第三节　博客新闻写（制）作 (256)

第十六章　手机新闻写作 (263)

第一节	手机新闻概述………………………………………………………(265)
第二节	手机短信新闻的传播特点……………………………………………(269)
第三节	手机短信新闻写作要求、模式和技巧…………………………………(275)

第十七章 全媒体新闻写作的创新……………………………………………(283)
 第一节 全媒体新闻写作新理念……………………………………………(285)
 第二节 全媒体新闻写作新要求……………………………………………(292)
 第三节 全媒体新闻写作的创新思维方式…………………………………(295)

第十八章 全媒体新闻采写实训设计…………………………………………(299)
 第一节 全媒体新闻采集能力训练…………………………………………(301)
 第二节 全媒体新闻写作能力训练…………………………………………(302)
 第三节 全媒体校外新闻实训设计…………………………………………(308)

参考文献……………………………………………………………………………(315)

前 言

当今世界，数字技术和网络技术迅猛发展，引领着传统媒体与新兴媒体相互融合，逼迫着传媒产业重构与转型，推动着传媒教育改革与发展。

《全媒体新闻采写教程》这部教材，就是在数字技术和网络技术大发展、传统媒体和新兴媒体大融合、传媒产业和传媒教育大变革所形成的"大传播、全媒体"的历史背景下编写的。

"大传播、全媒体"标志着新闻传播业界的改革与发展进入了一个崭新的历史时期，人们称它为新闻传播的"全媒体时代"或"大传媒时代"。在这个时代，新闻传播呈现出一系列新的特征，如新闻传播介质的多媒化、新闻传播技术的数字化、新闻传播范围的全球化、新闻传播时间的全天化、新闻传播内容的海量化、新闻传播手段的立体化、新闻传播方式的非线化、新闻传播关系的交互化、新闻传播对象的分众化、新闻传播速度的即时化、新闻采集人员的平民化、新闻记者素质的全能化、新闻采集工具的电子化、新闻采写体裁的多样化、新闻作品读解的视听化、新闻节目选择的自主化等。

河北传媒学院新闻传播分院新闻教研室，把全媒体时代新闻传播业界改革与发展呈现出的这一系列新特征，视作促进新闻传播教学改革与发展所面临的极好机遇和挑战，紧跟新闻传播业界改革与发展的步伐，以加速培养全媒体时代新闻记者为突破口，深入调查研究，广泛收集资料，召开大型学术研讨会，批判地继承传统新闻采访与写作类教材中的理论观点，搜集、整理、升华新闻传媒业界优秀的改革成果和成功的实践经验，认真学习，深入研究，反复讨论，集思广益，历经一年时间，编写出了这部《全媒体新闻采写教程》。

这部教材共十八章，分为绪论、全媒体新闻采集篇、全媒体新闻写作篇和全媒体新闻采写实训篇等四个部分。绪论为第一章，对媒体与全媒体的发展与演变做了简要概述，介绍了全媒体的形成与发展给新闻传播、新闻记者、新闻采写和新闻采写教学带来的新形势、新要求、新机遇和新挑战；全媒体新闻采集篇为二至九章，对全媒体新闻采集的含义、特点、作用和内容等做了简要概述，对全媒体新闻采集策划、采集过程、采集技能做了介绍，对传统媒体报纸、广播、电视新闻采集和新兴的网络媒体、手机媒体的新闻采集做了重点阐述;全媒体新闻写作篇为十至十七章,对全媒体新闻写作的含义、特点、作用,以及全媒体新闻写作的相互融合与转换做了概述,对全媒体新闻写作的共同规律做了介绍,对报纸、广播、电视、网络、手机新闻的写作和制作进行了重点阐述,还对全媒体新闻写作的新理念、新思维、新要求、新案例做了较深入的讲述;全媒体新闻采写实训篇为第十八章,对全媒体新闻采集、新闻写作的实训教学和新闻采写综合实习教学进行了具有可操作性的设计。

这部教材的编者们,经过反复研究,力图把下述五个方面的思想贯彻在教材中。

1. 指导学生树立全媒体新闻意识。全媒体,是新闻传播媒体的一种时代性的大变革,犹如生产力要素中生产工具的大变革必然带来生产力的大发展一样,全媒体的发展,必然带来新闻传播业界的大整合、大变样,进而带来新闻传播教与学的革命性的新变化。这是编写《全媒体新闻采写教程》的基本动因。学生懂得了这个道理,树立了全媒体新闻意识,才能读懂、学好这部教材。

2. 指导学生确立全球化的新闻视野。新媒体,特别是互联网和手机媒体的迅猛发展,把整个世界缩小成了一个被网络覆盖的地球村。全媒体时代的新闻工作者,必须立足本土,放眼全球,使本土"特色"和全球"美味"交互传播,为全球受众提供新闻"快餐"、"大餐"。这部教材为学生确立这种大视野,将新闻工作者的脚步迈向世界铺设了道路。

3. 指导学生树立复合型的人才观。在全媒体时代,面对传统媒体和新兴媒体的融合与转型,那种只会用笔写新闻或只会用照相机拍新闻的"一手先"记者,再也不能"吃遍天"了。他们必须是全媒体记者:会策划、会判断、会选择、会采访、会写作、会集纳、会录音、会拍摄、会编辑、会制作,必须能够自由地运用和转换不同媒体的新闻文体和节目样式。这部教材为持复合型人才观的学生,提供了有效的学习方法。

4. 指导学生培育新闻采写的创新精神。全媒体时代是一个新闻选题与立意、新闻文体与样式、采写工具与手段、采写方法与技巧等新闻采写工作创新的时代。要创新,首先要批判地继承;要创新,必须树立创新意识,学会创新思维,大胆进行创新实践。这部教材专门设章讲述了全媒体新闻写作的创新问题,为学生提供了打开全媒体时代新闻采写创新之门的钥匙。

5. 指导学生开拓理论与实践相结合的新闻之路。学习新闻采写，必须理论与实践相结合。"读万卷书，行万里路"就是这种结合的最好注脚。全媒体时代的新闻采写教学，知识理论新，实践难度大。这部教材以《全媒体新闻采写实训设计》为题，设专章对全媒体时代新闻采写实训教学进行了理论阐述和具有可操作性的设计，学生将在教师的指导下，通过多种实训方式得到新闻采写的实际锻炼。

这部教材，不仅可供广播电视新闻学、编辑出版学、播音与主持艺术、新闻采编与制作、主持与播音等新闻传播类大学本科、专科学生，以及新闻类高职高专学生教学使用，也可以作为各种媒体新闻记者、网络博客作者、播客作者、非职业新闻报道员、通讯员自学的参考教材。

这部教材的主编是张从明；副主编是杨东伶、邓胜光、卢建东。

各章执笔者分别是：第一章，杨东伶；第二章，邓胜光、张丽锋；第三章，杨茜、韩晓倩；第四章，那鑫；第五章，张孟军、武卫卫；第六章，张孟军；第七章，孟维；第八章，卢建东、孟维；第九章，杨东伶；第十章，石凡；第十一章，徐文静；第十二章，徐文静、徐语疃；第十三章，孟维、杨茜；第十四章，杨茜、那鑫；第十五章，张孟军、肖磊；第十六章，邓胜光；第十七章，袁川、徐语疃；第十八章，杨东伶。

教材局部章节由杨东伶、邓胜光、卢建东审阅；整部教材由张从明统稿。

在教材编写过程中，张玉珂教授、张继胜教授、徐树华副教授、焦芝兰研究馆员和本教材的责任编辑赵学敏女士，从许多方面给予了有益的指导和帮助，在此一并致以诚挚的感谢！

"水之积也不厚，则负大舟也无力；风之积也不厚，则负大翼也无力。"愿这部教材能在帮助学习者积聚全媒体新闻采写知识和提升采写能力方面，起到应有的作用。

但是，由于编者水平所限，加之是在全媒体新闻传播的探索中前进，因而，教材中的缺点和错误在所难免，衷心希望业界、学界专家学者和广大学习者不吝赐教，批评指正。

编者
2010 年 5 月 15 日

第一章
绪　　论

———◦ 本章提要 ◦———

　　综观当今媒体的发展形势，我们看到一个由传统媒体和新媒体相互融合、共同发挥作用的全新发展阶段——全媒体时代（All Media Era）已经来临。全媒体具有综合性、包容性、细分化三大特点；全媒体时代记者的新闻采写也呈现了数字化、跨媒体的特征；全媒体记者要具备完善的知识与技能结构、熟练运用多媒体报道方式、熟练运用在线采访技能等多方面素质。面对全媒体时代的市场需求，我国的新闻教育要以培养复合型应用人才为目标，倡导新闻教育改革；合理设置课程体系，适时更新教材；创新教学模式，强化实训教学。

　　通过本章的教学，指导学生了解全媒体发展现状，掌握全媒体的特点；了解新闻采写概念，认识全媒体新闻采写的特点和模式；了解全媒体记者工作特征，把握全媒体记者素质要求；了解我国新闻教育现状，明确新闻教育教学改革方向。

长期以来新闻媒体主要分成报刊、广播、电视三大类，这也就是人们常说的传统媒体（Legacy Media）。随着现代科学技术的高速发展，在计算机、网络、数字技术的推动下，传统媒体的内涵和外延都发生了巨大的变化，媒体种类迅速增加，区别于传统媒体的新媒体（New Media）如雨后春笋般不断涌现。互联网、手机、移动电视等现代新技术的产物陆续加入到了媒体的大家庭，并开始发挥日益增大的影响力。国务院新闻发言人王晨曾介绍说：我国自1994年正式接入互联网，迄今我国网民人数达到3.6亿，互联网普及率超过世界平均水平。[①] 2009年中国移动互联网用户呈现快速增长趋势，据中国互联网中心（CNNIC）公布的最新数据显示，截至2009年12月底，我国手机网民规模达到2.33亿，占网民总体的60.8%，较2008年年底增长1.15亿。[②]

综观当今媒体的发展形势，我们看到一个由传统媒体和新媒体相互融合、共同发挥作用的全新发展阶段——全媒体时代（All Media Era）。

全媒体时代的媒体产业呈现出新的发展趋势：媒体之间呈现出全面竞争态势；媒介之间的融合和互补成为共同要求、媒介报道方式发生了新变化；媒介的营销方式也发生转型。这种发展趋势使报刊等传统媒体面临着前所未有的挑战，迅速跟进和掌握媒体领域的新技术，通过吸收转化，实现技术创新和产业升级，成为全媒体时代传统媒体绝地反击的必然选择。

新媒体的出现和日新月异的发展，使媒体传播实务特别是媒体从业者社会角色、工作手段和业务运作方式等，发生了并继续发生着巨大的变化，给我国新闻传播人员带来了新的挑战和发展机遇，对他们的整体素质提出了更新、更高的要求。

随着媒介时代的演进和传播手段的变化，新闻教育的人才培养目标和培养模式也必须与时俱进，适时修正。《全媒体新闻采写教程》就是在当前媒体大变革的新形势下为培养全媒体新闻传播人才而编写的一本新教材。

第一节 媒体与全媒体概述

一、媒体发展概况

在人类社会早期，人们主要使用体态语、色彩、语言等作为媒介进行信息传递。随着造纸术和印刷术的发明，人们开始利用手抄媒介传递信息。1609年，德国出版了《艾维苏事务报》，每周出版一次，这是世界上最早定期出版的报纸，这标志着大众媒介的诞生。随着资本主义商品经济的兴起和发展，20世纪出现了广播和电视，人类传播进入了电子传播时代。20世纪最后十年，互联网进入信息传播领域，人们对传播媒介的利用及依赖达到了空前的程度。

---

① 新浪.我国网民人数达到3.6亿[EB/OL].http://www.sina.com.cn，2009-11-25.
② 中国新闻网.我国手机网民规模达2.33亿，占网民总数60.8%[EB/OL].http://www.chinanews.com，2010-1-18.

从人类发展历史进程看，传播媒介经历了符号媒介→手抄媒介→印刷媒介→电子媒介的发展历程，这一过程从单一到综合，从简单到复杂，与人类文明的进步同步。事实证明，每一次传播媒介的变革都带来社会巨大的变化。进入 21 世纪，随着互联网和通信技术的发展，信息传播开始走向媒介大融合、多媒体、全媒体的传播时代。

媒介，即中介或中介物，传统意义上的媒介是指传播信息符号的物质实体。进入大众传播时代，媒介被赋予了组织的内涵，报社、杂志社、电台、电视台等称谓出现。

作为信息传播的平台，媒介主要有以下形式：（1）纸质媒体，包括报纸、杂志和书籍等，其传播方式是在纸上传播文字和图片；（2）广播，它是用电波的形式传播声音；（3）电视，可以传播图、文、声音和影像；（4）互联网，这是综合性的多媒体平台，用来传播文、图、声音和影像效果都不错；（5）新媒体形态如手机报纸、手机电视、IPTV、车载广播、网络电台、电子杂志、户外媒体等。

（一）传统媒体

报刊、广播、电视是三种传统的媒介样式，报刊被称为第一媒体，广播为第二媒体，电视为第三媒体。这三类媒体通常被称为传统媒体。

（二）新媒体

互联网是在 20 世纪的八九十年代，随着电子计算机技术与现代通信网络技术的日益成熟而飞速发展起来的一种新媒体。因为互联网在大众媒体大家族中继报刊、广播、电视之后排行第四，所以被称为第四媒体。

随着科学技术的发展，又诞生了一批新兴的媒体形态如手机报纸、手机电视、IPTV、车载广播、网络电台、户外媒体等，这些新的媒介样式被称为第五媒体。

互联网、手机报、手机电视、车载广播等以前所未有的数字化、交互性和开放性等特点区别于以往的媒体，又被称为"新媒体"。这些"新媒体"在传统媒体的基础上发展起来，但与传统媒体又有着质的区别。"新媒体"与传统媒体融合，必将掀起人类信息传播领域一场划时代的革命，信息传播全媒体时代已经来临。

二、全媒体的界定

2008 年以来，各类报纸、期刊、广播、电视中频频出现"全媒体"这个关键词，其中包括"全媒体时代"、"全媒体战略"、"全媒体报道"、"全媒体记者"、"全媒体出版"、"全媒体广告"等。但是，全媒体作为新闻传播学术术语，学界至今还没有普遍认同的定义。

全媒体是媒体运营实践的必然结果。21 世纪的最近十年，随着信息技术和通信技术迅猛发展，媒体内容通过报纸、广播、电视、互联网、手机等不同的媒体形态传播已经完全成为现实。随着媒体业界实践的发展，全媒体也成为新闻传播学界关注的对象。

（一）全媒体的定义

我国新闻传播学者对全媒体的定义可分为两类，一类是"营运理念（模式）说"，另一类是"传播形态说"。

营运理念（模式）说，以中国人民大学新闻学院教授彭兰为代表。2009 年 7 月，彭兰在《媒体融合方向下的四个关键变革》中明确提出了全媒体的概念。她认为，全媒体是指一种业务运作的整体模式与策略，即运用所有媒体手段和平台来构建大的报道体系。她强调，从总体上看，全媒体不再是单落点、单形态、单平台的，而是在多平台上进行多落点、多形态的传播。报纸、广播、电视与网络是这个报道体系的共同组成部分。

传播形态说，以南京政治学院军事新闻传播系的周洋为代表。周洋认为全媒体的概念来自于媒体界的应用层面，是媒体走向融合后"跨媒体"的产物。

综合各方观点，本书认为：全媒体是在具备文字、图形、图像、动画、声音和视频等各种媒体表现手段基础之上，进行不同媒体形态（纸媒、电视媒体、广播媒体、网络媒体、手机媒体等）之间的融合，全媒体是一个集合的概念。全媒体是媒体内容、形式、功能、手段多层面的融合，使受众获得更及时、更多角度、更多听觉和视觉满足的媒体体验。全媒体是信息、通讯及网络技术条件下各种媒体实现深度融合的结果，是媒体形态大发展、大变革的必然产物。

（二）全媒体的特点

1. 综合性

全媒体融合了报纸、杂志、广播、电视、音像、电影、网络、电信、卫星通讯等多种传播载体，涵盖了视、听、形象、触觉等人们接受信息的全部感官形式，依靠纸质、电子声像、WAP、GSM、3G 等多种技术支持平台。

2. 包容性

全媒体包容个体，并不排斥传统媒体的单一表现形式，它视单一形式为全媒体中"全"的重要组成部分，在整合运用各媒体表现形式的同时，仍然很看重传统媒体的单一表现形式，看重各种单一媒体的核心价值特性和优势。

3. 细分化

全媒体以受众需求为导向，表现为超细分服务，即针对受众的不同需求类型，选择最适合的媒体形式和渠道，实现最佳服务效果。全媒体对同一条信息，可以有各种不同的表现形式，但同时还根据不同个体受众个性化需求以及信息表现侧重点的不同，对采用的媒体形式进行取舍和调整。

比如展示某一楼盘信息时，用图文来展示户型图和楼书中描述性信息；用音频和视频来展示更为直观的动态信息；对于使用宽带网络或 3G 手机的受众，则可用在线观看样板间的三维展示及参与互动性的在线虚拟装修小游戏等方式。①

三、媒介大融合背景下的全媒体现状

全媒体这一概念是在媒介融合背景下提出的。媒介融合是现代科技发展，信息技术进步的产物。媒介融合，传媒业进入全媒体时代已是不可逆转的时代潮流。近年来，许多国家的媒体都在开展以媒介融合为目标的全媒体实验。

（一）西方发达国家的全媒体实验

在英国，英国广播公司（British Broadcasting Corporation，简称BBC）已经将其电台、电视台及网站的编辑部整合成一个统一的新闻编辑部，开始探索全平台的 360 度采编。英国《每日电讯报》在新的办公地点中，将独立办公室模式改成了报纸和网站的编辑记者共同办公的大平台模式，编辑部里最醒目的是一个由许多屏幕组成的"媒体墙"，时

---

① 彭岚. 媒介融合方向下的四个关键变革［EB/OL］. www.CCTV.com，2009－6－11.

刻刷新着最受关注的网站新闻、电视新闻和照片，记者发来的稿件也会视需要出现在不同的平台上。

同样的编辑部也出现在美国的"坦帕新闻中心"①。这个将传统的报纸、电视台和网站整合于一体的编辑部，采用的是开放式的、圆桌式的办公空间，所有媒体的工作人员都在这个圆桌上进行统一的报道部署。

（二）中国的全媒体实验

最近两年，我国的一些新闻媒体也在进行全媒体实验。

1. 平面媒体全媒体采编系统运营

我国全媒体战略尝试是从烟台日报传媒集团开始的。2008 年 7 月，烟台日报传媒集团宣布，国内首家全媒体采编系统正式运营，"报业集团各媒体发稿取消'日报记者'、'晚报记者'等称谓，一律称为'YMG'记者（YMG 为烟台日报传媒集团的英文缩写），YMG 记者不再局限于向哪家媒体供稿，而是由集团统一调配，YMG 记者的稿件也向多个全媒体终端发布——纸质报、手机报、多媒体数字报、电子移动报、户外视频等"。这就意味着报社将逐步从"报纸社"转型为"报道社"。

国内其他媒体也尝试在部分领域内进行资源整合，如浙江《嘉兴日报》及其子报《南湖晚报》成立统一的视觉新闻中心；文汇新民联合报业集团建立集团层面的视觉中心，向集团内各媒体提供图片。②

2009 年 7 月 1 日，《人民日报》实现了历史上的第 4 次扩版，最直观的变化是版面数量由 16 版增加到 20 版。在版面增加和内容调整的同时，报社内部结构也发生了变化：新组建了新闻协调部，专门应对突发事件；国内国外 72 个记者站改为分社。

2. 新华社的改革实验

2009 年 6 月，新华社也在自己的业务大厦里进行了另一种改革实验：组建多媒体中心，迈出了国家通讯社向多媒体业态发展的第一步。新华社将发稿大厅北侧的 100 平方米左右的区域划为多媒体中心的办公区域，架设了 24 个多媒体工位，并与旁边的视频演播室联通。技术部门设计了一套可以同一界面编发文字、图片、视频、音频、网络稿件的发稿系统，提供了软件保障。多媒体中心的编辑来自不同编辑部，以汶川地震一周年报道为多媒体融合的第一个"实验对象"，尝试使用最新的传播技术，开发多媒体的产品形态，不但完成了像"图话这一年"（多媒体专题报道）、8 集《汶川记忆》（照片加音乐制作的幻灯片）、4 集《记者口述》（记者讲述与图片结合的视频展示）、"新华眼"（新闻地理化报道产品，将新华社报道通过三维地图整合）等多种形态的新闻产品，还与黑龙江电视台联合进行了持续 12 小时的大型电视直播《重生》，并同时实现了手机电视直播。多媒体中心还与商业网站开心网合作开设了"寄语汶川·激励重建"专题，两天内就吸引了 63 万网民留言。5 月 19 日，新华社社长办公会决定，多媒体中心要尽快由"多媒体形态"向"多媒体业态"拓展，形成由投资、生产、运营和市场、客户组成的产业链，实现以科学发展观为指导的可持续发展。

---

① 坦帕新闻中心：美国媒介综合集团于 2000 年在美国佛州坦帕市建造了一座媒体大厦，取名"坦帕新闻中心"，将属下的《坦帕论坛报》及网站、电视台等集中起来运营。

② 郜书锴. 全媒体时代报业结构转型［J］. 新闻记者. 2009（8）：52.

促进媒体融合的全媒体实验不是简单的媒体形态的变化，而是涵盖了媒体科技融合、媒体所有权合并、媒体战略性联合、媒体组织机构融合等多个层面。目前的全媒体实验仍处在探索和发展的阶段。

第二节 全媒体与新闻采写

全媒体实验，突出表现在传播技术的变革方面。媒体科技的融合是新闻传播领域一切融合的基础，是媒体革命的最大动力。信息通信技术的进步，打造出了一批新兴的媒体形态，如网络电视、网络报纸、手机报纸、手机电视、车载电视等。于是，基于传统媒体运行规律的信息采写、编辑与合成的技术方法体系遇到了新的问题。

一、新闻采写的概念

新闻采访是指记者和其他新闻工作者，为完成报道任务或了解某些情况，围绕采集新闻事实材料而进行的一项特殊的调查研究活动；新闻写作是指记者把采访搜集到的材料、信息，通过文字写作制成一定体裁新闻作品的过程。

根据当前传媒业界变化，我们提出新闻采写一方面是"采访、搜集"，另一方面是"写作、制作"。前者包括口头的、笔头的、录音的、录像的，以及从各种媒体搜集的成品、半成品资料；后者包括用笔写作，用录音机、录音笔、照相机、摄像机写作和用编辑机进行制作。

综合采访和写作定义，我们给新闻采写的定义是：新闻工作者通过观察、调查、访问、记录、信息搜索、摄影、录音、录像等方式搜集材料，并把材料制成一定体裁新闻作品的活动。新闻采写概念既涵盖了传统媒体新闻采写的特点，又融合了新媒体信息搜集、编辑、制作的特征，这是一个集合概念。

二、全媒体新闻采写的特点

当前，在以网络为代表的新技术浪潮冲击与市场竞争的压力下，传统媒体纷纷迈出数字化转型和跨媒体发展的步伐，实现一次采写，整合利用，多次发布、资源共享，实现新闻资源利用的最大化。

全媒体时代新闻采写最突出的特点有两个：一个是数字化，一个是跨媒体。

（一）数字化

1. 采写工具数字化

数字技术的发展，改变了人类记录信息的方式。在新闻采写方面，首先表现在记者采写工具的数字化。如2010年的两会报道，记者除了携带传统的照相机、摄像机外，大部分记者都使用了数码照相机、数码笔式录音机、数码话筒式录音机。不少记者直接在现场用移动电话向编辑部通报有关情况，还有人在笔记本电脑上做记录，新华社记者直接用联网的笔记本电脑在人民大会堂新闻中心发回现场报道。

2. 采写内容数字化

在数字传播条件下,全媒体记者要根据表达的需要,充分利用文字、图片、音频、视频、动画的特点和优势,组合成具有立体感、新颖、活泼、独特的新闻报道形式。在这个过程中,记者要熟练运用数码技术,运用计算机程序语言,制作多媒体传播样式的新闻,以实现传播效果的最大化。

3. 服务对象小众化

数字时代,"新闻定制"成为可能,记者的服务对象越来越小众化。随着Web2.0和3G移动媒体的发展,传统"大众传播"方式必将会逐渐被"小众传播"取代。广大的网民、手机用户通过点播、新闻定制,收听、收看他们感兴趣的节目。因此,全媒体记者必须明确自己的服务对象是谁、应该选择什么样的新闻、用什么样的报道方式。数字化时代,记者明确服务对象才能使采写工作有的放矢,才能实现最佳传播效果。

(二)跨媒体

随着传播技术的迅猛发展,信息生成与传播几乎同步,新媒体与传统媒体共舞的格局已经形成。

在全媒体时代,新闻采写已不再是某一家媒体、某一个记者的工作,而是媒体联合,多兵种作战。对于重大的新闻事件,记者采写的新闻,可以同时由多家媒体在多种媒介上发布,实现资源多载体共享,为重要新闻打造不同的载体模式,发挥集约效应,达到传播效果最大化。

受众最早可能通过网络、手机获得新闻的简短信息;然后通过报纸获得详尽、丰富的信息;通过电视获得生动形象的信息。反之,报纸、电视等媒体传播的内容经过网络传播又会被无限放大。重大新闻事件往往通过报纸、广播、电视、手机、网络等媒体整合传播,形成内容更丰富、影响更深远、更有效的立体传播效应。近年来国内发生的重大事件如2008年的冰雪灾害、"5·12"汶川地震、北京奥运会、2010年的西南大旱等,都是跨媒体传播的成功案例。

全媒体时代,新闻采写工作必须突破传播介质的局限,同一新闻事实记者必须考虑到不同媒介的传播样式,以实现新闻跨媒体互动传播,扩大受众覆盖面。

三、全媒体新闻采写模式

全媒体新闻采写模式是传统媒体工作者出于对传统媒介形式衰落走势的主动应对,通过采写、传播流程再造,实现不同媒介间的交融,使受众获得更及时、更多角度、更多听觉视觉满足的媒体体验。当前主要有以下几种模式。

(一)全媒体新闻中心模式,以烟台日报传媒集团为代表

该集团将旗下三张主要报纸的采访部门合并在一起,组建了全媒体新闻中心,相当于集团内部的"通讯社"。

(二)"报网合一"模式,以杭州日报报业集团为代表

《杭州日报》与杭州日报网共用同一个编辑部,同一批采编人员,同时运行两种媒体形态,创造了"报即是网、网即是报"模式。编辑部增加了网络采编流程,报纸、网络两套流程并行,每个选题的策划都同时考虑网络、报纸分别如何报道。

（三）"台网互动"模式

台网互动已经成为目前广电部门发展新媒体的普遍做法。2008年北京奥运会期间，中国广播网实现了中央电台所有奥运报道广播信号同步网上直播，创新了图文并茂、音视频同步多点互动直播报道新模式，尝试了广播频率、门户网站、有线数字广播电视、手机广播电视、平面媒体五大终端的融合。电视台与互联网的结合更是如虎添翼。以央视网为例，经过10年的运营完成了从"中央电视台的网络版"向"国内主流视频新闻网站"的转型，目前中国网络电视台（CNTV）已经开始运营。

（四）移动多媒体广播电视模式

国家广电总局成立了中广卫星移动广播有限公司，负责建设全国移动多媒体广播传输覆盖网络，统一开展业务运营，并在各省和地级市分别设立子公司、分公司。按照计划，到今年年底该公司将会在全国形成一个规范的运营机制，全国的价格、资费、节目体系将会统一起来。

四、我国全媒体采写发展中遇到的问题

在我国现实条件下，全媒体采写业务的发展存在不少亟待解决的问题。

一是传统媒介管理方式的"条块分割"现象严重，产业壁垒难以打破，制约着全媒体新闻采写业务的发展。围绕媒介发展的宣传和推动，我国政府已制定、颁布了大量行政规章制度与管理办法，但由于历史形成的行业壁垒和行政部门区划等原因，传统媒体在行业之间、部门之间的既得利益起点不同，报纸、广电各自为政，受到条块分割、多头多部门管理等体制的严重束缚，管理效率低下，责任不明确等问题在新媒体冲击下显得更加突出。

二是媒体产业价值链尚未完全形成，适应全媒体采写业务发展的媒介基础环境尚处于酝酿之中。当前，我国媒介行业的专业化、细分化程度不高，整体信息化水平比较低。媒介在"细分发展"这一步都还不够成熟，整个媒体行业的产业价值链没有完全建构，完全的行业细分也还没有建立起来，基本都是"前店后厂式"，集生产流通于一体的低水平分工的组织结构。"分"得不够，谈"合"就会遇到很多问题。

三是媒介内容产业发展缺乏活力，存在信息闲置、浪费、创新不够等与全媒体采写业务发展不相适应的问题。传播内容缺乏有效整合，没有形成统一的平台或者有机链条，内容生产商之间不能互通，导致信息不能共融共享。

全媒体采写业务发展不仅要求政府层面制订长远发展规划，制订配套政策，还要积极探索具有中国特色、适应中国媒体发展需要的新媒体监管模式。

第三节 全媒体与新闻记者

一、全媒体记者概述

（一）全媒体记者的出现

每一次产业的升级，原动力都是科学技术的发展。当数字技术叩开新世纪大门的时

候，新的产业革命便开始萌发勃勃生机。对于整个新闻传播行业来说，新的产业方式、新的产业格局、新的产业环节正在猛烈冲击传统的思维。

随着数字通信技术尤其是3G技术的诞生，信息定制、手机报、手机上网、手机电视等无线业务方兴未艾，3G手机、掌上电脑、笔记本电脑等数字化新闻采写工具和手段层出不穷。互联网和移动通信改变了人民的生活，也改变了传媒生态。对于传媒业来说，赶上数字时代，必须应对多元互动传播秩序，掌控信息生产和流通环节，创新全媒体的采写方式，充分利用"我媒体"和"自媒体"，推动媒体的信息生产和传播。因此，全媒体记者就成为新传播生态下的大势所"需"。[1]

在全媒体时代，媒体集团派出的记者必须是多面手，能够同时为报纸采写文字稿件，为广播电台采写文字和录音稿件，为电视台拍摄新闻节目，为网站采写稿件，还要将某一媒体发布的稿件或节目转化或移植到其他媒体上。

（二）全媒体记者定义

全媒体记者是指具备突破传统媒体界限的思维与能力，并适应融合媒体岗位的流通与互动的新闻传媒人才。在媒体融合时代，非常需要这种集采、写、摄、录、编、网络技能运用及现代设备操作等多种能力于一身的人才。这无疑是数字时代"时势"造出来的职业。[2]

（三）我国全媒体记者发展现状

媒体大融合需要全媒体报道，尤其需要能够进行移动传输视频新闻报道的记者队伍，即全媒体记者队伍。我国现有的全媒体记者队伍多数是报业集团组建的，如2008年底，杭州日报报业集团组建了由10人组成的"全媒体记者"队伍。

我国第一家以网络为平台组建的全媒体记者队伍是由宁波网新闻中心管理的。

在西方，全媒体记者也被形象地称为"背包记者"（Backpack Journalist），也就是具有文字、摄影、摄像技术的全能记者。他们可以采访新闻，可以做各种新闻业务，所有设备都放在一个大背包里，能够同时承担文字、图片、音频、视频等报道任务，为多种不同媒体提供新闻作品。

目前，全媒体记者已在以互联网为代表的新媒体行业中崭露头角。他们采写回新闻素材后，便进入虚拟演播室进行制作，然后送审发布。全媒体记者都配有数字录音笔、数字复写笔、数字摄像机等设备。

目前，我国的全媒体记者主要是从传统媒体（报纸、杂志、电视台、电台）记者、编辑、网站管理员、图文设计等职业中分流出来的。从媒介融合的趋势来看，一是数量少，与需求相比还有很大缺口；二是素质还不高，还不能完全适应全媒体时代新闻传播的需求。

二、全媒体记者素养

在全媒体时代，传统媒体和新媒体之间的界限越来越小，各媒介的分工也不再有严格的界限。信息技术不断发展，传统新闻采写方法与手段同多媒体技术日益结合，新闻编

---

[1] 优讯—中国网．全媒体记者［EB/OL］．china.com.cn/info, 2009-8-14.
[2] 同上。

辑、发布工作也发生了全新的变化。从 2004 年开始，网络媒体从业人员与传统媒体从业人员进行大融合，网站人力资源结构也趋向多元化方向发展，既有新闻、计算机的专业人才，也有了涉及中文、法律、财经、历史、外语等专业的人员。在全媒体时代，记者应该具备的素质除了能够运用传统的采编方式完成工作外，更重要的是认识、理解、掌握并能够熟练地运用各种新兴媒介手段采写新闻的知识、理论和技能。具体来说，在全媒体时代，记者应具备的素质主要有以下几方面。

（一）具备完善的知识与技能结构

全媒体记者需要具备以下几方面基本知识：新闻传播学、文学、美学、心理学、社会学、计算机网络技术、数字通信技术等基础知识以及数字采编、数字摄影、摄像、非线性编辑、语言表达、文字表达、音视频形象表达的能力。全媒体记者应打破传统记者为专一媒介服务的思路，树立全媒体工作意识。以传统意义上的记者为例，由于网络的大范围应用，许多报纸都有了自己的网站和网络版，传统记者学习和掌握一定的网络知识与技术就成了新的需要。

（二）熟练运用多媒体报道方式

多媒体报道是网络时代的必然趋势。媒介融合把不同媒介内容产品的生产拿到一个技术平台上去策划、组织和生产，纸质的（文字、图片）、音频的（声音）、视频的（图像）等报道形式在互动性数字媒体组织之间形成合作与共享。对于全媒体记者，传统媒体文字、摄影、电台、电视等明确分工正在被模糊，而成为既能写又能摄，掌握网络和计算机技术，精通各类媒介特性，能够熟练运用多种技术工具进行多媒体报道的全能型记者。

（三）熟练运用在线采访技能

在线采访，又称计算机辅助报道（Computer Aided Reporting，简称 CAR），是一种借助在线服务进行新闻采集，或借助公共或私有的数据库进行数据搜集与分析的采访方式。20 世纪 90 年代，在线采访开始在美国出现。全媒体记者必须要熟练掌握在线采访技巧，能够利用 E-mail、QQ、MSN、博客、播客、新闻组等即时通讯工具在网上寻找新闻线索，进行新闻访谈，查询背景资料，查证新闻事实。

（四）了解国家相关政策和法规

无论传统媒体还是新媒体，都需要在意识形态、舆论导向的把握方面具有科学而正确的尺度，尤其是网络媒体、手机媒体更是如此。全媒体记者不仅是技术平台的运用者、操作者，也是信息的人文价值的开掘者，他们是全媒体时代的"把关人"。因此，记者必须了解和掌握一定的知识产权、版权、公众隐私权、国家安全等相关的法律、法规的内容。

（五）具备一定的市场意识

全媒体时代，各种媒体尽管都是以内容为生，但是也离不开广告客户的支持，新媒体更是如此。媒体要生存，就要依赖一定的广告主等商业客户。因此，记者要具备一定的市场意识，考虑到媒体自身、受众、广告商三方面的利益。记者采写新闻时，要注重内容的独特形式和独特的解读方式，尽可能满足多方需求。

（六）不断更新新闻观念

信息技术的更新给人类带来的不仅是一种新的传播工具，而且是传播领域内一场深刻的革命。网络、手机等新媒体的出现，使新闻传播更加注重时效性、开放性和互动性，因此记者必须不断更新新闻观念：我们是"全天候"记者，不仅要及时告诉人们发生了什么,更重要的是要告诉人们新闻背后的故事,以及对新闻事件的评价和分析;记者必须打破从一个地域、一个行业、一个部门去思考问题的局限,培养全局意识、整体意识和全球视野;记者必须牢固树立以受众为中心、为受众服务的新传播观,真正"贴近生活、贴近群众、贴近实际"。

三、全媒体记者的职业道德

（一）记者职业道德内涵

记者职业道德是记者在长期的职业实践中形成的调整和处理新闻机构内外相互关系的行为规范或准则。

世界上绝大多数国家,对新闻行业的管理除了制定《新闻法》外,一般还制定了新闻工作者职业道德标准或规范。新闻法规是一种法律条文,以立法形式强制新闻工作者服从;而新闻职业道德是新闻工作者自立的行为准则,它借助舆论的力量促使新闻工作者自觉遵守。新闻法规是一种他律,新闻职业道德是一种自律（行业的自我约束,个人的自我约束）,两者相辅相成,促使、鼓励新闻工作者完成社会使命。

新闻职业道德一般包含职业理念、职业态度、职业纪律、职业责任等。

（二）强调职业道德的必要性

近年假新闻频发,如《奥巴马将向金正日赠送苹果电脑、iPhone 手机》源自环球网;疑似假新闻《今起鸟巢、水立方免费开放 3 天》来自新华网。这些假新闻都是来自主流新闻网站,为了"抢眼",为了点击率,导致网络新闻失真屡见不鲜。近年来,"有偿新闻"屡禁不止,"侵权新闻"时常曝光,"低俗新闻"就更不罕见了。在这种情境下,强调记者职业道德是十分必要的。

1. 正确履行职责的需要

记者的职业特征决定了其必须具备高尚的职业精神和良好的职业道德。只有建立好一支政治坚定、业务精通、作风优良、纪律严明的新闻工作者队伍,并形成一整套较为完备的职业道德体系,才能更好地履行职责,发挥作用。

2. 维护媒体公信力的需要

虚假新闻、侵权新闻泛滥,严重影响了新闻媒体的公信力。2008 年发生的山西霍宝干河煤矿矿难记者领"封口费"事件曝光后,在全国引起了强烈反响,并引起了国家领导人、中宣部、新闻出版署、中国记协的高度重视。新闻工作者职业道德的滑坡,已经成为一个值得高度警觉的问题,在目前我国新闻法律尚不健全,媒体自律机制尚不完备的情况下,对新闻工作者的职业操守管理与教育,就显得尤为重要。

3. 记者个人成长的需要

职业道德是根本,职业精神是灵魂。新闻工作者如果能把自己的工作与社会、国家、人民联系起来,个人的价值也会因之闪烁。"笔下有人命关天,笔下有财产万千,笔下有是非曲直,笔下有毁誉忠奸",这四句话道出了新闻工作者工作的重要性,也道出了媒体权力被滥用将会导致的后果。

商业化的语境给媒体带来了一系列的道德困境,要在这种困境中寻求突破与解围,就需要提升职业道德,强化记者职业使命感和责任感;确立职业规范,提高媒体公信力。尤其是新媒体加入到新闻传播的行列,信息传播速度快、范围广、影响大,记者的职业道德问题更应受到重视。中国到目前还没有一部《新闻法》,因此对于记者行为的规范主要强调行业内的规范。

第四节 全媒体新闻采写教学

一、我国新闻教育现状

改革开放 30 年,随着我国新闻传播业的快速发展,新闻传播教育的规模不断扩大。到 2006 年底,全国已有 460 多所各类高校开设了新闻传播类专业点 661 个。这其中既有以中国人民大学、复旦大学、武汉大学等为代表的综合性大学,也有理工、政法、财经、外语、体育类大学;还有一些师范院校。据统计,新闻学类专业的在校生人数约 13 万人以上,每年平均毕业 3.2 万人。新闻传播专业显然已经成为高校社科类专业中的一个新的增长点。

但是,我们不能盲目乐观。必须看到,我国新闻教育正面临着一种深刻的矛盾:一方面是培养规模不断扩大,毕业生人数不断增加,出现了严重的就业困难;另一方面,新媒体人才市场对新闻人才的需求量越来越大,出现了很大的人才供给缺口。这是为什么呢?主要原因就是人才培养与市场需求的偏差。高校新闻教育按照原有的教育理念和模式进行管理,强调计划性和统筹性,而忽略了对新媒体人才市场需求的关注与把握。

二、新媒体人才短缺

近期一项调查显示,传媒人才已成为今年职场上的"领军人物"。每年 20% 的人才需求增长、30% 的薪资增长,使相关专业的大学录取人数不断攀升。但仍有相当多的传媒机构,尤其是新媒体运营企业还在感叹,找不到合适的数字媒体人才。专家预计,在未来 3 至 5 年内,中国数字媒体人才的缺口将达 60 万人之多。[①] 由于发展时间较短,新媒体人才尤其是有经验的高端人才储备不足。以上海来说,尽管目前有近 30 所高校开设了数字媒体的相关专业,每年上海本地有 3000 多名学生毕业,但由于高校培养出的毕业生与实际人才需求错位,不少企业反映,刚走出校门的学生,无论是经验还是技能,都距离企业需求有相当大的差距,要上手工作,起码需要培训 3~6 个月。[②]

目前,中国数字媒体产业的发展和数字媒体技术的研发,远远满足不了市场的需求,数字媒体人才的短缺,更成为中国数字媒体产业发展的软肋。

在新媒体迅速发展和多种媒体融合的历史条件下,掌握最新的信息传播技术就显得越来越重要。但是,当前的新闻教育滞后于新闻媒体的变革与发展,新闻学教育中存在着理论与实践严重脱节的问题,一些毕业生不会写有新闻的"新闻",只会写无新闻的"新闻",离全媒体对新闻传播人才的需求相差甚远。在这种情况下,如何为新媒体培养合格

---

① 杨柯. 新媒体成黑马. 人才储备不足缺口 60 万 [EB/OL]. 中青在线:http://www.hr.cyol.com,2006-9-30.
② 中国新闻传播学评论 (CJR). 新媒体人才培养亟待加强 [EB/OL]. http://www.cjr.com.cn, 2008-12-9.

的新闻人才，不仅仅是广大新闻院校面临的问题，也是新媒体发展和多种媒体融合本身要解决的首要问题。

三、新闻教育改革的紧迫性

新闻传播教育的供给与新闻传播人才市场需求困境告诉我们，我国目前的新闻传播教育必须改革。这种改革的必要性主要来自以下两个方面。

（一）业界变革的需要

信息技术的进步，媒体传播实务的巨大变化，使媒体从业者的社会角色、工作手段和业务运作方式发生了并继续发生着巨大的变化。新媒体日新月异的发展和媒体从业人员工作手段和业务运作方式的变化，使我国新闻传播人员面临着严峻挑战，对他们的整体素质提出了更新、更高的要求。因此，新闻教育也必须适时做出改革。

（二）需求变化的需要

从近几年毕业生就业情况看，新闻实务单位对新闻人才的需求发生了较大的变化。过去新闻单位单纯从新闻院系学生招聘人才的日子已经一去不复返了。随着报纸扩版、广播频率和电视频道专业化、刊物时尚化及网站多样化的发展变化，用人单位对只会新闻报道、通讯、特稿写作和电视专题制作的从业者需求越来越少。另一方面，媒体对经济、法律、社会学甚至理工专业的人才需求大增，而对这种新的就业增长点，传统新闻传播学科的毕业生缺少明显的优势和强劲的竞争力。因此，面对毕业生就业的新情况，新闻传播教育也必须做出相应的改革，以适应新形势对新闻传播人才的需求。

四、新闻教育的改革方向

先有新闻媒体，后有新闻教育，新闻教育是为适应新闻媒体存在和发展需要而产生和发展起来的。新闻媒体产生和发展呼唤与之相适应的新闻教育。"在新形势面前，特别是在目前新闻教育规模扩张而就业问题日渐凸现的情况下，形成学科建设与学生培养的差异与特色，加强人才供给的针对性与适用性不啻为新闻教育的一个出路。"[①] 媒体的发展已经进入全媒体时代，这必然导致从业人员的转型。传统新闻教育模式不能培养出满足社会需要的人才，中国新闻教育改革必须在人才培养模式上的重新定位。

人才培养模式是指在一定的教育思想与教育理论指导下，为实现培养目标（含培养规格）而采取的培养过程的某种标准构造样式与运行方式，具有明确的系统性与规范性。人才培养模式也可以解释为是人才培养目标，培养规格（知识、能力、素质结构）和基本培养方式（怎么培养），它集中体现了高等教育思想和教育观念，决定着所培养人才的根本特征。因此，人才培养模式的建立，就是要根据不同情况对以上诸因素进行优化设计组合，寻求一个较理想的符合实际情况的人才培养模式。

（一）明确教育目标——培养复合型应用人才

目标是教育的核心问题。从培养目标看，传统的新闻教育的培养目标主要是为了新闻媒体采、写、编、播工作的需要，通过专业知识的讲授，职业技能的训练，培养新闻传播的实务人才。

---

① 程曼丽．未来的新闻教育［EB/OL］．人民网：http://media.people.com.cn，2007－8－22．

新的教育模式主要是培养复合型的新闻传播人才。所谓复合型新闻传播人才，必须既具有深厚的人文社科知识功底，又熟悉新闻采编业务，同时还具有现代新闻传播观念，并能熟练掌握现代化传播技能。与传统记者相比，他们能熟练运用多媒体及网络技术，以最快捷的途径和最贴切的方式采集、传播最有价值的信息和制作信息产品。同时，能将因特网的高新传播科技的发展融入自己的人文社科知识结构中去，确立全新的传播价值观，使自己的传播活动最大限度地符合信息社会的最新要求。

（二）合理设置课程体系，适时更新教材

全媒体时代，社会需要大量的复合型传播人才，而复合型传播人才不是传统的"人文模式"能培养出来的。因此在课程设置上必须打破单一文科教学体系，全面实施通才教育。

传统新闻教育普遍认为合格的新闻工作者就是能写的人，这样的新闻教育将"写"放在第一位，只要能"妙手著文章"就行，新闻教育的任务也就完成了。在急剧变化的媒体融合的趋势下，构成新闻教育的三大课程体系中，较之理论新闻学和历史新闻学，实务新闻学的课程体系处于改革冲击波的最前端。[①] 培养全媒体工作者必须通过多学科综合教育，包括人文学科教育、社会学科教育、自然学科教育等。在基础课的设置上，要真正贯彻厚基础思路，即要学生打好各类基础。在一些公共课教学中，要删除一些明显过时的内容，对那些学而无用、严重与实践脱节的课程要果断取消。新闻专业的学生作为未来新闻传播人才，理应是文理兼通的全才。因此，针对当前的新闻教育现状，特别要加大以计算机技术为中心的前沿科学内容含量，使学生掌握的知识真正实现"现代化"。

课程、教材、教法是搞好教学的一项系统工程，课程设置好了，教材建设必须跟上。教材在教育过程中有着独特的地位，其使用具有广泛性与延续性，而且是学生形成一定专业知识结构的基础依据。教材编写，特别是统编教材的编写具有一定的周期性，许多新的内容无法及时补充，一部教材连续使用数年的情况并不鲜见。一些高校所使用的教材还停留在20世纪90年代的观念、案例，一些教材在体例、内容与文字上缺乏连贯性，错漏之处时有，含金量比较低。因此选择与时俱进的教材也是课程体系建设中一个重要因素。

（三）创新教学模式，强化实训教学

1. 创新教学模式

目前，我国大学的新闻教育中普遍采取的仍是集体课堂教学，要求学生在相同时间、相同地点接受相同内容的课程。教师授课通常只需一本书、一支粉笔、一块黑板，而学生仅带上一支钢笔和几张纸或一个本子记录所听的上课内容而已。"上课抄笔记、课后背笔记、考试考笔记"这个"学习怪圈周期"不断重演升级，使得学生总是处在被动的地位。新的教学模式必须推进案例教学、体验式教学、情景模拟教学、新闻现场教学、对话式课堂、作坊式课业等方式。打破传统学生被动听课的情形，使他们成为教学活动中积极主动地参与者。

[①] 温海玲，杜骏飞. 文革时代的战略理性：全媒体热潮中的冷思考 [J]. 电视研究, 2009 (7): 59.

2. 强化实训教学

课堂上讲授的书本知识是前人实践经验的升华和总结，必须学好。但真正的应用性新闻人才，并不是课堂上学出来的，而是新闻实践中造就的。因此，好的新闻人才培养模式除了抓好教师课堂讲授外，对教学实训环节也必须予以足够重视。比如学校建立新闻实训基地，把课内与课外、校内与校外结合起来，让学生走出课堂，深入新闻一线采访。在这方面汕头大学长江新闻传播学院走在了同类院校的前列。他们把先进的实验设备和大量的实践操作机会结合起来，创造了良好的教学效果。该学院前不久组织学生报道团对奥巴马的总统就职典礼进行实地实时全程报道，在国内引起了不小的轰动。

思考题

1. 全媒体的特点有哪些？
2. 全媒体新闻采写模式有哪几种？结合具体案例分析。
3. 全媒体记者的素质包含哪些方面？
4. 我国新闻教育改革路在何方？

第二章
全媒体新闻采集概述

---◦ 本章提要 ◦---

当今世界,新闻传播已经进入一个大传播、全媒体时代,新闻采集的内涵和外延发生了很大变化,新闻采集越来越呈现出一系列新特点和新趋势,这就要求记者要树立"大传播、全媒体"意识、做好新闻采集前的策划、更加重视采集的时效性和连续性、提升自己的综合素质,努力使自己成为"全媒体记者"。新的时代,全媒体记者只有认清新闻采集的地位和作用、把握好新闻采集与新闻写作的关系、掌握好全媒体新闻采集的基本内容和方法,才能更好地从事新闻采集工作。

通过本章的教学,指导学生了解什么是全媒体新闻采集;在大传播、全媒体时代新闻采集有哪些特点和要求;弄清新闻采集在整个新闻采写和传播中所处的地位与作用;掌握全媒体新闻采集的基本内容和方法。

第一节 全媒体新闻采集的含义和特点

一、新闻采访的含义和特点

（一）新闻采访的含义

"采访"一词，据考证最先见于东晋史学家干宝的《搜神记序》，现在干宝的原书已佚。据《晋书·干宝传》载："宝撰搜神记，因作序曰：若使采访近世之事，苟有虚错，欲与先贤前儒分其讥谤。"这里所说的"采访"与我们现在说的"采访"，字同而含义不同。

我们历史上曾出现过不少采访实践活动，而采访的动机与目的各不相同：有的考察史实地理，为了著书立说，如《史记》、《徐霞客游记》；有的采集民间歌谣、风土人情，称之为"采风"；有的调查官吏的政绩，实为"考绩"，如唐宋设立的"采访使"。这些虽是采访活动，但不能与新闻采访混为一谈。随着我国近代新闻事业的崛起和发展，才出现专门从事采集新闻的人，"采访"才逐渐被作为新闻工作专用术语，早期称为"探访"、"采集"或"探索新闻"。

美国学者约翰·布雷迪说："采访，就是跑腿，会见各种人物，满足好奇心。采访，就是一位知名而深不可测的妇女坐下来说：'好吧，请问吧。问什么都可以。'"[1]

美国哥伦比亚大学麦尔文·曼切尔教授认为，采访的原则是"采集事实"。"记者好像是一个勘探者，他要挖掘、钻探事实真相这个矿藏。——只要有可能，记者就应该坚持挖到底，直到新闻的矿藏——事实真相——被挖出来为止。"[2]

日本报人牧内节男主张记者采访要"惊醒如马，忍耐如牛"。他说："对问题、对采访对象，记者要保持强烈的好奇心，保持浓厚兴趣，这样才能激发起自己的采访热情。而且，采访应该如同涎沫一样发粘。闭口不谈的人也是有的，记者应该以热忱和忍耐去打开那种人的心扉。"他概括采访"就是从对方获得写作报道的材料"，"采访一定要取得证据"。[3]

中国人民大学蓝鸿文先生认为："新闻采访是向客观事物进行调查研究的一种活动。"[4]

复旦大学教授刘海贵把新闻采访定义为"新闻工作者搜集新闻素材的活动。"[5]

从上述多个"新闻采访"的定义可以看出，虽然表述不尽相同，但在反映新闻采访的主要特征上，基本是一致的。综合起来，可以这样表述：新闻采访，是指记者或其他的新闻工作者，为完成报道任务或了解某些情况，围绕采集新闻事实材料而进行的调查和访问活动。

---

[1] 〔美〕约翰·布雷迪. 采访技巧 [M]. 北京：中国新闻出版社，1985.
[2] 〔美〕麦尔文·曼切尔. 新闻报道与写作 [M]. 北京：华夏出版社，2003：120.
[3] 〔日〕牧内节男. 新闻记者入门 [M]. 重庆：重庆出版社，1987.
[4] 蓝鸿文. 新闻采访学 [M]. 北京：中国人民大学出版社，2000：97.
[5] 刘海贵，尹德刚. 新闻采访写作新编 [M]. 上海：复旦大学出版社，2005：1.

(二) 新闻采访的特点

1. 新闻性

真实和新鲜是构成新闻的两大基石。新闻性也称专业性。这一特点，表明新闻采访与其他调查研究活动不同，即所有调查研究活动都离不开客观存在的事实，而记者所要采访的事实则是新近发生（变化、发展）的，并有其明显的公开性和普遍意义。记者为获取新闻而采访，没有新闻也就无所谓采访。

2. 时效性

记者的采访讲求实效，往往受到时间的限制，要求在较短的时间里完成采访和报道任务。这是记者采访的特点，也是难点。一般的调查研究都比不上记者采访的速度，尤其是突发性事件，更要求快采快写，迅速传播。如消息《我国选手获得奥运会第一块金牌》，报道我国射击选手许海峰获得第23届奥运会男子自选手枪冠军，夺得第一块金牌。这一成绩是1984年7月29日上午11时10分（北京时间7月30日凌晨2时20分）创造的，新华社记者立即采访发稿，比路透社、美联社快15~20分钟，荣获全国好新闻特等奖。

目前，随着信息传播技术的飞速发展，我们已经进入全媒体、大传播时代。记者必须具有更加强烈的时间观念和突击采访的能力，这是加快信息传播的需要，也是新闻竞争的需要。现代科学技术日新月异，国内外新闻竞争日益激烈，在全媒体、大传播时代，采访的时间性、突击性特点尤为明显，记者采访更要讲求实效，只有这样，才能把握采写新闻报道的时机和主动权，以最新信息赢得读者、听众和观众。

3. 广泛性

一般的调查研究，范围比较固定，大多局限于有关的行业范围或专业领域。记者的采访活动，涉及面广，接触范围大。各行各业新近发生的有新闻价值的事实，各个领域出现的新情况、新成就和新经验、新问题，都在记者广阔的采访视线之内；记者可以跨行业、跨地区进行采访活动，而且不受采访对象和调查内容的局限。

采访之所以具有广泛性，还因为网络、手机等新兴媒体传播媒体拥有广大受众，受众的需要和兴趣又是多方面的，因此需要记者进行范围广泛的采访，采集人们欲知而未知的新鲜事实，使传播的内容尽可能适应各个行业、各个层次受众的需要。

综合性报纸、电视台记者的采访要求广泛性，专业性报纸、电视台记者也需要扩大采访面，使新闻报道的内容丰富多彩，增强可读性或提高收视率。而网络、手机等新兴媒体的报道内容则出现专业性和分众性的特点，使新闻报道内容更加细分。在新闻改革中，各报纸、电视台不断更新各种专刊、栏目，或推出新的专题节目，增加信息量，说明记者的调查研究与采访在不断开拓广度和深度。

4. 灵活性

一般的调查研究，确定对象之后，往往要求进行全国系统的调查研究，以获得各种各样的材料和数据，探求事物的本质与发展规律，从中找出经验教训，研究出解决措施。新闻采访，有时也需要较为全面的调查研究，以求占有大量生动的材料，写成深度报道、调查报告等。但记者的采访比较灵活，通常只是集中一点，致力于发掘精彩的新闻素材，不必拘泥事情的全过程，也不必一味追求材料的系统化。

记者采访的灵活性还表现在，根据采访深入和情况变化，新闻线索发展了，可以增加采访内容，扩展调查范围，挖掘新的有意义的事实材料，也可以变换采访对象，跟踪新的线索。

我国沿海地区近年来经济发展较快,在一些脱贫致富的农村,农民学习文化知识积极性高涨。某地有个村子百余名女文盲经夜校学习,至1995年陆续脱盲。一家地方报纸的记者原计划写篇农村妇女脱盲报道,而在实地采访中发现,为了适应建设文明家庭的需要,该村妇女脱盲后继续坚持学文化,多数脱盲较早的先后达到初中以上程度,并考入中国农业函授大学分校在当地新办的试点班就读,其中年龄最大的已近50岁。记者根据线索发展的实际情况,当即灵活改变原来的计划,扩大领域跟踪采访,最后以提高思想文化素质、促进家庭文明建设为主题做了报道。这样,不仅大大丰富了新闻事实,而且从中揭示出新的意义,对正在开展的文明家庭、文明乡镇创建活动起了更好的推动作用。记者这种敏锐的新闻嗅觉,灵活机动的采访特点,是其他调查研究很少有的。

5. 连续性

世界上唯一不变的是变化。客观事物总是在矛盾运动中不断变化的,事物的矛盾运动总是由低到高、由量变到质变的转化过程,而且,"无论什么事物的运动都采取两种状态,相对地静止的状态和显著地变动的状态"。① 客观事物矛盾运动的阶段性,决定新闻采访的持续性。有些新闻事件的本质,常常有一个暴露的过程,需要在一段时间内,随着事物的发展变化,从不同侧面、不同角度,进行不断采访和连续报道,为人们提供有关的新闻信息。

1992年初春,《人民日报》、新华社、《经济日报》、中央电视台、中央人民广播电台等10家新闻单位会同有关部门共同举办"中国质量万里行"新闻宣传报道活动,组织记者到全国各地进行采访报道。2月11日,《人民日报》在第一版显著位置刊载《中国质量万里行》专栏进行连续报道,热情宣传抓质量促经营的先进典型,无情揭露制售假冒伪劣产品的单位。这种巡回采访连续报道,有赞扬,有"曝光",褒贬分明,观点鲜明,有利于推动企业深化改革,转换经营机制,提高产品质量和经济效益,取得了显著的社会效果,受到社会舆论的好评。

连续采写重要新闻题材的报道,要反映准确,把握时机,讲求社会效果,注意引导舆论。对突发性的新闻事件,如交通事故、治安事件、自然灾害等,有时也可以有间隔又有联系地进行采访,做阶段性的持续报道,满足社会对新闻的需求,不必等待事情结束后再采写总结性的新闻。

6. 多样性

这主要是指采访手段与方法。上网,查阅报刊资料、录像带、录音带是采访;面对面的访问是采访;现场观察是采访;亲身体验也是采访。在不违背国家法律法规的前提下,只要能获取新闻事实,一切采访手段都可以使用。

上述几点,基本上反映了新闻采访所具备的特点。

二、全媒体新闻采集的含义、特点和要求

当今世界,新闻传播已经进入一个大传播、全媒体时代,新闻采访呈现出一系列新特点和新要求。这些新特点和新要求已非"采访"概念所能包容。为此,本教材未使用"采

---

① 毛泽东选集(一卷本)[M]. 北京:人民出版社,1964:306—307.

访"，而推出了"新闻采集"的概念。

（一）全媒体新闻采集的含义

为说明全媒体新闻采集的含义，首先介绍一个全媒体新闻报道的案例。

2008年4月28日凌晨4时41分，由北京开往青岛的T195次客车在胶济铁路王村站附近突然发生脱线、颠覆，并与由烟台开往徐州的5034次客车相撞，死亡71人，受伤416人。

当日凌晨5时，烟台报业集团得到消息，属下全媒体新闻中心7名全副武装的全媒体记者，立即驱车前往事发地点淄博。采访开始后迅速通过手机短信将现场新闻通过烟台手机报发送，接着在集团新闻网站——水母网进行滚动播报，视频节目连续跟踪，集团电子纸移动报——e媒界同步传递。次日，集团平面媒体——《烟台日报》《烟台晚报》《今晨6点》等纸媒对前方记者采集的文字、图片和各类信息，通过编辑的差异化处理和制作，形成差异化的新闻产品，实现个性化编排。整个运作过程实现了集团从"第一时间采写"向"第一时间发布、波纹信息传播"转变的目标。

1. 手机报多点发送：烟台手机报在28日当天滚动播报事件进展，在下午版的手机报上形成事件小专题，并将"火车站可全额退票"等实用信息及时通过手机报传递给用户。在联通版手机报和网通版手机报上，由于是短信类手机报，除了增发手机报条数外，还将水母网正在播报的信息传达到用户，以方便手机报用户上网查询详情。

2. 网站滚动播报：实现前方后方联动、线上线下互动。记者在前往现场途中，便利用手机短信向水母网编辑发回"在前往淄博的高速路上，有多辆挂有烟台牌照的汽车往前奔驰"、"前往事发现场的国道收费站免费放行救助车辆"等现场播报。记者抵达事发现场后，用口述的方式向水母网编辑描述所见所闻，并用手机彩信传回部分现场图片。这些信息经过编辑后迅速上网。

3. 电子纸移动报同步传递：集团电子纸移动报创办的"e媒界"，与水母网展开同步传递，进一步扩大了信息传输速度和效果。

4. 平面媒体纵深报道：纸媒拿出4～7个版进行报道，风格各有不同。《烟台日报》传阅率大增，《烟台晚报》、《今晨6点》日零售均增长20%以上。

5. 视频节目跟踪：YMG视频节目《新闻B2C》连做三期访谈，讲述"4·28"列车相撞事件背后的故事，在水母网和光速资讯网（楼宇电视）上播放，引起较大反响。

通过这次报道，我们总结出全媒体新闻采访与报道的两点实践结论。

1. 全媒体新闻采访与报道能够弥补报纸时效性差的不足。新媒体最大的特点就是它有一个滚动刷新的新闻信息平台，新闻时效以分秒为计，新闻发布也从原来的以日发布转向滚动发稿，率先将信息立体化传输给用户。第二天，报纸媒体的纵深报道进一步满足不同受众的多元化诉求。

2. 全媒体新闻采访与报道创新了新闻生产模式。改变过去报业集团内部各媒体单打独斗的局面，将集团各媒体的新闻资源有效整合，做到对重大新闻事件的报道统一谋划、统一采访，并实现传播模式从"单一"向"多元"转型。全媒体记者提供"初级新闻产品"，媒体各取所需进行"深加工"，重新"排列组合"，生产出各种形态的终端新闻产品。

由此案例可以看出：如今整个新闻采集的大环境发生了翻天覆地的变化，新闻传播已经进入"大传播、全媒体"时代。如前所述，"全媒体"，就是全部的媒体。全媒体新闻传播是综合运用各种表现形式，如文、图、声、光、电，来全方位、立体化地展示传播内容，通过报纸、广播、电视、网络、手机等传统媒体和新兴媒体联合进行大传播的一种新的传播形态。

在全媒体新闻传播环境之下，新闻采集活动表现出新的特点和新的要求，新闻采集的内涵和外延都发生了很大的变化。为了更加确切的解释和说明大传播、全媒体时代新闻采集的含义，本教材引入一个全新的概念——全媒体新闻采集。全媒体新闻采集主要包括"采访"和"集纳"两个方面。在新的时代，新闻的采集环境、手段、方法、形式、要求等都打上了大传播、全媒体的烙印。在全媒体传播中，新闻内容生产是十分重要的环节。在加强"全媒体"采访与制作的同时，要更加重视以"聚合和互动"为重点的全媒体整合，为受众提供全时段、全方位、全媒体的新闻信息服务。

综上所述，本教材认为：全媒体新闻采集是指全媒体记者或者其他的新闻工作者，综合运用全媒体传播的各种手段，为了给受众提供全时段、全方位、全媒体的新闻信息服务，围绕采集新闻事实材料而进行的调查访问和信息集纳活动。

（二）全媒体新闻采集的特点

全媒体新闻采集是建立在跨媒体基础上，具有多媒体、互动、聚合等特质的新闻信息生产的重要组成部分，它除了具有传统新闻采集全部特点外，还具有一系列新特点。

1. 采集手段的多样性

大传播、全媒体时代，由于信息传播技术日新月异，新闻信息采集的手段和形式更加呈现出多样性的特点。最基本的几种是：直面采集、视觉采集、书面采集、体验采集、电话采集、互联网采集、手机采集等。其中以直面采集和视觉采集为最基本的手段和方法。除互联网上采集和手机采集是随着高科技发展于近年才兴起的以外，其他五种都属于传统的采集方式，只不过历史有长有短，运用得有多有少而已。每一种采集手段和方式，各有其特点和功能，它们之间是相辅相成，相互补充的关系。

2. 多种媒体的聚合性

大传播、全媒体时代，新闻采集突出了多种媒体的"聚合性"特征。以"聚合"为形式，突出媒体资源优势。所谓"聚合"，是指全媒体采编人员对主题稿件，相关背景介绍、论坛意见讨论、原创评论集纳、视频图片展示、后续新闻跟进等，通过图文新闻、视频新闻、评论新闻、互动话题、相关新闻等整合，使之成为全媒体报道的一个中心。全媒体新闻部通过策划、聚合，将信息搜集、整合、加工、提高，力求滚动性全面地进行报道，更广阔更深入地展示新闻事件。

宁波报业集团将中国宁波网与各报的新闻资源进行"聚合"和"互动"编辑，在网站、手机等媒体发布重要新闻时配上新闻评论、论坛互动、相关图片视频等，形成跟进式的全新新闻产品。同时力图实现重要新闻专题化，专题节目新闻化。在2010年宁波市"两会"报道中，集团全媒体新闻部全新亮相。通过网络直播开幕式、多媒体系列报道、代表委员视频访谈以及原创评论等，多侧面地传递了"两会"实况。

3. 新闻源的丰富性

事实是新闻的本源，事实第一性，新闻第二性，有事实，才有新闻。全媒体新闻采集的目的就是为了获得具有新闻价值的事实。在大传播、全媒体时代，一方面全媒体记者和其他新闻工作者可以借助前面提到的各种各样的新闻采集手段获得新闻事实，另一方面，还可以借助范围更加广泛的受众来采集新闻事实。全媒体新闻采集吸收了互联网、手机等的互动优势，使传受双方互为新闻的发布者和传播者，既丰富了新闻的内涵，又拓展了新闻的空间。受众既是新闻的消费者又是新闻的参与者，传播者既是新闻的采集报道者又可以是新闻的被报道者。全媒体新闻一定程度上是"互动性新闻"。以"互动"为抓手，延伸全媒体新闻价值链。通过论坛互动、活动组织等方式，让受众与新闻互动起来，新闻和评论结合起来，体现受众对重大主题新闻的参与价值，并搭建开放性的报道平台。

"温暖午餐、万人助学——一元钱行动"活动，是由中国宁波网和宁波市扶贫办等发起，旨在援建贵州山区小学的午餐供应设施，援建经费均来自宁波市民的义捐所得。今年3月底，全媒体记者进入贵州黔西南、黔东南山区，进行"温暖午餐"专题采访，所见所闻令人震撼。随后，中国宁波网连续5天推出日播独家网络纪实片《远山的呼唤》，展示全媒体记者的多媒体博客，还推出了《一元一捐温暖午餐》多媒体访谈，邀请赴黔记者、扶贫工作者讲述义捐故事。于是，中国宁波网借网站成立八周年的活动，发动网友互动参与，在论坛发布捐款账号，在高校和市中心广场安排爱心巡回演唱会，宁波手机报还开通短信捐款，每条一元捐给贵州学子。活动在市民中引起强烈反响，短短两个多月市民捐款上百万元。

现在，借助于新媒体的互动优势，受众参与新闻源传播趋势日趋明显，其表现形式有手机短信、手机彩信、DV记录、新闻博客、公民新闻网站、短讯互传等。可见，大传播、全媒体时代，新闻源将越来越丰富。

4. 媒体记者的全能性

大传播、全媒体的时代环境对记者提出了更高的要求。全媒体记者应当是全能型的人才。全媒体新闻具有非线性的采编播特点，更重要的在于流程再造和寻求规律。全媒体记者也不是简单的"视频记者"，还要学会全媒体新闻采集与生产所要求的"用脑"、"用眼"和"用手"。

用脑：即要有新闻聚合的头脑。全媒体新闻要适合传统媒体和互联网、手机，及其他载体特点，不同载体的不同组合产生的效果大不一样。

用眼：即要充分利用网络、手机等互动传播的"新闻眼"，挖掘受众的新闻资源，全媒体记者要善于与受众互动。

用手：即要会写文章、能拍摄、擅互动，熟练进行电脑、手机制作发布。多种媒体手段通过多种信息载体的聚集，使报道既有广度又有深度。

5. 采集活动的全民性

大传播、全媒体时代，随着互联网、手机等新兴媒体参与到新闻报道与传播的队伍中来，借助这些新兴媒体能拍照、摄像、收发短信与彩信以及传播的即时、互动、私密、个性化的高科技传播特点，大量受众参与到新闻信息采集的活动中来。如2004年的印尼海啸、2005年伦敦地铁爆炸案等突发事件都有事件亲历者在现场用手机拍摄下的镜头或画面在网上传播或被新闻媒体采用，留下了许多珍贵的新闻镜头，弥补了传统媒体的遗憾。由此可见，可拍照的手机为普通大众成为记者提供了可能。

传统媒体也正是充分利用现代技术创造的条件，不断拓展自己的新闻来源和报道涵盖面。2005年7月8日路透社的一条电讯导语是这样写的："7月7日，在伦敦的交通线遭袭后，可拍照的手机把受害者变成了记者，业余水平的图片和录像占据了报章、电视和网络报道的重要位置。"由此不难看出,新闻采集活动的全民性特征日趋明显。

(三)全媒体新闻采集的要求

1. 要树立"大传播、全媒体"意识

记者在现时代进行新闻采集活动,要时刻树立"大传播、全媒体"意识。因为新闻传播已经进入一个崭新的时代:全媒体传播时代。如前所述,全媒体新闻传播是综合运用各种表现形式,如文、图、声、光、电,来全方位、立体化地展示传播内容,通过报纸、广播、电视、网络、手机等传统媒体和新兴媒体联合进行大传播的一种新的传播形态。这就要求记者在新闻采集的过程中,要综合运用全媒体时代多种多样的信息采集手段和方式,充分发挥网络、手机等新兴媒体的互动传播优势,广泛地、多侧面、多角度采集新闻事实,在加强"全媒体"采访与制作的同时,更加重视以"聚合和互动"为重点的全媒体整合,为受众提供全时段、全方位、全媒体的新闻信息服务。

2. 做好新闻采集前的策划

大传播、全媒体时代,由于新闻源的丰富性,以及媒体之间的竞争日趋激烈,新闻采集与报道内容要想抓住受众的眼球,就必须进行事先的新闻策划。

新闻策划有广义和狭义之分:广义的新闻策划是指新闻传媒的形象策划,它包括传媒发展战略策划、传媒营销策划、内部管理机制策划、广告策划以及媒体的风格和定位策划等;狭义的新闻策划是指新闻采集策划,即新闻业务中的"战役"策划,指新闻传播工作者在一定时期内,为了达到某种传播效果,对具体的新闻事实的报道所作的设计与规划,也就是指记者对将要采集的题材重大的新闻事实所做的事先谋划或筹划。对已经发生或将要发生的新闻事件如何报道进行分析、构思,经过反复酝酿、调整,从多个报道方案中优选出最佳报道方案来加以实施,以达到一定的报道目标、实现预期的传播效果的过程。这里的新闻策划是指狭义的新闻策划。狭义的新闻策划从实施的角度来说,主要有以下7个步骤。

(1)市场分析。要做一个新闻策划,必须先对策划对象所在行业及相关情况有深入了解,比如行业的历史,行业的现状,行业发展的新特点,相关的法律法规等。了解得越详细,掌握的信息越多,就越有可能从中挖掘出有价值的新闻点。

(2)确定宣传目标。对新闻策划来说,主要需要确定的是宣传的范围和宣传的目标人群。这一点很重要,因为宣传目标影响着后面新闻点的策划、媒体的选择和预算的编制等步骤。

(3)策划"新闻点"。这一步需要策划出能达到宣传目标的"新闻点"。要学会寻找"新闻点"的两大基本方法——"借势"和"造势"。

(4)选择媒体。新闻策划都是通过媒体的传播来完成的,因此媒体的选择非常重要。一般根据产品的特性和宣传目标来选择媒体,比如大众产品,应选择大众媒体;如果客户目标是女性,则应选择女性媒体;专业化的产品,应选择专业化的媒体,像计算机产品,最好选择计算机专业媒体和大众媒体中的计算机版面;而市场在全国的,则应选择全国性媒体。

(5)编制预算。做一次宣传,当然要衡量投入产出比,对预算做到心中有数。

(6)策划的实施和控制。这是新闻策划中的另一个重要环节。因为再精妙的策划,也需要通过媒体进行传达。如果媒体不配合,新闻策划是不可能获得成功的。

3. 更加重视采集的时效性和连续性

大传播、全媒体的时代环境对新闻采集与报道提出了崭新的要求。对于日常新闻事件，全媒体的采访与报道要求是"短、平、快"，要从"第一时间采写"变为"第一时间发布"和"滚动报道"。

（1）短：短小精悍。新媒体传播，即使拍摄连续视频，也要注意将报道有机切分，既内容丰富，又便于提炼不同主题，也便于受众收看阅读互动。

（2）平：面对各种载体不同终端，要多注意平民视角，多考虑受众的普遍接受。同时充分利用全媒体优势，与受众平等地进行充分互动。

（3）快：第一时间采写，第一时间发布，全媒体人员善用各种采集与报道手段，记者尤其要学会在事发现场用电脑、手机报道。而对专题新闻则要有新闻"包场"意识，充分发挥互联网和全媒体优势，穷尽新闻资源，成为人们了解新闻必须到达的地方。

4. 提升新闻记者的综合素质

大传播时代，新闻记者要向"全媒体记者"转变。记者的综合素质要得到进一步的提升。全媒体记者要突破传统媒体界限的思维与能力，并能适应融合媒体岗位的流通与互动。在媒体融合时代，记者要集采、写、摄、录、编、网络技能运用及现代设备操作等多种能力于一身。更重要的是，如前所述，全媒体记者应当是全能型的人才，全媒体新闻具有非线性的采编播特点，更重要的在于流程再造和寻求规律。全媒体记者也不是简单的"视频记者"，还要学会全媒体新闻采集与生产所要求的"用脑"、"用眼"和"用手"。

第二节　全媒体新闻采集的地位与作用

一、全媒体新闻采集的地位

（一）采集是新闻活动的起点

首先，新闻采集是牵动一切新闻工作的龙头。新闻机构的一切新闻活动都是从采集迈出第一步的。就一篇新闻稿的产生来说，它要经过记者寻找新闻线索、采集材料、明确题材、理出观点、提炼主题、安排结构、写出稿件等7个步骤。不仅前4个步骤属于采集工作范畴，就是提炼主题的初级阶段，也是在采集中完成的。可以说，在采集中记者完成了新闻作品制作工序的一大半。其次，新闻采集是保证新闻特点的基础。新闻写作的规律是用事实说话，只有在采集中了解了千姿百态的生活原型，记者"说话"才有发言权，新闻倾向性才有事实这个附着体；只有采集才能保证新闻的新鲜和及时的特点；只有采集才能保证新闻的指导性的特点。因此，采集是新闻活动的起始与发端。

（二）新闻采集决定新闻写作

新闻活动领域作为认识和反映实际的两种专业手段，新闻采集和新闻写作，彼此既密切联系又有区别，两者关系是互为制约、相辅相成的关系，但又不是完全对等的关系。其中，采集是第一位的、决定性的因素。如同上述事实与新闻的关系一样，采集在先，写作在后，未经采集，无从写作。据此，我们可以得出结论：新闻采集决定新闻写作，新闻写作的成败取决于采集的成败。新闻采集决定新闻写作，具体表现在以下几个方面。

1. 采集过程是认识事物的关键阶段

只有认识事实，才能反映事实，而对客观事实的认识，尽管可以贯穿于整个采集写作过程，但是，认识事实的任务基本上在采集阶段完成。采集中对事实怎样认识，往往决定写作时对事实怎样反映。

2. 新闻事实材料来自于采集

抓新闻就是抓事实，写新闻就是写事实，新闻写作有赖于对事实的采集。有道是"巧妇难为无米之炊"。同样道理，如果没有采集到足够的事实材料，笔下的功夫再好，也不可能写出真正的新闻。

3. 采集的深度和广度，直接关系到写作的深度和广度

要想通过新闻写作深刻地全面地反映客观事实，必须先做深入而广泛的采集。一些新闻作品，所以不能深刻反映客观事实，除了与记者的认识和反映水平有关以外，问题常常是因为采集不深入。

4. 采集的内容决定写作的体裁

内容决定形式，形式服从内容。用什么体裁写作，写长或写短，如何表达为好等，都要看采集所获得的事实内容来定，这就叫"量体裁衣"。本来明明是消息的题材内容，硬要拉长篇幅，勉强写成通讯，结果缺乏应有的情节、细节，"通讯"也就不成其为通讯了。反之，削足适履，把可以写通讯的内容写成简略、概括的消息，丰富的事实也就得不到生动、形象的反映。

民国初年，上海《时报》驻京特约记者黄远生以写"北京通讯"著称于世。他在谈到记者的条件时认为："新闻记者须有四能：一、脑筋能想；二、腿脚能走；三、耳能听；四、手能写。"这前"三能"都属于采集问题。黄远生的"通讯"正反映出他在探采新闻方面非凡的活动能力。对此，邹韬奋曾给予高度评价："每逢有重要事故，他总能千方百计从最重要的来源，用最迅速的手段，探得最重要的新闻材料，写成有声有色亦庄亦谐的通讯供给读者"[1]。当时著名记者邵飘萍强调报纸工作以采集最为重要，因为构成一张报纸的最重要原料是新闻，而新闻之取得乃在采集。美国有的新闻专家甚至认为记者笔下的功夫不强，照样能当一名出色的记者，但不善于进行采集是绝当不好记者的。且不管这个论断是否有失偏颇，强调善于采集才能当好记者却并不过分。

诚然，强调采集，注重采集，丝毫不意味着忽视新闻写作，绝不是说写作就无足轻重。在事实成为新闻的转化过程中，新闻写作是一个必经阶段和一种不可缺少的手段，采集获得也要受写作的制约和检验，新闻的写作对于采集有能动作用。就像有了活鱼、鲜肉，还需要精心烹调，才能做出可口的菜肴。采集到了事实材料，有了好的内容，还需要用好的写作形式和技巧来表现。会不会写，写得好不好，这与能不能保证和提高报道质量息息相关。再说，写什么，怎么写，写消息还是写通讯，往往也不是动笔写作才开始考虑，而是在采集过程中就要酝酿。写作时如若发现材料欠缺或不够典型，那还得通过继续采集来加以补充。

总之，按照唯物主义的辩证观点，采集是写作的前提和基础，写作是采集的表现和结

---

[1] 邹韬奋. 新闻记者活动的正确动机——中外记者经验谈 [M]. 北京：中国人民大学出版社，1983.

果，既要深入采集，又要讲究写作，二者不可偏废。

二、全媒体新闻采集的作用

新闻采集是新闻写作的基础，是获取新闻事实的主要手段，对于记者工作来说，采集具有多方面的作用。

（一）发现和落实线索

新闻采集首先是发现线索，这是记者采集活动的出发点，也是记者要着力捕捉的对象。这种线索有时只有一句话、一个数字或一种征兆，又往往淹没在错综复杂的生活现象之中，一般新闻要素不完整，有头无尾，只有片段，比较简略。还有些线索不够准确，甚至有真有假，稳定性差，需要通过采集，实际调查了解，才能逐条落实。线索的概念以后将做专题阐述。

新闻线索不等于新闻事实，它只是为新闻报道提供尚待证实和扩展的信息。记者对发展和了解的线索，不能不信，也不能轻信，而要经过深入采集和认真分析，才能鉴别真伪，掂量意义，判断其新闻价值。这样记者才能把握事实，了解新闻事实的价值，从而为新闻的传播创造最基本的条件。

（二）获取第一手材料

采集需要采集各种材料，包括直接的材料，间接的材料；口头谈话记录，书面文件资料；历史资料，现实资料等。记者采集的作用，所要了解和掌握的不仅是一般的书面资料或间接材料（第二手、第三手材料），而是经过直接采集，耳闻目睹客观事实，获取准确生动的第一手材料。

什么是第一手材料？它和第二手材料、第三手材料有何区别？明确这些问题，对记者认识和掌握第一手材料至关重要。

艾丰在《新闻采访方法论》一书里，对采集中的材料来源及其传递问题，曾做过比较系统的研究。他认为，人们通常把材料分成第一手材料、第二手材料等。如有的记者到了新闻事件发生地，找一些当事人和目击者、知情者了解一些情况，就"胜利回朝"了。这些采集到的材料，还不是第一手材料，只能算作第二手材料。他查阅了国外资料，并根据我国记者采集实践，对材料来源和传递环节概括成如下定义：

第一手材料：记者不经过任何中转环节直接从他要报道的事实那里得来的材料，包括记者的直接观察和物证材料；

第二手材料：在记者和事实之间存在着一个中转环节的材料，记者从当事人和目击者那里得来的材料就属于这一类；

第三手、第四手以上的材料：在记者与事实之间存在着两个以上的中转环节的材料，记者从非当事人和非目击者那里得到的情况，总结概括性的材料都属于这一类。

上述定义，概念明确，划分几手材料之间的界限比较清晰。其中尤其要注意区分第一手和第二手材料之间的界限，有人往往把知情者和目击者的转述当作第一手材料。其实，这还不是新闻事实的直接原始来源，因为经过知情者和目击者的转述这个中间环节，与记者直接观察采集获得的材料有明显的不同。经过记者耳闻目睹、直接观察客观事物，其真实性、准确性和可信度，都超过转述的间接材料。因此，记者采集要到新闻事件发生的现场去，尽可能找到新闻的源头，采集准确可靠、具体生动的第一手材料。

第一手材料有很强的实证性、生动性和可读性，因此，新闻报道的成功之作，都注重现场观察，深入采集，充分掌握和运用第一手材料。1987年8月，中国丝绸进出口总公司首次在纽约举办中国丝绸展销会，新华社记者采集时不满足于展销会提供的一些现成材料，而到展销会的现场去细致地观察采集，采撷生动的现场见闻。

宽大、明亮的展厅中，各种绸缎色彩纷呈，红似火、黄如杏、白似雪。一位中年女顾客用手轻轻抚摸着一块黑点白底的绸子说："这才是我们需要的、多年来未见过的东西！"

在琳琅满目的服装中，辽宁柞蚕丝做成的女套衫最令人喜爱。美国人说它色素雅，手感强，冬暖夏凉，穿在身上漂亮。

广东张肇达师傅设计的珠绣夜礼服，串串碎珠在灯光下生辉，一眼就被不少人看中。

开幕式进行到一半的时候，两位年轻的中国模特儿，款步进入厅中，大家的眼睛从四面八方一齐转向了她们。

沙马什父子丝绸进口公司的杰佛里·怀得对身边的记者说："这是我一生中所看到的最好的时装表演之一。"

这样采写的报道仿佛使人身临其境，如见其人，有声有色，引人入胜。这位记者在总结采集体会时说："凡是亲自到现场看，找人谈，用第一手材料写成的东西，就显得真切、生动，字里行间流露出个人的感触和风格。反之，蹲在办公室里，靠听广播、读报纸写成的稿子，往往是一副公式化、概念化的面孔。"大量的采集实践说明，记者要获取第一手材料，必须到事件发生的现场去，才能采集到生动丰富的事实材料，为新闻写作提供可靠的事实根据和富有特色的新闻内容。

记者要充分认识采集第一手材料的重要性和必要性，但也要认识它的局限和不足，有些间接材料也是需要的，采集中要注意处理好第一手材料和第二手、第三手材料的关系。记者采集往往受到时空的限制，而且一般都在新闻事件发生后赶到现场进行采集，因此，要求记者对每个新闻事件和细枝末节，都亲自体验和细观默察过，事实上是难以做到的，这就需要搜集一些必要的第二手、第三手材料，并在新闻报道中恰当地运用这些间接材料。

（三）增加感性认识

记者深入现场采集，直接观察体验，可以增强感性认识，真切了解事物。

在采集中，有许多情况和问题、一些生动的情节和细节，只有采集对象介绍情况，口头交谈，往往理解不深，或者难以发现有价值的东西。而记者在现场亲眼看过，亲自摸过，细心观察，就能增加真实感，增加知识和见闻，获得真知灼见。一些有经验的记者。总是争取到第一线去，到现场去，即使不能做事件的参加者，也要做现场目击者。一个记者在深入生活和采集活动后，有自己比较深刻的感受和敏锐的观察，才能在自己的作品中写出独到的见解，才能够写得感人。一些探索新问题、反映新情况的深度报道，更需要记者深入现场，直接观察了解事物的实际情形，才能抓住问题的实质。

有一个时期，报纸上公开揭露"喝"公家汽油和柴油的"油耗子"之后，许多读者发出疑问：那些坑害国家、集体和农民利益的"油耗子"所"喝"下的油到底从哪里"漏"出去的？"漏"油的原因何在？新华社记者在公安人员的配合下，深入到沈阳市三个加油站现场进行跟踪暗访。记者在现场观察到司机和油贩子互相勾结，从事非法交易，倒卖大批油券，又追踪调查油券的购买单位，结果发现这些企业事业单位"漏油"洞口之大，实在惊人，丁是采写成《"油耗子"追踪记》，刊登在《人民日报》上。这篇报道中，记者不仅现场目击查获倒卖油券的确凿事实，揭露一些单位用油的大漏洞，而且进一步分析"油耗子"猖獗的原因，是管理混乱、奖罚不明、防范不力。这样写出来的新闻报道富有现场感，记者在表述中也有感情色彩，并有一定的思想深度。经过现场观察、体验，实地调查了解，记者对所采写事物的实际情形有了真切的了解和深刻的认识，对一些比较复杂的问题和社会现象，能够提出中肯的意见和独到的见解。

（四）核对新闻事实

记者在采集中，会对获得的第一手材料和其他材料进行认真细致的核对查证。经过核实的新闻事实，真实的可用；发现有矛盾、有出入的，不真实的，应弃之不用。有位记者一次到一个县去采访学习"典型"，对象是个由大队干部提拔上来的县委书记，十分健谈。他与记者谈了10天，介绍了许多情况，其中说到他记了几十万字的学习马列和毛主席著作的笔记，尤其是对列宁的《反杜林论》印象最深刻。记者一听就产生了怀疑：《反杜林论》是恩格斯的著作，怎么说是列宁的？而且说对这部著作"印象最深刻"，真是这样吗？记者发现疑点后就要来他的笔记，一看笔记内容多是抄录报刊上的文章、社论，并没有真正学到什么"马列"。几年后，这个"典型"几经浮沉后被撤职了。采集中这样核对新闻事实是非常必要的，它可以改正差错，防止失实。同时也有助于记者全面地看问题，正确把握新闻事实和报道分寸，防止主观片面性。

核对新闻事事实，尤其要认真核查采集的间接材料。因为间接材料经过两个或两个以上中转环节传递，可能有误传或讹传之处，"失之毫厘差以千里"；也可能因时间、条件发生变化，已不是该事物的原貌，事物的数量和质量变化发展了。因此，对所要采用的第二手、第三手材料必须经过调查核实、补充，认真鉴别，以保证新闻报道的准确和真实。

第三节 全媒体新闻采集的基本内容

一、谁采集——新闻采集主体

全媒体新闻采集由采集主体、采集环境、采集对象、采集内容、采集手段、采集方法等要素组成。其中，采集主体是第一手新闻事实的挖掘者和获取者，是"把关人"，是整个新闻采集活动中起掌控作用的。在这里，新闻采集的主体即全媒体记者。

（一）记者是新闻事实的第一挖掘者和获取者

如前所述，记者新闻采集需要采集各种材料，包括直接的材料，间接的材料；口头谈话记录，书面文件资料；历史资料，现实资料等。记者采集的作用，所要了解和掌握的不仅是一般的书面资料或间接材料，而是直接采集的第一手材料。第一手材料是记者不经过任何中转环节直接从他要报道的事实那里得来的材料，包括记者的直接观察和物证材料。经过记者耳闻目睹、直接观察客观事物，其真实性、准确性和可信度，都超过转述的间接材料。正是由于第一手材料它有很强的实证性、生动性和可读性，因此，新闻报道的成功之作，都注重现场观察，深入采集，充分掌握和运用第一手材料。而全媒体记者正是新闻事实的第一挖掘者和获取者。

（二）记者是整个新闻采集活动的"把关人"

"把关人"（Gatekeeper）又称"守门人"。"把关人"概念最早是美国社会心理学家、传播学的奠基人之一库尔特·卢因在研究群体信息流通渠道时提出的。1947年，卢因在《群体生活的渠道》一书中系统论述了这个问题，他认为在群体传播过程中存在着一些把关人，只有符合群体规范或把关人价值标准的信息内容才能进入传播的管道。20世纪50年代，传播学者怀特将这一概念应用于新闻研究，提出了新闻传播的"把关"过程模式。怀特认为，新闻媒介的报道活动不是"有闻必录"，而是对众多的新闻素材进行取舍选择和加工的过程。在这个过程中，传播媒介形成一道关口，通过这个关口传达给受众的新闻或信息只是少数。怀特的"把关"模式的不足在于没有意识到把关是一种组织行为，而认为主要是新闻编辑基于个人主观判断的取舍选择活动，此外这个模式没有说明新闻把关的标准。而大众传媒的"把关"标准是：新闻信息的客观属性；专业标准和市场标准（新闻价值和新闻要素）；媒介组织的立场和方针。那么，不难看出"把关"过程的实质为：大众媒介的新闻报道与信息传播并不具有纯粹的"客观中立性"，而是根据传媒的立场、方针和价值标准进行的取舍选择和加工活动；新闻和信息的选择尽管受到媒体的经营目标、受众需求以及社会文化等多种因素的制约，但是与媒介方针和利益一致或相符的内容更容易优先入选、优先得到传播；媒介的"把关"是一个多环节、有组织的过程，其中虽有记者、编辑个人的活动，但是"把关"的结果在总体上是传媒组织的立场和方针的体现。单纯对于新闻采集活动而言，无疑记者就是整个新闻采集活动的"把关人"。

二、采集谁——新闻采集对象

新闻采集对象是指记者为获取新闻事实或掌握社会舆论动向而访问的人物，或主动向记者提供情况和意见的人士。前者包括当事人、目击者、知情人，以及与新闻事实有这样那样关系的人；后者主要是有关部门的新闻发布人员，有时还有与新闻事实有特殊关系的人。对于新闻采集对象，需注意三点。

（一）慎重选择采集对象

采集对象可以包括报道对象，但其涵盖范围远远超过报道对象。全媒体、大传播时代，采集对象具有很大的变动性，不同职业、职务、年龄、性格的采集对象会表现出很大的差异。记者在采集活动中，只有根据新闻线索或报道意图慎重选择采集对象，了解采集对象的种种差异，掌握采集对象的种种类型，尽可能预先了解采集对象的情况，包括他们与新闻事实的关系和心理状态，采取相应的采集方式和方法，才能顺利进行采集活动，顺利打开采集对象的心扉，牢牢把握采集对象的主动权。

（二）深入了解采集对象

采集对象是大众传播过程中最重要、起决定作用、处在最先位置的传播主体和环节，是新闻事实与新闻传播的纽带与桥梁。美国新闻学家杰克·海敦说过："新闻事业是一个跟人打交道的行业。大约99%的新闻是部分或全部以访问——也就是向人提问题——为基础写成。"[1] 采集对象是新闻信息的承载者，是大众传播的一传手，是新闻信息源和新闻

---

[1] 〔美〕杰克·海敦. 怎样当好新闻记者[M]. 北京：新华出版社，1980：23.

(大众)传播源头的第一个把关人,由此可见其特殊性而带来的极其重要的地位与作用。

在很多情况下,受众(包括传播者)更注重的不是采集对象说了什么,而是其身份所显示的信息意义。同一句话由不同的人讲出来,信息价值和传播效果肯定会大不一样。所谓人微言轻、因人废言虽然是一种偏见,但却是一种客观存在的社会现象。采集对象的"专家""权威"身份往往比信息本身更重要。

新闻学认为,没有新闻记者就没有新闻事业,然而,也要看到,巧妇难为无米之炊,采集对象是新闻事业的"食粮"的提供者,如果受众是记者的"上帝"的话,那么,采集对象就是记者的"衣食父母",是记者赖以生存的"奶油和面包"。没有采集对象,就也不可能有新闻事业,记者也将不复存在。道理很简单,记者的工作对象就是采集对象;记者亲临现场经历的新闻事件毕竟微乎其微。

美国学者麦尔文·曼切尔说:"记者是在这样大的程度上依靠消息来源,以致有这样一句格言:没有一个记者能够超出他的消息来源。这些消息来源包括官员、发言人、事件的参与者、文件、原始记录、录音带、杂志、影片和书籍等。记者报道的质量取决于消息来源的质量。"[①]

因此,记者和编辑都应是采集对象的研究专家,对采集对象没有深入的研究和了解,就无法进行有效的采集和写作,无法搞好、搞活新闻的编辑工作,也就不能成为一名合格的记者、编辑。

(三)高度重视对物证的采集

新闻采集对象除了人之外,物证的采集也非常重要。尤其是舆论监督报道易惹新闻官司,新闻官司让很多记者和新闻单位叫苦不迭,其中最让人头疼的就是取证。一旦发生官司,记者和新闻单位必须取证调查,但部分证据在事后就很难搜集甚至是不可能再被搜集,结果因此而败诉。那么,怎样应对新闻官司呢?在采集中记者应高度重视对物证的采集,树立证据提取意识是一个更可取的方法。如果记者在采集中搜集到有力证据,那么,一旦发生法律纠纷,新闻记者和单位就会在纠纷中处于主动地位,胜诉的可能性大大增强。

如某医院曾状告《湖北法制报》侵害名誉权,在编发这篇稿件时该报就掌握六七件证据:有关部门的"医疗事故鉴定书"、"法医鉴定书"、死者家属写给有关部门的材料、死者家属追记的某法医谈话纪要等。当《湖北法制报》接到法院应诉通知书后,有关人员没有慌张,也没有四处去取证,只是把自己搜集到的证据在证据交换时展示给对方看,证据就让原告撤了诉。如果在采集中没有搜集证据,而是在采集结束后去搜集,那就可能特别费力甚至是不可能的。

记者在采访中搜集证据,还是新闻真实的有效保证。证据提取意识一个最起码的要求就是稿件中的事实和评论都要有证据,至少重要的新闻事实和评论应该如此,这样就可以有效保证新闻事实的真实性。1994年3月12日,辽宁电视台"晚间新闻"播发一条消息,一对夫妻在大连某旅社服用大量河南某药厂生产的安眠药企图自杀,结果两人安然无恙。按照正常逻辑推理后,电视台认为药是假的。应该说,他们的报道虽然没有有力的证据,但是是有根据的,但没想到该药是新产品,服用过量也不会死人。此报道让该厂损失

---

① 〔美〕麦尔文·曼彻尔. 新闻报道与写作[M]. 北京:华夏出版社,2003:337.

至少几百万元,该厂把辽宁电视台告上法庭。经调解,报社赔偿药厂30万元。如果用证据理念处理这次采访就会使问题变得简单:如果记者把药品送到有关部门检验一下,用上个把小时,这30万元的赔偿就可避免。

记者在采集中树立证据提取意识还有利于上级宣传部门和新闻单位领导把关。采集中,亲临一线的通常只有记者,采集的质量如何、事实究竟是怎样的,主管领导只能通过记者汇报才能了解详情,也只能通过这些信息进行决策。但记者的水平有高有低,而且信息经过辗转传播,也许会有一些讹误或加进记者的主观倾向,这样舆论监督就很容易引发官司,而且很容易输掉官司。错误尽管是记者犯的,但板子肯定也要打在主管领导身上。如果要求记者在采集中搜集证据,主管领导和上级部门只需查看记者搜集到的证据就可以进行基本的事实判断并决策,这对提高舆论监督的水平无疑是有一定积极意义的。

三、采集什么——新闻采集内容

(一) 坚持正确的新闻导向

当前,新闻传播进入大传播、全媒体时代。在新的时代,经济全球化趋势深入发展,科学技术日新月异,国际环境中不确定、不稳定、不安全因素明显增多,世界范围各种思想文化交流、交融、交锋日益频繁,国内社会思想意识多样、多元、多变特征更加凸显,如何用中国特色社会主义伟大旗帜凝聚社会共识,引导人们坚定不移地走中国特色社会主义道路,这是对新闻宣传工作的重大考验。为此,新闻采集工作要牢牢把握正确的新闻导向。

第一,坚持正确导向,最核心的是高举中国特色社会主义伟大旗帜,最根本的就是坚持中国特色社会主义道路、坚持中国特色社会主义理论体系。

第二,必须紧紧围绕中心、服务大局。围绕中心、服务大局,是党对新闻宣传工作的总要求,是社会主义新闻事业的基本方针,是坚持正确导向最重要、最具体的体现。

第三,必须坚持团结稳定鼓劲、正面宣传为主。坚持正确导向,就是要以正确的舆论引导人,唱响主旋律,打好主动仗。同时,必须坚持建设性监督、科学监督、依法监督,适时、适度、适量,善于把坚持正面宣传为主与加强舆论监督统一起来。

第四,必须在重大、敏感、热点问题上把好关、把好度。把好关、把好度,是坚持正确导向的重要保证。把好关,就是要把好政治关、政策关、事实关、格调关。把好度,就是要用全面、联系、发展的观点看问题,把握好口径、分寸、火候、时机。

(二) 贴近生活、贴近群众、贴近实际

新闻采集的内容要坚持"三贴近"原则。"三贴近"具有丰富的内涵,可以做如下概括。

1. 贴近实际

贴近实际,就是新闻采集活动要立足于社会主义初级阶段这个最大的实际,始终坚持解放思想,实事求是,与时俱进,紧跟时代步伐,适应现阶段经济、政治、文化发展的实际状况和要求,适应不断发展变化的客观现实,真实反映改革开放和现代化建设的实践,坚持把发展作为第一要务,更好地为党和国家的中心工作服务。

2. 贴近生活

贴近生活,就是新闻采集活动要深入到火热的现实生活中去,深入到社会经济、政

治、文化生活和人民群众的日常生活中去反映客观现实，把握社会主流，解决具体矛盾，更好地融入生活、服务生活、引导生活。要始终把工作视点对准火热的生活，关注朴素平凡的生活细节，聚焦丰富多彩的生活场景，从现实生活中挖掘生动事例、汲取新鲜营养，展示未来生活的美好前景，激励人民群众同心协力，奋发图强，为创造更加美好的新生活而共同奋斗。

3. 贴近群众

贴近群众，就是新闻采集活动要深深扎根于群众之中，想群众之所想，急群众之所急，办群众之所盼，充分体现群众意愿，满足群众需求，把握群众脉搏，说群众想说的话，讲群众能懂的话，为群众提供想看爱看、健康向上的精神文化产品，更好地代表群众广大人民群众的根本利益。贴近群众，要求高度重视群众的主体地位，吸引群众广泛参与，不能把群众当成被动接受的对象；贴近群众，要求重视实现群众的切身利益，所有工作都要着眼于为人民群众办实事、办好事；贴近群众，要求高度重视人民群众多层次、多方面、多样化的精神文化需求，把普及和提高结合起来，丰富群众文化生活。

（三）依据媒体定位，确定采集重点

全媒体、大传播时代，以报纸、广播、电视为代表的传统媒体和以新闻网站、手机报、数字报、数字广播、数字电视、IPTV等为代表的新媒体并存并逐渐融合。媒体的定位不同，对新闻信息资源的开掘、利用也自然不同。以报纸为例，党报由于其党委机关报的属性，决定了其在报道内容上侧重于围绕党和政府的中心工作，主要报道时政、经济方面的新闻；都市报、晚报主要报道社会和民生方面的新闻，以满足千千万万普通大众的需要；专业报、行业报的采访重点则更多体现在行业和专业特点上。因此，不同媒体的采访重点应有所区别，突出重点。

四、如何采集——新闻采集方法与技巧

这一部分，重点研究全媒体新闻采访的方法与技巧，这是本门课程的重点章节。全媒体新闻采集有规律可循，我们要按照一定的规范和章程来操作。

首先要搞全媒体新闻策划，获取新闻线索，然后要做充分的访前准备，选择最佳的采访时机、地点，根据不同媒体的表现特点，要眼、耳、手、脑、口并用，采用全感式采访等。

在采访类型上，采用全媒体时代多种采访方式与方法，如座谈会、新闻发布会、隐性采访、体验式采访、调查性采访、网上采访、手机采访等。由于在后面的许多章节都有关于新闻采集方法与技巧的专门介绍，所以这里不再赘述。这里只需要强调全媒体时代新闻采集方法和技巧方面的两个问题。

（一）充分发挥采集技术的作用

大传播、全媒体时代，在新闻采集活动中，人的因素固然是第一位的，但在一定条件下，技术起着决定作用。在全媒体采集过程中，一定要与当前全媒体、大传播的时代环境结合起来，充分发挥网络、手机等新兴媒体传播即时快捷、互动性强，以及个性化和私密性强等各种传播优势，最大限度的挖掘新闻源，采用最先进的采集传播手段，运用多种最新的采访方式与方法，结合不同媒体的采访与报道技巧，及时、准确、全方位的完成新闻采访与报道的任务。

（二）人性化是新闻采集的最大技巧

大传播、全媒体时代，人文关怀成为各个领域里研究的热点问题，在新闻采集与报道领域里倡导人文关怀已经成为共识。简单地说，所谓人文关怀就是以人为本，尊重人、理解人、关怀人，将人作为考察一切事物中心的价值取向。体现在新闻采集与报道中，人文关怀主要指对人的生存状态的关注，对人的尊严与符合人性各种需求的肯定。这不仅着眼于生命关怀，而且着眼于人性、精神、情感和道德的关怀，把人的生存、人的作为、人的发展当作考察一切事物的价值取向。这关怀的是人类的和谐发展，体现了对所有生命的怜悯和尊重。

新闻采集要坚持走人性化的路线，人文关怀是新闻采集的最大技巧。尤其作为深度报道，电视调查性新闻报道在调查采集过程中深入地对事物进行调查和剖析，采集对象作为事件发生的当事人或见证者，需要频繁出现在镜头前，因此，对采集对象的人文关怀尤为重要。然而在现实当中存在很多对采集对象人文关怀失当的问题，如对采集对象选择范围的忽视、主体意识的轻视、心理感受的漠视和二次伤害的无视。新闻工作者要体现对采集对象的人文关怀，就要把人的尊严和人的价值放在中心地位，就应该树立"以人为本"的采集观念和报道理念，通过平等的视角、平和的态度、平衡的意识以及尊重采集对象的隐私权，真正做到以人为本，让新闻采集与报道绽放出更加绚丽的人性光彩。

总之，上述四个方面，构成了全媒体新闻采集内容的基本框架。

思考题

1. 什么是新闻采访？大传播全媒体时代，新闻采集呈现哪些新的特点和要求？
2. 谈谈全媒体新闻采集的地位与作用。
3. 全媒体新闻采集的基本内容包括哪些方面？

第三章
全媒体新闻采集策划

―○ 本章提要 ○―

全媒体时代,面对越来越多的同源新闻,新闻策划在新闻传播领域应用已成为不同媒体新闻报道工作重要的组成部分。新闻策划对新闻资源的开发具有重要作用,新闻报道的实施、媒体的运作必将在更广和更深的层面上受到新闻策划的影响。同时,新闻策划对媒体形象的塑造、媒体综合竞争力的提高等方面都有着不可估量的作用。本章旨在介绍新闻策划的一般规律及方法,指导学生在进行新闻策划实践时,研究、遵循新闻规律,按新闻规律办事。

通过本章的教学,指导学生明确全媒体新闻传播时代新闻采集的前期策划的重要意义,了解全媒体时代新闻采集策划的一般方法,要求学生掌握新闻采集策划的流程方法,能够将新闻采集策划的知识应用于实习实践环节。

第一节 新闻采集策划的全媒体意识

全媒体时代，各个媒体在新闻报道中承担了不同的职责，新闻内容的生产时刻体现着多媒体、互动、聚合等特质。但是面对同源的新闻，各媒体依然感受到前所未有的报道竞争和压力——如何出新、如何进行更有意义的报道让记者费尽心思，这就需要群策群力，在新闻采集之前对新闻线索进行预期估量，对可能出现的事件走向进行分析，对要达到的新闻采集目的进行整合归纳，这一行为就是新闻采集策划。

新闻采集策划，是记者、编辑的一种创造性活动，指记者、编辑为使某些报道选题获得预期的传播效果，对新闻报道活动进行规划和设计，并且在报道实施过程中不断接收反馈，修正原先设计的行为。

全媒体时代的新闻采集策划通常着眼于具有较大意义的新闻题材，因此一次好的新闻策划能有效地将传播者的主动性和创造性与受众的需求结合起来，能给社会带来意想不到的效果。正是因为对新闻的报道方式可能会产生深远的社会影响，新闻采集策划就显得尤其重要，所以媒体首先应从理念上具备几种意识。

一、全媒体新闻采集策划首先应具备主流媒体意识

全媒体时代，媒介存在形态虽多种多样，面对的受众群也不尽相似，但都要在新闻采集策划中强调主流媒体意识，才能更好地发挥大众传播媒介监督环境、联系社会、传承文明、提供娱乐的功能，起到引领舆论的作用。

主流媒体是指拥有强大实力，面对主流受众，可以引领社会舆论并产生强大社会影响力的媒体。我国传统的主流媒体一般是指新闻宣传主管部门所主管的党报、党刊、广播电视等，特别是电视媒体。主流媒体在社会上有明显区别于其他媒体的地位、重要作用，理应更好地承担起大众传播媒体的社会功能。

在传统媒体的时代，主流媒体就是传统四大媒体——电视、广播、报纸、杂志。在普通受众心中，电视媒体因其绝对的接近性，以不可替代的地位独领风骚。进入全媒体时代以后，越来越多的受众接受并正在接受新媒体介入生活，包括网络媒体、手机媒体等。全媒体时代提倡各媒体在新闻采集策划中具备主流意识，并非让所有的媒体都跻身主流地位，而是要以主流媒体的意识进行自我约束与发挥其社会功能。主流意识主要体现在以下几方面。

（一）媒体新闻报道要坚持正确舆论导向

党的十七大报告提出，要增强社会主义意识形态的吸引力和凝聚力，主流媒体应肩负起这一具有重大战略意义的历史责任。因此，我们要提高主流意识形态对各种思想观念和社会思潮的整合能力，这就是强化媒体的主流媒体意识。

在市场经济环境下，特别是在媒体融合的趋势下，一些媒体片面地追求市场化，偏离政治和社会责任，热衷于做缺乏社会内涵和底蕴的消遣新闻、娱乐节目，以及格调低俗、甚至非法的，贻害和污染社会的信息内容。网络和手机媒体由于其快速、缺乏把关及可得

性，这一问题显得尤其突出。

（二）媒体应肩负起传播文明、营造健康舆论环境的重任

在娱乐化泛滥，文化垃圾鱼目混珠，低俗、媚俗、粗俗、恶俗节目遭到广大受众抵制的情况下，敢于坚守主流媒体的态度立场，积极担当主流媒体的社会责任，传播符合社会主义核心价值体系和主流意识形态的观念，从而提高主流意识形态对各种思想观念和社会思潮的整合能力，是主流媒体的重要责任。

（三）把正面宣传为主与加强和改进舆论监督协调起来

强化主流媒体意识，坚持党性原则，坚持团结稳定鼓劲、正面宣传为主，把握正确的舆论导向，为媒介受众创造积极健康向上的主流舆论。同时，要坚持贴近实际，贴近生活，贴近群众，把体现党中央国务院的方针政策与反映人民心声统一起来，把坚持正确导向与通达社情民意结合起来，把正面宣传为主与加强和改进舆论监督协调起来。

二、全媒体新闻采集策划要具备多种媒体统筹意识

相对于传统新闻媒体来说，全媒体时代的到来不仅意味着媒介产品形态及其生产与经营模式的改变，还意味着新闻报道必须随之进行前所未有的变革。在新闻传播领域中已经出现的种种迹象表明，媒介的融合发展，促使新闻报道正在由传统媒体各自为政的报道模式走向融合新闻的新阶段，最重大的突破将集中表现为两个方面：以"组合终端载体"为新闻发布平台的整体报道策划必将取代针对单一载体的新闻报道策划；以互动与内容共创为主要特征的报道创新将成为新闻业务改革的主流趋势。这些表现对媒体及记者也提出了新的要求。

（一）传统媒体与新媒体通过"联姻"互相吸纳技术及传播优势

在新闻传播事业发展较早的美国，早已有传统媒体改变新闻采集发布模式，如美国的《奥兰多哨兵报》的报道操作模式，是各种不同媒体的新闻部门负责人定期会以固定会议形式坐到一起，讨论新闻报道，分享新闻来源，研究各自的报道如何做相互之间如何合作。[1]

在我国，传统媒介利用新媒体进行新闻传播的改革已成共识，如电视、报纸、广播都设有 24 小时在线甚至可以即时互动的短信、网络平台，接收群众的建议与投诉、搜集新闻线索。一些栏目通过短信、网络平台寻找议题，围绕公共生活中的各类新闻事件或焦点话题展开讨论，发动广大网民畅所欲言。对于群众反映的问题，有的媒体向有关部门调查核实，促使问题得到解决，并将结果及时在网站与报纸上对社会公开，体现了一种全新的新闻传播思路。

与此同时，新媒体也主动和传统媒体对接，既提高影响力，也使自身的作用充分发挥。如针对传统媒体中电视、广播线性传播的特点，网络媒体则可以将传统媒体的传播内容保存制作成专辑，受众随时可以链接已发布过的内容，以得到更清晰全面的认识。

（二）全媒体记者必须学会做适合于多种媒体传播的新闻

全媒体记者须是全能记者，首先必须学会做适合于多种媒体传播的新闻，文字稿写作、音频视频制作是基本技能，还要了解多种媒体对于稿件和制作的要求和特点。

---

[1] 蔡雯. 新闻传播的变化融合了什么——从美国新闻传播的变化谈起[J]. 中国记者，2005（9）：70—72.

以融合新闻的理念与目标策划新闻报道，就要考虑到服务对象不再只是一家报纸的读者或一栏电视节目的观众，而是由不同载体的"分众"共同组成的"大众"。如何通过针对"分众"的内容定位实现"大众传播"的最佳效果，是现阶段新闻报道策划的难点。如用"融合新闻"的思路来做突发新闻报道，派往现场的就应该是一个小组，他们不是为一家报社或者电视台采集新闻的记者，而是为集团组织中所有的媒体终端提供素材的团队。他们的工作成果是多媒体形式的，文字报道、新闻图片、现场录音录像等一应俱全。这些新闻素材的使用将以新闻传播的整体效果优化为目标，被合理地分配到不同的载体进行加工制作。从采编流程管理来说，这是一种最复杂的网状组织结构的管理，每一套新闻素材的采集都对应所有的媒介，每一个媒介都能从中获得适合自己的那一部分。而整体上看，展示在不同媒介上的新闻产品是既有联系又有差异的，它们之间的联系在于报道主题的一致与新闻内容的互补，它们之间的差异则在于新闻发布时间的差异、报道角度的差异、表现形态的差异等等。这些联系与差异，使媒介的分众定位策略得以实现，使多个媒介的新闻成果形成了有机的产品链。

三、全媒体新闻采集策划特别强调创新意识

对于新闻报道策划者来说，内容产品链的生成意味着对新闻信息资源的深度开发。以往在传统媒体中"千报一面"式的新闻已经不再适应今天的社会需要，对于新闻传播只求时效、求准确、打"短平快"的编辑思路也已经行之无效。编辑除了新闻价值的专业判断之外，还要考虑如何在多种载体上针对这些载体的不同受众分配新闻信息，包括选择不同的报道角度、采用不同传播方式、运用不同的传播技术，更重要的还有，培育不同的增值产品。内容共创、互动传播与多媒体传播，是新闻报道创新的有效途径。

全媒体新闻传播是对传统媒体体制与管理的严峻挑战，因为过去新闻传播业务是以单一的媒介形态为基础的，所运用的技术手段也相对有限。全媒体新闻传播要在全方位的技术运用和所有形态的媒介介质基础上整合新闻传播，建立新的流程。采编管理不再是一报一台一站各行其是，而是跨媒介的团队合作，是对多种媒体新闻生产流程的重组和整合。新闻报道策划也是针对这样的多种媒体平台与团队合作而进行的，策划者要将不同载体如报纸、网站、手机、电视等视为一体化的组合信息终端，以新闻信息发布时间的多重设置和新闻内容在不同平台的相互嵌入，实现全天候不间断传播，扩张新闻传播的社会效果，提升新闻时效和媒体品牌的影响力。

因此，对新闻报道方式的设计必须要立足于充分利用新技术，采取新的手段和方法。内容共创、互动传播、多媒体手段传播，是报道创新的有效途径，这在目前的新闻实践中已经得到初步的证实。

不可否认，在新闻传播中专业新闻工作者将永远是新闻报道的主力，他们能以专业的眼光、技能和社会赋予他们的权力对最有价值的事实进行深入调查。但不能忽视的是，公众在新闻传播中的主动权越来越大，他们不仅能提供新的事实或线索，还可以对专业记者的报道进行补充或质疑，他们的观点与意见构成了新闻内容的重要部分。

第二节 全媒体新闻线索获取

新闻线索，顾名思义，是一个头绪，一个发端。新闻线索，亦称采访线索、报道线索，是指为新闻采访报道提供有待证实、扩展和深化的信息，给新闻记者提示新闻的所在、新闻采访的方向，可能成为新闻的或具有一定新闻价值的某种事实所传达的信息，也可以说是已经或者将要发生的新闻事实所发出的信号。新闻线索不等于新闻事实，是记者发掘题材的一种凭据。它比较简略，要素不全，没有事物的全貌和全部过程，常常只是一个片断或概况。

相对于新闻事实，新闻线索有一些自身的特点。

1. 一般来说，新闻线索显得较为简略，没有过程，更没有细节，新闻五要素不全。
2. 相对于新闻事实，新闻线索往往是比较零碎的，信息是不完整的。
3. 新闻线索稍纵即逝。
4. 新闻线索的出现带有一定的偶然性。
5. 新闻线索涉及较多的是表象，可能确有其事，也可能只是假象，或者是真假混杂。也就是说其可靠性有待记者进一步去核实。

一、新闻线索的地位与作用

新闻线索如此简单，有时候还会成为迷惑欺骗的"元凶"，是不是它就不重要了呢？答案是否定的，新闻线索对于新闻采集有着重要的作用。

（一）新闻线索激发记者的新闻敏感，从而产生采访的动机

新闻敏感，又称"新闻鼻"，指记者敏锐识别和准确判断客观事物所蕴含的新闻价值的能力，是一种职业敏感，是一种顿悟性的思维活动，是记者政治水平、理论水平和业务能力的综合表现。对于记者来说，新闻敏感有重要的作用。首先，可以见微知著，迅速抓住新闻线索，进而发现有价值的新闻；其次，可以帮助记者据以挖掘新闻素材，并从中鉴别最有传播价值的事实；再次，有利于帮助记者选取最佳的报道角度；最后，在有经验的记者那里，新闻线索可以帮助预见新闻后面的新闻。可以说，新闻线索和新闻敏感相碰撞，往往会产生意想不到的效果。

（二）新闻线索可以为记者提示采访方向

联系是事物存在的普遍特征之一，对于新闻线索而言也是如此。事实证明，本地发生的新闻，往往与全省、全国、甚至全世界的大环境、大背景分不开。如记者了解到河北的纺织企业面临危机这个新闻线索，就要分析到同期国家宏观调控政策、人民币升值、出口量下降、石油涨价、劳动力成本提高、美国次贷危机等经济形势，由此寻找深入采访的方向。可以说，用好新闻线索这个"线头"，往往能寻找到有重量的"线球"。

（三）新闻线索为媒体的报道活动提供决策依据，线索的价值可以决定报道质量

新闻线索同样可以用新闻价值标准进行判断，那些新鲜的、典型的、贴近的、趣味的、具有时效性的新闻线索会使媒体倾入更多的心血，这是不言而喻的。而新闻价值的要素在新闻线索中表现得越突出,整条新闻就会越有价值,一个好记者,是绝对会在此做足文章,不让新闻线索的价值浪费。

二、全媒体时代获取新闻线索的主要渠道

在全媒体时代,记者独立获得新闻线索的途径大大拓宽,其中最重要的就是浏览互联网的最新报道。互联网的优势是快捷、互动性强。而如今,通过手机、微博获得新闻线索也成为快速的渠道。

"一名记者几乎就等于自己的消息来源。"[①] 可以说记者的职业身份不是体现在某个时段、某个地点,而是时时处处的,这就意味着记者获得新闻线索的渠道可能来自生活的任何角落。在媒介众多并随时可得的时代,也许记者正在用 QQ、MSN 聊天时发现了新闻;也许记者也在开心网上为早起晚睡偷菜而苦恼,进而发现了有人愿出价找人代劳,于是这也成了新闻;也许记者正在浏览博客信息而发现了某种新的生活方式,可以写进下一篇报道……所以,记者对于多种生活方式的体会和观察,发现和寻找,认识和挖掘都可能成为新闻的发端。从目前的情况来看,记者寻找新闻线索的渠道常见的有这样几种。

1. 捕捉相关新闻媒体的报道

把其他媒体报道的内容当作线索来处理,但不能简单抄袭。

2. 重视新闻热线

这里包括热线电话、读者来信、群众来访等,注意通过这种渠道搜集反馈信息,加强与受众之间的联系,及时了解和分析群众中存在的问题。现在,不少媒体都开辟了新闻热线,新华社还在相关媒体上刊登热线电话,欢迎提供线索,不少新闻媒体对群体提供的新闻线索根据价值大小进行不同程度的奖励,称之为"有奖征集新闻线索"。

3. 广交各方朋友

与自己所采访报道的行业和领域的人士交朋友,构建自己的"关系网",让他们随时给你提供有价值的新闻线索,因为"多个朋友多条路",线索自然丰富了。

4. 制作特殊日历

重大节日、纪念日、人物日志、季节变化等,对记者来说,都是重要的新闻源。记住这些日子,在它到来之前寻找相关的人、相关的事进行采访报道就是新闻。

传统的获取新闻线索途径,仍然有必要提及,因为它们依然是实际操作中最常见的获取线索的渠道,不可或缺,主要有以下三种。

第一,来自发布新闻的党和政府的有关机关,或者是编辑部提供给记者的新闻线索。这类新闻线索一般都具有较高的新闻价值。因此,记者应当主动地与党政机关、企事业单位、群众团体保持经常性的联系,以便及时得到新闻新索。

第二,来自基层广大通讯员和读者(受众)提供的新闻线索。这是一条广泛获得新闻线索的渠道。任何一家媒体的记者数量都是有限的,记者的活动范围和时间、精力也有限,不可能把所有的新闻线索都及时、全面地获得,通讯员和读者就正好弥补了这方面的不足,所以很多媒体都重视通讯员队伍建设,重视与读者的信息交流。

第三,来自各类会议,从领导讲话、会议文件和有关工作简报上寻找新闻线索。

---

① 〔美〕梅尔文·门彻.新闻报道与写作(第九版)[M].北京:华夏出版社,2003:337.

三、使用新闻线索来源的实践、学理争议

总结上文的新闻线索获取渠道，可见记者依赖三类新闻线索来源获得信息。

1. 人的新闻线索来源

人的新闻线索来源，包括政府有关部门和新闻事件的参与者。他们的可信度低于物的新闻线索来源，因为一些人需要保护个人利益，另一些人则是未受过专门训练的观察者。在使用人的新闻线索来源时，记者需找到最有资格发言的人——某个问题的权威、目击者、官员、参与者。

2. 物的新闻线索来源

物的新闻线索来源，包括记录、文件、参考资料、剪报。

3. 网络新闻线索来源

网络新闻线索来源，包括大量人的新闻线索来源和物的新闻线索来源。新闻线索来源，和新闻线索的内涵基本相同，其意义是可以向记者提供新闻线索的一切人、事物或其他形式。在西方新闻界有一种说法，记者的报道质量取决于新闻线索来源的质量。因此记者会耗费大量时间用于寻找、培养能够成为新闻线索来源和联系人的人。

新闻记者采写新闻离不开新闻线索来源。"新闻线索提供者"是一个如今常常见诸报端的概念。有些新闻媒体为了鼓励公民提供新闻线索，实行定期公开奖励制度。因为新闻记者不可能是每一新闻事件的目击者，写作的大量素材都来自于消息源提供的信息资料。从这个意义上说，新闻线索来源是新闻记者成功报道新闻的关键与基础。

然而，新闻记者与消息源的关系却十分复杂。特别有争议的就是匿名新闻线索来源的使用。如记者常遇到的一个难题就是在采访时，有的新闻线索来源要求记者在正式发表的新闻中不透露其姓名身份，或者干脆要求记者不得引用其提供的信息。

当这种情况发生时，记者往往陷入两难境地：如果答应消息源的要求，就意味着发表的消息没有出处，这会降低新闻的可信度；如果放弃消息源提供的信息，有时可能就错过了一条重要的新闻。

任何特定新闻事件的内幕人士都是潜在的新闻线索来源，但只有当他们提供一点或大量相关信息时，才能转变为真正的新闻线索来源。这要求记者一方面建立新闻线索来源，并保持经常联系，另一方面要当心虚假新闻线索来源。

1. 匿名消息可以提供重大新闻

匿名消息提供重大新闻的典型案例是美国历史上著名的水门事件①，它是美国历史上最不光彩的政治丑闻之一，对美国本国历史以及整个国际新闻界都有着长远的影响。有趣的是水门事件也给新闻界留下了一个新词，因为此事件之后，每当国家领导人遭遇执政危机或执政丑闻，便通常会被国际新闻界冠之以"门"（Gate）的名称，如"伊朗门"、"虐囚门"等。

---

① 水门事件：在1972年的美国总统大选中，为了取得民主党内部竞选策略的情报，1972年6月17日，共和党尼克松竞选班子的首席安全问题顾问等5人闯入位于华盛顿水门大厦的民主党全国委员会办公室，在安装窃听器并偷拍有关文件时，当场被捕。由于此事，尼克松于1974年8月8日宣布将于次日辞职，从而成为美国历史上首位辞职的总统。

《华盛顿邮报》的两位记者鲍勃·伍德沃德和卡尔·伯恩斯坦对整个事件进行了一系列的跟踪报道,正是由于他们报道的内幕消息揭露了白宫与水门事件之间的联系,从而最终促使了尼克松的辞职。向两位记者提供情报的人,代号为深喉(Deep Throat),是前联邦调查局副局长马克·费尔特。《华盛顿邮报》的两位记者之所以能够把发生在民主党总部水门宾馆的一件偷盗案与总统尼克松联系起来,进而挖掘出水门事件这一丑闻,完全得益于这位被称为"深喉"的匿名消息源所提供的宝贵内幕消息。因此,一些记者认为,如果拘泥于在每一条消息后面都注上名字,记者不但可能会错过他一生中最重要的故事,而且,一些重大的新闻可能永无见天日的机会。

2. 匿名消息可能是新闻线索来源作假

美国媒体竞争异常激烈的现实,促使新闻记者大量使用匿名消息源提供的消息。媒体对著名的辛普森被控杀害前妻案①的报道就很能说明这一点。从一开始,辛普森案件就是各媒体争相报道的头条新闻。但是,没有几个知情者愿意在媒体上公开提供消息。于是承受着巨大的抢发"独家报道"的压力的记者们只好依赖于形形色色的匿名消息源。一时间,报上充斥着各类不愿或不便透露姓名的知情者和权威人士所透露的"内幕消息"。然而,人们发现这些所谓的"惊人内幕",以及"案件最新发现"常常并不准确,甚至是无中生有。

3. 匿名消息可能是记者作假

1980年,《华盛顿邮报》的一位女记者珍妮特·库克采写了一篇催人泪下的文章。这篇报道讲的是一个叫杰米的小男孩被他妈妈和她的男友强迫注射海洛因的故事。这篇文章是基于不愿透露姓名者提供的消息。

文章发表后,在当时美国社会引起了轰动,人们纷纷要求严惩罪犯。然而,当华盛顿警方开始追查该男孩的下落时,这位女记者仍然拒绝透露给她提供消息者的姓名。直到这篇特写获得了普利策新闻奖时,真相才暴露出来——根本就没有这个男孩,这个故事是她自己编出来的。这件丑闻不仅使《华盛顿邮报》蒙羞,也使公众对整个美国新闻界的可信度产生怀疑。

珍妮特·库克后来透露,她一直在心里暗自祈祷,希望这篇稿子不要获奖,因为她知道树大招风。果然,这篇报道因备受重视而遭到调查,她后来也被报社开除,并被勒令退回奖品。

4. 慎用专家新闻线索来源

对于一个特定的主题,谁知道得最多?当然是专家。人们倾向于信任权威人士。头衔给人的印象越深,社会地位越高,母校越有声誉,人们对专家或权威的信任就越大。对权威的这种信任被称作"可信性等级"②——权威的等级越高,新闻线索来源被认为越可信。

但是,记者必须注意,只在专家专业知识领域内运用新闻线索来源。当新闻线索来源被问及他们狭窄的专业知识范围内的问题时,他们是有用的。专家应该展示自己作为事件正确的观察者、解释者和预言者的知识和能力。当专家或权威的观察和评论被证明是错误

---

① 1994年,著名美式橄榄球运动员、电视主持人辛普森(O. J. Simpson)杀妻一案成为当时美国最为轰动的事件。此案由于名人、血腥、审理过程一波三折而广受关注,被称为"世纪审判"。最后在证据"充分"的情况下辛普森逃脱法律制裁,在用刀杀前妻及其男友两项一级谋杀罪的指控中以无罪获释,仅被民事判定为对两人的死亡负有责任。2008年10月5日,辛普森案经历13年重审,辛普森所受的12项指控全部成立,法庭定于12月5日做出宣判,时年61岁的辛普森可能面临终身监禁。

② 〔美〕梅尔文·门彻. 新闻报道与写作(第九版)[M]. 北京:华夏出版社,2003:344.

的新闻线索来源，记者应该放弃不采用，而不管他们的社会身份如何。

第三节　全媒体时代采集策划实施

一、策划——新闻报道的创造性活动

（一）新闻报道策划的含义

新闻报道策划，是新闻编辑在获得新闻线索后，为使某些报道选题获得预期的传播效果，对新闻报道活动进行规划和设计，并且在报道实施过程中不断接收反馈，修正原先设计的行为。新闻策划一般着眼于具有较大意义的新闻题材，策划者和实施者通过有组织、有计划地推进报道，力求充分凸显其新闻价值，取得最佳社会效益。从实际操作的层面上看，新闻报道策划之所以能够存在，是由于新闻资源具有可被认识、开发、配置、转换和利用的特性。

（二）新闻报道策划的特点

1. 对政策走向宏观把握，微观着手

对客观事实的把握要具有高屋建瓴的认识，以开阔的思维去观察和思考，并从实际做起，大背景，小切入地操作，在一些媒体的新闻策划还要考虑到市场运作和社会反响。

2. 挖掘新闻背后的新闻

新闻策划要善于用联系和发展的观点看问题，不让表面后面的重要信息漏掉，只有指导思想明确，有计划、有目的地深入挖掘，将百姓关心的报道层层做深，才能给读者留下全面、深刻的印象。

3. 新闻策划内核的人文情怀

从本质上讲，人文情怀只是一种意识，不是操作方法，而新闻策划始终要秉持一种人本意识，要把对普通人的生存境遇和发展要求的关注、对个人价值和社会发展的关怀凝结为内核，好的新闻策划也应当有忧患意识和人文情怀。人文情怀，不仅是时代的需要，也是新闻媒体策划发展的需要。

4. 横向比较，将报道做广

有比较，才能有鉴别，有比较，才能出真知。将同一媒体或不同媒体对某一问题的报道汇集综合，就能充分扩大新闻策划的视野，找准策划的新方向。

5. 新闻报道策划的个性化

新闻策划若是四平八稳、毫无新意，那就不成其为策划。新闻策划最大的特点在于"新"，当然"新"并不意味着新闻炒作，而是要建立在事实的基础之上，真正做到"人无我有、人有我强、人强我新"，勇于突破陈规，做出新意来。

（三）新闻报道策划的意义

1. 新闻报道策划有利于确定并深化新闻报道的主题，并在操作中把握好报道的方针和原则

在高度开放、信息传播渠道十分发达的今天。对某一重大事件，一家媒介垄断或封闭

新闻源几乎已不可能,传统意义上的独家新闻已经很少见了。在同源新闻竞争日益激烈的情况下,以独特的新闻视角写出别人没有写出的独特见解和独特思考,实现人无我有、更胜一筹的独家报道,才能使媒介对受众的影响达到一定的深度。没有新闻策划,没有预先对事件进行全面的审视、对背景进行充分的了解,报道就可能没有深度,就可能抓不住新闻事件中最重要、最具有新闻价值的事实。新闻策划要紧紧围绕那些意义深远、新闻价值含量高的重大题材,克服现实新闻实践中存在的表面化、一般化、简单化的弊病,选择好最佳的报道角度。

2. 新闻报道策划有利于调动各种信息资源,对各种信息资源进行整合,组织最佳的报道方案

成功的新闻报道者往往善于运用新闻策划,从记者兵力的安排、报道的角度、挖掘的深度、推出的时间、版面的处理等环节,都做到周密的安排、计划,找准受众最关心和最迫切需要回答的问题。在进行规模性的重大报道时,需要把握好各种资源因素,即可能投入报道活动的采、编、技术等人员数量、素质、才能,报社的经济、社会关系,还有保障系统因素如对报道起保障作用的资金、技术设备、交通工具、通讯手段等,这些因素对新闻策划的成功实施至关重要。

3. 新闻报道策划将受众需求放在首位,有利于沟通传播者与接受者,保证报道效果

现实的社会中存在着很多有待解决的问题,哪些问题应该先解决,哪些问题可以往后放一放,由策划者凭新闻敏感来定。策划就是为了突出重点。加强新闻选题的策划,有意识地发掘广大读者关心的热点难点新闻,引导观众的视线与注意力,引起社会对此类热点问题的关注,就是抓住了报道重点。报道没有重点,就无法凸显事物的价值与内涵,事实上,也只有重点突出的报道,才会给受众留下深刻的印象。

4. 新闻报道策划可以发挥整合优势,充分利用全媒体优势,形成巨大的舆论声势

市场经济的发展,给传媒提供了新的机遇与挑战。媒介面临的诱惑很多,稍不留神可能出现偏差。尤其是党报要弘扬主旋律,做好典型宣传;要深入群众,贴近生活,为读者释疑解惑,正确引导舆论。目标明确并有效的新闻策划工作能提高舆论引导水平,增强宣传效果。另外,突发性是新闻的一大特点,尤其在高科技、信息化、经济全球化的时代,突发性事件明显增多。突发性新闻往往就特别需要精心、周密的策划,才能较好地发挥舆论引导作用。

二、全媒体新闻报道策划的主要内容

真正需要进行报道策划的选题只是所有报道选题中的一部分,主要有三类。

1. 可以预知的、有重大社会影响的活动和事件

这种新闻事件因其重要性而备受各新闻媒体瞩目,是媒体重点报道的对象。在这种情况下,新闻策划就要对需要报道的事件事先摸底,搜集与报道有关的各方面资料,做到对其全方位的了解,制订出能最大限度挖掘出新闻价值的报道计划。尤其要通过新闻策划增加新闻的广度和深度,以做出独家新闻。

2. 非可预见、有重大社会影响的突发性事件

突发性事件一是指没有预测到的、出乎意料的新闻事件,如自然灾害、交通事故、火灾、空难等;二是指不知不觉中慢慢积累、在人们缺乏充分思想准备的情况下突然发生的

社会性事件，如集体上访、罢工游行等。

3. 新闻媒体自己设立的重要问题性报道、活动性报道

重大主题性报道是由新闻采访部门或整个新闻媒介甚至多个新闻媒介经过反复酝酿进行的大规模、长时间的新闻报道过程的总称。这类新闻策划要求事前经过详细的调查研究，拟定总体的报道方案，强调在总体的报道思想上统一，同时也要求在单个典型报道上具有鲜明的个性，而在报道形式和角度方面充分调动各种新闻手段。这类新闻策划通常更能体现媒体的策划能力。如果策划得当，很容易出独家新闻。

对于不同的新闻媒体，由于受众定位、媒介功能、传播目的的差异性，选题决策往往也有所不同。同一个新闻事实，能够成为一些媒介的重要报道选题，但在另一些媒介却可能不受重视，得不到充分的报道。但是，也有一些新闻事实，可能会成为所有新闻媒介的报道焦点，那么，新闻报道选题决策的基本方法究竟是怎样的呢？

（一）选题策划

新闻报道选题决策是一种理性行为，是对报道客体的信息进行收集、鉴别、选择和组合，从而确定报道对象和报道内容的过程。选题决策的共性规律，缘于新闻传播活动都是由传播者、传播内容和受众三要素构成的共同特点。任何一种传播媒介在进行新闻报道时，都要受制于传播者自身的条件、新闻事实客观存在的状态，以及接受传播的受众的需要，因此，所有的选题决策必然在这三方面有着共同的运作规律。

1. 策划选题来自于客观存在的新闻事实

对新闻策划，首先在观念上要弄清一个问题：新闻策划是不是策划新闻？或者说是不是制造新闻？如前所述，答案应该是否定的。可是有一种观点认为"'新闻事实'可以被策划"，"记者可以'造'新闻"。这种观点是对新闻策划的曲解。新闻是客观事物的反映，是对那些已经发生的、正在发生的事实的报道。记者是新闻的报道者，而不是新闻的制造者。如果承认记者能够制造新闻，那假新闻就可能满天飞，传媒就会失去存在的价值。这样讲，并不是否定新闻策划，否定的只是制造新闻。新闻报道策划不能与制造新闻混为一谈。

2. 受众对信息的需求是新闻策划的原动力

受众需求在媒体新闻策划中占有重要地位，受众是任何媒介赖以生存和发展的基础，因此新闻策划时必须以受众为出发点进行创新和满足受众的多种需求。

随着全媒体时代的来临，媒体的服务特性越来越强。媒体从业者始终应遵循服务意识，考虑受众的需要，研究读者对新闻信息的需求，进行适时多角度的策划，才能在媒介竞争中立于不败之地。

3. 媒介进行报道的条件是新闻策划的外部因素

新闻策划一方面要充分考虑媒体的现实条件和受众定位，不能好高骛远。另一方面，新闻信息来源与处理方式的相似，已成为媒体同质化竞争的关键因素。在新闻竞争日趋激烈的今天，新闻策划可谓媒体实现传播效果最大化和差异化的杀手锏。如果能在新闻策划环节上进行充分的布局，那么，媒体的报道便能有效避免新闻题材的同质化现象。

（二）切入点策划

对新闻报道的开始方式而言，从某个角度切入客体进行报道，可以最大地挖掘新闻的

价值，是从新闻策划开始就要思考的问题。一般来说，新闻报道的切入点或是时间线，或是某一典型人物或事件，或是多个新闻点所表达出的共同意义，或是多个线条齐头并进，切入的方式不尽相同。

（三）文本策划

每一个策划在初始时都有一个比较详尽的报道计划，我们称之为策划文本，即策划成果或策划方案的文字化形态。新闻策划文本的书写格式不尽相同，一般对应的是采访的前期准备，应包括选题基本内容、主题、采访方案、问题的拟定等。

（四）实施过程策划

一般来说，新闻报道的方式主要有以下几种。

1. 集中式

集中式指在短期内组织大规模稿件集中于一定的版面或时段，形成较大的声势。

2. 连续式

连续式指紧跟事件的变化进行跟踪，连续发出报道，反映其全过程，从而取得扣人心弦的效果。

3. 组合式

组合式指集中一组稿件反映同一时间、不同地点的同类情况，或同一主题、不同门类的情况，从而形成较大的报道规模。

4. 系列式

系列式指着重于组织事物各个侧面的稿件，集不同角度的报道为一体，达到报道的广度和深度。

5. 受众参与式

受众参与式指吸引受众参与报道活动，发动受众对报道的内容参与讨论，受众的活动与意见构成报道的主要客体。这种方式主要用于报道社会发展中出现的新现象、新问题、新观念。

6. 媒体联合式

媒体联合式指新闻媒体相互合作，联手展开某一报道。各个媒体从自身的特点和优势出发，选择适当的角度和表现手法，使报道主题在各个媒体上有各具特色的展示。这样的报道形成了一种合力，有助于提高报道的效果。

应该指出的是，在策划过程中，应该根据具体情况来选择报道的方式，不可抱着一种模式不放，使之成为没有变化的教条。

同时，实施过程策划还应包括报道时机策划，同样一个新闻事件放在不同的时间，会产生不同的新闻效应。对于某个具体的新闻事件来说，只有在符合其发生的社会大背景存在的那个时间段推出才能产生效果。当这个时间段过去，整个社会的关注点已经转移时，如果再来推出一则过时的新闻，就没有多大意义了。

三、全媒体新闻采集策划的前期实施与调控

新闻报道的调控指在实施方案的过程中不断接受信息反馈，并根据客观情况的变化修正原先的方案，确保新闻传播活动取得理想的效果。

（一）设计报道方案

新闻报道的实施是对新闻报道方案的执行，即确定新闻报道的选题、切入点、体裁、实施过程，并将其用文字形成计划。

（二）接受信息反馈

来自报道者的信息反馈、报道对象的信息反馈、有关部门与主管单位的信息反馈、读者的信息反馈，从各个方面检验策划的成败。

（三）修改

依据接受信息的反馈，修改内容可以是修正报道思路、调整报道内容、调整报道规模、改变报道方式、调整报道力量与报道运行机制等。

（四）实施策划调控

新闻策划是对与整个新闻事件相互关联、互为因果的各种素材和信息的系统整合，其最终目的是通过这种整合求得新闻主体最大的经济或社会效应。新闻策划必须以新闻事件或新闻话题为蓝本，以其发展的必然规律和趋势为依托来进行合理的布局和取舍。

1. 策划整体与局部实施的协调

在策划报道每一个新闻事件或新闻话题时，不仅要关注其呈现在公众面前的表象特征，还要关注隐藏在其表象后面的真实内幕和客观走势，更要注重由此引发的公众反馈和事件本身的社会价值定位。一个新闻策划都是由许多具体环节构成的，每一个实施细节的滞后或不力将直接影响整个策划的成败。

2. 新闻环境和策划选点的协调

新闻环境直接左右着媒体报道的内容，甚至左右着每一个策划的终极命运。所以，在日常新闻策划中，不仅要注意事件本身固有的逻辑态势，而且要注意该事件所涉及的领域范围及当前的报道环境。在这里，环境是一个大舞台，而策划报道本身只是在这个舞台上演什么的问题。两者的协调相辅相成，密不可分。

3. 策划文本和灵活应用的协调

在策划实施过程中，由于客观条件和主观因素等各方面的不确定性，要求实施者必须审时度势，不拘泥于文案本身，根据变化的走势及环境来及时修改策划文本，使其更好地为具体的实施服务。从新闻策划和具体操作层面讲，策划文本提供的仅仅是新闻报道的方向，而随机应变，不墨守成规，才是新闻策划能否成功的关键所在。

4. 内容共创与多媒体互动传播的协调

任何新闻都有其固有的特性和内容。发生在我们身边的每一件事，除了其表象特征外，必然有诸多间接或直接的相关因素环绕在事件周围，这样就给实施新闻策划提供了一个宽广的拓展空间，只要进行一些调整和组合即可使一个策划主体变得丰满起来。

从文案的完成到对各方信息的掌控，从报道角度的选择到报道本身操作细节的安排，从深入挖掘主要报道媒体的报道形式到策划主体之外的相关因素的充分利用整合，多方协调才能广泛扩展新闻外延，升华、丰富策划主题。

内容共创与互动传播，还将形成对新闻媒体的社会监督与媒介批评，新闻报道策划中出现的违反职业道德的现象有望得到及时的暴露，这对解决目前存在的"新闻炒作"、"新闻造假"等问题，对主流媒体更好地担负社会责任，推进社会和谐发展具有积极作用。

思考题

1. 全媒体新闻采集策划如何实施？
2. 分析新闻策划与商业促销策划、广告策划的异同。

作业题

1. 结合"女大学生就业难"这一议题，分组进行新闻策划。
2. 就自己的新闻策划案，体会如何做好新闻策划。

第四章
全媒体新闻采集过程

―――○ 本章提要 ○―――

本章主要阐述新闻敏感在全媒体时代的特殊定义及其发展前景,并解释新闻采集的基本流程与要求。

通过本章的教学,指导学生了解掌握全媒体时代新闻采集的整体流程,并把握新闻采集过程中遇到的各种问题,为学习和提高新闻采集能力奠定基础。

第一节 发现新闻——新闻敏感

新闻敏感对于新闻采集十分重要，可以为新闻记者提供不一样的新闻观点以及新闻视角，是新闻记者个人应当具备的首要素质。

一、新闻敏感在全媒体时代的定位

（一）新闻敏感的含义

《新闻学大辞典》的定义是："新闻敏感是记者编辑发现和判断具有新闻价值的事实的能力。"

新闻敏感，又称"新闻嗅觉"、"新闻鼻"。它是新闻记者对于当前社会现象所具有的敏锐的事件洞察力，分析力，以及对于各种良莠不齐的新闻线索所表现出的精确有力的辨别能力，这是对新闻工作者自身工作能力是否优秀的重要判定方式。

（二）新闻敏感在全媒体新闻采集中的地位和作用

新闻敏感有助于迅速及时地发现新闻，有助于从众多新闻事实中发掘出最有价值的新闻，还能够帮助记者预见新闻。

新闻敏感在新闻记者、编辑的身上能够得以展现，是因为他们有着长期在工作实践中锻炼出来的适用于自身的工作心得总结，它是一种采写经验的原始积累，是多种不同知识在实际运用中的混合生发，同时，这种对自身工作强烈的责任感与使命感促使新闻记者、编辑能够全身心投入到对新闻线索的甄别之中，最终选择具有足够社会影响力的事件来进行报道。这就是全媒体时代，新闻敏感对于记者和编辑综合素质的需要体现。

这种新闻敏感的体现，最终推动了新时代背景条件下新闻的全景化发展与新闻采写人才的进步。

二、新闻敏感在全媒体时代的创造性发展

要让新闻敏感得到长足的进步与发展，主要注意以下两点。

（一）全媒体意识——新闻敏感外延的扩展

"全媒体意识"是指在搜集新闻线索时，不同的新闻，需要不同的角度进行深入采访和挖掘。也可以说，使用不同的手段进行深入的采访和挖掘，在全媒体时代，记者更偏重于不同的信息挖掘渠道和信息传递方式。可以变成一个"全感"的人：从生活中汲取新闻线索，从网络上搜集新闻素材，甚至从社会现象中发掘一种新鲜的新闻事件，这些都是在利用新闻记者的新闻嗅觉，去寻找最新鲜，最与众不同的新闻线索的一种方式。

因此，新闻敏感如果仅仅停留在外界对于新闻工作者的刺激上，就毫无意义了。记者更要注重如何通过各种媒介方式来将新闻敏感转化成优秀的新闻。不管是报纸文章还是电视采访，甚至是简短的网络快讯，如何第一时间判断出该信息的有效性，是新闻敏感表达

其新闻内涵的具体化展示。

（二）深厚的生活知识、技能的积淀——新闻敏感内涵的扩充

新闻记者是杂家，可以从多个角度和侧面对不同的事件加以报道和分析，因此，必须具有深厚的生活知识以及多种技能的积淀，才能拥有深厚的新闻敏感内涵，最终形成一种在采集时的新闻习惯。

常有记者感叹自己不具备新闻敏感，当了很多年的记者，依然没有遇到过什么有价值的新闻报道。实际上，这些记者的采访可能总是浅尝辄止，只是报道了事物的表面内容而忽略了深层次的思考和挖掘。美国哥伦比亚大学新闻学教授麦尔文·曼切尔在《新闻报道与写作》一书中说："记者好像是一个勘探者，他要挖掘、钻探事实真相这个矿藏。没有人会满意那些表面的材料。"①

三、新闻敏感中的心理学

（一）新闻敏感与记者认知

记者的认知一般分为个人认知与社会认知两种认知方向，记者通过这两个方向的认知来增强自身对于新闻采集的敏感机制。

1. 自我认知

自我认知，可以理解为记者对人格的自我认定，而人格是一个带有根本性的问题，会影响到记者的心理素质、新闻采集甚至最后的新闻表达。

影响自我认知，进而影响新闻敏感的因素大体可分为两类：一类是智力因素，包括对事物的感知和思维；第二类是非智力因素，由动机、信念、兴趣、情感、意志、气质、性格等心理要素组成的。现实生活中，许多记者的智力因素并无大的差异。然而，为什么总是少数记者采写了多数的好新闻？原因大多出在非智力因素上。社会责任感强、为人民服务的信念强、有正确世界观的记者具有比其他人更强的新闻敏感，好新闻往往多出于他们之手。

美国心理学家凯利（H. Kelly）提出，一个人的某种品质，或一个物品的某种特性给人以非常好（差）的印象，在这种印象的影响下，人们对这个人的其他品质，或这个物品的其他特性也会给予较好（差）的评价，如名人或明星效应。换句话说，一个引领者的心理性格十分重要，名记者写出的东西往往能够振聋发聩，给社会以警醒。

2. 社会认知

社会认知是新闻敏感的第一步，也是记者在无数的事实中优先迅速选择具有新闻价值事实的第一步。了解社会，认识社会，对社会中新闻事件的印象构成了新闻敏感的基础。

不同记者对同样一件事情的报道可能选择不同的角度，这种状况的产生除了与记者的不同心理背景有关以外，更主要的是源于他们对社会大环境认知的不同。

（二）新闻敏感的心理培养

1. 强烈的政治敏感

新闻工作者首先要熟悉党的各项方针、政策，始终保持清醒的政治头脑，坚持正

---

① 〔美〕麦尔文·曼切尔. 新闻报道与写作［M］. 北京：华夏出版社，2003：120.

确的政治立场,自觉运用马克思主义的观点、方法,分清现实社会重大原则问题上的是非界限,这样才能更好地运用新闻这个武器来维护社会和平,保障人民生活安定。

2. 深厚的认知积累

《人民日报》记者金凤说过一句精辟的话:"采访,不仅需要从外边向里边看,有时候还需要从里边向外边看",这指的就是通过体验增加感性和认知的积累。记者只有多去亲身经历,增加对社会事物的具体认知体验,才能提高新闻敏感,做好新闻采集工作。

曾经有位广播记者采访云南边陲瑞丽市改革开放的变化,他在闲暇时去买西瓜,听到的是河南话;在理发摊上听到的是上海口音;在卖工艺品的小店里见到的是印度人、巴基斯坦人……他眼前一亮,这不正是往日封闭的小城在今天改革开放形势下的写照吗?于是,他用录音机记录下了这丰富多彩的音响,用7种声调组成了现场报道《南腔北调瑞丽边贸街》。这个报道获得了中国广播奖现场报道一等奖。

这个例子在新闻传播的书籍里被反复提及,可见做一名有独立见解的新闻记者,多方面运用自己对事件不同角度的观察,才能在关键时刻,展示出与众不同的才华。

第二节 新闻采集的基本流程与要求

一、新闻采集的基本流程

(一)明确采集目的、对象、内容和媒体

1. 明确采集目的

目的是最终要达到的效果。任何形式的新闻,都应该有明确的目的,目的明确才能更好地把握对象,确立新闻内容。

2. 明确采集对象

新闻的采集对象一般依照新闻采集的目的而定,只有确定采集目的,才能在采集的过程中明确,采集该新闻信息的时候,主要面对的是人,还是物,抑或是某一事件的具体发展过冲中所涉及的一切事物。

3. 明确采集内容

内容的确立,首先要看设备上是否具备进行新闻媒体传播的条件,而后依这些条件来制定具体的新闻媒体的传播内容。适合于报刊的用报刊,适合于广播的用广播,适合于电视的用电视。其次,要考虑受众的心理,特别是要合乎情理,即符合当时当地当人当事的具体情况。

4. 明确为哪些媒体采集

全媒体时代,新闻的采集往往具有一定的针对性,针对不同的媒体而体现出不同的采集模式。为报纸采集需要偏重于搜集背景材料,纸质媒体信息,甚至是事件发展的多角度对比；为电视、广播采集的时候，需要现场的实时资料，用视听结合的手段重现事件发生发展的过程；为网络采集的时候，可以多角度的添加所需要的视频或者文字资料。

（二）制订采集计划

1. 了解把握全局

要制订新闻采集计划，首先就要对全局行动进行统一的阐述，需要明了采集的性质、目的、意义。通过对全局行动的概括式分析，让整个事件在采集者心中形成完整的心理架构，以此来预先推测采集过程中将遇到的困难，并事先提出解决的多种办法。

2. 建立总体框架

了解把握全局有利于总体谋划。所谓总体框架就是从全局出发，考虑到全面情况，进行全方位思考，从现有的实际出发，考察有无采集制作和传播新闻的能力，最终建立起一个总体的新闻采集框架。新闻记者可以建构分段框架，即开始阶段、中间阶段、结尾阶段；也可以建构主体框架，其他的一切都围绕主体展开。

3. 制订具体计划

具体计划是总体框架的进一步细化。具体计划应具有可操作性，一般包括采集的具体对象、实施方法、主要手段、具体层次、具体内容等。

（三）周密准备

有了新闻媒体采集的计划，要得到很好地实施，必须根据需要进行周密地准备。

1. 人员和技术设备的准备

全媒体新闻采集是一项集体行动，涉及的人员多、设备多。人员的选择要依据具体的计划，选择适宜完成采集任务的人员，并从实际效果出发考虑好人员的组合与搭配。再就是要提供必要的采集技术设备和维修保障条件，以使新闻采集能顺利实施。

2. 模拟采集实施

新闻媒体采集的内容一般在实施前可进行模拟演练，以初步地检验采集计划，验证采集效果。在模拟实施中，必须注意在一定的范围内并完全保密的情况下进行。当发现实施内容和计划的不完善之处后，要及时地修改补充。这样，才能在正式采集以前查漏补缺，修订采集计划的不足。

（四）正确实施

1. 把握采集时机

时机是指时间和机会。采集计划实施的关键是把握好时机。事物本身是一个动态过程，预先制订好采集的计划，还要适应不断发展和变化了的情况，必须在实施采集时，把握好最佳时间和机会。

把握时机，要注意三个问题：一是采集行动都是在一定阶段里完成的任务，不能提前或滞后；二是在采集行动实施中遇到困难要努力克服，不能轻易放弃或者随意改变计划；三是随时搜集采集效果，不断完善采集计划。

2. 监督计划实施

采集计划的实施是系统工程。客观现实中往往会出现很多人们预料不到的情况，给执行计划带来一定难度。因此，有关领导和负责人员必须对执行采集计划的部门和人员进行监督，看是否按采集计划分步实施，这中间还有什么问题需要解决，哪些内容和环节要修改和补充，还需要提供什么保障等。

二、新闻采集的基本要求

（一）树立新闻采集多样化和精品化意识

1. 新闻采集多样化

新闻采集多样化指的是全媒体时代新闻文体和节目样式的采集多样化，这是全媒体时代的一种趋势。

这种趋势包含了新闻文体的传统型消息以及通讯，也包括了在网络中出现的多种博客形式以及各种报纸杂志的主题策划，当然还有新型的采集方式如短信采集、网络采集、邮件采集、卫星采集等。节目样式的多样化主要集中表现在视频、音频的多种采集方式上，为应用于多种不同的视听媒体，记者在采集音视频资料的时候往往需要利用多种采集方式，如录音笔、摄像机、照相机等。

2. 新闻采集的精品化

（1）讲求真实

只要是人，就保有个人的偏爱、个性和对事件与当事人好恶的判断，甚至对事件发展的合理想象。当这些判断若有若无地进入新闻采集初期的时候，很容易让新闻从业者产生先入为主的一种心理状态，从而导致判断的偏差甚至错误。

最容易出现的问题是合理想象，真实是新闻的第一要务，采集过程中记者搜集的应当是真实发生了的事件，而不是记者自身对于当事人或者事件的想当然。因此，新闻采集思想要重视真实，真正感人的是事件本身，而不是新闻采集者的自我感受和宣泄。

（2）宣传和谐

选择好的新闻线索，便显出了社会积极向上的主要愿望，让整个社会安定和谐，稳定人民生活状态，这是新闻的责任，也是传播新闻的目的。

（3）提供美感

不要忽视新闻也有美感。同样的新闻消息，在不同的方面进行采集和综述，会呈现出不一样的效果。而新闻的美感，在选择新闻线索的时候，就会体现出来。

美感，是人性的美。不要简单地将美感理解为表面上的镜头美感，或者对新闻的表现之美。更多的时候，新闻的美感是为了人性的光辉而存在。

（4）提高质量

采集的高质量化就是在采集过程中提高采集信息的质量，通过多种高科技手段，尽量使采集的新闻信息接近真实客观的事物原型。如利用高清摄像机采集新闻信息，其画面质量、视频追踪能力、声音收录的过程与话筒的指向性，都远远优于普通摄像机，使得图像细节更加清晰和细腻。分辨率越高，摄像机的表现能力就越好。高清晰摄像机还具有超强的灵敏照度，可以在黑暗的环境下取得更清晰的图像。这样搜集而来的新闻信息更容易还原信息本源，也容易被受众接受，从而得到更好的传播效果。

（二）掌握新闻采集数字化和网络化技能

1. 新闻采集的数字化技能

数字化新闻采集主要相对于传统的采集手段而言，是全媒体时代采集手段的主要技术特征。

在传统大众传播中，对于任何突发性新闻事件的报道都有赖于大众媒体，或是有赖于媒体工作者在新闻事件发生后赶赴现场做后续报道；或是在突发事件结束后记者去搜集二手、三手资料；在极少数情况下，突发性新闻事件发生时，记者碰巧在场还可做一些现场报道。

互联网、多媒体技术和数字式摄像机、相机等"数字化"硬件的普及，使得在突发新闻事件现场的任何个人都有可能抢拍、抓拍到所目击到的现场新闻，并立即通过互联网传送给新闻媒介，也就会成为最直接便捷的新闻采集模式。

2. 新闻采集的网络化技能

网络化技能指的是互联网是全媒体时代新闻采集的一个重要的新闻源，必须掌握网络提供的采集手段和新闻线索。

目前，国内媒体已经有了很多全媒体的理念和实践。如媒体普遍提出"报网互动"、"台网互动"等策略。这个层面上的"互动"大多只是针对个别报道任务或个别栏目而临时形成的结盟，在整体日常运行机制上，各种媒体间还没形成一种稳定的、有机的结合。

BBC 在 2006 年提出了"创造性的未来"计划[①]，其中第一项发展策略便是跨媒体整合传播的"马提尼媒介（Martini Media）[②]"策略，根据这个策略，BBC 的广播台、电视台以及 BBC 网站之间建立了跨平台的节目制作和共享机制。BBC 的实践对于中国的新闻采集来说，具有一定的借鉴意义。

（三）适应新闻采集视频化的发展趋势

新闻采集视频化是在全媒体时代最突出的一种采集趋势。越来越多的视频、音频采集方式在新闻信息的收集中起到了重要的作用。

数字媒体，特别是网络和手机传播是全媒体传播时代新闻采集的发展趋势。对于受众来说，全媒体时代新闻的具体表现形式其实就是各种信息载体不一样，如目前的报纸、收音机、电视机、手机和电脑。但是，媒体之间的界限将越来越模糊，这意味着需要出现新的信息接收设备以充当新的信息形态的载体，也意味着为了满足受众个性化的信息消费需求，我们势必会开始设计和发展更多的可以承载新闻信息的新型媒体。当新一代信息消费终端全面出现时，新的媒介形态就会慢慢显现。

思考题

1. 新闻敏感在全媒体时代的定位是什么？
2. 简述新闻采集的基本流程。
3. 全媒体时代新闻采集的基本要求有哪些？

[①] 2005 年，由 BBC 10 个不同部门的成员联合开展了一项为期一年的受众研究。根据该研究，BBC 推出了"创造性的未来"计划，这一计划被看成是 BBC 历史上最大的一次改革，被视为进军 Web 2.0 的宣言书。

[②] 这一概念从本质上看是一种跨平台的传播策略，其目标是让"受众用最适合自己的方式获取信息，并且要快、准、精。"

第五章
新闻采集的方式与方法

---○ 本章提要 ○---

　　本章主要介绍新闻采集的方式和方法。新闻采集最重要的一种方式是访问。记者访问,可以用个别访问,也可以用集体访问。无论哪种访问,记者都要要掌握各种方式和方法,才能取得事半功倍的效果。在完成采访任务后,记者还要迅速地整理材料,悉心提取事物的特点和本质,反复提炼主题,为新闻的写作奠定坚实基础。

　　通过本章的教学,指导学生了解全媒体时代各种新闻采集的方式和方法;掌握新闻采集过程中如何正确提问、倾听、观察和思考等各种基本技能;能够理论联系实际,应用所学知识,把新闻采集的各种方式和方法运用到实践中去,指导新闻采集工作。

第一节 个别访问

访问是新闻采集最重要的一种手段,即便采写以观察为主的目击式新闻,也离不开访问活动。访问可以分为个别访问和集体访问。个别访问,即记者与采访对象单独交谈。这是记者采访中常用的访问方式。

一、提问

提问,实质上是运用谈话的方式研究采访对象心理的一种方法,是记者进行采访活动的主要形式。根据采访意图和对象,随时调整谈话策略,灵活应用提问方式和技巧,是新闻采访获取成功的关键。

（一）提问的意义

在新闻采集过程中,提问是记者采访中最主要的获取信息的方式。具体来讲提问在新闻采访过程中的作用有以下几个方面。

1. 挖掘作用

记者提问技术的高低,关系到能否挖掘新闻事实的价值,能否将新闻事实挖深挖透,使报道的思想观点得以具体化、深刻化。

2. 引导作用

记者提问技术的高低,关系到记者能否实现采访目的,引导采访对象打开心扉,最终得到真实准确的新闻事实。

3. 桥梁作用

记者提问技术的高低,关系到能否架起记者与采访对象之间的桥梁,关系到采访能否顺利进行。

（二）提问的方式

提问的方式主要有开放式提问和闭合式提问。为了更好地驾驭谈话,在一次具体的访问中要交替使用闭合式提问和开放式提问。

1. 开放式提问

记者仅提示出某一话题或访谈的范围,给对方以充分发挥的余地。这样的提问比较宽松、比较自由,不唐突,不紧张。如"请你谈谈对此事件的看法",就属于开放式提问,对方的回答可多可少,可以谈突出的印象、看法和想法,也可以谈感受,也可以谈某一感兴趣的问题,选择余地较大,不受拘束。

2. 闭合式提问

闭合式提问是指比较具体、明确、范围较窄的提问,要求对方只能回答提问的具体内容。如"您这次访问是否成功?"采访对象只能做出明确的答复,不能模棱两可。闭合式提问常常配合开放式提问,深入追问或查证、核实,以及转换话题。

（三）提问的方法

提问的方法要根据采访的具体情况,随机应变。下面介绍几种主要方法。

1. 正问法

正问法是开门见山、正面提出问题的方法。如采访一位经济学家,问"今年的房地产形势怎样?"这种方法开门见山,干净利落,不拖泥带水,比较适合下列场合和对象的采访:记者招待会、新闻发布会或电视、广播的演播室采访;突发事件的现场采访,或者采访对象十分忙碌的时候;一些领导同志、公众人物等;记者比较熟悉的人,习惯了记者采访或多次打交道的采访对象。

2. 侧问法

侧问法是从侧面入手,采用迂回方式提问的方法。一般以闲聊、漫谈、家常话开头,逐渐把话题引入正题。如要问采访对象一个月挣多少钱,采访对象不愿透漏,那么可以从每个月的花费问起,然后绕到正题。注意,绕圈子不是目的,应尽快谈到正题上,不要无边无际,离题万里。

3. 设问法

设问法是采用假设方式提问的方法。启发被采访者思考,帮助被采访者回忆,提出一些假设性的问题,这就是提问的设问法。如有位打工者因工作原因,不知今年能不能回家过年,记者想知道他内心深处的想法,便可以采用设问法提问:"假如你和你的家人在一起过年,你打算怎么过?"

4. 反问法

反问法是从与采访对象表象认识相反或从与事物呈现状态相反的方面提问,也就是逆向提问。记者针对被采访对象不愿正面回答的问题,从相反的方面提出问题,促使对方思考并回答。如记者要采访一名校长关于如何正确对待家庭与工作关系的问题,可以这样问:"请你说说真心话,你从来没有想过给你的爱人调换一个轻松的工作吗?"迫使被采访者在坦诚的回答中,反映真实内心的思想活动,令观众看了之后信服。

反问法提出的问题具有强大的逻辑力量,令人无法摆脱。运用这种方法,语气应慎重,用词应有分寸,刺激强度要适中,不要引起对方反感。一切应以深入挖掘事实的真谛为目的。不过多地揭伤疤,使用频率不宜过高。

5. 追问法

追问法是刨根问底的提问方法,也是记者常用的一种方法。记者运用这种提问方法,一般都是按照事物的发展规律,循着访问对象的思路去刨根问底,使事件的真相水落石出,以达到采访的目的。

这种方法循着采访对象回答的线索,一个问题接一个问题,打破沙锅问到底,目的是弄个水落石出。但应注意不要把追问变成逼问,变成变相"审问",使采访对象不愉快不配合。

6. 错问法

错问法是一种从相反的方向,提出一个分明错误的问题,以刺激对方的情绪,促使对方否认错误问题,澄清事实,探出真相的提问方法,其强度超过反问法。运用错问法应注意,不要一直错问下去,否则会使采访对象误解。这种方法刺激性较强,要注意措辞分寸。运用错问法,出处不能确指,以模糊的第三者为宜,一般采用"有人说"、"据说"或"据传闻"。

（四）提问的要求

一次成功的采访，提问的方式不但要多样化，更重要的是要善于提问，问得巧妙。好问题离不开提问技巧的烘托。在运用技巧的同时也要注意一些问题，不能弄巧成拙。

1. 准备充分

古语说"知己知彼，百战不殆"。如果记者能在采访问题上做好了解和沟通工作，整个采访活动就能顺利的进行。记者基本功中有一项便是访前准备。访前准备是采访中很重要的一环。要想取胜必须知己知彼。意大利著名女记者法拉奇在访问邓小平以前，看了好几公斤的材料。她谈到对邓小平的采访时说，那次采访很深入、很详细，用了两天时间，很有意思。

2. 具体准确

任何事物都是错综复杂的，且有个形成、发展、结束的过程，记者如果笼统、抽象地提问题，采访对象就难以回答。而且，新闻作品生动处的来源之一是细节，没有具体的事实、数据，全是一般性的材料，是难以写出好新闻的。因此记者提问要具体，不能漫无边际，也不能大而不当。不分场合、时机，动不动举起话筒就问"你现在感想如何"的采访提问是不可取的。

3. 有针对性

俗话说"一把钥匙开一把锁"。记者采访提问也应根据不同的采访对象提不同的问题。针对有着不同心理状态的采访对象，记者应当采取各种提问策略，才能获得事件真相。如外向性格的人善于言谈，记者提问可直截了当，内向性格的人寡言少语，记者提问应善于引导。对普通百姓所提问题是具体的、微观的，对官员、学者所提问题可以是抽象的、宏观的。

4. 简洁自然

记者新闻采集时，对提问的问题应该精心设计，简洁自然，不冗长，不让采访者感到尴尬。如果记者问的问题很长，缺乏亲切感，采访对象又请求你重说一次，或者干脆不回答，或者答非所问，那就达不到新闻采集的目的了。

5. 气氛和谐

采访中，营造一种良好的和谐的氛围，便于记者与采访对象之间的心灵沟通，记者可以在短时间内与采访对象"一见如故"，倾心相谈。记者要获得好的采访效果，就需有一种能够消除陌生、让对方很快熟悉和适应自己的特殊本领。一般需要记者先避开正题，找对方感兴趣的事物为话题开始采访，待对方紧张情感消除后，再见机行事，转入正题。借助这种"媒介"或对方的兴趣点，就会拉近双方的距离，往往可以消除隔阂，让采访在融洽的氛围中顺利进行。

二、倾听

记者的采访对象来自各行各业，如果不善于倾听，就很难获得真实有效的新闻信息。倾听，是记者争取采访对象配合采访的最好方式。只有采访对象认为记者对他的谈话感兴趣，才会滔滔不绝地讲述。因此，一个好记者不仅仅要会提问，还要会倾听。

那么，新闻采集应该怎样倾听呢？

（一）把握好倾听的度

西方有句谚语说"上帝给我们人类每人两只耳朵．一张嘴，其用意是要我们少说多听"。这句谚语告诉记者在采访中多听，少说的重要性。那么。在采访中，提问与倾听各占的比例应该是多少？外国一些学者经过调查研究后，认为倾听的比重应占40%～45%，说话的比重应占20%～30%，其余的时间可以用形体语言来补充。这说明倾听在新闻采访过程中相当重要，当然，这只是一个把握倾听度的大体原则。在多数的情况下，可根据采访对象和实际情况而定。

（二）做好倾听中的概括

在采访中，记者要善于不断对被采访者说的话给予简短概括并及时反馈。这样做的好处是检查记者理解是否正确，为澄清错误提供机会，向采访对象表明自己一直在饶有兴趣地倾听，并向被采访者反馈他所传达信息的清晰程度。如"根据我的理解，你说的意思是……"、"所以你的观点是……"。若被采访者表示不同意见，记者则需重新概括。这是个不断重复的过程，直到双方达成统一的理解。

（三）在倾听中做出积极反应

在采访过程中记者适时做出积极反应，可使采访对象把他们的思想和情感具体化。通过记者的倾听和理解，使双方之间产生和谐气氛，并将采访对象的思路引向预定方向。那么，怎么做出反应呢？一是充分运用如点头、微笑、身体倾斜、目光接触等形体语言表示自己在认真倾听。二是不要急忙下结论，不轻易否定采访对象任何一个观点或陈述。三是努力让被采访者表达尽可能多的信息，可以是言语的，也可以是非言语的。

只有采访对象愿意对记者敞开心扉，才会和记者交流，才会慢慢向记者说出心里话。因此，记者采访要善于倾听，做个倾听的高手，以便获得更多有价值的新闻信息，达到采访目的。

（四）悉心倾听的注意事项

新闻采集中倾听非常重要，为了学会倾听，记者在平时就应注意一些问题。

1. 悉心获取新闻线索

寻找新闻线索往往是记者面临的最大困难。没有新闻线索，则没有办法进行下一步工作。记者如果在采访和日常生活中，都能悉心听取周围人的交谈，做一个"有意"的听者，仔细揣摩，及时捕捉新闻线索，及时调整报道思路和角度，就能产生群众喜闻乐见的精品佳作。

2. 适时调整倾听环境

采访时，记者要注意不能距离采访对象太远。采访对象的声音过轻、过慢或过快，应有礼貌地请采访对象调整。在过分嘈杂的环境中，记者应建议换个采访场合，若没办法回避，可考虑结合其他采访方法。

3. 着力听力训练

新闻听力并不是生下来就不可改变的。平时采访中，记者应着力培养专心听讲的工夫、虚心倾听的态度和耐心倾听的习惯，可以帮助记者获得过硬的听力水平。

三、观察

新闻采集活动是一种综合手段的运用。除了提问与倾听，还要学会观察与思考。观察，是采访中常用的方法。

（一）观察的含义

观察是一种无声的采访，是记者的大脑及眼、耳、鼻、舌、身感觉器官同时运作，以眼睛为主从而使主观认识与客观实际相一致的采访。换言之，就是指记者用眼睛采访。记者只有学会观察，才能不断发现更多的有新闻价值的事实，才能写出准确、鲜明、生动、形象的新闻作品。

（二）观察的特点

在新闻采访中，要充分利用观察法获得有价值的新闻事实。观察的特点有下面几个方面。

1. 直接性

俗话说"耳听为虚、眼见为实"。记者要获得第一手材料，就要到现场去观察。新闻观察不是通过摆布、虚拟和实验等手段进行间接观察，而是非常重视亲眼所见，要求记者直接深入到新闻发生的现场观察。只有记者到现场观察才可以获取直接感受，使新闻报道具有真情实感。

2. 目的性

新闻采访观察是具有能动性的感性认识活动，不是简单反射式的感觉，而是有目的、有意识的观察与研究。现场观察的东西很多，但能够写进新闻报道的事实，仅仅是其中的一部分。因此，观察必须围绕新闻事实展开，并且为新闻报道服务。

3. 选择性

观察主要是通过眼睛对客观事物进行细致的审视。新闻现场观察并不是一般地认识现象和事实，而是从大量客观事实中，选择有新闻价值的事实，选择能表现新闻价值的一些细节和过程。记者，只有把注意力集中在经过选择的观察对象上，把观察始终和有意注意结合在一起，分析哪些事实和细节有新闻价值，剔除无关现象和干扰，才能获得预期的成效。

4. 客观性

观察所获得的事实材料是认识事物的依据。但是，对于记者而言，这里有一个前提，即获得事实材料的观察是否具有客观性的品质。事物是客观存在的，其发展的状态和性质，都是由事物内在的矛盾所决定的，是不依人们的主观意志为转移的。因此，记者如果依照自己的一厢情愿，戴着有色眼镜进行观察或者主观武断，做出张冠李戴、颠倒黑白的报道，就违背了观察的客观规律，更违背了新闻工作者的职业道德。

5. 综合性

观察主要是通过眼睛对客观事物进行细致的审视。记者对客观世界的观察，不仅表现在某一具体的采访过程，而且贯穿于整个记者生涯。在这个过程中，视觉器官的作用是非常重要的，但观察也要在大脑的支配下，调动起眼、耳、口、鼻、舌、身等各种器官，对客观事物进行客观分析，才能得出结论。因此，观察具有不可忽视的综合性。

（三）观察的作用

观察是新闻采访常用的一种方法，贯穿于采访整个过程。记者不仅可以使用观察搜集和积累各种事实、资料，仔细观察采访对象的外部表情，而且可以在观察分析中检验所采集资料的正确性。

1. 可以获得真实材料

俗话说"百闻不如一见"。通过观察现场,可以把在访问中已获得的各种材料,在现场进一步验证、核实,以辨别其真伪,避免在稿件中出现事实性的差错。

2. 可以获得细节材料

细节材料是采访中记者观察到的细小环节,能使记者把获得的抽象的材料具体化、形象化。记者利用这些细腻和传神的细节可以生动报道和再现事物发生的情节,使新闻写得具有形象性、可读性、可信性。

3. 可以使报道具有深刻性

人们对客观事物的认识过程,实质是从现象到本质、由感性到理性的不断深化、飞跃的心理活动过程。现场观察,能够增进对采访对象所介绍情况的理解。记者到现场看一看,可以深化对新闻事实的认识,促进感性认识向理性认识升华。

4. 可以使报道具有真情实感

无论是采访新闻人物,还是采访新闻事件,在现场目睹这些事实和人物活动,记者有时会触景生情,获得真切的具象的感受,产生真情。在写作中,记者可以更好地再现现场情景或人物的内心世界,以真挚的情感打动受众,让受众有身临其境的感受,使报道更加引人入胜。

(四)观察的注意事项

人的眼睛会受到观察范围局限;观察者对所获材料的解释,也往往容易受观察水平的局限而带上主观色彩。因此,进行现场观察,还必须讲究观察的方法。不掌握观察方法,就不能进行有效的观察。

1. 注意观察的位置

观察位置的选择,对于记者来说关系到能否进行有效观察,甚至会影响一次采访的成败。记者的采访位置尽量选择光线充足的环境,并与采访对象正面相对。另外,记者还要同采访对象保持适当的距离,避免听觉受到干扰。位置选择好,记者才能观察到事物在变动中最佳的状态。

2. 选择观察的时机

采访时机的选择恰当,可以使原本没有什么新闻价值的事实成为好新闻的素材。在选择观察时机时,一方面要根据观察目的,确定时机;另一方面还要考虑到事物在变动中最能反映出事物特征的关键时刻。此外,记者还要考虑到观察对象所能提供的观察机会,并充分利用这些机会。

3. 观察与思考结合

在进行现场观察时,记者在用眼睛看的同时,要善于用大脑有意识地进行思考,使眼睛和大脑同时发挥作用,眼脑并用,边看边想,不停留在事物的表面现象上,才能发现事物的特征,加深对事实的理解。有的记者亲临现场,却没有抓住有价值的材料,多半是观察不细致或是不善于用脑。脑勤方能眼尖,那些在记者头脑中反复思考的事物,一旦出现在眼前,才可以感知和捕捉住。否则,即使有价值的事实出现在眼前,记者也会失之交臂。

4. 概览与细察相结合

概览是对某一事物做大略的、鸟瞰式的观察。细察是对某一事物的某个局部或细节,做重点的、仔细的观察。概览和细察的作用，是相辅相成的。从一个完整的观察来说，没有概览，就无法把握整体，掌控全局。但是，如果只作概览，而没有细察，就很难掌握事物的特点与细节。因此，在一次完整的现场观察中，概览和细察必须视情况而定，做到两者有机结合。

5. 比较中观察，观察中比较

观察孤立的事物是不易抓住特征的。比较是人们观察、认识客观事物的一个重要方法。在现场观察中进行适当的比较，连贯起来观察和思考，即从比较中看事物的优劣，论事物的短长，可以加深对客观事物的认识，从中找出事物的特征，抓住事物的本质。

四、思考

采访，离不开口问、耳闻、目睹，更离不开用脑子思考。动脑筋思考，在采访前的准备阶段就已经开始了，而且贯穿整个新闻采集过程。采访中的思考过程，不仅要考虑事实重要性，还要考虑主题、角度和细节。此外，采访思考还要顾及新闻写作。因此，采访思考是记者对于客观事实从感性认识上升到理性认识的过程。

（一）思考的概念

思考是记者运用智力，根据眼前的资讯和现有的知识经验，从事问题解决和新知识探究的过程和活动。思考包含三个方面的要素：一是记者运用各种策略对新闻现象产生意义的心智活动；二是思考技能等方面的知识经验；三是正面积极的态度达成采访目标。记者的智力是一种能使思考使用、发挥的潜能。记者的知识经验有助思考，思考反过来亦增进知识经验。记者的态度影响个人对事物的看法和思考方向。

（二）记者思考的重点

1. 客观事实的思考

事物有本质和现象两个方面，而且都是客观存在。新闻报道必须抓住事实的本质，反映事实本质的客观性。客观存在的事实往往是纷繁复杂的，记者往往不是一眼就能看透。记者在采访中耳闻目睹的种种现象、情况、问题，必须认真地加以分析和研究。对于事实的思考，记者除要求把握其特点、性质外，还包括对政策的思考、群众心理的思考、社会传播意义的思考等。

2. 对问题的思考

在采访中，记者除了倾听采访对象谈什么外，还要围绕采访目的，准备提出新问题。虽然记者事先准备了提问要点，但还是需要随机应变，临场发挥，随时提出采访提纲中没有涉及的新问题。如思考采访对象所谈的情况真实不真实，有没有水分，有没有夸大的地方，此时需不需要追问等。对问题的思考，使记者能够逐渐明晰眼前的事物，也让记者能够更全面的分析所面临的情况。学会思考，学会对问题的思考，这是记者获取有价值新闻事实的重要能力。

3. 对写作的思考

新闻采集活动的目的在于获得新闻素材，用于新闻写作，传播报道新闻事实。所以，记者在采访的同时就要对新闻写作进行必要的思考。如记者在采访到一定的事实材料后，就要考虑这些事实材料可以从什么角度报道，可以提炼出什么主题，用怎样的新闻体裁报道，还要根据报道的角度、主题和体裁的特点去衡量、选取材料，甚至做一些补充采访。

第二节 集体访问

集体访问是记者有意组织或者邀请多个采访对象的访问，集体访问一般有座谈会和记者招待会两种形式。

一、座谈会

（一）座谈会的含义

座谈会又称调查会采访，是指记者通过座谈的方式，在同一时间、同一地点、就同一话题向多个对象进行采访的一种新闻采访样式，是一种常见的集体访问形式。记者对于某些情况错综复杂、矛盾众多的问题可以用座谈会采访。

（二）座谈会的优势

同其他新闻采访方式相比，座谈会有自己独特的优势和效果，主要表现在以下四个方面。

1. 节省时间

座谈会可以用较少的时间迅速收集比较多的新闻线索和材料。大型及综合性报道的采访采用座谈会形式，收效尤为显著。

2. 互相启发

个别访问容易忘记一些细节，而熟悉情况的采访对象一起座谈，能够相互启发，产生回忆，收集的情况和材料更详细、更准确。

3. 及时验证

个别访问，仅采访一个对象，容易使记者受一面之词的影响，而座谈会有利于了解争论双方的意见，并可以直接相互印证，当场获得可靠客观的材料。

4. 解决矛盾

记者在采访中遇到同报道有关的难题，最好的方法就是到群众中去，发动群众献计献策，难题就变得容易，矛盾也会很快解决。

（三）开座谈会的注意事项

老一辈新闻工作者都曾就开好座谈会做过论述，成为记者工作的指南。开好座谈会记者要根据集体访问的特点结合个别访问，才能取得良好效果，要注意下面几个方面。

1. 参加座谈会的人数要适当，要有代表性

根据采访目的和要求，选择有代表性的采访对象。参加座谈会的人数不宜过多，一般三五个人或七八个人即可，以便于与会者有时间畅所欲言，人数太多了，局势不好控制。

2. 开座谈会前必须做好准备

要拟定讨论提纲，并在开会前将提纲分送给与会者。对与会的重点人物，还要个别交谈，说明记者的意图和要求，使座谈会谈论目标明确。

3. 充分展开讨论，不轻易下结论

座谈会不要搞成简单的一问一答，要引导与会者充分展开讨论。讨论时，记者应冷静

观察，广听博纳，对于不同意见的争论，千万别轻率表态、下结论，要善于启发引导。

4. 捕捉新闻线索

座谈会上，常常会遇到有些人不愿透露某些信息，有些人谈出了一些其他的新闻线索。记者应该做有心人，善于捕捉这些信息和线索，然后记下来，待座谈会结束后再做个别深入采访。

5. 要避免座谈会发言的虚假现象

要注意避免众口一词、歌功颂德的虚假现象。

二、记者招待会

（一）记者招待会的含义

记者招待会和新闻发布会，都是集体访问，即一群记者访问同一采访对象。两者在本质上没有多大区别，通常是由政府部门或社会团体、企事业单位组织举行，有时也由个人出面举行，邀请有关新闻机构的记者参加，公开发布新闻。这里以记者招待会为主来介绍。

记者招待会上，一般先听取新闻发言人发布新闻或介绍情况，然后记者提出问题要求新闻发言人解答。记者招待会的新闻发言人通常为一人，有时，因问题的多面性或事物的复杂性，也可由几人组成，各自回答有关方面的问题。

（二）记者招待会的特点

记者招待会采访形式不同于座谈会和个别访问，这是新闻发布单位主动找记者发布新闻的一种采访方式，也是记者获得新闻最重要的一个途径。

1. 发布信息正规

因为记者招待会直接向新闻界发布有关信息、解释重大事件，所以其主要目的是发布信息。在记者招待会上发布的消息，形式往往比较正规、隆重，易于引起社会各方面广泛的关注。

2. 双方沟通活跃

记者可根据媒体，更好地发掘消息，充分地采访组织者，有针对性地提问；组织者同时也能更深入地了解新闻媒体的需求。这种沟通方式，在深度上和广度上都比其他形式更为优越。

3. 时间占用较多

记者招待会，记者和组织者都需精心准备，在一个限定的时间内，一般一至两个小时进行采访。尤其对组织者来讲不但占用时间多，而且成本也高。

4. 面向不同记者

记者招待会是一种更大范围的新闻发布方式。因此，记者招待会不是向个别记者发布新闻，而是面向新闻界的各个媒体记者。这个群体中，可能有中外记者，也可能有报纸、广播和电视等各媒体的记者。

（三）记者招待会采访的要求

1. 讲究礼节

记者参加招待会时，需着装正式，讲究必要的礼节，给发言人一个良好的印象，如对发言人给予一定的肯定和赞扬，肯定会对采访质量有一定的帮助。

2. 准备充分

记者招待会是在规定时间内对记者提出的重大问题进行集中回答的特殊场合。这种场合记者必须有备而来，包括有关政策、资料的准备，抓住关键的、人们所关心的问题提问。会前要围绕主题，多准备几个问题。万一其中的一个问题被其他记者提了，还有后备问题。

3. 积极竞争

记者招待会形式不同于座谈会，主要表现为记者之间的竞争。记者招待会上提问的机会有限，慢半拍是不行的。在招待会前，记者要抢座位，抢一个好的位置，以便引起主持人注意，获得提问机会。在招待会中，记者要抢提问，不抢等于把机会拱手让人。会后，如果有可能还应追问，以便获得独家新闻。在记者招待会结束后，还要抢发稿。

4. 排除障碍

这里主要指排除记者提问时的思想障碍。参加记者招待会关键在提问。在大庭广众之下提问，记者往往会产生很多思想障碍，如有的记者认为提问会被认为是给领导出难题；有的记者认为自己是小新闻单位，没有机会；还有的记者在记者招待会上怯场，不敢积极提问。这些思想障碍都需要努力排除，摆正心态，才能以积极的姿态参加会议。

第三节 特殊方式采访

所谓特殊方式的采访，是指与一点一地、临时性的或分工比较稳定的采访有所不同的采访。当然，其中也含有访问和观察手段的运用。特殊采访的方式有很多种类，这里以隐性采访和电话采访为主，简单介绍几种方式，在实地采访中可以根据需要选择使用。

一、隐性采访

（一）什么是隐性采访

隐性采访，也称秘密采访或暗访，是指记者由于某种原因而不公开身份的采访。隐性采访在新闻界的实践已经有了比较长的历史，仅就采访行为的具体称呼上，也有暗访、私访、微服私访、秘密采访、偷拍偷录、隐匿采访、隐形采访等。

（二）隐性采访的意义

隐性采访的主要优点是不会因记者的采访而改变采访对象的原来面貌，所以在新闻采访中有其他采访方式不可替代的积极意义。

第一，隐性采访是公开采访的重要补充。通过隐性采访，媒体可以获得正常采访难以获得的事实真相。

第二，隐性采访因为没有被采访者的粉饰，可以一针见血地抓住问题的实质，使新闻报道更具可读性、可视性，赢得受众青睐。

第三，隐性采访是批评或揭露性报道的非常重要的手段之一，能有效制止采访对象弄虚作假，有效应对采访对象拒绝访问行为。

(三) 隐性采访的适用范围

隐性采访虽然有很多好处，但是不能滥用。那么，哪些情况下适用隐性采访呢？

1. 在不表明记者身份更有利于对客观事物的观察和了解时

记者在日常活动中，并不需要处处都表明自己的身份。在有些场合，记者不表明身份反倒利于对客观事物的观察和了解。如记者在市场交往中以顾客的身份出现，在旅行中以旅客的身份出现，在劳动中以普通劳动者的身份出现等。这样会使对方感到亲切、自然，便于互相接近，在无拘束、无戒备的自由交谈中了解到真实情况。

2. 采写某些批评、揭露性的报道时

有的采访对象害怕把自己的问题暴露在社会上，记者如果采用显性采访，对方往往会掩盖自己的问题，而用隐性采访就比较容易了解到真实的情况。

3. 采写某些表扬性的稿件时

与批评性的稿件相反，某些先进单位的领导，喜欢夸大自己的成绩，如果记者采用隐性采访，就会使新闻报道更客观一些。如记者要报道某次先进旅客列车，不是以记者身份采访列车长和列车员，而是以普通旅客乘车，实地考察、感受，再把从多方面了解到的情况，加以汇集、综合，写成表扬性的稿件，这样的报道就会更真实、更生动，读者就更喜欢看。

(四) 隐性采访存在的问题

隐性采访是一把双刃剑，用得好可以帮助记者搜集新闻素材，用不好可能会引发很多问题，如"新闻官司"，"偷拍偷录"的争议等。

1. 隐性采访的违法性问题

这里的违法性包括两个方面：一是一些记者在隐性采访中无视法律的禁区，滥用隐性采访侵犯他人隐私权、名誉权等，在社会中造成不良影响；二是一些记者在隐性采访中以身试法，一些记者为了获取事实真相尤其是揭露违法犯罪活动的真相，在隐性采访中往往假扮成某些有特定身份的人，并以此身份参与事件之中，这种行为轻则违反新闻道德准则，重则违反法律。

2. 隐性采访的虚假性问题

由于隐性采访直接出于采访者的主观意图，不可避免地带有"新闻策划"的色彩和自导自演的痕迹，因此"诱导性"采访和"策划性"新闻时有可闻，再加上采访的隐蔽性，外界对记者监督减少，记者本身的主观机动性随之增大，为炮制假新闻提供了可乘之机。

3. 隐性采访的泛滥性问题

隐性采访作为公开采访的补充形式，是一种在非正常情况不得已而为之的方式，不应被普遍采用。隐性采访应当主要针对特殊人群的特殊活动采用，对于一般性事件和普通人的正常生活，没有必要采取非正常手段收集新闻。

(五) 妥善使用隐性采访

隐性采访是公开无法采访真实情况时迫不得已才采取的一种采访方法，因此不能滥用。在使用隐性采访的过程中应注意以下几个问题。

第一，隐性采访只能在不得不使用的情况下使用，凡是能运用显性采访方式时，就不要使用隐性采访。

第二，隐性采访不可涉及国家机密和公民隐私。

第三，隐性采访务求客观真实。隐性采访采取的是"单枪匹马"的战术，因此，要注意把事实核对清楚，避免出现事实差错。

第四，为了消除隐性采访只是记者个人活动的不利因素，在可能的情况下，可以把隐性采访和显性采访结合起来。

第五，注意保护自己的安全。

二、电话采访

（一）什么是电话采访

电话采访是谈话采访的一种，就是通过电话与采访对象进行交谈，以采集新闻素材的采访方式。记者应当尽量想法深入到现场去采访，然而，随着现代化通信工具的日益发达，在大多数日常的采访活动中，因某些原因不能到达现场，电话采访就可作为一种采访手段，当然也可作为其他采访方式的辅助形式。

（二）电话采访的意义

电话采访最大的特点是方便易行、速度快，使记者能真正体会到"千里眼"的魔力。对于那些记者因种种困难不能到现场进行采访的新闻事件，特别是突发事件，记者来不及赶到现场采访，又要保证新闻的时效性，通过电话对新闻事件知情人进行采访就是较好的方式。

此外，在一些因采访对象情绪紧张或是有所顾忌而难以畅所欲言的采访中，电话采访的优越性更加明显，而事后追加的电话采访也可以使采访对象有充分思考的过程。

还有一些突发事件或重要事件，记者不能进入事发现场，考虑到新闻的时效性，电话采访在这时就可以发挥重大的作用。

在发稿前要对一些新闻事实、数字、人名、地名等进行核实，也通常用电话对采访对象作补充采访。

（三）电话采访存在的问题

记者在电话采访时，由于缺少对被采访对象形象的了解和被采访对象所处环境的把握，因而对被采访对象向记者提供新闻线索或接受采访的真实意图往往不好把握。在这种情况下，按着对方的谈话来写报道，就很容易出现失真的报道。

另外，如果某个地方发生了突发事件，如果不知道电话号码，电话采访也不方便。即使可以顺利进行电话采访，由于电话采访需要借助电话，不可能长时间采访，也不可能与多人同时进行。

还有，除了非常熟识的采访对象之外，跟一般不太了解或根本不认识的采访对象谈话，对方不一定按着记者的采访思路去谈话，就很难使采访顺利进行，当然也谈不上深层采访。

（四）电话采访注意事项

尽管随着电话越来越普及，电话采访已成为一种快速简便的采访形式，成为记者常用的一种采访手段。但是，在进行电话采访时，由于记者不能与采访对象进行当面交谈，所得材料都是采访对象的一面之词，故在采访时必须慎重。

1. 做充分准备

记者拨打电话前要有准备，把采访时要问些什么、了解些什么，事先列好提纲，以便在几分钟短促的采访中顺利完成。最好正式采访前先去个电话,讲清需要回答的问题,然后,双方约定时间,再拨通电话,开始正式采访。

2. 提问要凝练

电话采访中提问是一门艺术,它比平时从容的交谈,来得更为急迫、凝练,也不可能一直拿着电话长时间通话,所以电话采访时需要更多应变能力。

3. 记录要及时

电话采访还要做好记录,尽量避免在忙乱中漏记一些重要信息和事实。重大题材的电话采访有时可以在话机旁放一台录音机或录音笔,确保记录准确。

4. 注意核对资料

电话采访关键是真实性问题,解决这个问题不妨采用"三角定位法"进行核实材料,比如通过电话多采访周围的其他人,如果多人讲的话都相同,才可以确定是真实可信的。

三、其他采访方式

(一)易地采访

易地采访是指记者到本职工作范围以外的地区采访。通常是指记者由于工作需要变换采访地点。如根据报道需要,《人民日报》驻山东的记者,被编辑部临时派遣到山西去采访;《河北日报》驻邢台的记者,被编辑部临时派遣到唐山去采访,完成了既定任务之后,再回到原来工作的地区。

易地采访要求记者做好更充分的准备,制订一个周密的采访计划,协调好各方面关系,及时总结好易地采访的经验。

(二)蹲点采访

蹲点采访是指记者对生活中有重大影响的新生事物、先进经验、典型事件、专题研究以及群众普遍关心的问题进行深入、细致的长时间定点驻扎采访。蹲点采访,是一种深入实际、调查研究,采访时间较长的采访方式。

这种采访方式的特点是,采访周期比较长,调查研究深入细致,报道工作比较扎实,适合于贯彻某项重大方针政策的宣传,或就某一重大题材做深度报道。

(三)巡回采访

巡回采访是指新闻媒体根据新闻策划需要,派遣记者沿着预定路线进行旅行式的考察采访活动,故又称"旅行采访"。其特点是流动性大,每到一地,一般停留时间很短,通常用于某些特殊的、重大主题的报道。巡回采访也是一种机动性较大,对记者的采访能力与写作水平要求较高的采访方式。巡回采访应注意的问题是旅行前应做充分准备。

(四)交叉采访

记者在一定的时间内同时采访两条或两条以上的新闻线索的采访活动称为交叉采访。在同一地方或者相隔不远的两地发现多条新闻线索,采用交叉采访可以避免重复找人,节约路上往返时间,提高工作效率。进行交叉采访要求记者具有极强的新闻敏感,能在复杂的情况下迅速识别众多的新闻线索,把握重点,分清主次,制订出周密的采访计划,有利于记者采访素质的提高。

第四节 采集的深化

记者在获得新闻素材完成采访任务，还没有动笔写作这段时期，任务量虽然不大，但很重要，涉及前段时期采访效果的巩固，也关系到新闻写作成功与否，最终影响到新闻的传播效果。

一、迅速整理材料

记者每次采访结束，可能不是马上就写新闻稿因此需要及时整理采访材料。

（一）材料迅速整理的意义

新闻最讲究时效性，因此每次采访活动告一段落，不管多么疲劳，记者都应毫不迟疑地立即整理采访材料。时间过久了，记者再拿到材料，往往忘掉了好多内容，甚至回忆不起采访时的现场情况。所以，采访一结束，记者就要抓住记忆的黄金时段，立刻整理采访材料。

（二）整理的内容

1. 迅速整理笔记

记者笔记是在采访过程中获得的重要材料。因为这些材料是记者直接从现场或是从采访对象那里得到的，所以也叫"原始材料"或"第一手材料"。采访一旦结束，必须及时整理。

2. 整理录音或图像

整理录音录像会帮助记者熟悉采访过程，熟悉材料和细节。然而，整理录音或图像是很费时的事，因采访对象说半小时的话，记者也许就要用两个小时来整理。

3. 核实材料

采访获得的材料，有的是真实、全面的，也有的不准确、不全面。因此，记者有必要将前阶段采访所得材料，再深入到实践中检验，即对材料进行核实验证。

核实材料的方法除了靠记者的智力判断外，有些方面还需当事人核实。对于特别重要的事实，记者除了找当事人核实外，还要找第三者进行验证。如果当事人和第三者提供的资料有出入，记者还要亲自奔赴现场采访核实。

二、深入开掘

俗话说"要想得甘泉，井要挖的深。"记者深入开掘是深化采访的重要技艺和方法，目的是为了获取事物深层次的信息。采访深入的标志是悉心抓特点和悉心抓本质。

（一）悉心抓特点

记者在采访中不只是泛泛了解情况，而是深入寻找事物的特点，即找事物的个性，找不一般的事实，找有特点的题材、人物和细节等，从而开掘新的报道主题。要认识某一事物，既要善于抓住问题的广大范围，同时要抓住个别具体的细节。

（二）悉心抓本质

悉心抓本质，就是记者透过客观事物的表面现象，去粗取精、去伪存真、由此及彼、由表及里，认清事物内在的规律性，并实事求是地从中提炼出具有意义的思想观点。新闻报道既要讲速度，也要讲深度，受众既要知道"何时""何地""何人""何事"，也喜欢探究"为什么"。因此，记者就要充分发掘材料的深刻性，深入到事物的本质中去，挖掘事物的本质。

三、反复提炼主题

新闻主题是新闻事实所提炼出来的观点和中心思想。一次成功的新闻采访，一篇高质量的新闻作品，都与新闻主题的选择、提炼息息相关。

（一）新闻主题提炼是主客观统一

提炼主题是记者主观认识和客观认识相统一的过程。记者采集的事实和材料是客观存在的，但提炼的主题体现了记者对客观事实的判断和倾向。同一件事，可以有完全不同的主题，就是记者对事实材料的分析认识的结果，是主观与客观的统一。

（二）新闻主题提炼与深化的方法

新闻主题一般隐含在新闻事实的背后，同一件事情可能包含多种意义，提炼主题犹如沙里淘金，给记者带来一定的难度。记者需从大量新闻素材中挖掘最有价值的新闻，因此，不仅要深入采访，还要掌握一定的方法。新闻主题提炼与深化的方法很多，这里仅介绍常用的几种。

1. 红线穿珠法

这种方法主要在现有的素材上下工夫。如果我们把采集来的一个个素材比作珍珠，那么记者就要善于找出这些闪闪发光的珍珠之间的内在联系，找一根穿珍珠的红线，把它们贯穿起来，否则它们是散乱的，不能成为可欣赏的艺术品。既然素材在这种方法里是第一位的，记者就要着重在现有的素材上下工夫，抓住线头，抽出主线，剥茧抽丝。

2. 追根溯源法

现象是个别和表面的东西，是事物的本质的具体表现。新闻事件的发生都是有原因的，记者需要弄清来龙去脉，剖析事件背后的因素。尤其是在深度报道中，记者需要运用追根溯源法，多问几个为什么，才能提炼出好的新闻主题。

3. 归纳总结法

如果新闻事实故事性较强，记者就可以围绕一个问题、一件事采访搜集到大量素材后，经过认真分析，在写作时对素材进行筛选取舍，按照新闻事实发生的自然过程进行叙述，通过作品内在逻辑的自然发展得出结论，然后从个别现象中总结出普遍性的结论。这种方法要求记者善于整理、归纳和概括新闻素材，由感性认识上升到理性认识，精心提炼出一个有个性的主题。这种方法常见于新闻综述、典型报道、成就报道和分析性的深度报道等。

4. 对比联系法

有些事件孤立起来看很难发现其特殊意义，但如果将其放在宏观的背景之下，进行对比，往往能够提炼出独特的新闻主题。这种方法要求记者详细占有材料信息，逐一分析比较，找出能体现特色的素材，在对比中挖出新闻主题。这种方法一般采取交代新闻背景、对比同源新闻、添加新闻链接等方式进行。

5. 以小见大法

这种提炼主题方法实际上是"寓大于小",大处着眼,小处着手。记者运用这种方法要善于在生活中"解剖麻雀",并由此及彼、由表及里,挖掘主题。日常生活中的事实多数还是平凡的人、平凡的事,不可能经常碰到重大题材,记者要能从平凡之中发现新闻的闪光点,才能够提炼出有价值的新闻主题。

(三) 新闻主题提炼要注意的事项

事物的发展是渐进的,同一件事实可以从不同的侧面去观察和认识。记者在提炼主题时,常常有主题处理不当的情况。深化和提炼新闻主题时需注意以下几点。

1. 材料的分析要认真,不要强行"硬化"

记者在掌握了大量材料之后,必须对材料进行综合分析。提炼和深化主题必须以事实为依托,结合形势进行。绝不能把非事实的东西,去硬性迎合形势的需要,强行"硬化"。

2. 提炼的主题要集中,不可分散空泛

客观事物本身是发展的、多面的,而一篇新闻报道的主题却不能太分散,面面俱到,什么都讲,出现多义性,造成叙事的混乱。否则,新闻作品空泛无物,没什么力量可言。一篇新闻报道最好只有一个主题。

3. 提炼的主题要深刻,不要流于一般

记者提炼的主题要有鲜明的特色,否则,文章就显得浅薄空洞。

思考题

1. 提问的要求和注意事项是什么?请将"请问你目前的感觉怎样?"这句话改为三个以上封闭式提问。
2. 怎样把握倾听的度?
3. 课后观察一个体育比赛现场,然后叙述观察所得,看看能否抓住特点。
4. 记者的采访方式有哪些?各有什么特点?
5. 集体访问的类型及其特点是什么?
6. 新闻采集如何深化?

作业题

1. 观看近期中央电视台的《新闻调查》,记下记者的提问和被访者的回答,分析记者在不同情况下的提问方式及其采访技巧的得失。
2. 实地采访一个先进人物,并总结自己这次采访的切身体会和经验。

第六章
报纸新闻采集

———◦ 本章提要 ◦———

　　本章主要介绍报纸新闻采集的特征、采访过程中的观察记录,以及报纸记者的思辨能力培养。在全媒体时代,各家媒体由于竞争需要都千方百计采集适合自己的"独家"新闻。要在竞争中立于不败之地,报纸媒体必然根据自己的特色采集新闻素材。在实际采集过程中,报纸记者要根据采访目的、任务、现场情况等的不同,善于观察和记录。此外,记者还要培养思辨能力。思辨能力对于提高记者的创造性和创新能力,发现有新闻价值的事实具有重要的作用。

　　通过本章的教学,指导学生了解报纸媒体的产生发展及其优势和劣势;掌握报纸媒体新闻采集的一般特征、各类报纸媒体新闻采集的重点和报纸记者的思辨能力;能够理论联系实际,应用所学知识,根据报纸新闻采集的特点和有关知识采集新闻素材。

第一节 报纸新闻采集的特征

一、报纸媒体的产生及其优势与劣势

（一）报纸媒体的产生

新闻事业以近代报纸的出现作为其产生和发展的历史起点。报纸是以刊载新闻为主，定期连续向公众发行的印刷品。报纸的产生和发展大约经历了古代报纸、近代报纸和现代报纸三个阶段。

1. 古代报纸

古代报纸产生于2000多年前。在西方，公元前100年左右，在凯撒大帝统治的古罗马帝国时期就出现了报纸《每日纪闻》和《元老院法令》。

我国古代的报纸——邸报，相传始于汉朝，但无实物可证。据新闻史学家考证，邸报出现在唐朝。现存英国伦敦不列颠图书馆和法国巴黎国立图书馆的两份"敦煌邸报"，可能是迄今世界上保存年代最早的报纸。从宋朝开始，不仅有大量的邸报发行，而且出现了在一定程度上反映人民愿望和要求的小报。

古代社会产生的《每日纪闻》、邸报，尽管可以称作报纸的雏形，但却不是今天意义上所说的报纸。近代、现代报纸是以刊登新闻为主、定期连续出版、面向社会大众公开发行的印刷品。古代报纸没有专门新闻机构和新闻从业人员，其报道内容、出版形式、工作方式和传播范围，都与近代、现代报纸相去甚远，称之为报纸的雏形更为适当。

2. 近代报纸

近代报纸是资本主义商品经济条件下的产物。16世纪，意大利的威尼斯为了适应商人对信息的需求，用手抄写新闻，被后人称为《威尼斯公报》。手抄新闻集编、写、发行于一人，是名副其实的个体劳动者，是世界上第一批真正靠新闻为生的职业新闻工作者。到17世纪初，手抄新闻发展到顶峰。这期间，在德国的法兰克福首先出现了刊期为半年、以书籍形式出版的新闻书。由于刊期太长，未能得到很大的发展。

取代手抄新闻和新闻书的是周报和日报。1609年，在德国出版的《观察》、《报道和新闻报》等周刊，可能是世界上出现最早的、定期出版的印刷周报。1660年，以周刊形式在德国出版的《莱比锡新闻》，三年后改为日报，史学家普遍认为这是世界上最早的日报。周刊和日报的出现，标志着近代新闻事业的诞生。

3. 现代报纸

近代报纸是适应资本主义经济发展的需要而产生的。19世纪末，资本主义经济开始从自由竞争走向垄断，资产阶级报纸也相应地发生了变化。19世纪30年代，大众化的报纸产生取代了政党报纸，成为资产阶级报纸的主流。在弱肉强食的残酷竞争中，原来各自独立的大众报纸纷纷被实力雄厚的资本家收买，形成报系或报团。报系报团的资本相对集中，由某个资本家或垄断资本集团统一经营管理，旗下报刊数量多，有一致的办报思想和方针。报团的形成，标志着报纸进入现代阶段。

（二）报纸新闻媒体的优势与劣势

与其他媒体相比，报纸在新闻传播过程中有独特的优势和劣势。

1. 报纸媒体传播的优势

（1）采集具有公信性

因为报纸记者的采访，一方面是在法律认可情况下，另一方面可以获得采访对象配合，所以，内容上更具有公信力。报纸新闻采集可以借助采访权的优势，结合媒体特点，在竞争中脱颖而出。

（2）材料具有易存性

由于报纸的特殊材质及规格，相对于电视、广播等其他媒体，报纸具有较好的保存性，而且易折易放，携带十分方便。一些人在阅读报纸过程中还养成了剪报的习惯，根据各自所需分门别类地收集、剪裁信息。这样，无形中又强化了报纸信息的保存性，提高了重复阅读率。

（3）阅读具有选择性

报纸把许多信息同时呈现在读者眼前，读者可以自由地选择阅读或放弃哪些部分；哪些地方先读，哪些地方后读；阅读一遍，还是阅读多遍；采用浏览、快速阅读还是详细阅读。读者也可以决定自己的认知程度，如仅有一点印象，还是将信息记住、记牢；记住某些内容，还是记住全部内容。此外，读者还可以在必要时将所需要的内容记录下来。

（4）信息具有权威性

消息准确可靠是报纸获得信誉的重要条件。大多数报纸历史长久，且由党政机关主办，在群众中素有影响和威信。遇到重大新闻事件发生时，读者还是找报纸看，这就是多年积累下来的对报纸权威性的认同。

（5）文字具有阅读性

阅读是一种联想、想象的理解和认识过程。报纸是用文字传递信息的，适应了人们阅读习惯和能力。文字表述可以给人以无限的想象空间，不同的人对同样的文字内容，会因自己不同的阅历，修养产生不同理解，产生不同的认知感受和无穷乐趣。另外，文字内容也具有聚合力，在一个版面空间集中表现相同的内容，具有很强的冲击力。

2. 报纸媒体传播的劣势

（1）信息传播时效性差

受截稿及出版等工作程序的影响，报纸不能把最新资讯提供给读者，在信息更新方面也慢一个节拍。

（2）阅读文字限制性强

报纸是文字传递信息，而阅读信息，就要求受众有一定的文化水平。

（3）文字传播感染力差

报纸需要以文字为主要传达元素，表现形式相对于广播、电视的媒体及其他新媒体而言，不那样逼真、直观、形象，比较单调，缺乏直接的感染力。

二、报纸媒体采集的特征

报纸记者的新闻采集工作与其他新闻媒体相比，有着鲜明的特色。

（一）复原现场的采访优势

记者进行新闻采访时，会选择一个典型的环境，这对展现事件和人物性格特征具有极为重要的意义。广播、电视媒体虽然具有真实再现客观世界的功能，但在采集事件性新闻时，事件的不可复原性，使得广播、电视等媒体必须投身现场才能捕捉特定环境中人的表现，记录事件的发展过程。报纸媒体采集却具有用文字复原现场的能力。

（二）对记者的形象要求不高

报纸记者在采访中，要求朴实大方，但报纸记者毕竟不直接与读者交流，读者看重的是记者写的新闻，至于记者的形象怎样，并无多大关系。

（三）记者采访有较大活动空间

报纸是以空间占有的形式，向读者展现报纸的内容，读者可以自由地各取所需，阅读自己感兴趣的内容。读者从报纸上并不能直接感受记者采访的时间，这就为报纸记者的采访提供了较大的活动空间。报纸记者在进行采访时，自然也要追求以最快的速度深入现场，了解新闻事件发展的新变化。在采访过程中，记者只要把采访的内容赶在截稿期之前的适当时间交稿就可以了。

三、各类报纸媒体采集重点

在我国目前公开出版发行的报纸中，大致有三种类型。一类是党政类报纸媒体，一类是晚报、都市类报纸媒体，还有一类是专业类报纸媒体。各家媒体由于受众和媒体定位、功能不尽相同，因此，采集重点与难点也不尽相同。

（一）党政类报纸媒体新闻采集重点

党政类报纸，是党和人民的耳目喉舌，主要宣传党的路线、方针、政策，弘扬时代精神，唱响主旋律，体现党的意志，是整个报业的龙头，在人民中的威信很高。党政类报纸媒体新闻采集的重点主要包括以下几方面。

1. 中央和地方党委、政府的重大战略部署

中国共产党坚持与时俱进的思想，在继承马列主义、毛泽东思想、邓小平理论和"三个代表"重要思想的基础上，适时提出了科学发展观。各级党政类报纸报道都应围绕这个主旋律，结合实际，进行采集和报道，为发展中国特色社会主义贡献力量。

2. 全局性的重大活动和突发事件

随着我国综合国力的提高，国家一些重要活动，特别是一些突发事件，都可能对国计民生和世界的某些方面产生重要影响，常常引起人们的高度关注。党政类报纸记者应该迅速采集反映这些事件和活动的新进展，满足群众期待了解的心理期望。

3. 某一热点问题

社会上存在着不同的阶层和利益群体，对社会问题和现象的认识持有不同的观点和看法，这些不同观点和看法往往容易形成热点问题。这些热点问题常常体现在政治、经济、文化和社会生活的方方面面，同群众的利益息息相关。党政类报纸对这些热点问题的采集和报道有义不容辞的责任。

4. 重大典型

党政类报纸在新闻报道中，常常把发现和树立重大典型作为弘扬时代精神、动员和激励人民群众万众一心，同心同德进行社会主义现代化建设的重要手段。党报这种报道在我

国新闻发展史上占有突出位置。典型报道与正面宣传为主的报道方针紧密相关，是体现党报权威性和影响力的重要方面。

5. 重大成就和变化

对新成就、新形势、新气象的采访报道，是党政类报纸的一项长期的、重要的任务。特别是在重大节日、重大活动前夕，这种新成就、新形势、新气象的宣传更为常见。这些报道最直接的作用是鼓舞人心，增强信心，激励人们投入到我国社会主义现代化建设中去。

（二）晚报、都市类报纸媒体的采集重点

晚报、都市报作为报纸家族的重要成员，近年来发展迅速，影响很大，竞争力也越来越强。晚报、都市类报纸都以贴近生活、贴近群众、贴近实际为原则报道群众关心的事情，满足读者需要。除了日常报道之外，他们采集和报道重点主要是以下三个方面。

1. 重大会议

晚报、都市报一改党政类报纸的报道习惯，就重大会议开闭幕式，找准特点有选择地进行简明报道，帮助受众解读政策，抓住典型细节进行生动、鲜活的报道，满足读者的知情欲望。

2. 重大突发事件

重大突发事件蕴含着的巨大新闻价值。对于重大突发事件，读者知情的欲望最为强烈。因为重大突发事件在突然之间爆发，新闻信息在一瞬间传递，单位时间爆发出来的信息量十分巨大，容易引起全国乃至全世界的关注。正因为如此，对重大突发事件的采集报道就成为新闻媒体竞争的重点领域，自然也是晚报、都市类报纸采集报道的重点。

3. 生活热点话题

热点是一个时期能够引起人们普遍关注的事件或社会现象。目前，我国正处于"黄金发展期"和"矛盾凸显期"，社会生活中出现的诸多热点问题是不可避免的，而媒体主动介入、积极引导已成为历史的必然。热点话题的报道是晚报、都市报的重中之重，也是记者的采访重点。这类报道成功了，对于报纸办出特色，办出水平，提高知名度，大有裨益。

（三）专业类报纸媒体的采集重点

专业类报纸是同综合性报纸相比较而言的。专业报纸大多是行业报，是为满足某行业读者专门需要的报纸。在市场细分的今天，专业类报纸在传媒业占有十分重要的地位。与党政类报纸、晚报、都市报不同的专业类报纸，有自己的新闻采集重点。

1. 揭示深度

专业类报纸在新闻信息量和时效性上与晚报、都市报特别是网络相比属于弱势媒体，但它可以在深度报道的专业性上有所作为、展现亮点。深度报道，是相对于客观性报道而言的，是对新闻揭示出其更深层次意义的报道，其基本特征是把今天的事件置于昨天的背景之下，从而揭示出它对明天的意义。现在，新闻竞争不仅表现为信息量的容量多寡之争，快、新、活的时效质量之争，更表现为新闻报道是否鲜明理性，有深度。在这场竞争中，党政类报纸、晚报、都市报都要竞相参与，但专业类报纸在深度报道上更能有所作为。

2. 凸显观点

一般的新闻报道要求把作者的观点隐藏在事实中,而专业类报纸在提供大量鲜活信息的同时,突显观点,进行深层分析。这样,才能具有一定的理论高度,以吸引行业人群和高端读者。显然,如果没有把最新观点表述出来的能力,是做不好专业类报纸记者的。

3. 整合信息

专业类报纸记者进行采集报道时,一定要围绕一个事实,进行内涵和外延上的拓展,把与此相关的信息和其他背景知识整合为一个整体,以便更好地体现专业性的特点。信息整合并不是对每一件事都适合,而需要进行价值判断与选择。行业内比较重大的,与多数人关系密切的,能代表行业尖端问题的事物才具有信息整合的价值。

第二节 报纸记者的观察记录

一、记者观察

报纸记者的观察是一种综合多种技能于一体的工作。记者发现新闻线索需要观察。记者掌握独特、鲜活的资料,报道独家新闻,也需要观察。记者要把鲜活的事实付诸写作,更需要观察才能获取到宝贵资料。

（一）观察技巧

1. 发挥联想

我国近代著名的新闻工作者黄远生在谈到记者的素养时曾说,记者要闻一知十,闻此知彼,由显达隐,由旁得通。这四句话说的就是记者应具备联想能力。在采访时,记者要充分地发挥自己的联想,从现实生活的现象中寻求灵感,从一个新闻事件的观察引出另一个或多个新闻线索。

2. 善于思考

在采访时,有的记者可以发现独特新闻,有的记者面对独特新闻却视而不见。这虽然与记者的政治素养、对社会热点的了解,以及宏观意识与定位感等分不开,但更重要的是记者在观察时有没有和善不善于进行思考。

3. 欲望强烈

记者要有新闻敏感。但有了新闻敏感,发现了新闻线索,如果没有观察的欲望,仍然不可能深入开掘,采集不到独家新闻,即使做了采集报道也不会感人。因此,如果记者想写出真实、感人、有新闻价值的独家新闻,没有强烈的观察欲望是不行的。

4. 目的明确

记者采访时目的一定要明确,否则观察就会没有头绪,不知从那里做起。记者在采访时无目的的观察,有时确可以写出好新闻,而有目的的观察,则更能有针对性地捕捉有价值的新闻事实,更能有效地发现新闻。

观察,在很多时候仍然容易流于表面,容易出现偏差与错觉。真实性是新闻的生命,所以,要保障新闻的真实,还需要结合其他采访手段。

（二）报纸记者的观察重点

当报纸记者面对采访对象进行观察时，应注意以下的观察重点。

1. 构成新闻的基本事实

报纸记者作为新闻采集者，一定要弄清构成新闻的基本事实。新闻的基本事实是构成新闻的基本要素如人物、地点、时间、事件、原因、经过等。这些基本事实，记者只有亲临现场观察才能弄清楚。

2. 揭示新闻本质的细节

要让新闻活起来，没有细节是不行的。记者对新闻事件本质的认识和感受，正是从观察所得的这些细节开始的。因此，注意观察能表现新闻本质的细节材料，是记者不可忽视的一项重要任务。尤其在通讯的采访中更是如此。

3. 有特色的现场气氛

无论对人采访还是对事采访，记者和采访对象总要处在一定的环境中必须深入观察现场的情景和气氛，把人和事写得有特点，把握其本质。对采访现场的观察，不仅可加深记者对新闻事件的认识和感受，而且写进作品中，还可起到烘托人物或事件的作用，并使读者有如临其境、如经其事之感。

4. 被采访者个性表现

所谓个性，就是此事物区别于其他事物的显著不同之处。记者在对被采访人物进行观察时，应善于从人物的行为、语言、外貌和表情等方面，发现人物的特点及其与他的内心世界的联系，这不仅有利于记者认识和反映人物个性，而且运用到新闻作品中，也能使读者有更深刻的感受，留下难忘的印象。

二、记者记录

（一）报纸记者要善于记录

报纸记者采集新闻同其他媒体的最大不同点是"记"。新闻采集要"访"，更要"记"，这种最老、最"笨"的工夫，报纸记者尤其丢不得。

无论科学技术如何发展，新闻传播方式如何先进，真正报纸记者的好稿子是跑出来的、访出来和写出来的。因此，记录尽管是报纸新闻采集最早使用的方法，但仍是现在很常用的一种方法。现在微型采访机，大大减轻了报纸记者记录的速度，报纸记者应该以当场少记，事后多记为好。

（二）报纸记者的记录手段

记录手段实际上有四种：心记、手记、录音记录和图像记录。现在分别进行介绍。

1. 心记

心记是指记者将采访所见所闻强记心中，又称默记、诵记、脑记。

（1）心记在采访中的意义

心记是报纸记者采访时使用的一种重要的记录手段，贯穿于每一次采访。报纸记者在采访时，有些采访对象和采访场合不允许记者用笔或其他工具作记录，心记便成为唯一的记录方式。心记可以使报纸记者在采访时全神贯注地观察事物、思考问题。心记也有利于报纸记者同采访对象自然地、融洽地交谈。采访时没有使用其他设备，可以使报纸记者更详细地了解事件的来龙去脉，这需要报纸记者不断强化自己的记忆能力，锻炼用大脑做记录的本领。

(2) 心记的主要场合

心记在采访中用重要作用,有自己的优势和劣势,记者要根据情况善于心记。在下列情况下报纸记者更要以心记为主。

采访基层群众。他们平时不太接触记者,一见记者拿出笔、话筒、摄像机等便紧张地说不出话来,这样就只能作聊天式采访,用大脑记录。

稍纵即逝的事实。当报纸记者提笔记录时,事情已结束了,那么只能全神贯注、边观察边心记,如卫星发射、天象观测等。

客观限制的采访。不便于用笔记,只能将所见所闻材料记忆心中,尤其在偶然的场合,如街上、饭店、公共汽车上都可能遇到突如其来的好新闻材料,在这样的公共场合,不便于笔记。

采访对象不愿采访。由于某种原因,不愿接受记者的采访,就是见了面也只是朋友相待,更不允许做文字记录。报纸记者唯一的方式只能是心记。

(3) 心记的培养和锻炼

心记、记忆力主要在于后天的锻炼和培养。作为报纸记者必须时时注意锻炼自己的心记能力,以提高贮存积累材料的能力,这样才能保证自己能顺利完成采访任务。

2. 手记

传统手记,即用笔记录,就是报纸记者采访时将所见、所闻、所感的人和事通过手中的笔记录在采访本上的记录方式。手记的好处是省去了整理录音的时间。采访时做好笔录,不但材料保存完整,而且可以防止出差错。不好地方在于减少了眼神的接触,无法记下语速过快的采访对象的话。

(1) 记录内容

记者用传统的记录手段,不是所有的内容一字不落的全部记下来,而应对所记内容有所侧重和选择。记录的主要内容有以下几个方面。

①记要点。要点,即核心要素和关键点。采访时,记者不可能把所有的内容都记录下来。那么在记录时应把注意力放在记录要点上,关键的地方,如事件的原因、过程、转折、结果、人物的典型细节、工作经验与教训、重要的背景材料等。

②记易忘点。一般包括时间、地点、人名、数字及各类业务的专用术语。这些资料不容易记住,因此,不但要记,而且要当场核对清楚,如"张"与"章"姓从发音上没有不同,但容易混淆。在易忘记、易搞错的地方,应当当场记录。

③记特点。包括语言特点和行为特点,记者在采访时要善于捕捉并及时记录。记录采访对象的"闪光点"和能反映其心声、体现其个性特征的语言。个性,人人都有。准确地抓住人物的相貌、神态举止,将有助于对人物性格的表现。

④疑问点。采访对象谈话中,有些地方有疑问,有些地方值得深入,而又不能打断谈话者的兴趣,记者可以暂时记录在采访本上。如果记者当时没有记下来,那么等采访过后,这些疑问点就有可能忘记,或许这个点正是读者的兴趣所在,有很大新闻价值。

⑤记联想。记者在采访时,根据提问和回答,往往会产生一些联想,如这个事实跟已知的事件有联系,这个材料是否能够深入,怎样表现才能深刻反映主题。记者在记录时有

必要写在记录的旁边，采访一结束马上整理。

(2) 注意事项

作为文字记者，记录是必要的。记录时还需要注意以下几点。

①以笔记为主。文字记者记笔记的好处是可以记住关键点，能够联想，不用耗时重新整理。除此之外，用笔记录，还可以提高采访对象的谈话兴致。另外，如果没有录音设备或者一旦录音设备出现问题，记者又没有记录的话，靠事后追忆很出差错。

②选适当时机。记者采访应该什么时候拿出笔记本需要选择一个适当的时机。对于没有经验的记者，往往是拿出本子就开始问，采访对象一回答就开始记录，而顾不上提出有特点和针对性的问题，也耽误时间，影响和采访对象的交流。所以，在采访时要注意时机的选择，让记者和采访对象不存在樊篱，减少紧张情绪。

③空白要留宽。记者在记录时，笔记的行与行之间的空白要留的宽一些，这样便于记者随时插入要补充的材料和记者的联想和感悟。如果行与行之间写得密密麻麻，一点空间都没有，就很难插入有关材料。如果记者的补充材料记录在另外一页，又增加了整理笔记的难度。

④字迹要工整。记者在记录时，字迹尽可能的工整。特别是一些关键的材料，如数字、人名、时间、符号、地名等。如果记录很快但很乱，采访结束后，自己都很难辨认，就容易出错了。

3. 录音记录

(1) 录音记录的含义

录音记录是指用录音机、录音笔和微型采访机等现代化电子工具的记录手段。广播电台记者在采写有音响的广播稿件时，录音记录是必备的手段。由于录音机体积越来越小，许多文字记者也常携带进行采访记录。对于报纸媒体记者而言，电子记录手段可以减轻笔记的劳动强度。

(2) 录音记录的长处

首先，录音记录快、准，从而更便于记者腾出两手将注意力集中倾听、观察和思考，使采访能够向纵深发展。其次，可以捍卫新闻的真实性，以及保护采访者本人的权益。报纸新闻报道采访者录音，可以使采访内容的真实性得到保证，因为"真实是新闻的生命"。值得一提的是，"保证真实性"其实并非是记者进行录音采访的唯一目的，保护采访者本人以及供职媒体的权益，也是重要目的。

(3) 录音记录的不足

首先，记者采访时，采访对象紧张而自己松懈。其次，记者在写作及整理材料时，还得重放录音带，倒来倒去，既费时又费力，比较麻烦。而且，有时候记者带的录音设备没电了，或出现故障等等都会影响到采访的效果。

总的来说，录音记录作为一种辅助的采访设备，确实能给记者带来很多便利，不过在某些特定场合或面对特定采访对象时，或许不用录音设备采访效果会更好。不管怎么说，对报纸记者来说传统的笔和记录本，还是应该在采访中发挥主导作用，远没有到退居幕后的时候。

4. 图像记录

(1) 图像记录的含义

图像记录包括新闻照片、新闻录像以及现场做的图画，这是一种形象性的记录手段。

(2) 图像记录的优势

图像记录是记者在采访时对笔记和心记的一种补充、辅助的记录。图像记录的特点是准确、形象。这种记录方法运用得好,可以帮助记者记录得既简便又省时间。中外许多记者也经常用画和照相机做记录。在写新闻时,记者一见照片就能触景生情,回忆起当时的情景。拍这种照片的时候,记者不必小心翼翼,它只是记录现场帮记者记忆,节省笔记的时间,也是一种做笔记的方法。

(3) 图像记录的劣势

图像记录要求记者有高昂的记录设施和高超的记录技巧,否则在运用图像记录时往往得不到预期目标,有时还影响了记者的观察和思考。

在采访中,记者并不单一使用一种记录方法,多数情况下是两种或两种以上的记录方法同时并用。因此,记者要根据采访目的、任务、现场情况等的不同,合理地选用记录方法。

第三节 报纸记者的思辨能力

一、思辨能力

思辨能力,就是思考辨析能力。思考指的是分析、推理、判断等思维活动;辨析指的是对事物的情况、类别、事理等的辨别分析。

首先,思辨能力是一种抽象思维能力。仅凭经验观察就能够区分的事物,谈不上需要思辨能力,如对鸡蛋和鸭蛋区分是显而易见的,就不需要具有思辨能力,但是,倘若要搞清楚"鸡和蛋谁先谁后"这个问题,仅靠经验观察是不够的,必须有较强的思辨能力才行。

层次分明、条理清楚的分析,清楚准确、明白有力的说理,是思辨能力的主要特征。假如一个人在思考问题时能做到条理清楚,说理明白,说明他具有较好的思辨能力。具体来讲,层次性和条理性是思辨能力的突出特征。因为在不同层面上对同一个问题所做出的分析,得出的结论常常不同,甚至完全相反。所以,分析问题要把思考的层面区分开,如在经验的层面上对"鸡和蛋谁先谁后"的问题是一个容易解决和不大可能有争议的问题,可是,在理论或者科学的层面上,它却成了一个复杂的问题。在逻辑的层面上,在注意层次性的同时,也要注意在同一个层面上分析问题的条理性。这是分析方面的特征,也就是说,分析要讲究层次和条理。

其次,说理是思辨能力一个重要特征。说理就是对所做出的分析进行解释和论证。在分析时,思辨的解释和论证要明白、有力;思辨概念的使用、语言的表达要清楚、准确;思辨理由的陈述、结论的导出更要明白、有力。

二、报纸记者应具备的思辨能力

报纸记者的思辨能力,从某种意义上说就是分析判断能力,也就是通过了解问题,思考问题进而得出一个恰当、合理结论的能力。应当说，每个人都具备一定的思辨能力，但在程度上却有所不同。通常来看，记者的思辨能力受教育程度高低、对事物观察的细腻程度、掌握各种知识的丰富性、日常思考分析问题频繁性等影响。因此，衡量记者思辨能力的高低主要看以下几个方面。

（一）分析思考问题的深度和广度

分析思考问题要有一定的深度和广度，不能肤浅地停留在表面，仅仅着眼于表象而不去挖掘更深入的内核。事物之间不是孤立存在的，而是有着客观、必然的联系，因此，记者在思考问题时要与其他有关的现象、问题相关联。如果仅仅局限于问题本身的分析，所得出的结论也只能是就事论事，难以保证其正确性、全面性。

（二）分析思考问题的逻辑性

分析问题的逻辑性是记者对信息进行分析和筛选的能力，是记者入门时就必须完成的训练。记者选择事实，分析思考问题，进而得出正确结论，必须有严密的逻辑，而不能天马行空，自由阐述。逻辑性最基本的表现就是能根据正常逻辑程序自圆其说。良好的逻辑性不仅直接影响到结论的正确性，而且是衡量一个记者思辨能力的重要指标，同时也是体现思维过程科学性的标准。

（三）分析思考问题的敏捷度

这是从记者反应力方面考查思辨能力。一般而言，在同等知识储备和相同给定条件下，记者敏感性越强，思辨能力就越高，特别是在突发新闻的报道的过程中，由于时间较短，不可能进行细斟慢酌的推理、演绎，更需要较强的敏捷度。因此，记者在具备相当理论水平和专业知识基础的情况下，提高对事实的分析思考的速度就是提高记者的思辨能力。

（四）分析思考结论的新颖度

真理的相对性意味着很多问题是仁者见仁、智者见智。由于事实本身具有多面性，同一件新闻事实，可以从不同的角度报道。单纯地拾人牙慧、人云亦云，不仅不能有所创新，而且对自我思辨能力的表现也是一种打击。有所突破、有所创新，善于选择最佳角度报道新闻，才能发掘出事实的新闻价值，才能挖掘出独家新闻。

（五）分析思辨过程的合理性

理性并不等同于正确性，记者在新闻采集过程中必须依据真实材料冷静、客观地分析、总结，坚决杜绝主观臆断或者偏激推理，更不能为追求新颖度或按照已有的理论的创造假现象、假材料来印证，造成新闻失实，危害新闻的公信力。能否将思辨纳入新闻采集整个理性的分析思考过程，排除感情用事和武断猜测，正是记者思辨能力高低的深层次体现。

思辨能力，从根本上讲是记者知识素养、理论水平、思维快慢等方面的综合，因而是记者素质中最重要的一项。因此，报纸记者思辨能力的培养，是所有能力的重中之重。

三、报纸记者思辨能力的培养

思辨能力是用辩证的方法去认识事实问题，从逻辑角度去思考问题、解决问题，从哲学的角度去认识现实问题，预知未来问题。培养思辨能力对于提高记者的创造性和创新能力，发现有新闻价值的事实、挖掘事实、表现事实具有无可替代的作用。培养思辨能力应从下面几个方面着手。

（一）从良性的沟通开始

良性的沟通与对话是培养记者思辨能力的主要方式之一。这种沟通与对话在日常生活中经常发生，日常生活则是培养人文思辨能力最鲜活的教材。假如记者能从生活这本大书中读出一些真知灼见来，要比书本中学来的珍贵得多。

记者在沟通与对话时，一下子要思考的事情太多，如事实、情感、价值等都一股脑地冒出来，好比重型卡车、小汽车、拖拉机等混杂拥挤在一起想要同时通过路口。解决思维"交通堵塞"问题的办法就是把事实问题与情感问题、情感问题与价值问题、价值问题与事实问题分开，使思考者能够一次只思考一个问题，这是思辨思考最大的条理性。

俗话说，我们必须在游泳中学习游泳。记者思辨能力的培养必须在沟通与对话中进行，如何在沟通与对话中消除不良因素的干扰，使思辨能力健康地成长，是培养记者思辨能力的关键所在。

（二）完善批判性思维方式

从思维方式上讲，批判性思维本质上属于反思性的思维方式。记者的思维要具有批判性，这种批判不是简单的否定，而是更高层次的一种审视，忌轻信盲从，要实地采访调查。批判性思维是创新能力的动力和基础，可以帮助记者用批判的眼光审视自己的观点和他人的观点，有根据地判断，激发想象力，提出新问题，探索和发现真理。这样不仅可以避免为排斥他人观点而带来的故步自封，也可以避免盲从他人观点所带来的随波逐流。

批判性思维一项重要技巧就是恰当地进行提问。这是记者在新闻采集过程中经常要用到的。有时，还要针对采访对象所做出的辩护性解释或者说服性论证进行提问。如自己所坚持的观点和理由是什么？对方的解释与论证是否存在错误？总之，记者恰当地进行提问是批判性思维的灵魂。记者提出的批判性问题质量高，不仅能使记者从纷繁的新闻素材中提炼出清晰、透彻、有用的新闻价值信息，而且能使记者积极参与对方的思考。

（三）提高个人的文化底蕴

如果记者能够经常对文学现象进行思辨，久而久之文化底蕴就会形成，对新闻理论和实践的兴趣就会越来越浓。如果记者缺乏文化底蕴，就会把自己限定在一个狭小的范围内，如只注重技术和技能的培养，虽然也能够采集到新闻，但深度不够，缺乏独家新闻，在这个行业就会越做越难。当然，如果经过思辨训练，提高了自己的文化底蕴和思辨能力，那么，看待事物的眼光就会提高，视野也会变得开阔起来，就会更加热爱记者行业，产生学习新闻业务和相关知识、技能的强烈愿望，对记者工作充满信心和希望。新闻精品、深度报道、有影响的节目创意往往都是视野开阔，头脑敏锐，有很强思辨能力的记者承担的。

（四）拓宽思维的广度和深度

新闻报道不能只停留在新闻信息的提供上，还需要满足读者想了解事件背后真相的心理需求，即受众对深度报道的需求。报纸记者，在时效性上不能和电子媒体记者硬碰硬，更需要在深度报道上下工夫。这就必须拓展思维的广度和深度，提高自己的思辨能力。为达此目的，报纸记者可以从下面几个方面努力。

1. 记者拓展思维广度深度首先要从认识事物的表象开始，进而深入到事物的本质，达到对事物存在方式更深刻的理解和描述。

2. 记者认识事物的结构是把握思维广度和深度的根本。事物的本质取决于事物的结构，而事物的结构是矛盾关系的对立统一状态，并在内外关系的互动作用中反映出事物发展的必然性。

3. 记者分析事物的矛盾性是拓展思维深度的关键。事物的运动和静止状态及其规律性都取决于它们的矛盾关系。

4. 在思考力体系中，认识对象的普遍联系性对拓展思维广度和深度具有促进作用。因此，记者在新闻采集过程中要善于运用联系的观点，把新闻事实和其他事物通过联系进行对比思考。

5. 新闻事件都是由发生、发展、定型、高潮、衰退、转化、再发生等若干阶段组成的连续整体，这些阶段性特征就是过程的组成部分，因此记者进行过程性分析是拓展思维深度的重要内容。

培养思辨能力还必须让思维方式与时俱进、不断创新，记者要在新闻采集报道过程自主的培养思辨能力。

思考题

1. 简述报纸媒体的产生与发展，并根据报纸媒体与新媒体不同特点，谈谈报纸记者新闻采集的一般特征。

2. 结合具体事例阐述各类报纸记者的新闻采集重点。

3. 记录是报纸记者采集过程中必需的手段之一，请谈谈我们在新闻采访中如何才能更有效地记录。

4. 在全媒体时代，报纸记者应具备什么样的思辨能力才能在新闻采集竞争中立于不败之地？并简要叙述如何培养思辨能力。

作业题

课后以小组为单位组织一次模拟采访，按各自习惯的方式做记录，最后比较谁的记录最准确、详尽，并且抓住了要领。

第七章
广播新闻采集

---◦ 本章提要 ◦---

广播新闻是以现代电子技术为传播手段,以声音、文字为符号,向特定范围内的听众传播新近发生和正在发生的事实的报道。这个概念有三层含义:广播新闻的传播手段、广播新闻的表现形式、广播新闻的功用。

广播新闻采集,是指记者运用语言交际手段、文字记录手段和电子录音手段,采集和挖掘新闻事实的采访集纳活动,是广播新闻工作的基础和前提。

通过本章的教学,使学生了解广播新闻采集的含义及特性;掌握广播新闻采集的基本要求;掌握广播新闻现场采访报道的基本方法;认识广播新闻现场音响的含义及类型;掌握广播新闻现场音响采录的基本要求。运用所学知识,从整体上把握广播新闻采集的基本要领,做好录音新闻报道。

第一节　广播新闻采集概述

一、广播新闻的含义及特性

（一）广播新闻的含义

广播新闻是以现代电子技术为传播手段，以声音、文字为符号，向特定范围内的听众，传播新近发生和正在发生的事实的报道。

广播和报纸有很多相同的地方，报刊上经常采用的新闻体裁也大量地运用于广播。一般说来，广播新闻的种类有：录音讲话（包括录音座谈会）、录音报道（包括文字解说、音响和配乐、人物谈话）、录音新闻、口头报道、录音通讯、录音特写、录音访问、配乐广播、广播对话、广播评论、广播大会、重大集会的实况广播、重要文艺、体育表演活动的实况转播等。

广播新闻的现场报道是广播记者在新闻事件发生的现场边观察、边采访、边口述、边录音而制成的一种广播新闻报道形式。它具有传递迅速，现场感强等优势，最能发挥广播的特长。广播新闻现场报道是广播记者现场口头报道的简称，是记者的现场口述和现场实况音响相结合的一种报道形式。

广播新闻现场音响是指客观世界中，在新闻事实的展开过程中，伴随新闻事件及人物活动产生的，来源于真人、真事、真物，能够反映新闻事物本来面目的声音，也叫做现场实况音响。

现场实况音响有两种分类方法：第一种是根据实况音响在报道中的表现形式，可以分为新闻现场实况音响和非新闻现场实况音响；第二种是按照实况音响在报道中所发挥的作用，分为主体音响、背景音响和环境音响。后者是更常见的分类方法。

（二）广播新闻的特性

广播新闻借助于广播媒介的优势呈现出如下特性。

1. 传播速度快

电台利用电波传递负载新闻内容的声音，每秒钟行程为30万公里，迅速无比。时效快是广播新闻的最大特点，也是广播新闻最突出的优势。

2. 传播范围广

广播新闻可以翻山越岭，渡江涉河，覆盖面非常广阔。

3. 听觉优先

广播新闻作用于人的听觉，向受众传播新闻事实。

4. 内容简短

不少新闻报道在广播中仅占30到45秒，3分钟的单条新闻广播已经是长报道了。

5. 新鲜活泼

广播新闻稿件新鲜活泼，最能以活生生的现场事件来感动听众。

6. 浅显通俗，方便听众接受和理解

广播新闻很讲究语言的运用，尽量用短句、短词，写出短的篇幅，使之言简意赅、上口入耳。

7. 用事实说话

广播新闻以具体的典型事例来报道事件、人物，比概括的叙述、抽象的议论更生动、形象，好听好懂，使听众印象深刻。

二、广播新闻采集的含义及特性

（一）广播新闻采集的含义

所谓广播新闻采集，是指记者运用语言交际手段、文字记录手段和电子录音手段，采集和挖掘新闻事实的采访集纳活动，是广播新闻工作的基础和前提。广播新闻采集的任务，一是搜集有关新闻事件的文字信息和背景材料；二是采访新闻事件当事人、目击者及相关人员，获得同期声形式或文字形式的采访内容，为现场或后续报道做准备。

（二）广播新闻采集的特性

世界上一切事物都有自身的规律与特性，广播新闻采集也有自身的特性，掌握这些特性，是做好广播新闻采集工作的基础与前提。

1. 真实性

真实性是新闻的生命和灵魂，自然也是广播新闻采集的主要特性。

古今中外所有的"新闻"往往具有"五要素"，简称"五W"，即何人（Who）、何事（What）、何时（When）、何地（Where）、何故（Why）。而这五大要素中，每一个要素都以真实性为本质特性。新闻与文艺创作不同，来不得半点虚构。一旦虚构，就变成了"假新闻"，这是新闻最忌讳的。因此，新闻采集必须坚持真实性，这是最根本的方向，也是具有导向性意义的根本原则。

2. 时效性

时效性也是广播新闻的主要特性之一。一旦失去了时效性，新闻便成为"旧闻"，失去了它的本质特征、意义和价值。"时效"一词，原系法律术语，指确认的某种权利得以行使的期限，超过法定期限而不行使的，权利即归消灭。① 现在通常使用的"时效"概念，是指在一定时间内能起的作用。一般新闻的时效性，以当日或次日发布为宜，如超过规定时间，新闻将失其效力。因此，新闻采集要求迅速、及时，快采、快写、快录、快播。但是，这种"快"是在确保新闻质量的前提下的快，即"又好又快"。

3. 广播性

所谓"广播性"，指的是广播新闻采集是为广播新闻服务的，而广播新闻，顾名思义，即用广播媒介传播新闻，它只有声音而无影像和画面。为适应广播新闻的广播性特点，广播新闻采集应注意以下几点。

第一是新闻的文字稿语言要简练、生动、鲜明、规范、易懂。因为广播新闻的接受方式是收听而不是阅读，所以语言一定要易听易懂。第二是注重声音效果。无论是主持人播报新闻稿，还是记者的实况采访录音，都要注重声音效果，达到清晰、悦耳。第三是主题要集

---

① 丁洪广. 国家赔偿的请求时效和起诉期限［EB/OL］. 辽宁隆丰律师事务所网：http://www.long fenglawyer.com，2007－9－14.

中，立意要深刻、观点要明确。第四是强化广播的特点，包括主持人或记者的语言、被采访对象的语言、声音效果等，都要突出其"声音属性"，这是广播新闻广播性的主要体现。

4．人文性

21世纪是人性化时代，人文主义成为时代的大主题，人文性自然也就成为当今广播新闻采集的一大特性。所谓"人文性"，即"以人为本"，突出"服务意识"在广播新闻采集中真正对听众予以人文关怀。西方新闻理论认为，没有听众收听的广播新闻，就失去了其录制与存在的意义，也就是说，广播新闻的"最高任务"就是为听众的收听而服务的。

党的十七大以来，我国广播新闻采集的人文性，得到进一步强化。主要表现在以下几个方面。

第一，新闻选题更关注民生问题，关心人民的疾苦。如楼市新闻、车市新闻、股市新闻、餐饮新闻、旅游新闻、医疗新闻、教育新闻、文化新闻、娱乐新闻等，都与普通老百姓息息相关。第二，新闻主题立意更具有人性化色彩。新闻采集与报道真正把人民群众当做主人，为百姓代笔、代言，发出平民百姓的心声，对于百姓关注的社会焦点，敢于采访、敢于报道、敢于评论。据报载，有许多腐败大案要案，都是由新闻记者发现报道才引起有关部门注意而予以查处的。第三，新闻采集更贴近生活、贴近群众、贴近实际。如广播新闻记者扎根于人民群众之中，聘请特约通讯员、开展有奖征集新闻线索等，充分调动了人民群众的积极性。第四，强化与听众的交流互动，增强亲近感与亲和力。如采用听众热线电话方式收集意见，解答问题，进行讨论、评说等，很好地彰显了广播新闻采集的人文性。

"以人为本"是广播新闻采集的生命与灵魂，正如胡锦涛总书记所说："坚持以人为本，就是要以实现人的全面发展为目标，从人民群众的根本利益出发谋发展、促发展，不断满足人民群众日益增长的物质文化需要，切实保障人民群众的经济、政治和文化权益，让发展的成果惠及全体人民。"[①]

三、广播新闻采集的基本要求

广播新闻采集要求记者必须熟练掌握本行业的各种业务技能，如文字表达能力、现场采访提问技巧、掌控现场能力、录音技巧以及口述能力等。面对纷繁的新闻题材，是否运用录音采访？如何运用？首先应根据题材的需要进行处理。其次，要从新闻题材提供的可能性出发，包括考虑新闻题材是否蕴含音响、新闻题材所蕴含的音响能否采录到、此音响是否宜于公开播出等。可以说，采录音响是广播新闻采集的重中之重。广播新闻采集的基本要求有以下两个方面。

（一）文字采访的基本要求

文字采访是所有媒体进行新闻采访的一个共性问题，但由于传播介质和方式不同，广播新闻文字采访有着自身的特点。

1．简洁、精炼

广播新闻要求的时效性非常高，当新闻事件发生时，广播记者要在最短的时间内，用文字记录尽可能多的内容。首先，要了解事情的来龙去脉，记录事情的全貌；其次，选取关键人物、关键地点进行采访。问题提得要精、要准，文字记录更要抓住中心，体现层

---

① 中国新闻网．胡锦涛在中央人口资源环境工作座谈会上的讲话［EB/OL］．http：//www.chinanews.com.cn，2004－3－10．

次。特别是突发事件的发生，广播记者在现场可能没有多少文字记录的时间，这时，更要抓住当事人回答的精要部分进行记录。

2. 通俗易懂、便于口述

与报纸和电视媒体不同，广播记者在现场采集新闻和做文字记录时，必须要用便于口述的语言记录。很多情况下，广播记者在采集报道新闻时，会有现场口述直播，口述前做好的文字记录必须朗朗上口，通俗易懂，遇到生涩的文字或容易发生歧义的文字，要尽快转换为听众普遍接受的话语，让听众没有距离感。

（二）录音采访的基本要求

广播新闻录音采访对音响的采录要求很高，主要体现在以下四点。

1. 注重采录音响的质量

采录的音响应自然、清晰，把有特点的音响用到报道中去。采录时要尽最大努力实现这些要求，获取高质量的音响效果。

2. 采录的音响要绝对真实

采录的音响要求本体真实——所采录的音响，必须是所报道的事物或人物，以及与报道内容确有关联的事物或人物本身发出的声音。也就是说，无论主体音响、环境音响还是背景音响，都不能互相模拟，也不能互相替换。坚持采录的同步性，严格按音响本来的面目和实际发生过程采录音响。也就是说，记者在采录音响时，不能按照自己的主观意图，对采访对象进行"导演"和摆布，干涉音响实际发生的状况和过程。音响之可贵，在于它能够比文字更真切地再现新闻事实。而经过"导演"摆布以后所采录的音响，无论如何都是对于事实原貌的篡改。

3. 采录过程力求自然

所谓自然，就是所录的音响不勉强、不局促、不呆板、不造作。采录新闻现场实况音响要自然，采录人物讲话尤其要注意自然。在这方面，录音采访跟文字采访不大相同。文字采访的目的是为了获取所需的材料，即使采访对象讲话不自然，只要能挖掘到真实而又充分的材料，仍然能写出令人满意的报道。而录音采访如果遇到同样的情形，录下来的音响会把不自然的状态如实地暴露在听众面前，从而大大削弱报道的吸引力和感染力。

4. 广播记者在采录音响时应掌握采访的主动权和控制采访节奏

因为音响稍纵即逝，多数情况下只有一次采录机会，因此记者需要控制采访的主动权，时刻注意现场的变化，捕捉音响。掌握采访节奏是指要注意在采访中突出重点，创造良好的采访氛围，为后期剪接、合成创造条件。

第二节　广播新闻的现场采访报道

一、广播新闻的现场采访报道的特点及要求

（一）广播新闻的现场采访报道的特点

广播新闻的现场采访报道，是广播记者在新闻事件发生的现场边观察、边采访、边录音、边播报的一种广播新闻报道形式。广播新闻的现场报道把记者的现场口述和现场音响结合在一起，是广播新闻记者在新闻现场进行即时口头报道的简称。广播新闻的现场报道的主要特点包括以下两方面。

1. 采播的同步性

在广播新闻的现场采访报道中，采录过程和新闻事件的发展过程以及播报过程，三者是同步进行的。采录结束，播报也就完成了，不需要另外再写作或制作。

文字报道的采访，记者是先采访，然后再写作、报道的；有些录音报道，也是记者先采访录音，搜集有关材料，再配上解说，而后复制合成才播报的。但是，新闻现场采访报道就不同了。第一，它由记者用手写新闻，变为记者在采访时直接播报。第二，采访的成果也由一般采访的获取"新闻事实"变为可以直接播出的新闻。第三，也是最重要的，就是采访与报道由分离变为合一，而且同步进行，一次完成，采访对象也是报道对象或者报道中的相关人物。这三个"变为"表明：对于传统意义的采访来说，广播新闻现场采访是现代化进程中一次质的飞跃。

这种同步性，要求记者在现场采、录、编、播四合一，采录、构思、报道一步到位。只有这样，整个采访和报道才能成为一个有机整体。这种同步性还要求记者必须做到，既要现场音响"录得上"，又要对现场情景"说得出"，并且都要一次完成，一锤定音，没有反复采录播报的余地。

要真正达到这种采播的同步性，使记者在现场话筒前采访得好，往往还需要话筒外的先期观察与采访的配合，做到有备而战。如 2008 年 5 月 13 日，"汶川大地震"的第二天，"中国之声"的记者奔赴救灾现场进行观察采访，在熟悉现场情况后，抓住了几个关键问题对四川救援队负责人进行现场采访，并做好录音工作，同时，以直播的形式把采访前、采访中、采访后的现场情况进行播报，非常生动感人。

2. 情感的深刻性

广播传播的信息符号是声音。"声能传情"、"声情并茂"是人们从生活体验中得出的结论。现代科学的研究表是声音是一种传播信息的特殊介质，声音的特性之一是具有心理性。这就是说，声音能够引起人的心理活动与心理感受，人听了某种声音后，能激起情感的波澜。[①]

广播新闻有多种形式，每种形式都各有所长，但是，就发挥声音的优势来说，现场采访则是最佳形式。现场采访中，无论是现场人们讲话的情感，还是记者受到现场环境影响而激发出来的情感，都会促使听众大脑中情感"激活素"活跃起来，进而感动听众，激起他们情感的共鸣。正因为如此，现场报道、现场直播具有一种特殊的表现力和魅力，会对听众产生特殊的吸引力和感染力。

（二）广播新闻现场采访报道的要求

新闻信息就像命令，要求采制现场录音报道的记者一到达现场就要高度集中精力，开动大脑这部敏锐的机器，从各个角度去考虑被采访对象、环境和音响效果，进行取舍，全力完成访问、录音工作。[②]

---

① 梁一高. 现代新闻采访学教程 [M]. 北京：中国广播电视出版社，2001：465.
② 巴特. 广播现场报道采访的基本要求 [J]. 青年记者，2007 (18).

广播现场报道的采访过程，是一种业务和技术的综合应用。从某种意义上说，记者对现场报道的采访，是一项独立性较强且体、脑并用的综合性工作。素质好的广播记者，既要有一定的文字概括功夫，还应有临场发挥的灵活性。记者在现场要听、要问、要记录，还要自己操作录音设备，特别是采访突发性新闻，实际操作任务更加繁重。所以广播新闻现场采访报道对记者的要求是很高的。具体要求主要有以下三个方面。

1. 要善于捕捉现场音响的特点，随机修改好采录程序

进入新闻现场实际采录，记者按照既定的采访程序和随机编拟的采访程序采录音响和向采访对象提问，这是关系到录音报道成败的两个重要方面。现场音响有些有选择性，但大多数无选择性。这是说，一些场面比较大，音响效果丰富，并具有事实的连续性的新闻现场，音响有一定的选择性；而适合制作音响节目的新闻，大多数现场性较强，新闻事实集中，音响效果相对比较单一，这种实际情况造成了采访音响的无选择性。如大型游园、庆祝联欢活动，场面大、活动层次和角度多，音响丰富具有选择性；而像一场歌舞晚会，虽然节目较多，但对新闻意义本身来说，所有音响都同歌舞晚会的主题有关，实际上无选择性。还有一些突发性新闻和开幕式、剪彩仪式等，其音响大多也无选择性。但是，记者提出什么样的具体问题，表达给听众的内容和使听众了解到什么样的音响效果则是有选择性。这就需要广播记者具有较强的职业责任心、敏捷的应变能力和迅速的判断力，善于捕捉现场音响特点，随机更改和完善采录程序。

2. 进入采录现场的记者要保持清醒的头脑，不受现场复杂环境的干扰

如果反应迟钝，可能导致还没有投入实录访问，新闻的主要音响效果就已经消失了，失去了做一条好的现场录音报道的机会。

好的广播现场报道的标志主要有三条：第一是采录的音响典型，能很好地反映新闻事实；第二是采录的谈话录音真实、自然；第三是采录的解说语词简洁、生动、贴切。这就要求广播记者在纷繁复杂的新闻现场，保持清醒的头脑，做到心中有数，切忌搞录音大全，力求通过几段典型音响、真实自然的访谈录音和简洁、生动、贴切的解说，以小见大，反映新闻全貌。如采访一个联欢会，不可能把所有的节目都录上，甚至有时一个完整的节目录音都显得拖沓。实际上，只要选择几个突破点和能够反映这个联欢会意义的节目片段或几段音乐，再加上一两段采访对话和播音解说就可以了。再如采访剪彩仪式，场面虽大，但录下一个现场音响、一段致辞和一段对话就足够了。如果是口头报道，只要以现场音响为背景，加上一段说明性解说，和一段人物对话，也就足以反映现场气氛和新闻内容及意义了。现场报道就是报道，而不同于现场实况转播。

3. 大型的现场录音报道，要特别注意事先材料的搜集，全面掌握必要的素材

现场报道的音响效果不能重新采访后替补。如果材料准备不足，采录不理想，就没有补救的机会了。进行现场口头报道的记者，在现场就要迅速对必要的说明性材料和内容如报道地点、时间、新闻发生的情况和发展现状等，用简洁明了的语言进行交代；对那些听众看不到的色彩、状态、场面等情况也要给予适当的口头介绍和口头描述。

二、广播记者对新闻采访报道现场的观察

（一）广播记者现场观察的特点

现场观察是指记者在新闻事件发生的现场、新闻人物活动的现场进行的目击式采访，

是对客观事实进行由表及里的察看与思考活动，借以印证线索、搜集素材、获得第一手材料。

广播记者进行的现场观察有以下五方面特点。

1. 观察的直接性

俗话说，耳听为虚，眼见为实。广播记者的观察非常重视亲眼所见，并把所见所闻采录下来。这就要求记者直接深入到新闻发生的现场，直面事实，进行直接的观察。

2. 观察的综合性

综合性指的是在大脑的支配下，调动起眼、耳、口、鼻、舌、身体等各种器官，对客观事物进行多方面的审视、考察。

3. 观察的客观性

事实是客观存在的，其发展的状态和性质，都是由事物内在矛盾所决定，不依人们的主观意志为转移，记者不能依照自己的一厢情愿，戴着有色眼镜进行观察，而应该用客观的视点观察。

4. 观察的经常性

广播记者对客观世界的观察，不仅仅表现在某一次具体的采访过程中，而是要贯穿于整个记者生涯。

5. 观察的敏感性

在现场观察中，记者要有一双机警、灵敏、锐利的眼睛，既能纵观万物皆变，又能明察秋毫，对于新闻事实，一眼就能看准，很快就能抓住。观察能力的强弱，标志着一个记者业务能力的高、低。

（二）广播记者现场观察的主要内容

观察捕捉事物变动的态势，把握新闻事件的进程，要注意采录具体生动的情节。有些重大新闻事件具有突然性，记者赶赴现场时，事件本身已经过去，但仍然有迹可循，记者可以从现场残余的细节中通过推断看出问题来。观察捕捉新闻事件发生现场的环境和气氛，捕捉典型的场景、细节和现场气氛信息，是体现新闻报道生动感人的关键环节。对于广播而言，对新闻事实感性的传达正是其传播优势所在，记者要注意发现和捕捉这种瞬间印象。观察捕捉最能表现事物特征的细节，人物的外表特征、动作以及情绪变化等。这些特征和细节往往包含着富有传播价值的信息。

（三）广播记者现场观察应注意的问题

1. 选择恰当的观察位置，以利于观察和采录

位置恰当与否关系到能否清晰、准确和全面地进行观察，也关系到记者能否准确清晰地采录到需要的音响与影像，获取宏观的和细节的信息。因此，在关键的瞬间是否抢占到有利的观察位置，对广播记者而言具有决定性的意义。另外，在可能的情况下，可变换观察位置，多角度、全方位地把握对象及其变化的准确信息；如果报道主体与环境的互动性强，或其整体场面宏大、运动范围广阔，则首先需要选择有较宽阔视野的观察位置，寻找不易受到遮挡和干扰的观察角度；如果报道对象的细节具有重大的新闻价值，如讲话、演示、表情等，则需要选择相对近些的位置。

2. 开拓观察的视野，灵活调动注意力

观察受注意力引导，而注意力又受到主体心智的制约。观察绝不是被动的，而是伴随

着思维的信息获取与处理交互作用的认知过程。这一过程受到观察者既往观念的引导,也受到观察者知识储备和思维能力的限定,并受观察目的性的控制。在观察的现场,记者要充分调动自己的知识积累,发挥自己的思维能力,积极主动、多角度、灵活机动地调动自己的注意力,而不能一味地按照固有的思维和观察模式观察和采录,即所谓的"一根筋"。①

3. 确定恰当的角色定位

一般情况下,记者以新闻事件的目击者和记录者的身份进行观察和采录,某些情况下,记者也可以以参与者的角色介入新闻现场,获得和传播体验性信息。记者以什么样的角色定位进行观察,既决定了观察的主观视角,也决定了记者与采访环境之间的互动关系,效果大不一样。在一般情况下,记者多采用客观视角,以新闻事件的目击者和记录者的身份,进行采访报道。中立的旁观者身份有利于报道的客观性,消减与被报道者之间可能出现的对立关系,因而适于大多数的采访场合,是较常见的角色定位。在某种情形下,记者也可以采取参与者的角色定位。这种角色定位,有利于获得和传播体验性信息,补充仅靠视觉所不能获得的信息内容,但一定要注意分寸,绝不可喧宾夺主。这种从内部进行"体察"的定位,一般作为辅助手段使用。如果使用得当的话,这种角度具有较强的感染力。中国之声著名记者郎峰蔚在报道每年的春运时,经常以旅客的角色进到车厢进行现场采访报道,让那种浓浓的回家之情,浓浓的团圆氛围,浓浓的年味感染着每一位听众。

4. 抓住事物变化的先兆,有预见性

广播新闻记者带机采访,特别是现场带机采访,需要追踪事态的发展,记录事件最新发生、发展和变化的过程,因而必须抓住事物变化的先兆,预见事态发展的可能性和方向,以便及时做好准备,在事态变化的同时加以记录和报道。细心观察事态的发展状况,及时抓住先兆性的信息,是带机采访成功的重要保证,有时甚至是成败的关键。同时,将观察与思考结合。记者在现场观察的同时,要迅速通过思考分析和判断信息内容和传播价值。注意记录过程,强调过程性和动态性,展现事件发展的情节或记者采访调查的经过。

三、广播记者对新闻现场采访报道题材的选择

什么样的题材适合做广播现场报道,这是广播新闻记者必须时刻思考的问题。

1. 广播新闻的题材要求现场动感强烈,有吸引力

当记者置身于新闻现场,向听众说明是在什么地方做什么报道时,立即能引起听众的关注和兴奋,那么现场报道就成功了一半。

2. 广播新闻事件内容要单一,结局明朗

因为现场报道的时效性较强,要求在较短时间内采制完毕,并且迅速及时地传播出去,因此不太适宜过于复杂的内容,这也正是消息型现场报道较多的缘故。结局明朗,有助于满足听众的探究心理。

3. 广播新闻涉及的事件场面要集中、时间要短些

现场报道要求记者现场观察、现场解说。若场面分散,记者无法分身,则难以应付。现场报道一般比较适合过程较短的活动,时间跨度较大的事件不太适合,但是可以化整为

---

① 记者考试网:http://www.94188.cn,2008-8-22.

零,对事件发生、发展过程中某些标志性的、关键性的环节做现场报道。

4. 广播新闻事件现场音响要丰富,特色要鲜明

音响的应用有助于烘托现场气氛,体现新闻的真实性。个性化的典型音响有助于说明事实、表现主题,并且可以加深听众的印象。一般来说,反映场面或事件内容的音响越丰富,现场报道的现场感就会体现得越强烈。如重要体育比赛实况或重大突发事件现场就特别适合做现场采访报道。中国之声著名记者侯艳,在2004年雅典奥运会上,对刘翔110米栏决赛的现场播报,十分生动和富有激情。听了她的解说,听众好像感觉自己就在现场,这段解说词也成了中国广播史上体育直播解说的典范。

四、广播记者对新闻现场采访对象的选择

采访对象涉及广泛的社会层面,访问对象、内容、题材和不同人物的心理状态等错综复杂,因此,选择适合的采访对象是确保访问成功的重要环节。应注意以下几点。

第一,采访对象必须是了解新闻事实的人,包括新闻事实的目击者、参与者或知情者。

第二,采访对象最好能积极配合采访,善于表达,能谈心里话,能和记者交心。要尽量选择没有语言或行为障碍的采访对象。

第三,采访对象的谈话要让听众听得懂,应使用规范的语言,不仅能够提供有关信息,还要让人听得清,记得住,形象生动,让人信服。

第四,记者和采访对象都应明确访谈目的,力争有较为充分的准备。

第五,如果采访对象是新闻事件的重要知情人,即使采访对象有顾虑或不够配合,记者也应努力打消对方顾虑,循循善诱,力争形成良好的采访氛围。

第六,访问中记者要善于引导,具有成熟的驾驭访谈的能力。记者应与采访对象默契配合,努力做到相得益彰。[①]

五、广播记者进行现场新闻采访报道的技巧

广播新闻记者要成功进行现场采访报道,一定要有高度的新闻敏感。一旦新闻事件、突发事件出现,广播记者要千方百计赶赴现场;进入现场后要充分调动大脑积极思维、积极选择和组织材料,做到观察与思维同步运作;记者要调动全身的各种感受器官,来体察现场的变化,并及时进行通感式报道,给观众以联想。广播新闻记者临场发挥与机智应变的能力,突出表现在尽快寻找到适合的采访对象和知情人,当机立断进行采访。与此同时,记者还要熟练驾驭录音技术,话筒选择适合角度和位置,及时录下现场的关键音响及任务谈话,力争采录一次成功,录音效果真切、清晰。另外,广播新闻记者必须具备良好的口头报道和访问能力,将现场的观察和感受及时、生动、准确地向听众报道。

广播现场采访报道的内容,主要体现在记者同采访对象的一问一答之中。广播记者的机智与灵活完全体现在自己设置的问题上。口头录音报道在提问前可以介绍一下听众看不见但又想知道的现场环境和背景材料,但要随便自然,有时也可以动情,发点议论,切忌用华丽辞藻,故弄文采,招来听众反感。从整体看,提问应一个比一个具体,条理要清

---

① 曹璐,吴缦. 广播新闻业务 [M]. 北京:中国传媒大学出版社,1997:64.

楚。广播新闻是靠人的听觉接受的，如果提问不分层次，问题提得过大或过于广泛，本身就很乱，听众就更不易掌握记者所要表达的内容和含义了。为防止提问时出现僵硬局面，记者首先要对被采访对象的文化、生活层次有一个正确的判断，提出适合对方回答和对方能够回答的问题，而不要提出对方回答不了和感到为难的问题。记者同对方谈话要平等，在谈话过程中不要随便打断对方的回答，对回答不出的问题不要穷追不舍，更不要设置答案让人家回答。在对方回答不准确的情况下，可稍加提示，寻求最佳角度或改换别的有关问题。对那种由记者归纳后再问对方"是不是这样"的做法也要杜绝。记者应多用谦虚的请教式口吻同采访对象谈话。

（一）广播记者在现场采访报道中应如何提问

"提问"是采访之本，对于广播记者来说尤为重要，掌握了现场采访中的提问技巧就等于成功打开了现场报道之门。① 由于被采访人面对的不仅仅是记者本身，而且还有话筒，显然不能像接受笔记式采访那样轻松自如。这就要求广播记者在采访过程中，在掌握全局、驾驭全局、明确采访目的的同时，注意采访技巧和风格，以达到人与人之间更好的沟通交流，采制出更加丰富生动的报道。

1. 提问要具体明确，切忌大而空

一般来说，在新闻现场采访人物多为即兴谈话，记者提问是否准确清楚是做好广播新闻报道的关键。因此，采访提问时应尽量从具体问题入手，避免大而空的提问；也不要提那些过于笼统，使对方无法捉摸和无从回答的问题。如"请你介绍一下你们如何搞好小康村建设的"、"请你谈谈你们这里的情况"等类似的问题，除非对方早有准备，否则会使对方不知从何谈起，即使回答，也容易是啰啰嗦嗦一大堆，达不到记者提问的目的。因此，如果记者要想了解一个比较大的问题，最好的办法是化整为零，从与主题密切相关的具体问题下手，做到提问小而具体，简练明确。这就要求记者事先获得的大量新闻背景，在新闻事实中理清头绪，抓住中心，选取最能体现新闻主题的某件事、某个人进行采访，在看似简短的采访中，把大量信息传给听众。

2. 提问要讲究方式，注意平等性和尖锐性

记者在采访活动中，抱以怎样的态度和情绪，往往影响思路的拓展和对有效信息的获取。采访者与被采访对象的关系是一种平等的关系。如果新闻采访带着主观色彩，势必会造成采访对象的抵触情绪，从受众的收听效果来看也显得高高在上、没有根基。"中国之声"的一位记者在对"巨能钙产品含有双氧水"的采访中，发现一些药店负责人因为担心销售巨能钙产品影响药店的声誉，而始终对其了解的情况闭口不答，在记者向他讲明新闻报道的公正客观性，并声明会保护当事人的合法权益后，一位负责人才摆脱了最初的不安，接受了记者的采访。

提倡平等性并不等于对任何事情持中庸态度，面对重大、棘手的事件，有些提问必须一针见血，使其尖锐性要得到体现。一次记者在采访沧州某医院虚高定价，多收取患者医疗费时，该院的一位领导竟然说不知道此事。记者随即问道："物价部门审批的价格已经下发到医院而为什么没有执行？"他哑口无言。由于记者在事前做了详尽了解和资料搜集，所以提问时问到了要害之处，一问一答就可以让听众明了问题到底出在哪里。

---

① 郝延明. 广播新闻采访中的提问技巧 [J]. 河北广播，2007，(4).

3. 提问要把握主线，并注意选择好谈话场合

一般的采访目的性很强，由于时间和环境的限制，采访者和被采访对象之间不可能像拍摄纪录片和采制人物通讯那样长时间地共同生活、工作，所以，要抓住关键问题，一旦采访对象的谈话偏离了主题，一定要及时将他拉回到主线上来，切勿跑题。同时要紧紧抓住稍纵即逝的最重要的瞬间表达。能不能把握这一瞬间的表达，关键在于用眼睛采访。若能把"口""眼"的作用结合起来，就可以观察得深入、细致、生动、逼真，反映出事物的本质来。

另外还要注意选择好谈话场合。场合能激发人的谈兴，也能抑制人的谈兴，采录人物谈话要选择适合谈话人临场发挥的场合。如采录某教授的谈话，在其书房里或实验室中，效果可能好些，因为这样的场合与他自身的学业、经历、成就、苦乐紧密相连，对方与记者交谈起来，易于打开思路，而且会富于感情。

4. 记者提问还应注意的几点问题

第一是记者与采访对象的交谈不应有过多的应答，如"啊"、"嗯"、"对"、"不对"、"是"、"不是"之类的声音，记者在话筒前提出的问题要具有实质内容。提问时，最好用"谁"、"什么"、"什么时候"、"什么地方"、"哪个"、"为什么"和"怎么样"这样的提问语提出问题，使被访问者只能具体回答问题，或者用"请告诉我……"、"请谈谈……吧"这样的句式，引导被访问者做出具体叙述，而不是简单地回答"对"、"是的"或"不是"、"不"，因为答案往往应该是由被采访者而非采访者说出，才更有说服力，也避免了采访者诱导之嫌。第二是问题要长度适当。第三是提问内容不要超越被采访对象所熟悉的范围。第四是一般不假设提问，对棘手问题更是如此，特别是对身居高位者，他们会拒绝回答。第五是提问中不要包含答案，重要事实、意见要让对方自己说出来。

（二）广播记者进行现场采访报道应如何开头与结尾

谈到现场报道采访的具体技巧，还有一个问题不能忽略，那就是记者在同被访问者之间的谈话如何开头和如何结尾。

1. 现场访谈的开头方式

访谈的开头可划为两类，一类是直接切入式，另一类是开放式。直接切入式就是在播出现场主体音响、对背景材料做适当介绍后，一开口就涉及访问的实质性问题，请对方回答。开放式则是在播出现场环境音响后，自然播放出记者同采访对象的交谈录音，记者的第一个问题可以不去切入实质性问题，而是一种协调气氛，寒暄式、迂回式的提问，这个问题是切入实质性问题的前奏。第二类提问方式在某些场合很重要，可以缓解对方的紧张感，协调记者与对方的平等关系。

2. 现场访谈的结尾方式

现场访谈的结尾一般可有三种。第一种是自然结尾，就是记者在最后一个问题已得到圆满解答后，道声"谢谢"即可。第二种是封口式提问结尾，就是记者要提一个回答面很窄的小问题，让对方一句话就能解答，甚至一哼一哈就解决了。如果录音谈话，对方谈得过长，记者又没有收口就结束了，这就是秃了一截尾巴，容易造成听众的反感。第三种是总结式结尾，是记者针对所报道新闻事实整体的总结性概述，这种结尾方法主要是处理那些场面繁杂，采访面宽，涉及问题较多的现场报道。但要求少议论，最好几句话结束。严格地说，第三种结尾中要包融进一些前面访问中未涉及的有关的补充性新闻事实和发展态

势,连续性现场报道采取这种结尾方法可引起听众对整个报道的关注和兴趣。口头报道最好采用封口式结尾,还要注意以新闻事实和现场音响气氛来打动和感染听众。

广播现场报道的采访对广播新闻记者的要求是比较严格的,因为现场报道不同于播音,不能重复采访和后期补充,在很多情况下没有太大的取舍幅度。记者在实际采录中一定要注意防止出现问题答错的情况,特别是有关政治、民族和政策方针方面的问题。出错后,后期制作难以纠正,可能造成整个现场报道的失败,以致不能播出,或播出后造成不良后果。出错有时是无法避免的,但在实际采访中应该具备高度的责任心,尽量减少出现这样那样的政治和技术方面的错误。

六、广播记者现场采访报道应具有的素质

广播新闻记者要想在现场成功采集到新闻资料,必须具备相关的素质要求,具体来说有如下几个方面。

(一) 广播新闻记者要把正确的政治思想放在首位

作为广播记者要认真学习马列主义、毛泽东思想、邓小平理论和"三个代表"重要思想,认真学习科学发展观,树立正确的世界观、人生观、事业观和价值观。面对纷繁复杂的社会现象,能够分清主流和本质,能够以集体和国家为重,保持清醒、科学的头脑,不为金钱等各种利益所驱使,所诱惑。努力做好用政策观点来分析社会现象,分析新闻事件,特别是在直播一些具有政治高度、涉及国家利益与人民权益的新闻时或评论时,更要把国家利益、集体利益放在第一位,从全局出发,现场播报出或写出高质量的广播新闻。

(二) 广播记者要提高自身的业务素质

广播记者要熟练驾驭广播媒体特有的听觉传播规律。广播媒体的快速传播,要求记者现场采访与现场报道处于同步或几乎同步的状态。广播记者现场采访报道和进行录音要求一次性成功,即记者在进行充分采访准备之后进入新闻事件现场,边观察、边选材、边构思,进行口头报道和访问,同时还要录音。这种多元感官同步状态,要求广播记者必须具备扎实的业务功底。

广播记者不仅要有敏锐的新闻敏感,还要有闻风而动,雷厉风行的采访效率,更要有现场速记和即兴口述的能力。现场采访要求广播记者必须有充分准备,包括选对报道的主题、结构,选好录音地点,抓住典型音响以及对可能出现的突发情况的应变能力等。广播记者还应具备良好的口头播报能力,运用标准普通话准确生动地播报新闻。

(三) 广播记者还要培养良好的思维品质和心理素质

广播记者处于高效率、快节奏的工作状态中,每天频繁奔赴新闻现场。面对新闻媒体的竞争,广播记者要具备积极进取的心态和坚忍不拔的品格,以高度事业心和责任感投入现场采访。广播记者要具有创造性的思维品质,主要表现在:发现新事物的敏锐性、丰富的形象思维能力,严密的逻辑思维能力,由此及彼的联想能力,良好的信息储存能力,灵活机智、沉着冷静应变能力,具有前瞻思维能力,良好的信息储存能力等。积极进行自我调节,努力避免思维片面化、绝对化、情绪化等认识误区。面对广播技术的不断发展,广播记者应努力掌握现代化技术手段,包括熟练的录音技术和计算机操作技术等。

(四) 广播新闻记者要具备合理的知识结构

广播记者的知识面要宽,力争成为具有较全面文化修养的复合型人才,努力向学者型、权威型转化。广播记者首先要学好与自己业务有关的知识，如采访技巧、录音技术等。还要学习哲学、政治学、经济学、法学、历史、文学等，同时还要涉猎社会学、心理学、管理学以及其他社会科学方法论等，成为既懂政治，又有渊博学识的广播记者。在现场采访中或做人物访谈时，各方面的知识都可能遇到，所以，应提前打好基础。此外，很重要的一点是广播记者还要有良好的身体素质，并掌握一门或几门外语，做一个面向世界的经得起各种考验的广播新闻记者。

第三节 广播新闻现场音响的采录

一、广播新闻现场音响的含义和类型

（一）广播新闻现场音响的含义

广播新闻现场音响，是指在广播新闻采集现场、新闻事实展开过程中发生的实况音响。这种音响来源于真人、真事、真物，能够反映新闻事物本来面目。实况音响经记者选择、采录后，即成为实况录音素材，是音响报道的基本材料和表现手段。

在新闻报道中使用的客观音响并不都是实况音响，实况音响与客观音响的区别在于音响本身是否产生于新闻事实活动之中，如奥运足球赛场上空巡逻的直升机声响就不是足球比赛的实况音响。凡与报道内容不相干的声音，即使是客观的，也不是实况音响。

（二）广播新闻现场音响的分类

现场实况音响有两种分类方法：第一种是根据实况音响在报道中的表现形式分，可以分为新闻现场实况音响和非新闻现场实况音响；第二种是按照实况音响在报道中所发挥的作用，分为主体音响、背景音响和环境音响，这种分类方法是目前广播行业最为通用的分类方法。

主体音响是指所报道的主要事物或人物发出的声音，又称骨干音响、典型音响，是对表达新闻事实具有代表性意义的音响。主体音响出现的时候一般都能够展示新闻事实的一个侧面，甚至能够表达一个新闻事实的典型场面，或者标志一个重要的时刻，或者反映新闻事实中一个重要事物的典型特征。如2008年，国家主席胡锦涛去汶川地震灾区看望灾民，在简易房内对汶川灾民讲话，这时，录制的讲话声就是主体音响。这段主体音响在新闻中具有典型性，表明了国家领导人对灾区人民的关心。

背景音响就是用来说明新闻人物或事物背景的音响，多为实况录音资料，非新闻现场音响，多用于烘托主体事实存在价值，提升报道表现力。背景音响的主要作用是映衬新闻真实度，增强新闻丰满度，能够形成现场氛围，丰富报道的音响层次和深度，加强受众对新闻现场认知和感受。如广播人物访谈节目中，当被访者谈到自己的家庭时，广播中出现事先录好的，被访者在家里与家人一起聊天、做饭的音响，这种音响就是背景音响。这种背景音响很好地展现了被访者的家庭背景，拉近了听众与被访者的距离。

环境音响是指所报道的事物或人物所在的环境中存在的各种声音，表现时间、地点、条件和气氛，所以，被称为环境音响。由于环境音响并不是所报道的事物或人物本身发出

的声音，在报道中往往只起辅助的作用。如在2008年奥运会上，广播记者采访刚刚获得冠军的运动员，同时现场还有掌声、欢呼声、播报员播报比赛成绩的声音以及加油器具发出的声音，这些就是环境音响。环境音响展现了运动员所处的环境，很好地烘托了现场气氛。

一个音响在报道中究竟担任什么角色，主观上要看记者怎样使用它，客观上要看它在报道中发挥的是什么作用。同一个音响，在报道的不同位置出现就可能存在音响类型的变换。

现场实况音响的类型较多，运用的方式和范围也不同，广播新闻记者要想做出高质量的音响报道，一定要深入生活，亲临现场，下工夫去采录合适的音响。音响报道所以能够在真实性、现场感以及感染力方面超过文字广播，起关键作用的因素就是现场实况音响。

二、广播新闻现场音响的美学作用

声音是广播强有力的表现手段和传播符号，声音的丰富多彩赋予广播音响报道以丰富的美学内涵。在广播新闻所采用的多种报道形式中，音响报道通过对现场实况音响的直接采集，能够最大限度地展现出声音的魅力。现场音响报道最大的特点和优势就是运用了音响，音响的运用能从真实性、形象性和感染力三个方面增加报道的美学价值、提高听众的审美享受。

（一）现场音响能够增加录音报道的真实美

在广播新闻报道中，音响之所以能够给听众带来更加真实的、身临其境的感受，是因为音响能够给听众提供更多的信息。所谓信息，通俗解释就是具有新内容、新知识的消息，是指"对消息接受者来说预先不知道的报道。"在信息论中，信息量的大小是由接受者认识上不确定性消除的多少来确定的。通俗点说，信息量就是计算一个信息究竟能给受众传递多少含量的有益内容。

在广播音响报道中，音响的运用能够增加新闻报道的信息量，在相同时间内，新闻所传递的信息量大了，报道也就更全面和真实。

一般来说，文字报道虽然能刊登某人的发言，但是文字稿子有时候难免有修饰加工之嫌。而在广播音响报道中，让采访对象亲自在话筒前现身说法，听众肯定会觉得更加可信和真实，如中国科学院曾经成功研制了"人工喉"，为失去嗓音和切除喉头的患者带来福音。中央人民广播电台曾经播出过一篇关于有一位患喉癌的老工人在手术后使用"人工喉"说话的录音报道。一位听众在收听后给电台写信说："本来对你们的报道还将信将疑，可是，当收音机里传出了患者通过人工喉说话的声音时，我惊奇了，我拧大了音量，伸长耳朵，生怕漏掉一个字。这声音说明了一切——人工喉是可信的"。

人们都有求新、求美的心理。一般的新闻广播，多是四平八稳的朗读，人们已经习以为常，注意力容易流失，常常出现收音机虽然开着但实际却没有听进去的情况。而现场音响在报道中一出现，听众则会立即感到和平时不一样，音响内容或者新鲜活泼，或者优美动听，或者紧张刺激，听众的注意力马上就会提高，同时获得一种真实美的享受。广播的传播渠道是声音，传播渠道畅通了，单位时间内听众所接受的信息量也就大了。

（二）现场音响能够增加录音报道的形象美

美既不能离开"真"，也不能离开"象"，即它外在的感性形象。20世纪50年代，曾在中央人民广播电台工作过的苏联广播专家巴宾科在谈到录音报道时说:"录音报道是录音记者运用广播手段重现某一或某些事件的一种音响画面"。"现场音响"就属于这种"音响画面",也可以称为"录音场面"。它包括新闻事件的现场音响和当时人们的活动音响。这些音响能够表现出新闻事实发生的典型环境,再现新闻现场的情景,使广播报道的新闻立体化,使听觉转化为视觉形象,使人们获得"闻其声如见其人、如临其境"的审美感受。

如记者采访农村的一户人家,进了院子就能听到鸡鸣狗吠的声音、猪吃食的声音。进了屋子以后,能听到孩子们玩耍打闹的声音和电视机中发出的声音。如果把这一些声音都作为环境音响,听众收听后就会自然地在脑海里浮现出一幅农家小院的生动图画。在报道重大体育赛事时,把现场观众的欢呼声、加油声、电子体育器材发出的声音作为环境音响,听众就会具有非常强烈的现场感,眼前就会呈现出一幅生动的体育比赛的心理图画。

(三) 现场音响能够增加录音报道的情感美

音响报道之所以擅长以声带情,以情感人,是因为音响能够增加报道的感染力,从情感上为听众带来更高的审美享受。

广播的传播符号是声音,而声音是由语言、音响和音乐构成的。语言在录音报道中的主要作用是表义,而在表达情感和传递感情方面,语言的功能就远远不如音响和音乐。美学家苏珊·朗格谈到语言时曾说过:"每一个人都知道,对表达我们的感情,语言是一个十分可怜的媒介。它只能含糊地、粗糙地描绘想象的状态,而在传达运动着的模式、内在经验的矛盾心理和错综复杂性、情感与思想与印象的相互互动作用、记忆与记忆的回声、幻化无常的幻想及其神秘的踪迹、所有无名的情感这方面,语言则可悲的失败了"。[①] 在朗格看来,语言只能表现人类心灵活动的一个方面,而人类心灵中的感情领域只能用表象性的符号形式来表现。录音报道中的音响就是一种很典型的表象性符号,它在一定语言环境(也就是整个录音节目中主持人的解说词、被访者的谈话)中起着表达和传递感情的作用。

现场音响在录音报道中的优势正是在表达那些光用语言难以表达的感情和情绪方面。还是拿农家小院作为例子。院子里有鸡鸣狗吠的声音、猪吃食的声音,屋子里孩子们玩耍打闹的声音、电视机里发出的声音。这一切不仅会在听众的脑海里勾勒出一幅农家小院的生动景象,更重要的是还能激发听众的感情,尤其是很多在这样的农家小院中有过生活经历的人,亲切的、难忘的感情就会涌上心头。这样的感情是音响构建的"音响图画"所催生出来的,这种效果是单纯的文字和语言很难达到的。

三、广播新闻现场音响采录的基本要求

由于音响报道的特点是使用声音,特别是对现场声音进行报道,这就要求广播记者在采访报道的过程中,不但要掌握记者通常应该掌握的基本技能,还必须了解和掌握采集使用实况音响的基本要求,以便在采访报道的各个环节上驾驭和运用声音。

(一) 了解和熟悉声音的特性

1. 声音转瞬即逝

声音是点式的、线性的。声音现场往往也是一次性的,突发事件的现场更是不可预知

---

① 黎政祥,金婧. 论广播音响报道中的音响美学［EB/OL］. 中国广播网：http://www.cnr.cn,2010－1－23.

的。这一点，决定了广播记者在展开采访时，除了要关注新闻线索之外，更要特别关注新闻的声音线索。

2. 声音相互干扰

一个新闻现场的声音构成是复杂多样的，而记者想要采集的声音却是有选择的，尤其是主体音响的采集更是需要高度的清晰和纯净，这就要求记者在观察新闻现场的时候，不但要从新闻业务的角度审视现场，还要从声音采集需要的角度去观察，抢占一个最适合音响采集的现场位置。只要能够找准点位，就不仅能采集到很好的主体音响，还能够获得较为丰富的环境音响烘托现场的气氛。

3. 声音相互类似

声音相似就可能造成声音在信息传递方面的混淆互扰，从而影响新闻的真实度。解决的办法是，采集时尽可能地采录那些有鲜明属性特征的音响。

（二）选择合适的音响

任何事物都有其独特的声音形象，这些独特的声音在特定的环境、时刻和背景下，有着特定的表现功能。有的可以提示报道主题，有的可以显示现场气氛，有的可以传递事物感情等。因此记者必须反应灵敏，能准确、迅速鉴别与判断各种音响，能抓住形象丰满、表现力突出的声音。只有这样才不会采录了一大堆音响，但因毫无特点无法用来突出新闻主题。2001年7月13日北京申奥成功时，现场的欢呼声、鼓掌声响成一片，而记者捕捉到了最有代表性的声音，就是中国申奥成功的功臣何振梁因激动而颤抖的话语："朋友们，我们胜利了，多少年的梦想，我们实现了！"这段恰当典型的音响，深刻地表达了无数中国人的激动心情和自豪感，也展示了中国的不断发展进步。

（三）发现和捕捉典型音响

在新闻现场，任何实况音响都有可能在报道中成为典型音响。

有特点的音响用到报道里去，能使人产生新鲜感，具有更大的吸引力。有特点的音响，就是能够反映事物或人物个性的音响。捕捉和恰当运用这种音响，就能更好地表现人物或事物的个性；反之，则可能因音响的一般化而给人以雷同的感觉。一般来说，在人的讲话中，能够传真情、达真意的，都是比较有特点的音响。

发现和捕捉典型音响，第一步是要弄清楚现场音响与报道主题的关系，熟悉报道内容所涉及领域的工作特点和声音特点，具有一定的新闻敏感；第二步是勤于实践、勤于思考、勤于探索。音响无属性，关键在使用。要尽可能多地实践，力争在实践中理解报道与实况音响的辩证关系，把握采集实况音响的技巧；多琢磨实况音响及其特点与新闻主题表现、新闻内容的关系；多对现场的音响构成进行探索，创新音响的使用手法。

（四）善于调控好音响

音响是否采录清晰，直接关系到新闻报道的效果。新闻现场的音响清晰度不是采录者能够完全控制的，因此只能在正视它的同时，采取适当的弥补措施，要防止任意干预，弄虚作假。在有些伴随事物发展变化而发生的声音中，往往说话声、环境声混在一起，对于这类音响一般只能力求主体音响基本清晰。至于访问录音，由于记者可以选择和控制采访地点和时间，则应该力求全部音响清晰，尽最大努力防止和消除来自周围环境的噪音，增强采录和驾驭音响的能力。影响音响清晰度的还有不少来自主观方面的原因，如忽视访问环境的选择和检查，结果往往因室内有墙体回声，或存在着其他电磁波而造成噪音干扰；

采录前没有对录音器材作细致检查,可能因设备故障而影响音响的清晰度;使用录音器材不当,如话筒离采访对象过近,录下的声音会发"纸",过远则声音模糊等。

(五)提高报道的审美性

不是所有题材都适合做音响报道;也不是所有新闻现场的所有音响都适合用在音响报道中。广播记者必须精挑细选适合的音响,宁缺毋滥,不能为了"音响"而"音响",要使音响的出现能提高报道的审美性。有的新闻题材,虽然现场有音响,但声音太一般,没有特点,不能吸引听众注意,也不能为听众提供有用的信息,那就没有必要做音响报道。如有的工业题材的报道,动不动就是车间里的轰隆声。其实这个"机"和那个"机"的声音差不多,这个厂和那个厂也没多大区别。这样的声音太普通和单调,没有特点,不能引起听众的兴趣,即使辛苦的录下来也不能为报道增色。

有的音响报道把采访地点放在了被访者的工作现场,认为这样可以体现人物的工作环境、增加现场感。但有时候工作现场并不适合采访,如有的建筑工地或者工厂噪音太大,现场人物的话根本听不太清楚,把被访者放在这样的工地或工厂去采访,其背景音响不仅不能传达更多的信息,反而会影响了最主要信息的表达,也就更谈不上审美性了。

(六)谨慎采录人物的对话交流

如果在现场音响报道中出现人物对话交流,不管是主角还是配角,不管是讲多讲少,都不应随随便便轻率对待。记者进入采访场合,除了要考虑新闻线索,还应考虑如何获得既有特点又很清晰的音响。第一,要消除对方紧张的心理,创造一个友好,和谐、融洽的交谈气氛。第二,要选择合适的录音地点。需要找一个较为安静不受干扰的环境,以免杂声影响对方情绪和录音效果,有时则需要安排在与谈话内容有关联的特定环境。这样有利于表现人物的特点,讲话人处在他所熟悉的工作、生活环境里不会感到紧张,能发挥好,还能触景生情,使讲话更具现场感。第三,要抓住录音时机,记者要具备快速反应的能力,有些精彩讲话往往一瞬即逝,因此要有识别精华的聪耳慧眼,把好的东西抢录下来;同时,记者还应该选择讲话人情绪好,愿意交谈的时候录音。第四,要摆脱讲话稿的束缚。事先写好稿子让采访者念稿录音,这样做谈话内容集中,整理剪接也比较方便,但是,念稿容易束缚人的思想感情,声音也比较僵硬,所以,应该尽量甩开稿子,边谈边录,即兴发挥,恰到好处。

思考题

1. 广播新闻与广播新闻采集有何区别与联系?
2. 在选择现场采访对象时应注意哪些问题?
3. 广播新闻记者如何对采访报道现场进行观察?
4. 在重大突发事件的现场采访中,广播记者应具备哪些素质与技巧?
5. 什么是广播新闻现场音响?如何分类?
6. 广播新闻音响采录时有哪些技巧?

第八章
电视新闻采集

── ◇ 本章提要 ◇ ──

电视新闻采集是运用现代电子技术，通过电视屏幕，形象地向观众传递新闻信息的一种手段，既采集画面信息，又采集声音信息。其个性特点，主要体现在以下六个方面：信息立体化传播；思维形象化展开；现场纪实性再现；观众多层次参与；表现多元素综合；摄录多工种配合。

电视新闻采集的策划，是策划人遵循新闻的基本规律和电视纪实特性，以事实为基础，以创意为核心，对已占有的信息进行充分地分析研究，确定可能实现的目标和效果，制定相关报道策略，规划、设计报道的方式、方法和技巧，以求最佳采访报道效果的运筹与谋划。

电视新闻采集既是一门技术，又是一门艺术。在电视新闻采集过程中，具体表现为对画面和声音的精确掌握，同时掌握快速采集和快速编辑的技巧，出镜记者与新闻采集之间的密切配合。

通过本章的教学，使学生掌握电视新闻采集的特点及如何选题和策划；掌握电视新闻采集的摄录编技巧及电视新闻出镜记者的素质要求。

第八章

光泳射问题文集

第一节 电视新闻采集的个性特点

电视新闻采集，就是运用现代电子技术，通过电视屏幕，形象地向观众传递新闻信息的一种手段，既采集画面信息、又采集声音信息。具体地讲，它是通过电视摄像、记者采访、镜头设计、拍摄、数字编辑、剪辑、写解说词、配音这几个程序来完成。它可以系统地、形象地采访并报道事物发展的过程；具有信息立体化传播、思维形象化展开、现场纪实性再现、观众多层次参与、表现多元素综合、摄录多工种配合的特点；通过电视记者采集到的电视新闻是电视各种新闻性内容和新闻报道形式的总称，是一般电视台节目的骨干和主体。

电视是世界上受众最广泛的传播媒介之一，基本普及到各家各户，是人们获取新闻的主流渠道。与报纸和广播相比，电视具有声画合一，视听双通道的传播优势，这也构成了电视新闻采集的个性特点，主要体现在以下六个方面。

一、信息传播立体化

信息理论认为，信息不是事物本身，而是事物的存在方式和运动状态。电视新闻的声音与画面形象是同步的，这一方式和运动状态，决定了其信息结构是一种立体的场结构。电视的信息系统，从形式分为声音系统和图像系统。与电影前期分别摄录、后期复制合成不同，电视的声画不是平行的线性结构，而是密不可分、互为作用的统一体。

声画同步的信息传播不存在以谁为主的问题，而应思考两者如何结合可以达到最佳传播效果，实现一加一大于二的效果。确立信息立体化传播的观念，在电视新闻采集过程中要做到以下几点。

（一）注重同期声

同期声是指与画面形象同步存在的声音，包括记者在现场报道、采访的语言；被采访对象向记者反映、提供情况的语言；以及新闻现场其他人与物所发出的声音，即效果声。前两种声音在新闻报道中是准确传达信息的重要元素，效果声也是再现现场真实的不可缺少的元素。真实生活是有其形必有其声，也正因为形声不可分割，才有"此时无声胜有声"等独特的意蕴。

同期声使观众不仅能观其形，同时还能闻其声，真正带给观众身临其境的真实感和强烈的现场参与感。

同期声再现的是面对面的交流，是现场记者和屏幕前观众之间面对面的交流，是记者和采访对象之间面对面的交流。传播学者认为，面对面的人际交流是最佳的传播形式。电视新闻的同期声传播缩短了观众与传播者的距离，增强了传播的亲近感，也因此更容易激发观众的认同、参与意识。

同期声在真实新闻报道的个性、魅力上具有不可替代的作用。采访对象的语言以及表达语言的方式是极具个性色彩的，这些个性化的语言，可以使报道鲜活生动、不落俗套。特别是在娱乐新闻中，采访对象的语言更加个性化。一次记者在刘德华演出结束后对他进行采访，问婚姻的看法，刘德华回答："我是肯定要结婚的，只是时间的问题，如我迟迟不结婚的话，我妈妈会杀了我。"几句简单的个性话语就说出了他自己的婚姻观。

（二）重视非语言符号的作用

非语言符号是指伴随着人物讲话的手势、动作、神态、表情、语气、语调，乃至空间环境、氛围等潜在信息，也有人称之为体态语言或环境语言。符号学专家认为非语言符号既可以加强，也可以削弱语言符号的效果。因此，重视非语言符号的现场采集是电视新闻记者必须掌握的技巧。

非语言符号的信息传播与语言符号信息的确定性不同，对它的解读需要观众的联想和积极参与，不同教育背景、人生经验的观众从中得到的认知会有所不同。在信息结构上，它更具有开放性，同时也更有力度。

在电视新闻采集过程中，对采访对象个性化的动作，神态等非语言符号的捕捉和表现，可以使报道具有更多的个性色彩和情感因素，调动起观众情感参与的积极性。如每到春节之际，记者都会到街上去采访一些市民，看看年前居民的生活情况与准备年货的情况，采访对象大多洋溢着高兴喜庆的表情，会说说对于年味的看法，以及过年的方法等。相反，在一些沉重事件的事发现场，记者对于当事人以及相关人的采访，采访对象脸上往往都表现得凝重严肃，甚至悲伤。这时候，电视记者就应注意提问的尺度与问题的选择。

二、思维展开形象化

电视图像是直观的形象系统，这一系统里包括视觉因素——事物的运动状态和听觉因素——事物运用状态下的自然声响、效果声和人物谈话的语言。电视传播把视听因素同时存在的事物原生状态直接呈现在屏幕上，给观众直接的认识、感受。

用直观的画面报道新闻，而不是用文字来描绘新闻，是电视新闻的特色，也是电视记者的工作特点。报纸等平面媒体的记者是用文字语言来进行采访报道、用文字思维工作的；广播媒体的记者虽然可以用声音传递信息，但毕竟无法直接地表现形象；电视记者则是把具体的、可视的画面形象直接呈现给观众，使观众能耳闻目睹，有身临其境之感。

直观的视觉形象，以及由此产生的强烈冲击力和感染力，是电视新闻能后来居上，成为影响力最广泛的大众传播媒体的根本原因。实验表明，人脑接受来自眼睛的信息是来自耳朵信息的30倍，也就是说，视觉信息的冲击力和感染力要大大超过听觉。因此，有观点认为，在电视传播中，有时形象比语言本身更为重要。如同样是报道"5·12"汶川地震后受灾情况的新闻，无论文字说得多全面、多精确，这种感染力远不及直接看到画面形象所给观众带来的心灵的震撼——十几个穿着校服戴着红领巾的天真的孩子被埋在瓦砾下，沾着血迹的课本，紧握钢笔的手，相信无数观众为之而心痛。

电视新闻的实践也证明，往往是那些视觉形象发挥得好的新闻，能够受观众的欢迎。因此在采集过程中需要做到以下几点。

（一）善于抓拍典型的细节和情节

电视新闻传播以具体物象作为信息载体，直接作用于观众的感觉器官，并由感受而上升到对事物的理性认识，这也就是人们通常说的直觉思维。这种直觉思维形成的基础是要有具体、生动又能典型地说明某种思想的形象，撇开形象用文字来说理就不是电视新闻。电视新闻记者在现场受具体事物形象的激发产生某种思想，新闻传播则是要让观众重新经历这一过程，以拍摄到的声画结合的形象让观众由感受到认知，优秀的电视新闻无不体现这一特色。

在中央电视台《焦点访谈》的优秀节目"收购季节访棉区"中，当记者和摄像师赶往正在违反国家法规私自收购棉花的加工厂时，听到风声的加工厂老板仓促避去，但记者敏锐地发现老板办公室中，桌上的茶杯余温犹存，显然人走不久，摄像师从全景画面，推成记者手试茶杯温度的特写画面，利用这一细节镜头非常好地传递出了这种现场信息。此后，当记者追问留在加工厂未及躲避的收棉女工在干什么时，女工支支吾吾谎称在玩，摄像师发现女工发辫间有不少收棉时沾上的棉绒，于是从该女工的近景画面，推摄成头发与棉绒的大特写画面，清楚地告诉观众她在说谎。摄像师在现场，通过锐利的目光和细节画面，为这次报道提供了重要的能够说明问题的细节形象和情节因素。

（二）善于运用蒙太奇思维

蒙太奇思维，是电影术语，指电影编导在构思影片时要在脑中不断"过电影"，不仅要考虑画面的构成，还要考虑画面与画面的组接，是编导运用连续画面进行思考的方法。

电视新闻工作者的思维方法也是如此，不仅要善于捕捉现场形象，还要有意识地运用连续形象画面来构思新闻报道。即使那些无剪辑拍摄的新闻，也是记者运用蒙太奇技巧的结果。在新闻现场，记者用采访摄像的手段，伴随运动摄像，使画面本身形成内部蒙太奇结构。这一拍摄过程，是记者在新闻现场进行紧张的蒙太奇思维创作的结果。

蒙太奇贯穿于电视记者工作的全过程。文字写作要讲究语法修辞，电视记者则是用声画结合的形象做文章，蒙太奇就是用画面形象做文章的语法与修辞，它是记者必须具备的基本功。这一基本功驾驭的娴熟与否，将直接影响到新闻报道的质量。电视新闻不仅要用生动典型的形象化事实说话，也要以事实的逻辑力量说理，特别是在思辨性强的新闻报道中，事实的逻辑力量尤为重要。

三、现场再现纪实性

现场感强是电视新闻的一大优势。直观画面的形象报道，使电视能如实再现新闻现场，因此，电视观众对那些已经知道了的事，也想通过电视新闻亲眼观之，满足"眼见为实"的欲望。

电视新闻都有现场性，要真正发挥电视新闻的现场感的优势，必须要以现场的角度去报道新闻，用纪实的手法去拍摄新闻。无论是中央电视台的《焦点访谈》、《新闻调查》，还是重大体育赛事的现场拍摄，到现场、抢现场、拍现场成了电视记者的首要任务。煤矿透水事故的现场救援情况、大地震后的救灾现场以及中国健儿勇夺奥运金牌，这些具有强烈现场感、纪实性的新闻画面无时无刻不牵动着观众的心。

（一）现场的视角

任何新闻都有事态发生、发展或变动的现场，电视新闻的现场性是指记者必须到现场采访、摄录，把现场的情景、氛围传达给观众。电视新闻记者在现场的聚焦点应该是人，新闻事实也总是围绕人展开的。摄像机充分展现人物的行为、语言和情感，同时，人物行动又是在一定空间中进行的，电视新闻记者应立足于"现场"，把新闻现场的环境、氛围、细节，以及现场各方的反应等都直接呈现在观众面前，直接诉诸观众的视、听，给人身临其境之感。如山西王家岭煤矿的透水事故牵动着众人的心，记者在采集电视新闻时，应熟悉现场的各种情况,在大环境下抓住主要人物,也就是救援人员,把事件所处的现场情况及对救援队员的采访清晰地通过画面告诉给观众。

对于电视新闻来说,现场视角的重要性不言而喻。因此,电视新闻记者要凭借新闻敏感,在现场发现和采摄能表现主题的人和事,注意捕捉能传情达意的细节。

(二) 纪实的手法

用现场的视角观察事态,以纪实的手法再现事实,是符合新闻客观规律的报道手法。

对时空相对集中的新闻题材,宜用追随报道对象、再现事物原生态的拍摄方式,细致地记录事件的发展变化,立体地展示事物的各个方面,感性与理性相融,将新闻事件传递给观众。如2001年的"9·11"恐怖事件震惊世界,电视传播的视觉冲击力和情感震撼力不言而喻:恐怖分子劫持的飞机撞向世贸中心大楼北塔,20分钟后,第二架被劫持的飞机直接冲向南塔,飞机拦腰冲进南塔时,"伤势"较轻的北塔仍在冒着浓烟,40分钟后,双塔倒塌,万千碎片从火花里倾泻而下。电视新闻全视角展现了这突如其来的巨大变故,一幕幕浓烟滚滚的大楼坍塌画面,一个个惊愕不知所措的脸部特写,人们惊恐万状,尖叫声、咒骂声和大楼的倒塌声混杂在一起,仿佛将观众带到了事件现场,深深震撼着观众的心灵。

对于多时空的新闻题材,宜用追随记者足迹、再现记者现场调查、采访过程的纪实手法。如《新闻调查》的许多期节目,就是运用展现调查过程的方法,让观众跟随记者的寻访、求证、调查,层层深入、由表及里,发现那些被隐藏的真相,新闻背后的新闻。

四、观众参与多层化

参与在传播中的含义就是以传播者的所知、所见、所感引起受众的"共鸣"、"共识"或"共见"。成功的参与能引发受众的"共鸣"和"共识"。

受众参与是大众传播媒体的主要特征。传播学实践证明,由受众直接参与的节目传播效果最好。在新闻媒体中,电视具有传受双方实时的面对面接触的优势,因此,也是最能吸引受众广泛参与的新闻媒体。

电视新闻面对面地交流、传播信息,使观众因视觉参与而产生心理上的参与感。电视新闻的现场报道、现场采访,不仅仅是展现记者与采访对象的面对面交流,而且把这一过程直接传播给观众,能够激发起电视机前观众的参与感,甚至能调动起他们上电视接受采访和发表观点、见解的参与欲,让观众感到更平等、亲切。在这种传播方式中,观众不再是被动地观看,而是能够积极地参与到报道中去。

在新闻报道选题、采访制作到播出这一传播流程中,观众的参与可以分为四个层次。

(一) 间接参与

间接参与主要指观众反映情况、提供报道线索,或以来电话、来信等形式,对报道提出意见和建议。电视台各新闻栏目播出结束前,往往标出"欢迎提供新闻线索"以及热线电话的号码等,目的都是为了更好地吸引观众参与。像中央电视台《焦点访谈》、《新闻调查》等栏目,大量的新闻线索都是来自观众。观众提供新闻线索,不仅能提高节目的新闻性,更能提高节目对社会的关切度,使报道更贴近群众、贴近生活,真正满足受众的需求。

随着电子技术的发展,摄像机设备的普及,拥有家用摄像机人数的增多,观众不仅口头反映线索，还可用摄像机反映线索，甚至提供新闻。如江苏广播电视总台城市频道的《南京零距离》栏目，逐渐形成了一套相当完善的机制来调动市民参与的积极性。该栏目聘请1000多名市民担任信息员，其中数十名综合素质高、热爱新闻工作、有家用DV机的观众被聘为特约记者。一旦遇到观众打来的有价值的热线电话，他们就及时通知特约记者，然后再派后方记者增援，为方便记者采访，他们拿出一笔资金为特约记者购买电动自行车或摩托车。于是，许多突发新闻现场，出现了穿着黄马甲、骑着摩托车的特约记者，他们走街串巷，用DV机拍摄鲜活的画面。市民的积极参与大大增强了该栏目的贴近性和鲜活性，使其在与同类栏目的竞争中迅速脱颖而出。

（二）直接参与

直接参与是指受众直接介入节目制作之中，在新闻事件现场接受记者采访，提供有关事实，表达自己的观点、见解，这些屏幕上直接展现的参与是电视传播的特色和优势所在。以《焦点访谈》为例，其主要报道方式是记者现场采访、报道与评说。在展现记者对事实真相的调查研究过程中，观众是作为传播活动的主体参与到节目中去的。

（三）思想参与

思想参与是指观众在看新闻时，被报道中的人和事所吸引，喜怒哀乐的情绪被屏幕形象调动起来，并由情感而引发思考，思想参与是一种更广泛、更深层次的参与。

新闻报道要达到引发思想参与的层次，首先必须从内容到形式都能吸引人。电视新闻的传播，不仅包括事实信息，还包括现场的直观形象所展示的其他各种信息，全方位、立体化的信息能引发观众丰富的思维活动，深化对事物的认识，唤起情感的共鸣。

电视新闻再现现场的纪实手法，不论是形象地再现记者采访调查过程的现场采访报道，还是用追随摄像的方法再现事物原生状态，都能把观众带到现场，使观众目睹整个事态发生、发展的全过程。

成功的报道展现在屏幕上的是活生生的、个性化的人物形象，人的情感、人的命运始终牵动着观众。观众的情绪会随着人物的语言、情感而起伏，并因此引发联想、思考。同时，从人物的言谈举止、行为方式上，观众也可以对其个性、品格做出判断分析。

以现代接受美学观点来看电视传播，在传播活动中，观众是接受主体，他们观看新闻报道的过程是再创造的过程，是受到潜在信息影响的过程。电视声画形象的传播具有很多的潜在信息，每个观众一旦被报道中的人和事吸引了，就会结合自己的知识、修养和自己的人生经验来感受、体验、解释和理解，能最大限度地把声画形象的潜能挖掘出来，并由此而产生对事物的认识。这样的报道，不会让观众感到记者是在把自己的观点强加于人，而是自己主动地去接受，去思考。能实现观众思想参与的报道，往往会获得较好的传播效果。

（四）参与再传播

再传播是指当屏幕上的新闻报道结束时，传播并没有停止，观众会以口头或书面等形式传递新闻信息，使新闻获得继续传播。再传播使信息延伸下去，从而产生更为广泛的社会影响。

能调动起观众再传播的积极性的报道，是那些吸引他们，使他们感兴趣，给他们留下深刻印象，认为有价值、有意义的报道；是看了以后不由自主地想与他人交流，想表达自己看法的报道。一个报道若有众多的人进行再传播，往往会因此而成为人们议论的中心，成为热门话题。电视新闻推出一些能引发观众进行再传播的报道,特别是能体现新闻舆论监督功能的调查报道,报道后很快就会形成社会舆论,从而引起有关部门的重视,推动问题的解决。引发观众的参与感,缩短观众与传播者的心理距离,以增强和优化传播效果,是电视的一大优势。

五、综合表现多元化

电视新闻的传播方式是通过电波传递有信息的图像、文字、色彩、声音供观众收看和收听。电视是多种信息符号的综合传播,视听结合、形声并茂。构成电视传播的视听元素丰富多样:从视觉画面上看,有电视摄像记录的人物形象神态和现场环境,有照片、图片、幻灯、动画以及文字图像等;从听觉上看,有语言对话、旁白解说、音乐、音响等。

现代电子技术为电视提供的独特的电子特技,更丰富了电视画面的表现力。电视新闻每一个报道、节目的构成,都是对上述表现元素的综合运用、处理的结果。电视新闻记者、编辑,就像一个交响乐队的指挥者一样,要熟悉各种表现元素的表现力,从内容的需要出发,把握好视听诸元素的功能特点,对它们进行全盘的、合理的调动和安排。在信息传播上,要以画面为基础,发挥好多种表现元素的合力效应,扩大信息量,增强可视性。

如北京电视台《法制进行时》的一期节目"解救人质吴若甫",采用的报道手法就是多种元素的综合。2004年2月3日,影视明星吴若甫被歹徒绑架,《法制进行时》栏目收到了消息之后,在第一时间开始了长达22小时的拍摄记录。栏目记者兼主持人徐滔一直跟随着公安机关追踪事件的发展,带领观众随着事态的发展走进公安局的指挥中心。镜头跟随徐滔进入一个个现场,主观镜头的视觉冲击,强烈的现场感,产生了文字报道难以达到的效果。在最后解救人质的过程中,除了现场镜头的持续跟随以及徐滔的现场报道,还用电脑做出了特警进入解救现场的路线图标来帮助观众理解。多种报道方式的综合,既充实了信息量,有加大了报道的力度。

在电视新闻中,对于重要信息,需要调动观众情感时,还可以利用定格、慢动作等技巧,对画面形象进行特殊处理。今天的电视屏幕上,运用电子特技已经非常普遍。编导常常使用电脑制作的各种图表来使信息传播更加清晰、充分,加深观众对信息的理解。如利用屏幕的多视窗同时传递多个渠道的信息,通过文字字幕的不同出法来强调重要信息、扩大重要事态的信息量等,都充分体现了电视多种语言符号综合传播的优势。

六、摄录多工种配合

文字记者带上笔和笔记本就可以单枪匹马地去进行采访报道了,但电视新闻是一项需要团队合作、多工种配合的工作。一般情况下,电视记者都是随同一个摄像小组工作。在这个集体中,记者是摄制组主体,担负采访、构思或现场报道的职责。这需要记者具有较强的组织能力,能指挥调度好集体中的每位成员,组织好每一环节的工作。随着现场采访报道方式的普及使用,电视记者工作已由"采摄合一"转向"采摄分家"。记者摄像各司其职,记者负责现场的报道采访、构思,摄像则配合记者报道思路,拍摄提供具有信息量的画面。

我国电视新闻从1958年起步以来,一直沿用新闻电影的采摄合一的手法,记者集采访、摄影,甚至文字写作于一体。这一工作方法在早期对电视记者全面锻炼、培养有一定好处，但是实际工作中也会因此出现弊端。

（一）"采摄合一"的弊端

新闻事件现场的紧迫性，常常会使记者顾此失彼，画面又是报道新闻的重要基础，在一心难两用的情况下，记者通常全力以赴去拍摄画面，顾不上做细微的采访工作，久而久之，会造成一些记者产生重摄像、轻采访的倾向。到现场只关心拍摄角度，光线等的选择，而不是去深入了解情况，捕捉有价值的新闻材料。即使记者主观上重视采访，但由于现场拍摄紧张，记者忙于摄影而不可能眼观六路、耳听八方，往往会因此漏掉重要的新闻事实。记者把时间精力用在拍摄技巧的表现上，没有充分时间去分析琢磨材料、提炼主题，使新闻挖掘不深、角度不新，这也是造成电视新闻报道一般化、表层化的重要原因之一。有的记者在现场只管拍摄，请被摄单位写稿子，回台后由编辑加工，这是造成报道声画脱节的重要原因。

记者自己拍摄就不可能再进入画面，只能采用画面加解说的影像新闻方式报道，当需要采访时，有的记者就把自己设计好的问题交给播音员，请播音员客串记者做现场采访，结果在现场形成了摄像指挥记者的局面。这样的现场采访只能是呆板地一问一答，很难产生问答双方交流式地探讨问题的效果，也不能充分发挥现场采访、报道的优势。

（二）"采摄分家"的优势

采摄分家是指记者和摄像分工合作，记者的主要任务是采访，掌握新闻线索和选题，确定报道题材和报道思路，策划与实施现场采访。记者了解有关情况，在新闻事件现场采访有关的人和事，并根据报道思想的需要，与摄像记者交流、沟通情况，向对方提出捕捉画面形象的要求。记者回台后负责画面编辑和撰写文字稿，一旦决定采用现场报道方式，记者就要在事先搜集了解有关背景材料等基础上，在现场面对摄像机（观众）做报道。

采摄分家，使记者有时间和精力深入采访提炼报道主题，了解新闻事态的来龙去脉，这样报道才能深入。采摄分家为电视记者走上屏幕创造了条件，屏幕上现场报道、采访，迫使记者不断提高自己的素质修养，成为合格的对话者和传播者。采摄分家有利于推出名记者、新闻主持人，这对提高电视新闻的可视性和权威性都是有益的，也是我国电视新闻与世界电视新闻在传播、报道形式上接轨的要求。

电视新闻和广播、报纸新闻具有共同的新闻属性，要遵循共同的新闻传播规律。同时电视新闻作为声画结合、多符号传播的媒体，又和报纸、广播具有不同的个性特征。这就需要我们正确地认识和掌握电视新闻与其他传播媒体的共性与个性，在实际工作中，既遵循共性规律，又发挥独特的传播优势，以更好地实现电视新闻的传播功能。

第二节　电视新闻采集的选题

一、电视新闻采集选题的来源

电视新闻采集及制作的竞争首先是新闻选题的竞争，而新闻选题竞争的成败很大程度上取决于获取新闻线索的渠道是否通畅、高效。因此，研究电视新闻线索应该重点把握获取新闻线索的方法和途径，以便为寻找新闻线索提供方位感。电视新闻线索的来源比较广泛，概括起来有下述几种途径。

（一）来自上级的精神和指示

主要是根据中央和地方政府的路线、方针、政策及相关领导关于经济发展、国计民生的相关讲话精神作为新闻选题的来源，正确引导舆论方向。

（二）主动发现

在媒体竞争时代，记者通过自己接触找到的新闻线索具有鲜活、生动等特点，也容易出独家新闻，但是这种寻找方式带有随机性和偶然性，缺乏规律可循。

（三）新闻媒体之间的相互借鉴

媒体竞争的结果使获得独家新闻变得越来越难。不同媒体之间相互借鉴、相互启发，在新闻报道选题、角度、深度、表现上才可能实现创新。

（四）受众提供

新闻竞争的态势使越来越多的媒体认识到了受众参与的重要性，纷纷开设新闻热线电话、热线寻呼、热线手机、网络电子信箱以及网络论坛，并及时处理受众来信、来访，想方设法鼓励受众参与，通过疏通与受众之间的联系渠道，以期源源不断地获取新闻线索。

（五）新闻多发地区的最新变化

社会虽大，可新闻信息资源的分布是不均衡的，在敏感部门和地区投入更多的关注，对那里的新变化给予及时的报道，这是获得新闻线索的一条捷径。

（六）专门的策划活动

在媒体竞争十分激烈的今天，选题策划对提高选题和报道质量，增强媒体竞争实力很有成效。目前，媒体的选题策划主要有两种方式：一是请专家、学者或其他媒体人士做顾问，定期召开选题策划会，讨论选题设想和建设，供媒体参考；二是在媒体内部成立专门的策划班子，集中探讨如何围绕重大题材展开具体报道。

（七）提高节目和记者的知名度获得

我们国家新闻媒体的报道与群众的特殊关系，形成受众对一些新闻节目的特殊信赖，因此知名节目和记者获得新闻线索的机会相对较多。

总之，寻找新闻选题的途径和方法是多种多样的，每种都有可取之处，却都不是万能的，记者只要深刻领会扩大认知范围、提高新闻敏感这一寻找选题的基本原则，并从实际情况出发，灵活运用多种手段，就能源源不断地获取有价值的新闻线索。

二、电视新闻采集选题的原则

（一）评价事件有无新闻价值

新闻价值是评价所有新闻和进行一切选题的标准，它是最客观、最公正的标准，是指导新闻工作的最高原则。国外新闻界对新闻价值要素的认定如下。

兴趣——新闻能否引起读者普遍兴趣，记者要考虑面对什么样的读者。

影响——新闻能产生什么样的社会影响，记者要考虑其影响程度。

接近——新闻能否产生影响、引起兴趣，同受众接近程度有直接关系，记者要考虑接近性因素。

及时——新闻必须要及时，否则成为旧闻。记者判断事实时要考虑时间因素。

显要——新闻人物的显要程度往往能引起普遍关注，记者要考虑人物知名度。

异常——不寻常的事、重要创举都具有异常性，记者可以参考空前、绝后、唯一这三者的因素。

冲突——战争、罪犯、政治论战、竞赛等都包含程度不同、意义不同的冲突，记者判断事实时要。①

随着新闻报道的发展变化，许多新闻已经不能用传统标准衡量其价值。如许多新闻往往不包含冲突，也很少猎奇，人物并不显要，许多新闻并没有明确的时间。媒体花许多时间、篇幅报道与普通人的生活紧密相关的内容，这些内容往往只具有接近性一个要素，这类新闻被称为"生活方式"的报道。

我国新闻界对新闻价值构成要素的意见如下。

1. 时新性

时新性是指新闻事实的新近程度和新闻报道的及时程度。发生与报道的时差越小，新闻价值越大。新闻的时新性包括：事实新，它是时新性的基础；寓意新，它是新闻时新性的前提；表现手法新，它是新闻时新性的手段；时间近，即用最快的速度把新闻报道出去，它是新闻时新性的保证。

2. 重要性

重要性是新闻价值大小的最重要因素，它是由事实本身所蕴含的意义来决定的。这种重要性体现在：第一，政治上重要；第二，事实和群众的关系密切；第三，事实和实际生活的关系密切；第四，人物影响力大；第五，变动程度强、影响范围大。

3. 接近性

接近性包括利益上的、地理上和心理上的接近。

4. 显著性

在一些具有普遍性的新闻事件中，应选择具有代表性的新闻事件进行采访报道。

5. 趣味性

比较少见的人或事更具有新闻采访的价值，因为新奇，所以能够引起观众的极大兴趣。②

（二）坚持正确的舆论导向

无论做任何新闻选题，舆论导向是必须首先考虑的。其次，在地方新闻媒体工作的记者，还必须把握好当地党委、政府的工作方向和领导意图。在处理一些批评报道的时候，要注意分寸，帮忙不添乱，以大局为重。在我国的新闻报道中，有些内容是被禁止的，选题的时候一定要注意。

（三）深刻的社会价值

新闻媒体是社会思想和社会潮流的推动者，有义务把具有深刻社会价值的新闻事件告知社会大众，推动社会的进步。"新闻是未来的历史"，重大题材的报道最具有社会价值。新闻所传播和记录的，必须是具有历史意义和历史价值的事件，必须经得起时间的检验，要求从社会和历史的角度选择具有重大意义的题材。如果对香港回归这一重大事件不做报

---

① 鸡西大学网：电视新闻与专题精品课 [EB/OL]．http：//www.jxdx.net，2008-5-22.
② 何梓华，成美．新闻理论教程 [M]．北京：高等教育出版社，1999：42.

道，后果可想而知，既不能激起国民的自豪感又不能体现出国家的强盛。

三、电视新闻采集选题的方法

（一）提高新闻敏感能力

新闻敏感是新闻记者的职业素养，是记者对客观事实中新闻价值的发现与识别的判断能力，是记者对社会现象的洞察能力、对事物发展变化的反映能力、对新闻线索的辨别能力，以及对新闻事实的分析能力的集中体现。一般包括以下几个主要方面：

第一，判断某个事实能否引起受众普遍关注的能力；第二，判断同一事件的各种事实构成中哪个最重要、哪个次之的能力；第三，判断某些看来不太显著的新闻线索是否可能引发出重要新闻的能力；第四，判断已经报道的新闻背后是否还隐藏着值得深入报道之处的能力；第五，在地方新闻或其他消息中发现适合于全国性新闻报道的能力；第六，在全国性新闻中发现适合于地方新闻报道的能力；第七，在一般新闻中迅速看到特写、专稿新闻角度的能力；第八，察觉、预感到一些线索将会成为新闻的预见能力。

新闻敏感是如何形成的呢？新闻敏感不是先天的，必须有意识地在实践中加以培养，才能形成和提高新闻敏感。培养新闻敏感的途径如下。

第一，积累、研究——其对象是形势、情况、知识。大凡成功记者的报道都来自于坚实的基础，来自平时对形势、情况、知识的研究、积累。第二，学习、比较——对象是失败的教训、成功的经验。美国《广播电视新闻报道写作与制作》一书这样建议年轻记者：发展新闻判断力的最好方法之一是把那些老资格的新闻工作者的直觉同你的直觉相对比。另一个基本通例是从错误中吸取教训。人们常说，疏忽是敏感的天敌，敏感来自精细的比较。第三，思考、预见——对象是面对具体的客观事物。正确的新闻判断力是常常懂得什么时候对突发事件采取快速行动，而不是观望。这时能够看到那些似乎会成为新闻的事件的背景。

（二）对新闻规律的把握

新闻业有自己的规律，这就是它紧跟社会，紧跟时代，紧跟人心，对现实的变化迅速做出反应。关注社会的变化，关注社会变化的规律，不同的阶段都可以做出符合现实要求的选题。

（三）对新闻实践的了解

在目前的新闻体制下，记者大都长期从事某一行业或某一领域新闻的采访，对一些相互关联的新闻事件有深入的了解。如果能够从一次相对独立的动态新闻中，找出它们内在的联系，或者发现同一类型的不同事件，或者找到同一事件的不同阶段，根据事件的发展进行总结、分析和判断，就可以发现一般人不易发现的特殊新闻价值，做出深入浅出的报道。

（四）关注个人

任何一个新闻事件都离不开人的参与，人永远都是新闻事件的主角，找到具有新闻价值的人物，也就找到了具有新闻价值的事件。

（五）熟知观众的心理

受众拥有对新闻事件的探究心理，这种心理会支持受众不断地提出"为什么"。如果媒体的选题能够回答受众这些提问，满足他们的探求欲，这样的选题就是合格的。

四、选题应注意的问题

（一）题目不宜过大、面面俱到

电视新闻的选题一般应该具体而有针对性，无论什么题材，采访的内容和范围越小，采访、编辑和写作越容易，越能够做到事实清楚，主题突出，观点明确。要做好大的题材，可以从局部取得突破，以一个小的切口、一个小的事件进入报道，反映大主题。

每年的"两会"是新闻媒体比拼的主要战场之一。在这个最能够集中展现自身特点的时间段和平台上，除了抢现场新闻外，众家媒体无不精心策划、提早部署，让自己的新闻在铺天盖地的"两会"报道中独树一帜。在这些策划当中，深度报道是普遍采取的一种形式。深度报道的内容，一般都是题材大、社会关注的热点问题或者现象。那么，在有限的篇幅与字数内，怎样做好这些大题材的文章呢？这就应遵循"讲故事、说新闻"的法制新闻报道形式，从小处入手，做出新闻，表现主题。

（二）不能盲目

并不是所有线索都能采访报道，记者应该有一种辨别是非真假的能力，不被表面的现象迷惑。遇到线索应该首先进行分析判断，一定要看清对象、看准事实，采访工作才能有的放矢，盲目的采访会给工作带来被动。

（三）注重结果或后果

进行选题的时候，要充分考虑到新闻报道对事件的影响程度，考虑何时介入报道，考虑以何种方式进行报道，以最有利于事件朝向最具有意义的方向发展。如台湾媒体对知名艺人白冰冰之女白小燕遭到绑架时的选题与报道方式的选择，就是不计后果、具有破坏性的。

（四）考虑题材

不同定位的电视媒体有很多定位有差别的新闻节目，所以进行选题的时候，一定要根据节目的定位考虑题材的选用；相同的题材被不同定位的节目选择后也要根据本节目的定位方向和受众需求，选择不相同的侧面进行报道；电视媒体的特性决定了对电视报道的内容具有选择性。

第三节　电视新闻采集的策划

一、电视新闻采集策划的概念

电视新闻采集的策划，是策划人遵循新闻的基本规律和电视纪实特性，以事实为基础，以创意为核心，对已占有的信息进行充分地分析研究，确定可能实现的目标和效果，制定相关报道策略、规划，设计报道的方式、方法和技巧，以求最佳采访报道效果的运筹与谋划。从技术层面上讲，电视新闻策划的核心是创意，即在报道选题、报道内容、报道形式、报道时机的技巧设计与谋划上，必须具有创造性，即与众不同，出人意料。同时，必须是切实可行，绝不是空中楼阁。策划是一个动态过程。策划人总是不断地根据各个方面反馈的意见对策划方案的某些局部做出相应的调整。通常是策划、论证、修改，再策划、再论证、再修改，以求方案不断完善。从某种意义上讲，一个成功的策划方案是集体智慧的结晶。

在电视新闻业内，电视新闻采集的策划通常分为两大类：前期采访报道的策划和后期节目编排的策划。本书所论述的是电视新闻前期采访报道的策划。

二、电视新闻采集策划应遵循的原则

电视新闻采集策划是电视新闻节目生产的思想源头，进行电视新闻策划应当坚持以下几个原则。

（一）坚持新闻的客观性原则

新闻的客观性原则，是指新闻事实不能随策划人的意志而改变。策划人可以最大限度地拓展自己的思维活动空间和实践活动空间，但是绝对不能扭曲事实和虚构新闻。事实在前，报道在后，这是新闻最一般的常识。新闻策划是关于采访报道方式、方法和技巧的策划，而不是策划新闻事实，即无视新闻的客观规律去策划新闻、编造新闻。新闻策划必须遵循事实的第一性，恪守真实性的原则。在策划的过程中，无论何时何地都无条件服从新闻事实，不仅要尊重事实，而且要尊重事实的所有细节。当然在策划中也不能排斥主观能动性，新闻策划的创新和创意，主要来自于创造性的精神劳动，排斥了在事实基础上发挥主观能动性，就会使新闻策划步入死胡同。所以，新闻策划是以新闻的事实为基础的策划和运作，不仅要新，而且要真，还要有较强的新闻价值。这就要求新闻发生的时间、地点、人物、原因、过程和结果都必须与客观实际相符，必须实实在在、原汁原味地报道和传播客观世界。如果脱离了客观事实，而随策划人去策划和炮制新闻事件，不仅不具有新闻的价值，而且对读者和受众引起误导，造成不良的社会影响。

当然，有一种新闻现象应该区别开来。伴随着社会的进步和电视新闻业的改革发展，越来越多的电视新闻媒体不再满足于"守株待兔"式的报道，而是主动出击。如1996年中央电视台记者精心策划，组织了一次以《同是114》为名的新闻调查。在接连三天的时间里，记者拨打了北京、上海、西安等10个大城市的"114"查询台，形成了极有意义的调查结果。从表面上看，这条电视新闻好像是策划出来的。然而，从本质上仔细分析一下就会知道，各地"114台"服务水平，是一种不以记者意志为转移的客观存在，记者的策划只是对报道方式的谋划与选择，是通过这种报道方式和方法将客观事实凸现出来。又如1996年浙江电视台组织的战役性报道《走南闯北看浙货》，2000年湖北电视台组织的《神龙西部行》，都是策划人对报道活动形式的一种选择，不能看做是策划新闻。

（二）坚持正确的舆论导向

所谓正确的舆论导向，就是要造就一个有利于改革、开放、稳定的电视舆论态势。坚持正确的舆论导向，关键是坚持正确的政治导向。策划人应保持清醒的政治头脑，当拿不准的时候，必须"吃透两头"：既要吃透党和国家的大政方针，又要吃透实际工作情况和人民群众的愿望和要求。只有深刻理解了时代发展大背景和事物的本质意义，才能形成鲜明的报道思想，给人以正确的舆论引导。

电视新闻策划必须坚持正确的政治导向，立足新闻报道主业，为党和国家的主张服务，为人民群众服务，为社会服务。要本着对党和人民负责、对社会主义社会负责的高度责任感和政治责任感,突出"三个代表"重要思想,贯彻落实科学发展观、科教兴国和可持续发展战略,坚持以人为本和"三贴近"。新闻策划要中心突出,主题鲜明,始终站在时代的前列,宣传党和国家的主张和重大战略决策,宣传社会主义建设和改革开放取得的成就。营造有利于改革开放、发展稳定,全面建设小康社会和社会主义新农村建设的舆论;营造有利于加强社会主义政治文明、精神文明、物质文明和公民道德、八荣八耻,以及民主法制建设的舆论。宣传一种健康向上的情趣,无私奉献的品德,崭新的风貌和艰苦奋斗的精神。运用电视新闻媒体的这个阵地和平台,实现好、维护好、发展好最广大人民的根本利益。

策划人还应关注一些非政治性导向问题,如思想导向、经济导向、消费导向、生活导向、行为导向等。这些虽然是非政治问题,但对人们的思想意识和行为方式可能产生重大影响,有的还可能演变为影响社会安定的政治性问题。

(三)坚持观众需求第一的原则

从本质上讲,电视新闻策划就是针对观众的需求而策划,为使观众满意而设计。因此在报道选题、报道内容、报道手法上应多出创造性意见,把新闻做得真实、生动、精彩,让广大观众喜闻乐见。如湖北电视台新闻中心在做《创品牌、兴湖北》战役性宣传策划方案之前,走访了大量的武汉市民。一提到品牌,武汉市民就自然而然地回想起当年武汉市的一些知名品牌,如莺歌牌电视机、荷花牌洗衣机。但是,时至今日,它们为何一个个悄无声息地离去?这是市民们迫切需要节目组回答的问题。因此在做选题策划时,策划人拟订了一系列类似这方面的题目,如《莺歌为何不鸣唱》、《悲哉!永远凋谢的荷花》、《红桃K为何红遍大中国?》等。

沸腾的社会生活是新闻策划的选题源泉,广大观众的收视需求是新闻策划的第一推动力。因此,新闻策划人必须对实际社会生活和社会大众怀有休戚相关的感情和求"新"若渴的工作态度。

(四)电视新闻工作者必须加强学习,提高素质

要使电视新闻策划具有竞争力,采编人员必须具有思维敏捷、知识渊博、业务熟练的全面综合素质。加强学习是增长知识提高素质的重要基础,采编人员要认真学习党的路线、方针和政策,深刻理解党和国家的主张和重大决策,以及国际国内形势和社会动向。按照科学发展观的要求,加强业务知识的学习和完成业务工作所需的技能锻炼,以发展的观点去观察和分析事物,根据现有的信息资料,透过现象,去粗取精,去伪存真。只有具有较高的政治理论水平和丰富的专业理论素质,才能使新闻策划做到有所突破,有所超越,实现创新。

三、电视新闻采集策划的方法

电视新闻采集的策划,探讨的是关于电视采访报道方式、方法和技巧的创意行为过程和系统方法。通常讲,做电视新闻策划有三个基本步骤,每一个步骤都有实质性内容和具体要求。

(一)调查研究

调查研究是做好电视新闻策划的重要基础,具有很强的目的性,简单一点说,就是为策划而调查研究,为报道选题而调查研究。这一步要做的工作就是深入了解掌握现时期党

和政府的工作重点、社会实际工作情况和观众的需求愿望以及其他新闻媒体的新闻宣传态势，发现、判断有报道价值的新闻事实。这个调查研究的过程，实质上是一个搜集信息、处理信息的过程，是一个知己知彼、力图开拓创新的过程。

优秀的电视新闻策划来自于事实、来自于群众、来自于生活，调查研究是做好电视新闻策划的基础。调查研究的题材，可事先策划后做调研，也可在调研中获取信息，发现新的题材。要带着目的，深入到人民群众、实际生活之中，贴近实际、贴近群众、贴近生活，在调研中发现题材、完善题材、丰富电视新闻策划的内涵。在新闻策划调研活动中，要紧紧围绕党和政府在新阶段、新时期的工作重点，自觉地服从和服务于经济建设这个中心，主题要归结到实现好、维护好、发展好最广大人民的根本利益上来，克服盲目性、防止主观性。经过从实践中来到实践中去的多次反复，生产出来的新闻策划，才能充分体现党和政府的主张，才能反映实际情况和人民群众的思想愿望、意见和建议，才能分析和预测事物的来龙去脉及发展优势，才能使电视新闻策划不仅是一个很好的素材。

（二）策划创意

这一步是策划的主体工作，它是在充分调查研究的基础上，对报道选题、报道内容、报道手法、报道时机和报道人选以及资源配置的全面设计和谋划。它是以事实为基础、以价值为前提、以创意为核心的感性认识和理性思维活动。策划创意要求：选题要有新意、角度要新颖、内容要新鲜、时机要得当、手法要生动活泼。策划创意实质上就是电视采访报道思路、观点、方法的创新。

（三）效果评估

效果评估指的是在一个策划方案拟订之后，对方案可行性和价值目标、效果进行全面分析和预测。通常要通过集体讨论，吸收各个方面好的意见，对原策划方案的某些局部进行补正、修改，甚至是论证、修改、再论证、再修改，以求策划方案尽可能地完善。

做电视新闻策划，除了掌握调查研究、策划创意、效果评估这三个基本步骤之外，还必须明确它的重点和难点。重点就是报道选题、报道内容、报道手法的谋划，同时，这也是电视新闻策划的难点。难点在于想到了要创新，但具体运作起来，又不容易找到相关的方法和途径去实现创新。策划人总是为此而感到困扰。如对突发性事件报道，要关注社会各界热切需要了解事件详细情况的心理，要抢时效，力争先声夺人；战役性宣传报道，重在把握事关全局的社会、经济的发展状况，从人们极度关注的视野中选题，在深度上做文章；社会活动报道，关键是要有明确的活动主题和报道思想，重在活动本身的创意；新闻评论，重在选题和评论技巧。

四、电视新闻采集策划的意义

（一）策划能丰富采编内容

为了提高电视节目质量，创出更多良好的名优节目和名优栏目，必须强化策划意识，加强总体策划，把策划细分到各工作环节。采编电视新闻节目，有没有策划是大不一样的。经过策划采编的节目，信息量大，思想内涵深，包装比较完美，节奏感强，震撼力大，受众印象深刻，宣传效果好。而缺乏策划的电视新闻节目往往达不到应有的宣传效果，显得干涩、肤浅、被动，受众印象浅，看后即忘。为了办好新闻节目，电视工作者不但对一段时间内总的宣传意图进行策划，阐明报道思想，提出报道要点，也对带有专题性质的新闻进行策划。这既有利于促使记者编辑积极主动去发现问题、提出问题，又丰富了新闻内容。

（二）策划有利于提升电视新闻宣传的社会效益和经济效益

电视新闻宣传的社会效益和经济效益都要兼顾，这是我们进行新闻策划时首要考虑的基本前提。一个没有经过策划的新闻报道尽管付出了大量的人员劳动、设备支付、占用了频道资源，及时报道也很有艺术性，但播发后既没有产生良好的社会效益，还降低了收视率，降低了经济效益，这样的报道是失败的。相反，一个经过策划的新闻报道播发后产生了预期的效果，在社会上引起了广泛的关注，给人们带来新的信息，起到应有的宣传效果，增加了收视率，提升了经济效益，这样的新闻报道就是成功的。因此，策划电视节目时应本着有利于促进电视新闻的社会效益和经济效益的原则，对即将组织实施的报道进行超前的估计，精心设计采访报道的各个环节，细化到采访时机的介入、摄像主持等人员力量的配备、机位的确定、摄像角度的选择、采访细节的安排等多项内容，对这些要做统筹考虑安排。

（三）策划有利于提高电视新闻工作人员的整体素质

新闻策划是全方位的、动态的，还要随时应对各种环境下出现的变化，这就要求电视新闻策划者不但具有丰厚的文化和业务知识，还要有一定的预测、分析、临场及时判断能力，也要在突发事件面前有快速的应变能力。大脑就像一部高效运转的雷达，时刻在捕捉有效的信息，及时加以判断，迅速制订应对计划，完成策划前的准备工作。

电视新闻策划不仅能提高节目的质量，对提高编辑、记者的业务能力也十分重要。策划必须以编辑、记者的积累为基础，不是凭空猜想出来的。它要求新闻工作者要认真地观察社会，努力地吸取各方面知识，研究社会，也研究同行。同时，策划也能促进编辑、记者明确思路，发掘潜力。近几年，各地电视台十分重视新闻工作者整体素质的培养，提高新闻工作者综合素质能力、开拓创新能力、实际管理水平和市场意识等方面的素质，但是更重要的一点就是要培养新闻工作者的新闻采访策划、栏目策划和节目策划能力，要求新闻工作者大胆地、创造性地拿出反映特色的新闻、新栏目和新节目。

（四）策划性新闻是打好战役性新闻报道的需求

出色的报道没有一件不是经过深思熟虑的策划。策划性新闻系统性强、有条不紊、重点突出，顾及到受众的需求，凝聚了媒体人的经验与智慧，往往从普通人看到而不为关注的点滴小事上加以发掘，引发人们对某一个问题或事件的关注。在近年来的重大节日或纪念日报道中，这类策划性新闻突破了以往的大而全的老套路，贴近群众，贴近生活，贴近实际。

第四节 电视新闻采集的摄录编技巧

当今电视新闻采集工作，主要是运用数字摄像机来完成的。这种摄像机具有摄录一体化的功能，将摄取画面，拾取各种声音，摄录功能集于一身，并可同时完成。运用这种摄像机摄录下来的画面和声音是电视新闻语言的基本要素，是构成电视新闻的原材料和半成品。电视新闻采集既是一门技术，又是一门艺术，在电视新闻采集过程中，表现为某些特殊要求和许多摄录技巧，电视新闻摄像人员只有认真掌握这些要求，熟练地运用这些技巧，才能高质量、高效率地完成电视新闻采集工作。

一、对电视新闻摄像人员的特殊要求

电视新闻具有新闻的严肃性、严谨性、客观性，必须在有限的画面时间内真实而客观地反映新闻事实，对电视新闻摄像人员有着特殊的要求。

（一）敏于捕捉新闻信息

电视新闻摄像人员要具有极强的新闻敏感性，随时注意观察，善于用细节体现新闻事实真相，这样才能及时发现好的新闻信息。一个优秀的电视新闻摄像人员，眼睛就是最好的摄像机，在发现好的新闻信息后，即使在手里没有摄像机，或电池用完等情况下，也要用眼睛去观察，将其写成口播新闻，而不让这转瞬即逝的好的新闻信息白白地从身边溜走。因此，电视新闻摄像人员，要苦练基本功，养成善于学习、长于观察、勤于思考的好习惯。要善于领会采访意图，认真倾听群众意见，由表及里，顺藤摸瓜，找出新闻背后的新闻，用好用尽手里的新闻线索。

（二）勤于现场采访

新闻是采访得来的，不是拍脑袋想出来的。电视新闻摄像人员不要把眼睛仅仅盯在预定的采访程序上，要走到群众中去，走进生活中去，找出鲜活的东西。要找准采访对象，讲究采访技巧，用眼看、用心听、用手记。采访到位，新闻就成功了一半。

（三）精于构思：确立新闻主题、巧选报道角度、体现匠心独运

获奖新闻《邓小平同志和上海各界人民共度春节》之所以受到广泛好评，就因为满足了全国人民崇敬小平同志、渴望从电视荧屏上看到他的风采的愿望。上海电视台记者在现场选择了独特的机位，多侧面、多角度地抓拍了小平同志的风采。同时又适时将镜头对准聆听讲话者的反映和热烈气氛，再伴以观众们阵阵鼓掌声，从而给人留下了深刻的印象。

（四）适应报道时效性的需要

在2008年我国南方的雪灾报道中，中央和地方媒体的记者迅速投入到抗灾救灾的宣传报道。记者们克服种种困难，深入现场，深入群众，为了及时传回报道稿件彻夜赶稿，连续采制了大量有价值的现场报道，展现了高度的责任感和使命感，展现了新闻记者良好的职业道德和精神风貌。

二、电视新闻的摄录技巧

画面语言是电视新闻的基础语言，电视新闻的最大优势就是能够充分展示画面语言的魅力，满足人们眼见为实、先睹为快的接受心理。因此，电视新闻不仅仅为拍摄画面而去简单的拍摄，还要对新闻事件发生的画面中的各个要素，如引起事件发生的主体、事件发生的环境等进行合理的安排和布局，使得观众及时了解事件发生的前因后果。作为电视新闻采集主要手段的电视摄像，在采制电视新闻信息时有着和其他媒体明显不同的特殊技巧。

(一)电视新闻画面的构成

1. 电视新闻画面的构成

从拍摄技术的角度看,电视新闻画面是将新闻事件现场所发生的各种要素通过镜头搜集、整理后呈现给观众的一种镜头组合。从这个角度看,电视新闻画面就是由一组不同内容、不同角度、不同景别和不同长度的镜头构成。也就是说镜头是构成电视新闻画面的基本单位。构成电视新闻画面的镜头可分为中心镜头(重要镜头)和介绍性镜头(次要镜头)。

中心镜头是反映新闻主要内容的镜头,即引起新闻事件主体的一切镜头;介绍性镜头是引导观众进入新闻主题的镜头,主要是交代新闻发生的时间、地点、人物、规模等新闻要素。

电视新闻画面的拍摄归根结底就是对构成画面的重要镜头和次要镜头的合理布局和拍摄处理,处理好这两个方面的问题,就基本上确立了新闻画面的基本构架。

2. 电视新闻画面的元素构成

电视新闻画面主要是由具有形象特征的画面和声音同步进行信息传递。从电视艺术的角度看,无论是中心镜头还是介绍性镜头,它们都是将在某个事件发生的时间、地点、场所以画面的形式表达出来。因此,引起事件发生的主体、反映时间的光线、表达事件发生场所的背景构成了新闻电视画面的基本要素,对电视新闻画面镜头的处理就是对这三种基本要素的处理和安排。

(二)电视新闻画面摄录的主要技巧

电视新闻画面的一个显著特点,是运用电子光电技术与磁记录和数字技术来记录现实图景。在电视新闻拍摄中,对摄像机的熟练操作和对电视画面拍摄的基本要领的掌握是影响电视新闻画面质量的关键环节。电视新闻节目的画面质量始终影响和决定着节目本身的质量,节目本身的质量的内涵很大一部分也是由画面质量所组成。

1. 注重画面的稳定性

电视画面的"动"(指镜头技巧地运用等)是不可避免的,保持画面稳定并不排除镜头的移动变换,这里主要指镜头变换和画面显示时要确保画面稳定。如果摄像时不用三脚架,要保证画面稳定,必须做到以下几点。

(1)始终保持画面基本线条"横平竖直"。我们知道,人们观察事物的视觉习惯是先水平方向后是垂直方向,因此,镜头的拍摄必须符合观众的思维方式和视觉观察规律,以便观众容易接受,这才是真正的"稳"。

(2)少用推、拉、摇、移等移动镜头。电视新闻的拍摄应少用推、拉、摇、移,多用固定镜头。这主要是基于每条电视新闻长度有限,为了增加单位时间的信息含量,多用一些固定镜头能使得观众在短时间内了解到自己想知道的新闻信息。对推、拉、摇、移等运动镜头,要用得恰到好处,根据其不同的功能,有目的的使用,增加新闻的表现力。

(3)保持画面的稳定,摄像记者还必须熟练操作摄像机。肩扛摄像机运动拍摄时,两腿最好走直线、迈小步,膝盖放松,略弯曲,要尽量使摄像机与肩保持一定距离,双臂最好展开并离开左右胸。利用三脚架拍摄时,为保证画面的稳定,首先必须选好中心机位,并在试拍过程中调整机位和角度。否则,尽管利用三脚架固定摄像机摄像,也只能保证画面不晃动(机位稳定),而无法保证画面稳定。

2. 把握画面的方向性

在电视拍摄过程中,要注意保证拍摄方向的统一性,其目的在于正确处理镜头间的方向关系,使观众对各个镜头所表现的空间有完整、统一的感觉。要做到这一点,必须熟练掌握"轴线"规律。"轴线"是指被摄对象的视线方向、运动方向和不同对象间的关系形成的一条虚拟关系直线或主体运动轨迹。电视新闻画面比其他节目的画面更注重方向性和逻辑性,因此,在拍摄一组相连的新闻电视画面镜头时,规定摄像机拍摄总方向限制在轴线(被摄体)同一侧,不能越过轴线。如果越过"轴线",就会破坏空间同一感,造成观众对画面的误解,即我们常说的"越轴",这是电视拍摄的一个基本规律,在新闻节目的画面中尤其重要,以便避免误导观众,在空间方位上产生错觉。

3. 保障同期声的清晰性

在电视新闻的拍摄过程中,声音的拾取与画面的拍摄同等重要。在新闻报道中采用人物同期声,既有助于烘托报道现场的真实氛围,又比用解说显得真实可信。有利于增强新闻的权威性,同时加大了新闻的信息量和客观性。做好现场同期声的拾取工作,要做好以下几个方面的工作。

(1) 做好充分的拍摄前准备工作。根据现场的情况选取最适合新闻场所的话筒,检查话筒线路是否畅通、电池电量是否充足、话筒的调试是否达到最佳状态等。准备工作非常重要,因为新闻现场同期声是非常宝贵的,错过现场同期声的拾取,现场将无法重现。

(2) 在录制声音时,一般摄像机都有自动和手动两档音量控制,自动操作比较方便,但在声源电平较低的情况下,容易引入噪声,一般电视人物的同期声采访用手动档,并配合指向性话筒,尽量避免随意使用机载话筒。现场记者也不要太相信电平表的摆动,有时话筒线接触不好,从电平表上不一定能看出来,最好用监听耳机或摄像机本身的监听喇叭,来判断录音效果的好坏。

三、电视新闻采集的快速采编

电视摄像记者不能像文字记者那样,采用多种直接或间接的手段进行采访或创作。电视摄像记者,在拍摄中必须遵循电视新闻在时间、空间和对象的三位一体拍摄原则,处理好摄像个性化行为特征与想象力对电视新闻画面的影响,客观、真实地记录事件和人物,要让拍摄到的画面充分恰当地表现新闻主题和内涵。优秀的电视摄像记者必须练就过硬的拍摄技巧,包括持机技巧、镜头运用技巧,以及分镜头拍摄技巧等。一个短暂但富有感染力的镜头,胜过千言万语。电视新闻摄像记者要能正确进行画面内容选择、画面构图处理、画面技巧运用和画面语言组织,追求电视新闻画面的质量和拍摄技术技巧,在采访拍摄中尽可能注意无剪辑拍摄意识,只有这样才能应付各种突发性事件新闻拍摄,加快新闻播出速度,同时也给后期编辑制作提供方便。

电视新闻的快速采集包括两个方面的意义:一是现场快速采录,二是现场快速编辑。

(一) 电视新闻采集的快速采录

1. 电视新闻采集的快速采录重点在摄像记者的意识、手法、构图等方面的全面发挥

真实是新闻的魅力所在,电视声像的真实性是其他媒体所不可比拟的。电视的特性,要求摄像记者必须对采访对象有深入的认识,要有更加敏锐的感觉,充分发挥快速捕捉新闻事实的意识,善于运用电视画面直观、明了这个最具优势的特征,运用独特的视角,突

出"现场",动态直观地展示和再现新闻事件的进展过程。最能体现电视新闻独特个性的,就是与采访同步的新闻人物和新闻事件的原貌原状。来自现场的新闻画面最真实,最有生命力,也最能吸引观众。无剪辑拍摄是一种高效的新闻拍摄方法。当人们对新闻的时效性要求越来越高的时候,一条新闻从发生到播出的时间越来越短,如果在新闻剪辑上花太多时间,将大大降低新闻的时效性。随着科技的发展,人们对现场直播新闻越来越重视。2010年4月14日青海玉树发生强震,中央电视台的连续直播报道让全世界人民及时了解了灾情。

2. 电视新闻的拍摄需要进行场面调度

电视新闻采访中的现场的场面调度是指摄像师在现场选择和调整镜头的角度、景别和运动方式等,使摄像机和被摄对象之间形成适当的时空关系,以获得最佳的画面内容。电视观众是通过镜头来了解新闻事实的。电视新闻是纪实,一般只能调度镜头和出镜记者以及自身的机位。

3. 现在的摄像机都采用了变焦距镜头,给摄像记者的工作带来了极大方便

在新闻拍摄的环节多用标准镜头,这是因为标准镜头的视角、景深、空间透视关系最符合人眼的视觉感受。但在其他不同的场合,也常常使用长焦镜头和广角镜头。

长焦镜头的使用主要针对于不易接近或无法接近的新闻现场或新闻人物,如拍摄火灾现场、领导人外出活动等。对在镜头前不自然或者害怕被曝光的拍摄对象,可以采用长焦镜头进行偷拍,从而获得真实自然的效果,还可以利用长焦镜头简化背景,突出主体。当新闻人物处在繁杂的背景前时,可用长焦镜头景深小的特点,使背景虚化,从而突出新闻人物。

利用广角镜头视野开阔的特点,可近距离拍摄大范围景物。如拍摄广场、会场等远景、全景画面。广角镜头的画面既可突出主体,又可介绍主体所处的环境,环境对主体可起到解释、说明、烘托等作用;当采访事故现场的目击者时,通过广角镜头景深的优势可以进行全面介绍;利用广角镜头拍摄画面较为稳定的特性,有利于肩扛拍摄及运动拍摄,不像长焦镜头那样,稍微的振动便会在画面中较为明显地反映出来,这也是在许多场合进行新闻的拍摄中采用广角拍摄的原因所在。利用广角镜头也可进行偷拍,如室内采访时被摄对象不配合,可将摄像机置于桌上或者地上,关掉录像机前的"TALLY"警示灯,好像没拍,其实已开机。手提摄像机跟拍新闻事件事件时,由于处于运动状态更适合用广角镜头进行拍摄。

(二)电视新闻采集的快速编辑

现在,人们不再满足了解过去发生了什么,而是渴望知道世界正在发生什么、为什么要发生、还将要发生什么。当代电视观众对新闻时效性、全面性提出了更高的要求,需要在第一时间播发新闻来赢取新闻的时效性。

拍到一条好的新闻片,还需要有较高的剪接技巧和艺术水准。电视新闻的画面结构要讲究"章法"、"句法",要有中心,有段落,有层次,有过渡,并做到自然流畅,首尾相呼应。不要让观众看到的画面在"跳"。单个镜头的电视画面可以直白地表现出画面内容的意义(简称电视画面的"单义性"),若干个镜头的电视画面组接起来,镜头之间撞击就会产生画面以外的思想意义。因此,电视新闻工作者在编辑电视新闻画面时,除了要将最能说明主题的画面和最生动、最具特色、最精彩的画面剪切、挑选出来之外,更重要的是

围绕新闻主题认真组接、编辑电视画面。

播报方式口语化是当今新闻播报发展的一个崭新的方向，但它首先需要电视新闻编辑在文字语言风格上求新求变。电视新闻出镜记者能用通俗、口语、自然流畅、与生活语言相近似的语言来"说新闻"，从而拉近电视新闻与观众之间的距离，更易于观众去接受，而且还突出了电视新闻的真实性，表现了生活的原貌、原汁、原味。这样一方面使观众对新闻内容，新闻分析感到确实可信，另一方面能通过记者的权威唤起观众的正义和责任、良知和感悟。

第五节 出镜新闻记者的素质要求

在我国，出镜记者现场报道形式最早出现在 1994 年的中央电视台《东方时空》，从此，在我国电视新闻发展史上确立了出镜记者的媒体地位。现在我国各级电视台的重大新闻现场报道大都采用了出镜记者形式。

作为电视新闻的组成部分，出镜记者的现场表现直接影响着整个传播活动。要想更好地发挥电视及时、客观、形象的传播特点，出镜记者必须具备良好的业务素养。他们应该充当观众的望远镜，带领着观众去看，去想；应该融入事件当中，用心体验，捕捉细节。唯有这样才能为观众带来真实、生动的报道。2008 年以来，一系列重大新闻事件的现场直播引人注目，出镜记者在其中都起到了非常重要的作用。

在激烈的媒体新闻大战中，电视新闻更加重视发挥电视的特点，及时、形象、客观地报道新闻事件，这无疑对出镜记者的能力和素质提出了更高的要求。

一、具有流畅准确的语言表达能力

语言表达能力是指记者用口头语言来表达自己的思想、情感，表述新闻事实本身，以实现与观众或采访对象交流的一种能力。记者与采访对象之间看似简单的一问一答，以及记者在事件现场所做的报道，都体现着记者驾驭语言的能力，以及提炼新闻主题的思路。口头语言可以借助声音和表情等手段表达复杂的情感，富有激发性，容易触发受话人的情感。说话人不仅可以用声调和节奏强调最有意义的词，还可以借助表情、手势、姿态或动作表情达意。凭着这些辅助手段，记者完全可以营造出生动、形象的情景，其效果往往是书面语言无法比拟的。不过，口头语言表达过程短促，从构思、选词到转化为语言的过程很短，一旦转化为语言即为最终形式，转瞬即逝，无法修改。这些特点决定了优秀的出镜记者必须具有丰富的知识，而且思维敏捷，反应迅速，判断准确，善于调动全部的语言资源，准确搜索最为恰当的词汇，脱口而出。目前，我国各电视台一条电视新闻的平均长度为 2 分钟左右，记者得在短短的 2 分钟内将现场报道，或是记者提问、采访对象的回答、现场画面等融为一体，把信息生动、客观地传播出去，这对于记者的语言组织能力和口头表达能力有着更高的要求。

（一）出镜记者要具有准确传达、表述现场新闻事实内容的能力

出镜记者要在观察、判断的基础上，向观众描述自己在新闻现场亲眼看到和亲耳听到

新闻事实内容,不仅仅要有较高的语言技巧,更考验出镜记者观察问题、判断问题并富有逻辑地予以准确表述的基本功。没有这个基本功,就不是一个称职的出镜记者。

(二)出镜记者要具有较强的语言组织能力

出镜记者不仅能说,还要会说,说到点子上。

新闻事实面前,怎么表述,先说什么,后说什么,句子怎么组织,用哪些话语最恰当,句子怎么组织才能符合报道的主要思想,让观众准确地理解新闻的主旨,符合观众收看的口味,这些都是记者出镜之前应该准备和组织的问题。预知新闻事件的报道中,出镜记者要做好出镜前的全面准备和策划,做到有备无患。突发新闻事件中,记者来不及思考和准备,更多的即兴的口头表达,这就要求出镜记者练习打腹稿的能力,练习口头作文能力,还要进行边观察、边现场口头报道的训练。

(三)出镜记者要讲好普通话

电视传播的广泛性,要求电视出镜记者一定讲国家法定的语言,只有这样全国人民才能听得懂。出镜记者在新闻现场讲的普通话不一定要像播音员那样,每个字都进行过正音训练。如2010年4月5日,中央电视一台、新闻台从早晨8点至14点30分对抢救被困矿工的工作进行了现场直播,现场报道的出镜记者不是都经过语音训练的记者,但是说的是不同水平程度的普通话,全国人民都能听得懂,没有影响语言的表达,也被观众认可。

但是出镜记者应尽可能讲好普通话。因为普通话不仅指语音的标准,还包括了规范的语法结构和通用的词语系统。这些都可以保证出镜记者准确、生动、鲜明地表达新闻内容,所以讲好普通话是出镜记者不能忽略的问题。应该强调,出镜记者现场报道的口头语言表达技巧主要还表现在语调、停顿、快慢、高低、重音、节奏等方面。

二、具有积极恰当的镜头前表现力

出镜记者在新闻现场需要站在摄像机前来完成报道工作。"镜头感"的好坏成为衡量出镜记者专业能力的又一项要求。出镜记者是电视媒体形象的代表。规范的记者出镜,不但可以能增强新闻的真实性、现场感,还可以帮助观众更好地理解新闻报道的内容,提升电视媒体在受众心中的美好形象。相反,不规范的做法就会影响到新闻的传播效果,更会影响到新闻节目在受众心中的形象。

(一)优秀的出镜记者应该端庄、大方、积极健康,具备良好的亲和力和积极恰当的镜头前表现力

在"5·12"汶川地震中,中央电视台的张泉灵成为很多记者的榜样。在报道救援队伍挖掘一对失踪母女的时候,张泉灵选用记者出镜的方式,很多记者出镜是为了让观众看到"我"在新闻现场,而张泉灵不是,她告诉摄像,镜头给我几秒钟后立即摇走,固定到挖掘现场,因为观众现在最想看到的是事件的进展,而不是我张泉灵。

寻找自己的最佳上镜感觉以快速适应不同新闻现场的报道要求,才能准确、恰当地呈现出镜记者所需要的画面效果。一个不合时宜的手势、一个尴尬的表情、一句失态话语,对于出镜记者来说都是缺乏积极恰当的镜头表现力的表现。

(二)优秀出镜记者带给观众的应该是信服力

这种信服力就体现在出镜记者的言语中,体现在出镜记者的举手投足中。出镜记者在新闻现场面对镜头的时候,应该连贯、有逻辑地将事件最新进展告诉电视机前的观众。要

做到这一点，出镜记者必须提前做大量细致的准备工作。

2008年北京奥运会火炬在天津传递的时候，"48小时祥云圣火绕津城"大型直播得到了中央电视台以及其他媒体单位的高度赞扬。这样的成功背后，是几百人共同智慧的结晶，仅8月2日火炬在天津市区传递的脚本，负责直播的新闻部修改了就不止30遍，最后出镜记者拿到手的时候，脚本沉甸甸的，数数竟然足足有近百页，细致到了每一个镜头每一句话。也正是这样大量的课外功夫，才有了电视屏幕前出镜记者的自信、从容、激情、活力，才有了画面的鲜活、大气、磅礴，也才有了观众、同行的高度评价。

三、具有发现报道线索的新闻捕捉能力

作为电视新闻"眼"的出镜记者，是新闻现场直接的观察者、记录者和叙述者，用眼睛发现新闻是一种重要的采访手段。

电视出镜记者应当学会用眼睛观察生活，观察采访对象的一举一动，观察周围环境的细微变化。敏锐的观察力有助于记者在复杂的事件现场准确地捕捉到细节，而新闻中最精彩的正是那些生动的细节。

这些微小的细节要比冗长拖沓的空乏说辞更能一针见血，渲染主题。如中央电视台《东方时空》记者在2004年重庆氯气泄漏事故的出镜报道（当时是事发后第三天）时，出镜记者随着居民陆续返家，记者说："目前，这个地区的空气质量已经有了明显的改善。"忽然，记者的手往空中一指："看，连小鸟都回来了。"摄像机马上摇向树上，果然，看到有几只小鸟在唧唧喳喳地叫。这就是记者对主题深刻的理解和快速反应力。这几只小鸟比再多的解说词都更有说服力。

在2009年的春季广交会上，南方电视台的出镜记者在直播连线时，手里拿着一个布娃娃出镜：（与直播室主持人交接后）"我手里拿的这个布娃娃是刚刚一位参展商送给我的。过去，像这样的布娃娃全部出口，不在国内销售。然而在全球金融危机条件下的今天，我国玩具出口遭受到重创，这个布娃娃的生产商从去年起，已经把销售重点放在了国内市场。"

一个布娃娃，解决了记者报道角度的问题，也让记者的叙述更加具象化了。假设这段出镜报道没有布娃娃，效果会大打折扣，而以这种形式出镜正是基于记者对新闻现场深入细致的了解和观察。

出镜记者是新闻信息的采购者，应根据整体播出需求，对现场内容进行筛选使用，应善于调动现场的各种资源，捕捉各种新闻线索，对新闻信息碎片进行整合。出镜记者尽早到达并深入现场，和各类相关人员进行广泛交谈，及时调整和补充直播内容。

美国著名战地记者罗伯特·卡帕曾经说过："对于记者来说，如果相片不精彩，那是因为你离战场不够近。"记者出镜的目的就是要增强新闻的真实感和现场感，让观众有身临其境的感受，这就要求出镜记者能够迅速捕捉到现场任何有价值的新闻线索。也就是说，出镜记者要清楚自己所处的新闻环境，明白在这样的处境中应当去观察什么、了解什么、传达什么。出镜记者在现场通过自己的解说把现场气氛带给观众，让观众有一种身临其境的感觉，这就要求出镜记者充分调动自己的情绪，把自己融入现场气氛中。报道特别突出"我"的位置和视角，强调"我在现场"。如在报道中，即时使用"我现在是在……我看到……我听到……"等现场感很强的表述和提示。在新闻现场，出镜记者就是观众的

眼睛、耳朵、鼻子，观众需要从记者的观感中获取信息，并且与记者同步获得在现场的真实感受。

新闻现场不仅仅是记者出镜的背景，高明的记者还会把自己融进新闻现场里，让自己成为新闻事件的一个元素。

汶川大地震之后，白岩松在报道唐家山堰塞湖泄洪时，做了这样一个出镜报道："现在我就站在唐家山堰塞湖排险现场，刚刚挖成的泄洪槽的里面。

这个泄洪槽究竟是一个什么样的深度和宽度呢？拿我的身高来做比例，我的身高大概是一米七九，（往泥地里趴下）大概有我两个那么宽，将近四米。（站起来）但这还不是最窄的地方，从高度来看（走近泄洪槽壁）拿我的身高做比例，大家也可以清楚大约这个泄洪槽挖了有多高。……"

白岩松这种把自己的身体当尺子的出镜报道是一种体验式的出镜报道。著名电视策划人薛宝海认为："观众不关心你（出镜记者）到了哪里，关心你到了之后有哪些震撼你的事情，你的感受是什么？出镜的目的就是让新闻更真实可感更生动。"

四、具有快速整合新闻信息能力

新闻的根本功能是促进人类社会的发展，实施正确引导舆论的方法在于提高报道技巧。因此，作为新闻记者前卫的出镜记者的主要任务是如何把所获取的新闻信息处理好、包装好，巧妙调整信息节奏和表现手法，调动观众兴趣，以个体信息质量的优化提升整体传播效果。

一般而言，观众的注意力越高，传播效果越好。与观众注意力相关的几个主要因素包括：新闻的重要性、新颖性、信息量、接近性等。重要性是分析新闻内容时首先要关照的因素，题材重大的新闻必然受关注程度较高。新颖性是解决受众求知求美的重要释放点。接近性本来对本地受众就有特殊的吸引力，如果再跟事件的重要性结合起来，无疑受关注程度更高。

传播效果是新闻传播活动的出发点和归宿，是新闻活动的中心环节。优质传播效果的实现，需要传播者和观众的良性互动，需要优质的个体信息和无梗阻的传播渠道。因此，在新闻传播过程中，传播者如何对新闻信息加工处理，如何增删取舍，使传播符号有序化，是实现最佳传播效果的首要因素。从某种意义上说，新闻报道是从大量庞杂的自然信息和社会信息中精选出来的具有传播价值的那部分信息，新闻工作实际上是不断剔除信息垃圾，用最经济的方法传送有效信息的过程。

作为出镜记者快速整合新闻信息的能力主要体现在以下几个方面。

1. 运用独特视觉及时迅速全面地传达现场信息

所谓独特视觉，就是要从常人看不到、想不到的观察角度、思想视点上去发现、发掘问题。从坚持新闻真实性、尊重公众共同认知价值原则出发，准确把握宏观大局，从大处着眼、小处着手，千方百计整合现场各种新闻信息，并熟练运用让观众易于接受的新型独特的表达呈现手法，才能彰显和扩大报道效果。

2. 运用独到观点及时迅速全面地传达现场信息

所谓独到观点，就是要高屋建瓴地道出常人想不到、说不出的理性。独家新闻本身既是一个充分开发、利用、整合显性或隐性新闻资源的完整探求过程，又是不断深化新闻事实蕴含理性认识的完整认知过程，包含着新闻调查和理性拓展两个部分，它们共同满足了受众"是什么"和"为什么"的心理审视需求。出镜记者在准确和充分把握基本新闻事实的基础上，能够匠心独具地选取独特视觉，概括提炼独到观点，这是在新闻竞争中是否能够扩大媒体社会影响力的关键。

在准确把握社会和时代脉搏的基础上，出镜记者善于选取最有代表性的重要新闻人物和重大新闻事件，敏锐抓住与现实生活紧密相连的结合点和切入点，从个性到共性、从感性认识上升到理性认识，就能够切中时弊，启迪广大受众的心智，使之从中有所得、有所感、有所悟。

3. 运用新颖独特的表达呈现手法及时迅速全面地传达现场信息

所谓新颖别致的表达呈现手法，就是破除常规，跳出信息源发布本位和媒体传播本位，从观众本位出发，综合采用多种报道体裁、新闻语言、表现手法等，不拘一格，坚持大胆创新，从而引动观众的注意力并使之产生"注意力效应"，进而实现新闻报道升值和提高新闻传播的力度、广度和强度。

五、具有较强的合作意识

与其他类型的记者相比较，出镜记者具有"集体合作"的突出特点。成功的电视现场播报，要靠采访组良好的合作才能完成。

出镜记者是这一采访组的核心，他要指挥和协调整个采访组高速运作，而摄像师和其他工作人员必须及时地调整状态，努力配合记者的工作。

现场的采访小组的每个成员都要有雷厉风行的工作作风。按照各自的职责分工，摄像师就要不失时机地抓拍现场，而记者要迅速展开现场的访问和调查，观察周围的动静，随时捕捉可能的亮点，迅速形成报道的思路和主题。在报道思路形成以后，及时与摄像师沟通，便于摄像师准确地了解记者的意图，使拍摄有的放矢。

出镜记者的合作意识还表现在正确处理好与被采访对象的关系上。新闻现场，出镜记者要面对各种各样的采访对象，要用平和的态度与采访对象进行交流和沟通。新闻现场出现异常问题时，出镜记者更应该冷静处理，保证新闻现场采访任务的顺利完成。

出镜记者还应该具有较强的现场应对能力和强烈的事业心。不论现场出现什么问题，出镜记者现场处理问题的原则是对"报道有利"才是正确的，作为新闻现场的中心人物，出镜记者应该从多方面加强自己的职业素质休养。无论是心理素质的培养，还是新闻业务素质诸多方面的培养，都不能忽略，要做到全方位、多角度的挖掘，全面提高自身的素质，只有这样，才能做一名称职的出镜记者。

六、具有得体的外在形象

电视出镜记者的形象也是构成电视新闻画面的重要一环，这里所讲述的是狭义的记者形象，即记者的服饰衣着所构成的外在形象。记者的衣着打扮应当根据采访对象的不同以及新闻主题的需要而有所变化。可以这么说，出镜记者的衣着既可能拉近与采访对象之间的距离，也可能产生与采访对象之间的隔阂；既可能突出新闻的主题，也可能使主题淡化。

1. 从事现场出镜的记者,要注意在公众面前的形象,包括举止、仪表等

出镜记者是代表电视台出现在观众面前,不是个人行为,因此,就要求记者在出镜时穿着大方得体,特别要与所报道的新闻事件的环境相吻合。如报道国家领导人出访、人大政协会议等一些严肃重大的政治性活动时,要穿正装,表情自然,语速平稳;而报道工业题材、抗洪抢险等新闻时,要根据现场情况,该戴安全帽时就戴,该穿救生衣时就穿。

2. 出镜记者要将自己融入环境中,根据现场情况调整情绪和语速,以感染电视机前的观众,使他们感同身受

一般来讲,当采访对象是普通百姓时,记者朴实、简洁的装束能显示亲和力,有助于采访对象敞开心扉,提供更多的信息和素材;而当采访对象是重要人物时,端庄、正式的衣着能让对方感受到记者的诚意和尊重。

3. 颜色方面,记者着装不宜大红大绿,灰色、咖啡色系或含灰的中性色彩往往能给人冷静沉着、典雅秀丽的感觉

只要有自己的个性,就能创造出魅力形象。尽可能避免小气、媚气、俗气、邪气、傲气;追求朴实、大方、真实、可信、自然。如果记者的形象被刻意雕饰,浓妆艳抹,或企图让现场的嘉宾、群众像众星捧月一样烘托着他,势必喧宾夺主,干扰观众对信息的关注、接受和理解。

七、掌握现场新闻采集与播报的技能和技巧

出镜记者在新闻现场不仅要知道自己需要做什么,更应该懂得自己怎样做才能使现场采集与播报取得理想的效果。

(一)选择背景环境的技巧

出镜记者作为新闻事件的目击者甚至参与者,要准确地选择典型的、特定的环境、气氛作为现场报道的背景,恰当地抓住事件过程中的种种细枝末节,使新闻事件的发展变化在观众的眼前展开,再加上图像再现的现场情景,观众就会感同身受,产生强烈的现场感。如黑龙江电视台《新闻夜航》特别节目《百年机车之谜》中,记者下到了机车挖掘的深坑下面,一根枕木、一个车轮……随时捕捉发掘中的细节,每一个细节都是一个故事,提升了报道的趣味性和故事性,丝丝入扣,引人入胜,将百年机车的故事向电视观众娓娓道来。

(二)提问技巧

现场的提问是为报道的不断深入而服务的,体现出镜记者的报道意图、报道思想。现场报道的采访,是出镜记者与新闻知情人的面对面的交流,这就要求出镜记者既要站在记者的立场考虑想提的问题,还要把提问放在观众想了解的基点上,只有与观众构成双向交流,才能使报道更有吸引力。

1. 提问要尽量具体

笼统、范围太大的问题,往往使采访对象茫然无措,不知从何谈起,或者回答得不痛不痒,达不到期望的目标,因此,只有具体的发问,才能得到具体、有意义的回答。

要使提问具体、切中要害,就必须了解被采访人物或事件本身。如获奖新闻《六年冠军梦圆梦在津门》,报道了第四十三届世乒赛上,中国乒乓球男队在蔡振华的率领下,顽强拼搏,终于夺回了斯韦思林杯。该片中记者的提问非常好,如问马文革"今天的比赛

中,肩上的伤痛有没有发作?"提问有的放矢,而不是笼统的问"你当时怎么想的"、"你感觉如何"等。

2. 提问要引导

出镜记者要使用引导式的话语,让被采访者说出我们想要表达的新闻事实及观点。

以采访出租车司机为例,如果问"师傅,您经常跑这条路吗?""是的。"这就把采访对象的思维禁锢在指定的范围内了。而使用引导式提问,如"这条路以前是个什么样?""以前啊不能提,一下雨都是泥,我根本不想跑这条路。现在路修好了,我们跑起来心情也舒畅多了。"这才是记者要传达给观众的信息,这才是用事实说话,从而增强了新闻的可信性。

3. 提问要有深度、有意义

如在采访接受角膜移植重见光明的患者时,记者问到:"您还记得以前的样子吗?""记得,没有这么多车,这么多高楼,哎呀我都多少年不出屋,啥也看不见,现在好了,都能看见了,我得好好看看。"这样就会勾起采访对象内心深处对从前的记忆,从而更好地展现主题。

(三)现场报道的交流技巧

电视新闻现场报道中,出镜记者与观众面对面构成了一种人与人交流的关系。这种交流是语气的交流、情感的交流、心灵的交流,有利于观众对新闻信息的接收与消化,容易使观众产生心理参与感。

1. 调动有意注意,使观众产生参与感

注意即意识的高度选择性,它限制进入人们头脑中信息的数量,以便人们能有效地加工信息。注意可分为无意注意和有意注意。无意注意指没有一定目的、无需意志努力、不由自主地对一定事物所发生的注意。有意注意指预先有一定的目的、需要意志努力、主动地对一定事物所发生的注意。如一个要买洗衣机的人,遇到电视节目中插播洗衣机广告,不会像通常那样马上转台或是闭目休息,这时,洗衣机及其广告所引起的注意就是有意注意。[1]

观众收看电视新闻,一方面是为了获得有用的信息,另一方面是为了娱乐。观众可能会有意注意,也可能会无意注意。因此,现场报道要能调动观众的积极性,使之处于有意注意心理状态,形成强烈的参与感,从而扩大观众接受新闻信息的效果。如记者在现场报道中强调即刻感,多使用"我现在是在……,我看到……,我听到……"等现场感很强的表述和提示,让观众与记者同步获得在现场的真实感受。在现场报道过程中采用适量的新闻现场细节描述,给观众具体、形象、生动的感觉。

2. 注意现场应变和口语表达

在现场报道中,记者的现场应变和口语表达能力,是报道成功与否的关键。现场报道要求记者面对不同的人,交流的语言也不同,镜头前的语言应该是生动的、鲜活的,符合人际交往规律的,通俗地说就是"有人缘,见什么人说什么话"。在严肃、庄重的场合或采访重要人物、外宾,提问要有所准备,言语要精炼、准确,仪态、语气要庄重、严肃;

---

[1] 腾讯. 怎样写民生类电视新闻栏目和经济类电视新闻栏目主持人导语[EB/OL]. http://wenwen.soso.com/z/q149878226.htm.

在处理较轻松、明快的新闻时,如在车间、田间、家庭中,就可以选用生动、活泼的话题,以亲切、随和的语调,让人感到报道更贴近生活。

(四)恰当地选择采访对象和采录周围的同期声

现场报道中的同期声,包括采访对象的声音语言,以及周围所有能够表达现场气氛的声响。恰当地选择采访对象和周围事物的音响,对于整个现场报道呈现的效果起着重要的作用。

1. 选择出色的采访对象

这对成功做好现场报道起着举足轻重的作用。在一个新闻事件中,总会有许多人物存在,这就要求出镜记者有敏锐的新闻观察力,及时在事件的相关人、当事人或者知情人中发现有特点的、有个性的、善于表达的、有权威性及代表性的采访对象。

2. 采录现场采访的同期声

现场报道采用大量现场周围环境的声响,如现场的风雨声、浪潮声、机器声、讲话声乃至爆炸声等,会对观众的听觉形成立体笼罩,产生空间感、立体现场感。如中央电视台现场报道一栋闹市中的建筑物被定点爆破拆除,先用了周围车水马龙、人声鼎沸的画面和现场声,渲染当时的氛围,随后记者出镜说"这里是北京市区一个闹市区,一会儿我身后的这栋七层建筑将被爆破拆除,而它周围的建筑和生活在周边的群众不会受到任何影响。"随着技术人员口中的倒计时"五、四、三、二、一","轰"的一声大楼应声倒下,一团烟雾升起。从画面到声音,整个爆破过程被渲染得淋漓尽致。

同期声的拾取对于摄制人员显得更为重要。拾取同期声的主要工具是话筒,话筒按照与摄像机连接的方式分为随机话筒和外接话筒。随机话筒安装在摄像机机头上,它非常适合于拾取现场音响,如工地的机器声、赛场的呐喊声、孩子们嬉笑打闹声等。对语言拾取要求较高的采访型、谈话型节目则可采用外接话筒录音。[①]

纪录片访谈中大量使用的是微型无线话筒,别在主持人和被采访对象衬衫上。这种交流方式更像生活中面对面的交谈,有着真实、浓郁的人情气息,收录声音效果更好。

除了同期声的采录,纪录片中利用多轨调音录音技术记录生活背景声,使用数字一体化摄像机的多个声道在闹市区的采访音效记录等,都极大地丰富了声音在作品中的艺术表现力,为观众展开了真实的生活氛围时空。[②]

第六节 电视新闻采集的强势发展

一、采集技术先进,图文声画并茂

随着科技的迅猛发展,电视新闻采集设备不断更新,使电视新闻的图文声画质量得到

[①] 牛文杰. 电视专题:拾取同期声[EB/OL]. 科讯网:http://www.tech-ex.com/learning/videodiy/00453831.html,2009-9-21.

[②] 杨君. 电视技术发展与电视传播观念的变革[EB/OL]. http://www.studa.net/Movie/060126/1443541-2.html.

空前提升。图像质量已经实现全数字化，使得新闻采集和传播得以现场化、直播化，现场直播新闻得以实现，使观众能够在第一时间及时了解和掌握全球新闻动态。

（一）现场直播的"共时空效应"

电视能够使新闻传播产生最深最广的影响。2003年世界关注的美伊战争，中央电视台在对其的直播报道中，采用了主持人、特约嘉宾、前线记者交叉播报。分析讨论进入了演播室，报道结合来自前方的图像，随时介绍事态发展的最新进展，随时连线中外记者报道最新反映和动态，第一时间同步现场直播有关国家政要人物的活动、讲话。同时进行中文的同声传译、分析伊拉克战区，采用战时地图分析讲解，屏幕经常出现双视窗、多视窗、飞字幕的方式，多渠道、多符号的传递现场的最新动态。2008年的"5·12"汶川地震，中央电视台的报道也是如此。

（二）视听信息符号的多元化，使电视新闻的传播生动、直观、富有魅力

电视的最大优势在多元符号。电视的多元符号不仅是影像、文字、报纸、图示、图表等不同媒体符号的简单相加，而且是围绕着主体信息的多种要素的多逻辑、多线索的集成。

（三）及时、准确的时效性使电视新闻传播成为人们关注和认知社会的第一需求

和广播一样，现在的电视新闻是同步的一种传输效果，这个特点需要依托有同步或几乎同步的传输的机制作为保证。观众希望得到第一时间的新闻资讯，电视台也在不断提升自己的硬件设施来最大限度的满足观众这种需求。

电视是当今社会的第一媒体，它的社会影响超过了其他的任何媒体。传播大师麦克卢汉著名的传播理论"媒介即信息"充分说明了这一点。由于电视具有直观化、形象化和直接传播的特点，对社会的影响也比其他媒介来得更为直接和深刻。

二、运用视听语言，观众喜闻乐见

与报纸、广播媒体相比，电视的优势在于视听语言的综合运用。虽然网络媒体不断普及，年轻人越来越倾向使用网络，但随着电视媒体技术力量的提升，加上多年来积累的丰富经验以及可信度高等优势，电视新闻仍是目前新闻领域受众的主要选择媒体。

电视新闻家庭式的传播对传播内容、传播效果以及电视节目与观众之间的互动，都有着强大的促进作用。

人们关注新闻更多的是以家庭模式为主，从社会学的角度来讲，家庭是人们心目中最有安全感的环境。[①] 所以电视已成为了人们精神生活最重要的一部分，成为人们承载和交流思想的重要手段。作为承载大众文化最重要的载体，电视的内容包罗万象，开设的频道也是非常丰富，包括天文地理、人文自然、娱乐生活、新闻资讯、知识传播、生活服务等，电视成为大众文化的主导力量，潜移默化地影响着时代的发展和人类的进步。如读书频道的节目，通过邀请专家学者进行高品位的点评讲解，能够把受众一知半解的东西加以消化和吸收，比个体读书更快捷更普及，能让观众受到良好的感染。

电视走进了千家万户，个性鲜明的媒体特点使得电视记者、嘉宾逐渐深入人心，电视这种看得见的媒体因素，相当程度体现了人际传播的优势，使人和媒体之间的距离拉近

---

① 刘宝玲. 技术类：电视与网络的信息传播作用之我见［EB/OL］. http://www.bdhol.net/show.aspx?id=5087&cid=25，2009-12-2.

了，增加了认同感。

具有个性的明星式的主持人，和记者式的主持人，以及著名的嘉宾对提升收视率有着至关重要的意义。这些公众人物的社会地位得到大众的普遍认同，对于新闻的传播无疑起到了重要作用。

三、数字多媒体化，双向互动传播

数字技术使图文、声音和视像信息实现了多媒体的传播。媒体行业的数字化具体指计算机领域的数字技术向各个媒体行业域全面推进的过程，同时包括传播技术手段以数字制式全面替代传统模拟制式的转变过程。"数字化"对于电视新闻而言，则是指电视新闻在传播过程中的个别环节或某个领域开始逐步采用数字技术，包括在节目制作环节中率先导入数字技术，如数字特技、非线性编辑系统、虚拟演播室等。基于数字技术的发展，电视新闻再不是简单的单向传播，还包括双向的点对点，多对多的传播，而且赋予互动的特点。

四、融入新兴媒体，提升传播功能

在新兴媒体崛起，传统媒体和新兴媒体大融合的今天，电视媒体也必须与时俱进，积极投入变革之中，融入新兴媒体之中，提升自己主流媒体的品格。2009年中国网络电视台的建立就是最好的佐证。电视媒体和新兴媒体的融合具体表现在以下几方面。

第一，尽量把个体传媒者纳入到电视新闻的报道队伍中来，这样做不仅可以增加鲜活的内容，活跃播出的形式，最重要的是化个体传媒与电视新闻的竞争为双赢的舆论导向合力。

美国有线电视新闻网（Cable News Network 简称CNN）首先提出了一种"我报道"的模式，从2006年8月开始，CNN用开辟邮箱和网站专门频道的办法扩大和延伸通讯员队伍，借助社会力量为我所用，形成视频合力。这些社会通讯员遍布世界各地，补充了记者报道力量的不足。当2006年9月泰国发生政变时，CNN最先报道的电视画面，来自曼谷居民的DV。当2007年美国弗吉尼亚理工大学发生枪击事件时，CNN播出的第一声枪响，就是被在现场的学生贾马尔采用诺基亚手机N70拍摄到的。CNN网站总裁吉姆说："观众们越来越自然地走进新闻生产队伍，成为我们的最佳延伸。"

中央电视台借鉴国外同行的成功方式，把"我报道"这种模式在主题新闻宣传中成功地加以运用。如2009年3月，在中央电视台新闻频道《我在两会上》栏目中，连续播出了9位全国人大代表拍摄的DV作品。这是编辑从近三千位人大代表中选出的约20位当观察员的代表，帮助拍摄的一批DV作品。这些作品采用第一人称叙述，以代表的视角记录两会，原生态印记极强，给人耳目一新的感觉。《"两会"有我》特别节目每天也以百姓关注为视角，以网络、手机信息等为民意集纳渠道，以多媒体互动为特色，展现民意、关注民生，使观众通过参与节目互动，达到关注两会，参与两会的效果。

第二，高清晰度电视摄录、接受系统的改变会使未来的电视新闻节目变得更为还原生活。

未来电视新闻不再是单纯的电视新闻，而是多媒体传送给受众的一种可视、可闻并可阅读的新闻样式。在近20年中，电视技术的发展超过了以前所有年份的总和。在高水准的基础上，电视技术还将继续高速发展，从而影响电视新闻的形式、内容、传播方式。

摄像技术、录音技术、还有传输技术的数字化、小型化，为我们新闻工作者的采访报道带来了非常大的便利,也使得每个受众的新闻记者梦成为可能。通过数字化和压缩技术,还有采访摄像的傻瓜化,在没有记者出现的地方,受众可以用一台微型的数码摄像机,拍摄那里发生的新闻画面,然后通过电脑以数字的方式迅捷地上传到网络上。从这个角度来说,新闻将实现真正的传播和收受自由。在现代科技的支持下,每个人都既是新闻的接收者,同时也是新闻的发现者、记录者或发布者。新闻不再是电视台的专利。电视台追求的应是节目质量的完美、内容的丰富以及发布信息的权威地位,形成信息集结地,以媒体信息的权威、多样、精良取胜。

第三,电视直播与网络媒体相结合,让受众有机会通过网络参与到节目中来,使电视新闻直播节目由单项的传播向互动传播过渡。从传播通路到整合资源,从全球采集网络到世界集纳平台,电视媒体展现在观众眼前的新闻与新闻节目已经发生巨大变化。

1. 信息量大幅增加

以中央电视台为例,新闻播出总量与首播率大幅提升。新闻报道的手段、新闻报道的信息含量极大丰富。动态消息、记者调查、背景链接、专家评论等多种形态的立体式报道已经成为中央电视新闻节目的常态方式。

2. 贴近性显著增强

新闻报道视角转向百姓关注的新闻,转向涉及国计民生的新闻,转向百姓喜闻乐见的话语。调查类、组合类报道进一步拓展报道的深度和广度,增加增强报道的吸引力和感染力。

3. 时效性极大提升

追求新闻的第一落点成为职业标准。中央电视台新闻中心已经建立起一个约500人的新闻采集团队,强化"24小时发稿"理念,建立24小时不间断的发稿机制。要让新闻记者出现在突发事件的现场,出现在百姓关注的新闻现场,做到在中国发生的新闻第一时间发布,在境外发生的新闻争取与境外媒体同步报道。

4. 新闻评论明显加强

"新闻+背景+评论"已成为中央电视台新闻频道全天节目的常规样态,评论员紧跟新闻,在线发表短评,评论员和短评已经成为节目不可或缺的基本元素。如中美战略与经济对话开幕、朝韩"天安舰"事件等热点事件评论,鲜明地表达了媒体态度和立场,对"新闻背后的新闻"做了很好地解读。通过新闻评论主动引导社会舆论,掌握舆论话语权。

5. 形象更具时代感和亲和力

新闻频道的新闻呈现方式、屏幕区域划分、字幕呈现、频道Logo等频道整体包装进行了全新设计,屏幕的色彩更加丰富,大标题、大字幕更醒目,使得屏幕上的有效信息更加丰富,强化了电视新闻的服务性。

思考题

1. 电视新闻采集有哪些个性特点?
2. 电视新闻采集在选题方面应注意哪些问题?
3. 如何进行电视新闻采集策划?
4. 电视新闻摄像应注意哪些问题?有哪些技巧?
5. 电视新闻出镜记者有哪些素质要求?

第九章
新媒体新闻采集

——◦ 本章提要 ◦——

本章主要介绍新媒体的代表——网络、手机的新闻采集的定义、方式、特点以及注意事项。网络新闻常用信息浏览式搜集、电子邮件沟通式采访、MSN、QQ在线聊天采访、在线现场采访、讨论组、论坛式辑录、博客交流式访问等方式采集信息；具有采访工具的全数字化、双向交互的采集方式、快捷方便的采集速度等特点。手机新闻的传播形式目前有三种：短信版（SMS和MMS）、WAP网站版、3G版。手机新闻要在激烈的市场竞争中脱颖而出，迅捷报道、准确判断新闻价值是关键。新媒体迅猛发展，在新闻采集的过程中更加需要强调新闻的真实性，去技术崇拜主义。

通过本章的教学，指导学生了解网络新闻采集的定义、特点；掌握网络新闻采集的方式；认识手机媒体概念和特点，了解手机新闻的传播模式；掌握手机新闻采集技巧。

互联网、数字杂志、数字报纸、数字广播、手机短信、移动电视、网络、桌面视窗、数字电视、数字电影、触摸媒体等,都是在新的技术支撑体系下出现的媒体形态。相对于先于它们出现的报刊、广播、电视等传统媒体而言,人们把它们称为"新媒体"。在众多新媒体中,由于互联网和手机媒体最具代表性,甚至被人们称为继传统媒体之后的"第四媒体"和"第五媒体"。因此,本章主要讲述互联网、手机的新闻采集。

第一节　网络新闻采集

互联网将人类带进了一个全新的时代,改写了新闻工作者的工作方式,推进了文字和数字信息的融合。随着互联网的不断发展,网络新闻采集也日益突显出来,成为网络新闻传播实务的起步环节和重要内容。

一、网络新闻采集的定义

网络新闻采集通常有广义和狭义之分。广义网络新闻采集指的是为互联网媒体新闻发布而进行的新闻采集活动。狭义新闻采集指的是在互联网上进行新闻采集。这实际上是一种特殊的采访手段,这种方法可以单独使用,也可以与传统的采访方法如现场采访、个别采访配合使用。

综合上述两层含义,可以给网络新闻采集做如下定义:网络新闻采集就是以互联网作为新闻素材采集的环境,用搜索、聊天、邮件、下载等方式采写、搜集新闻素材及相关资源。它可以单独作为一种采集手段,为互联网和其他新老媒体采集新闻素材及相关资源;也可以与传统的采集方法和手段如现场采访、个别采访、语言文字采集、广播录音采集、电视摄像采集等相配合使用,为互联网和其他新老媒体采集新闻素材及相关资源。

网络新闻采集是从传统新闻采集和计算机辅助新闻学发展而来。关于传统新闻采集,前面章节已经做了介绍,这里主要介绍纯网络新闻采集。这种新闻采集,实际上就是新闻工作者如何利用网络所提供的虚拟空间寻找采访线索,如何利用网络资源、数据库搜集和核查数据,如何利用电子邮件、BBS、新闻组、邮件列表、网络电话和聊天工具、可视化交互式设备等进行远距离的全球性、实时性的全数式新闻采集和新闻调研等活动。

二、网络新闻的采集方式

在今天,网络新闻采集已经成了一些媒体时常用到的采访手段,通常用在采访那些远距离、全球性的采访对象。网络新闻采集主要有以下几种方式。

(一)信息浏览式搜集

信息浏览式采集,是记者利用互联网搜索工具进行信息采集的一种方式。互联网上有大量文献、资料、数据可供查询,记者把握上网搜索,实际上等于拥有了一座世界最大的流动图书馆。记者可运用某些功能强大的搜索工具,在这一数字化图书馆中方便地检索到某一题材的背景资料,快速获得所要的新闻资源,可对数据进行更深入的发掘。网络及其数据作为巨大信息资源,为记者工作开辟了更为广阔的空间。

如一位年轻记者从《北京晚报》上看到一条消息，说德国人巴蒂斯所搜集的有关南京大屠杀的一些资料存放在耶鲁大学神学院，于是他通过雅虎网站找到了这些资料，并发现了一个专门传送巴蒂斯手记原文的站点。这位记者通过邮件与该网站联系，第二天便获得了所需信息。今天，当记者要查询某个背景时，一般情况下都无需亲自到新闻发生地去采访，通过网络搜索便可以轻松地找到自己想要的资料。

（二）电子邮件沟通式采集

电子邮件沟通式采集，是记者在互联网上通过向采访对象发送电子邮件的方式进行采访的一种方法。记者利用电子邮件采访，可以只向一个采访对象发送电子邮件，也可以一次向多个采访对象发送电子邮件。如新华社记者熊蕾曾利用电子邮件在一周之内采访了美国、英国、日本、瑞士、加拿大等国的 10 位科学家。在采访过程中，有的采访对象当天就回了信。熊蕾依据此次采访写成的报道后来被刊登在美国的《科学》杂志上。由此可见，网络新闻采集的快捷和采访范围之大是传统新闻采访难以企及的。

（三）MSN、QQ 在线聊天采集

MSN、QQ 在线聊天采集，是记者通过网站聊天进行采访的一种形式。在线聊天，是网站为网民提供的公共聊天服务系统，也可称为"网上会谈"。目前常用的聊天工具主要有：MSN、QQ。记者在线聊天采访可分为明访和暗访两种。明访是记者公开记者身份与网友进行聊天采访。暗访是记者隐藏身份进入聊天室，或作为看客，或作为普通聊天者同网友聊天进行采访，这种聊天方式，记者不公开身份，聊天对象大多采用的也是虚拟身份，因而无所顾忌，可以畅所欲言，记者不仅可以了解到真实的新闻线索或新闻事实，还可以窥探到他们对社会生活的真实看法和隐秘心理。

（四）在线现场采集

在线现场采集，是记者利用网络终端设备如话筒、数字摄像机、键盘等，在新闻现场直接采访新闻当事人、知情者或权威人士，将采集的信息同时在网上直播的一种方法。人民网、新浪网等大型媒体经常邀请名人、权威人士、专家等，在类似电视直播间的网络直播间内进行在线专访活动。网上现场直播采访，具有信息反馈快捷，受众参与强的特点。记者把现场的情况和采访对象的谈话，用文字、图片、影像等形式发布到网上，网络用户通过网络直接发送反馈信息，与采访对象进行交流。

（五）讨论组、论坛式辑录

讨论组、论坛式辑录，是记者利用网络论坛寻找新闻线索、了解新闻事实的采访方式。网络论坛有多种形式，如邮件列表（Mailing list）、新闻组（Newsgroup）、和 BBS 电子公告板。其中 BBS 公告板是网络媒体设立电子论坛的重要形式之一。BBS 是一个可供多人参加的讨论系统，在 BBS 上大家可以对一个共同感兴趣的问题进行讨论，自由地发表自己的意见与见解，并且直接与他人进行沟通。

记者利用论坛采集信息通常有两种方式：一种是浏览本媒体的论坛；另一种是浏览其他的论坛。新闻媒体的论坛中，一般都设有专栏论坛和专题论坛，比如"千龙新闻网"的《论坛》"时事天下"，就设有"千龙大会堂"、"北京·2010"、"市民留言板"、"军事天地"等四项内容。记者通过浏览"市民留言板"就可以获取新闻线索。另外通过跟帖可以了解更多情况，甚至可以完成部分的采访任务。

记者也可以主动出击，如在北京搜房网业主论坛中有这样一个帖子：北京青年报社区记者关注小区新闻,欢迎业主提供新闻线索,小区新鲜事、好人好事、移风易俗、公益事件均可采访报道。专线手机:1591088××××,李记者,祝业主新年快乐。

另一种形式是专题论坛。这是媒体的编辑或版主先拟定一个题目,并在专题的导语中,说明这一讨论的目的、意义和注意事项等,如人民网强国论坛的"我有问题问总理"专题论坛。记者利用这种专题论坛,往往可以发现重要的新闻线索,采集到宝贵的新闻信息。

记者浏览其他的论坛可作为看客浏览,只浏览网民的帖子,从中发现新闻事实或新闻线索。这种方法,只需在论坛主题列表上选择点击即可。另外记者还可以设题引议,主动设立采访题目,围绕这一题目发表征询新闻材料或网民意见的帖子。

(六)博客交流式采集

博客交流式采集,是以博客为交流平台,与博客对话的一种采访方式。博客是继电子邮件和论坛之后的又一种信息交流方式,兼有人际传播和大众传播的双重特点,因此,博客也被喻为"自媒体"、"个人出版"等。博客相对于论坛而言,更像是个人出版的杂志,其内容具有连续性,所谈论的主题为博客作者所设定,而不是像论坛那样,围绕着开帖者设定的主题展开。博客日志的信息交流方式是,博客在自己的网站上发布文章、图片和影像资料,浏览者可以对此回帖,从而形成双向交流。交流的话题是博客设置的,因此,记者可以利用采访对象的博客网站对其进行采访,通过对博客文章回帖的方式与博主进行交流,并获取相应信息。记者采访中的这种被动地位固然存在一定的不利因素,但他却可以从围绕采访对象所关注的主题交流中获得以往主动采访所忽视的信息。

网络视频技术、数字技术的迅猛发展,使新闻记者通过网络对地球上任何地方的任何人进行采访成为轻而易举的事情。网络采集现在已经成为媒体工作者日常新闻报道的主要采访手段之一。这种采访手段将大大扩展新闻记者的采访范围,大大减少采访所需的时间、人力和费用,大大提高新闻报道的时效。

三、网络新闻采集的特点

网络新闻采集是网络新闻的基础工作,大部分源于传统的新闻采访的原则和方法,其传播的内容也是来自现实社会生活各个方面发生的事实。但是,随着网络新闻的发展,网络新闻采集也鲜明地呈现出区别于传统新闻采访的自身独有的特点。

(一)采访工具的全数字化

网络新闻采集所采用的采访工具,主要是全数字化的计算机网络,以及可以与这一网络相通的一系列全数字化的新闻采访和传输工具。软件主要有:Windows2007、Word/Excel、Photoshop、CuteFTP、IE、电子邮件、论坛、新闻组、邮件列表、聊天工具、万维网、搜索引擎等;硬件主要有:笔记本电脑(无线笔记本电脑)、数字录音机和摄像设备、数码相机等大容量的便携式存贮设备。运用这一整套功能强大且齐全的数字化网络新闻采访工具,可以快捷而高质量地完成新闻采集任务。在这些工具的帮助下,记者有时足不出户就可以采集到所需的新闻素材。

(二)多媒体的采集内容

网络新闻采集是以多媒体新闻素材为采集对象,这种采集涵盖和融合了传统三大媒体新闻采集的全部内容,既有静态的文字、图片、图表、图像的采集,又有动态的音频、视频和动画的摄录,是一种多媒体的全方位的采集新闻素材的活动。

（三）双向交互的采集方式

网络的最大特点是交互性,网络新闻采集同样体现了这一特点。记者通过电子邮件、论坛、新闻组、聊天工具、博客等方式采集信息,可以及时收到反馈。这样记者就可以在一来一往的交流中,获得丰富的信息资源。

（四）快捷方便的采集速度

网络新闻采集范围遍及全球,采集速度也是十分快捷的,尤其对于突发性新闻事件。如果记者善于运用网上发布,就能取得独家新闻。如"5·12"汶川地震发生后,新华社四川分社记者陈燮立刻拿起手中的照相机拍摄,在地震发生6分钟后,陈燮就将新闻照片发往总社,并第一时间在网上发布。陈燮成为全球第一个报道汶川地震的记者。

网络具有全球性,因而网络中的采访范围也具有全球性的特点。对于一些不能、不宜或因距离太远而无法进行现场采访或调研的新闻事件,记者就可以通过互联网在办公室或家中进行全国性或全球性实时采访。如通过电子邮件、新闻组和邮件列表等进行异步的文字采访,通过语言信箱、网络电话等进行口头采访,通过因特网的网络会议等进行可视化的面对面采访,或通过聊天系统进行同步采访等。

（五）丰富多样的采集资源

从传统的角度讲,新闻获知的途径主要有:通过党和政府政策、决议及负责同志的活动、讲话获取;通过记者耳闻目睹获取;通过广大受众、亲友的提供获取。这些都是获取新闻线索的常见方式,但无一例外地都强调记者主动出击、主动接触社会,强调记者的感觉能力。在网络时代,记者无论获取信息还是传播信息,都要面对浩瀚无际的新闻资源,记者一方面利用自己的社会关系实地采访新闻、掌握新闻线索,一方面可以利用网络搜寻新闻线索,这样就拓宽了记者获取新闻的渠道,使记者的工作从封闭走向开放,大大扩展了信息采集范围。

美国哥伦比亚新闻研究生院和纽约米德博格协会,对全美主要传统媒体的新闻从业人员进行的有关网络媒体的一项年度调查表明,在所调查的3400名新闻从业人员中,将上网作为获取新闻线索进行新闻采访手段的比例,仅次于报纸记者的面对面采访和杂志记者的电话采访。[①] 在信息时代,计算机和网络等资源对于新闻报道的作用至关重要,它使记者看得更远,听得更清,想得更深,写得更快。

四、网络新闻采集应注意的问题

尽管网络新闻采集有着得天独厚的强大技术优势,但伴随着网络新闻采集的广泛应用,也出现了一些新的问题。因此,在运用网络新闻采集方式时,特别注意以下几个问题。

（一）坚守新闻真实性

因为网络新闻采集是依托网络直接进行的,当记者坐在联网的电脑前搜集资料、寻找新闻线索、与采访对象进行通信或交谈时,不是亲临新闻现场,难免会在一定程度上影响新闻事实的准确性和生动性,所做的新闻报道也容易缺乏现场感和真实感。

---

① 李希光. 网络记者 [M]. 北京:中国三峡出版社,2000:101.

另外，商业化的语境也影响着新闻的真实性。媒体片面追求新闻的时效性，追求点击率、收视率，必然导致虚假新闻泛滥。因此，网络新闻采集更应该强调新闻的真实性，尽量避免胡乱转载、道听途说。

（二）强调"把关人"角色

网络已经成为一个全新的开放式媒体。上网的任何个人都可以在网上发布消息、检索资料、寻找新闻线索，而且，在一般情况下，无人能够阻止和控制。因此，记者下载的相关信息，不可避免的会出现失真现象或涉及版权之争。互联网上的新闻还未达到也很难达到传统媒体那样经过层层负责任的把关，这就要求记者要对自己所采写的每条新闻负责，要具有更高职业道德修养和社会责任感。总之，记者在采集网络新闻时，不管稿件来自何种渠道，都需要经过反复筛选，认真核实，既做采集者，又做"把关人"。

（三）去技术崇拜主义

网络新闻采集要求记者必须熟练地操作和运用数字化采访工具。网络新闻的表现形式将逐步由静态"图文"转向动态"视频"。现阶段越来越多的媒体将新闻信息编写由简单的"文字加图片"的形式发展成为集视频、音频、文字以及大量相关信息链接的立体报道形式。现代技术的确给新闻报道带来变革，但是片面强调技术作用，甚至认为掌握现代技术就一定能够做出优秀的新闻作品的观点，是有失偏颇的。

第二节　手机新闻采集

一、手机媒体

（一）手机媒体的概念

手机，原本只是一种人们在移动中进行人际传播的通信工具，又称为行动电话、移动电话。手机已经经历了3代的发展，目前全球共有33亿人使用手机。约占全球人口总数的50%。截止到2008年1季度，我国手机拥有量达到5.174亿户，位居世界第一，并且一直在以每月新增500万用户的高速度增长。[①]

随着通信技术的发展与进步，手机自身经历了由单色屏幕到彩色屏幕，由只适用于通话到集短信、彩信、摄录拍一体，手机现在已经成为备受关注的新兴传播载体。作为网络的延伸，手机具有互动性强、信息获取快、传播快、更新快、跨地域等特点，同时还具有高度的移动性与便携性，信息传播的即时性、互动性、多媒体性等特征。手机信息传播实现了私密性、整合性、同步和异步传播有机统一，实现了传播者和受众高度融合。当手机开始提供收发短信、彩信、WAP上网之后，特别是手机开始接收、储存和转发专业组织发送的新闻时，手机便毫无疑问具有媒体的特征。

综合手机传播特征，可知手机媒体是以手机为视听终端、手机上网为平台的个性化信息传播载体，它是以公众为传播目标，以定向为传播效果，以互动为传播应用的大众传播

---

① 李希光主编. 网络记者 [M]. 北京：中国三峡出版社，2000：101.

媒介。手机成为继互联网之后的又一重要传播方式，甚至有人称其为继报纸、广播、电视和互联网之后的"第五媒体"。

（二）手机媒体与新闻传播

通信技术迅猛发展，手机与互联网相融合，使手机成为一个重要的大众传播媒体。国内已在尝试通过手机短信进行新闻传播与出版活动，并积极实践手机传播新闻的新模式，手机正在实现由人际沟通工具向大众媒体的跨越。

2001年7月，《扬子晚报》推出了全国首家新闻媒体主办的手机短信息新闻服务品牌"扬子随身看"，每天第一时间向手机新闻短信订户发送新闻信息3~5条。2003年2月1日22时32分，美国哥伦比亚号航天飞机失事16分钟后，新浪网把这则新闻以手机短信的方式发送给数以万计的手机用户，让受众在第一时间获知这则重大新闻。2004年7月18日，北京好易时空公司和《中国妇女报》出了国内第一家手机报——《中国妇女报·彩信版》，从此之后，手机开始以"第五媒体"的姿态出现在人们的视野中。2007年底，人民网主办的"2007第五媒体高峰论坛"在京召开，与会的18家媒体共同签署了《手机媒体自律公约》，倡导手机媒体的规范化发展。自此，手机媒体在业界的地位得到承认。

根据中国互联网络信息中心（CNNIC）发布的《2009年中国移动互联网与3G用户调查报告》显示，3G用户有望在2010年快速增长。调查显示，截至2009年8月底，中国使用手机上网的用户数量已达到1.81亿，呈现出稳定增长的趋势。23.1%使用手机上网的用户表示计划在未来半年内使用3G手机上网，据测算届时用户达将到4000万。而在潜在用户购买3G手机的原因中，因为"上网速度快"占到了30.6%。① "希望在不久的将来，人们若要在第一时间内了解国内外发生的事件，首先想到的是打开手机。"② 中国移动通信董事长王建宙如此勾勒手机媒体的未来。

二、手机新闻传播形式和特点

（一）手机新闻传播形式

现阶段手机新闻传播的形式主要是手机报，包括MMS彩信版、WAP网站版和IVR语音版。但随着3G网络的开通，手机电视新闻传播将会大行其道，实现可视、可听的多元化的新方式。

1. 短信版

文字短信（Short Messaging Service，简称SMS）是一种基于全球移动通讯系统的新闻传播方式。许多大型的门户网站作为主要的内容供应商，为定制用户提供第一手的新闻或者生活资讯。国内最早的短信定制业务出现在2000年9月，中国移动与新浪、搜狐等著名的门户网站联合为全球通手机用户提供"全球通奥运快讯"互联网信息点播等活动。2003年美国哥伦比亚号的失事后16分钟新浪网短信定制用户就收到了这一信息，几乎与网站报道同步。③ 其中，以2004年7月18日，《中国妇女报·彩信版》的开始发行为标

---

① 中国移动通信联合会．前沿数据［EB/OL］．http://www.cmca.org.cn，2009-12-30．
② 水母网．天时、地利、人和：谁最重要［EB/OL］．http://www.shm.com.cn/ytrb/html，2006-12-4．
③ 中国新闻传播学评论网．"视听报纸"市场机遇——国外的成功尝试［EB/OL］．http://www.cjr.com.cn，2008-6-7．

志。随后各大报纸、杂志等主流媒体纷纷发行手机报，抢占手机发行市场。

中国目前的手机报主要是基于短信技术，并且与传统媒体结盟。

2. WAP网站版

WAP平台，可以把互联网上的信息和业务引入移动电话等无线终端。WAP技术能让手机与互联网结合起来，使传统媒体、新闻网站、门户网站进入无线平台。

2004年后，不少传统媒体开始抢占手机新闻传播市场，结合自己具有专业采编的优势成为手机新闻传播中新的内容供应商。2005年2月"两会"期间，人民网开通WAP无线新闻网站，实时发布两会相关消息和花絮，从另一个角度宣传两会。

除了短信版和WAP版，手机报还出现了IVR语音版。2005年9月27日，《华西都市报》在原有彩信版和WAP版的基础上再次与四川电信合作，联手推出了《华西手机报》"声讯版"，读者通过拨打96181880即可收听报纸的主要新闻和即时新闻，并可随时更新，成为我国第一张既能看又能听的手机报。

3. 3G版

2008年4月以后，手机新闻传播的方式进一步多元化，中国移动正式启动国内3G业务，首先在北京、天津、沈阳等8个城市试运行，并在奥运期间第一次以手机电视进行了奥运会报道。2009年初，3G网络牌照颁发，电信天翼和移动G3的宣传攻势在各大城市甚嚣尘上。手机新闻传播进入了全新的时代。

时至今日，彩信版手机报和WAP网站仍然是最常见的手机新闻传播方式。各大网络媒体和传统媒体纷纷加入服务提供商或内容供应商的行列。手机新闻传播正式进入了百花齐放的时代。

（二）手机新闻传播的特点

与报纸、广播、电视等传播媒体相比，手机新闻传播呈现出以下特点。

1. 新闻传播方便快捷

只要有能够报道"新近发生的事实"，只要它们所在的空间有信号，便可以在第一时间发出相关信息和报道。这一点是任何一种媒体所无法比拟的。

另外，与传统媒体新闻相比，手机媒体在使用上的方便性更为明显。手机报、手机电视的订阅者只需要发送一条短信，便可以向服务提供商订制所需要的信息服务，服务提供商则会每天按时将新闻发送给用户，用户可以随时随地看到新闻，省去了买报纸、打开电视、登录网站的步骤。

2. 独特的试听体验

手机新闻具有信息丰富，体裁短小，语言简洁等特点，使用户能够在短时间内以简约的方式获取新闻信息。手机报依赖于短信技术，一般的手机短信都在100字左右。手机新闻无法像电视那样通过播放相对较长时间的节目来发布新闻，更无法像网络那样凭借四通八达的链接来实现信息量的最大化，于是，使用有限的容量包含尽可能多的新闻信息，成为大多数手机报的首选方式。

基于彩信技术、3G网络的手机媒体，能够提供给受众的是将文字、图片、影像融为一体的新型的信息传播模式。对于手机报，用户可以选择不同的阅读方式，或是通过手机导航键拉动屏幕，或是选择让其自主播放，无论是文字还是图片都可以轻松阅读。对于手机电视而言，用户可以选择自己喜欢的电视频道，收看自己喜欢的电视节目。手机新闻信息内容更为丰富生动，文字与图片相得益彰。

3. 新闻传播互动性提高

手机既是新闻信息发布的平台，也是受众参与讨论的直接工具。如在2006年世界杯期间，河北日报报业集团手机报业务推出的世界杯专版上，就设有专栏发表读者的评球短信。起初，发表的短信条数并不多，但是随着世界杯赛况日趋激烈，该手机报的读者评论版也热闹起来。手机媒体的受众通过反馈参与是新闻传播的一种良性互动。

4. 新闻传播分众化特征

手机用户可以根据自己的兴趣喜好定制不同的新闻。服务提供商则会根据用户的订制要求，有选择地按时向用户发送新闻。这样，用户就不必像看传统媒体新闻那样在大量的新闻信息中搜寻，而是可以直接看到自己想要的新闻。手机媒体的传播受众具有明显的指向性，它为特定的受众群体所接受和喜爱，而非如传统媒体和网络媒体那样面向大众。

三、手机新闻采集

手机作为媒体已是不争的事实，但到目前为止手机媒体本身缺乏独立采编队伍，手机新闻的内容也主要是靠传统媒体和各大网络媒体提供。随着信息技术和媒体变革的不断深入，用手机采集新闻已成为一种趋势。

（一）手机自采新闻的实践

1. 2004年雅典残奥会进行了手机新闻采集的尝试

2004年雅典残奥会时，北京掌上通公司联合北京青年报、中国青年报等多家媒体以及中国残奥会组织者，共同举办了以第一时间报道雅典奥运会和残奥会为主题的"第一时间看奥运"和"第一时间看残奥"活动。活动期间，媒体记者利用百万像素手机，拍摄奥运赛场内外的精彩瞬间，通过彩信形式即时发回国内，第一时间展现奥运健儿拼搏的风采。残奥会期间发回现场照片近万幅，文字报道近5万字，均登载在掌上通公司下属的掌上博客网站（www.goblog.com.cn）上，其中近百幅照片被其他媒体、单位、企业所采用。

2. 《手机新闻眼》推出了手机记者

2006年5月8日，北京大兴电视台开设了国内第一个以手机拍摄素材为主要内容的新闻板块《手机新闻眼》，并率先推出了手机记者的概念。这里提到的手机记者，是指那些利用手机的录音、照相和摄像等功能采集素材或内容并提供给媒体使用的非新闻专业人士。事实上，这种手机记者是媒体的编外人员。手机记者所拍摄的新闻片段经过电视台工作人员编辑加工后播出，即成为手机新闻。

从使用手机自采新闻的成功实践中，可以看到手机在新闻采集上的应用前景。但是，手机新闻采集还受到一些限制，如在文字报道上的一些局限。但不可否认，手机在图片新闻报道上的优势，可以预见其今后在新闻报道上应用的重要地位。随着手机终端功能的不断加强，手机正逐步摆脱通讯领域的束缚，开始进入新闻传播领域，真正成为一种重要的新闻媒体。

（二）手机新闻采集技巧

手机的最大优势在于传播的方便性、快捷性与有效性。然而，正是这些优点决定了它的物理缺陷——显示屏固定偏小。因此，用手机进行新闻采集就要尽量克服它的劣势，发挥它的优点。

1. 手机新闻采集制胜秘诀——快

手机作为人际传播的工具，首先在于它对信息传播的速度快，这是传统的大众传播媒体难以企及的。因此，这也是它作为新媒体与传统媒体竞争的一大优势。记者利用手机进行新闻采集，必须充分发挥快速这一特点，增强新闻报道的时效性，尤其是对重大事件的报道。

2003年中国农历大年初一，美国"哥伦比亚号"航天飞机失事。传统媒体还没来得及报道，新浪、搜狐、网易等各大门户网站已在10分钟之内把这一消息发送到手机用户上。随后，新浪的新闻短信订阅业务——"新浪冲浪"通过短信的方式第一时间把伊拉克战争爆发的消息发送给了几十万的手机用户。

汶川地震发生之后，空中网立刻开通"抗震救灾特别专题"，利用手机媒体随时随地的特点，实现了24小时实时图文、音视频直播，及时通报地震灾区的受灾与救援情况，并公布了各种捐款捐赠方式，普及抗震救灾知识等。

在北京奥运会期间，手机腾讯网仅奥运频道，流量超过2亿，日访问用户接近1500万，这个数据甚至比某些互联网媒体的流量都要高。

目前，手机WAP从原来转载新闻，发展至拥有自己的新闻内容制作团队；从简单的新闻发布至现如今对重大事件的策划、报道，WAP越来越重视新闻内容的原创和质量，其新兴媒体的地位也日益凸显。

2. 手机新闻采集的关键——准

手机短信目前的运营方式是靠付费定制而获取利润的。用户付了费，即可获得自己想要的新闻。在这一过程中，用户就可以根据自己的喜好，定制自己需要的短信新闻。而服务提供商便可根据用户的订阅状况，向用户提供相关的短信新闻。这样对于提供新闻的这一方来说，可以明确地知道有多少人在看这条新闻，这些受众都是谁，他们有什么样的喜好。这就要求记者对于不同的新闻事实能够准确判断它们新闻价值的大小。

因此，记者采集新闻时，要有明确的受众意识，能够准确判断事实本身的新闻价值。新闻价值主要包含五个要素：时新性、重要性、显著性、接近性、趣味性。事实包含的新闻价值要素级数越高，事实本身的价值越大，越值得媒体报道。

手机媒体已经吸引了很多人的关注，各路人马力争朝夕地进入这个行业，希望分享一块蛋糕。据了解，东方网已经实现了手机图片随时上传网络的功能，其他一些媒体也表示即将推出此类服务。这样就可以实现人们随时随地拍照并立刻上传互联网的想法，大大提高了新闻的时效性。

随着手机技术和手机媒体的飞速发展，手机新闻传播必将面临更加广阔的天地。它将顺应新闻传播发展趋势，基于新闻融合和媒介融合的实时、互动、个性化的分众新闻传播。尼葛洛庞帝提出来的"我的报纸"理念正在人们的手机上变为现实。

思考题

1. 网络新闻采集的方式有哪些？
2. 网络新闻采集有哪些特点？
3. 手机新闻传播具体有哪几种方式？

4. 手机新闻传播有哪些特点?

作业题

1. 根据所学知识完成下面作业:练习网络新闻采集方法。采访一位名人(类型自选,可以是影视娱乐明星,可以是商界精英,也可以是文化学者)。可以将以前讲过的采访方式综合使用。上交一份作业,内容包括新闻采集策划方案,所使用的方法,搜集到的内容,拟写作的方向。

2. 根据所学知识完成下面作业:利用手机拍摄一则校园新闻或一则新闻图片。要求具有新闻价值,技术指标合格,并配简短说明,能够在校园电子杂志登出。

第十章
全媒体新闻写作概述

―――― ◦ 本章提要 ◦ ――――

　　本章主要是对全媒体新闻写作的概述。首先介绍全媒体新闻写作的内涵与发展，包括全媒体新闻文本的多样化、全媒体新闻写作的基本类型、基本概念以及全媒体新闻写作载体、手段、形式、体裁、方法、理念等的发展与变化。其次介绍全媒体新闻写作的特点、地位和作用，从写作主体、写作手段和写作样式等方面概括其主要特点，并指明全媒体新闻写作在新闻传播中的地位和作用。最后从对比的角度，分析全媒体新闻写作融合与转换的过程。

　　通过本章的教学，使学生了解全媒体新闻写作这一概念的内涵和发展，理解全媒体新闻写作的载体、手段、形式、体裁、方法和理念等要素；正确认识全媒体新闻写作的特点、地位和作用；理解全媒体新闻写作的相互融合和相互转换的形成和过程。

第一节 全媒体新闻写作的内涵与发展

一、全媒体新闻写作的内涵

(一) 新闻文本的基本概念

文本写作是伴随着人类信息传播的历史而产生的。在语言文字产生之前的远古时期，人类就开始依靠手势和表情来传递信息，随着人类社会的发展，人类在劳动中出现了话语；当话语已经不再能够满足信息交流需要时，产生了文字。文字的产生推动了人类精神文化创造的产物——文本写作，这又进一步促进了信息的传播和沟通，推进了现代意义上的新闻传播的发展。可见，自从人类诞生以来又有了新闻信息传播活动，自从有了新闻信息传播活动以来又有了新闻文本。新闻传播的产生是为了满足人类信息传播的需要。

有研究者给新闻文本做出了如下界定："新闻文本是媒体将客观事实信息编织而成的一套有机符码以及这套符码的社会化过程。所谓'有机'，即是这套符码不是随意无序的排列，而是有规则、有主旨的有序安排；所谓社会化过程，就是文本在被解读被消费过程中释发出来的文化意义。而新闻文本的表现体裁是新闻报道。"[①] 从这个定义可以看出，新闻文本在更多意义上代表的是一套符号，一方面，是将客观事实的信息以符号的形式编制并传播出来，另一方面，这套符号在被解读的过程中具有了特定的社会和文化意义。

(二) 全媒体新闻文本的多样化

在新闻传播的过程中，文本的作用就是新闻制作者通过编码传递信息，而受众通过解码解读信息，二者经由文本完成信息的传播和互动。在全媒体时代，新闻写作的过程也是文本创作的过程。在这一过程中文本形式又得到了进一步丰富和发展。

在传播的层面上，全媒体体现了不同形式和功能的媒体融合、互动的趋势。在接受的层面上，全媒体又涵盖了视觉、听觉、触觉等人们接受信息的全部感官。这就造成受众获取信息的方式、渠道，以及对信息内容的要求都更加多样化。也就是说，在全媒体时代，新闻文本形式必须呈现出多样化的面貌，全媒体新闻文本的写作也具有了多元化的特点。

全媒体时代，新闻文本从不同的角度可以划分为多种不同类型。从媒体传播的方式来分，可分为传统新闻文本写作和新媒体新闻文本写作。传统新闻文本写作包括消息、通讯、特写、新闻图片等的写作，新媒体新闻文本写作还包括了图、文、声、色等在内的电子文本和多媒体文本的写作。从文本写作手段来分，可以分为声音写作、文字写作、音视频写作与制作、新媒体写作。声音写作多指广播写作、播客写作等形式，文字写作指运用语言文字进行写作的形式；音视频写作与制作指电视、电影新闻节目的写作与制作，而新媒体写作则是指网络媒体、户外媒体、移动媒体等新闻文本的写作与制作中的电子报纸、电子杂志、彩信、博客、电子广告、网络电视、手机电视。

---

① 孙发友. 新闻文本与文化生态——媒介话语的框架性解读 [M]. 北京：人民出版社，2009：42.

(三) 全媒体新闻写作的两种基本类型

尽管全媒体新闻写作有多种形式，但是使用率最高的主要有两种，即文字写作与音视频文本制作。

1. 基于文字写作的全媒体新闻写作

基于文字写作的全媒体新闻写作，是以文字作品的形式出现的新闻报道。这一类新闻写作有信息、知识、思想等新闻内容的表述，并区分各种体裁，具有一定的文采和风格。以文字写作的体裁为例，有消息、通讯、评述性新闻、报告文学、调查报告等。无论何种体裁的新闻，都应遵循新闻报道的基本规律，都要文字精练、简明扼要、结构严密，层次分明，语言准确、生动、鲜明。

2. 基于音视频制作的全媒体新闻写作

从声画文本的角度上来说，人们不习惯使用"写作"，而是经常用"制作"、"创作"等词语，但事实上他们的含义是一致的。音视频制作以声音语言和画面语言作为塑造形象和传递信息的工具，是新闻写作制作化的一种重要表现方式。以广播、电影和电视为代表的视听媒体是一种声画并茂、视听结合的综合时空媒体，这种媒体的传播实践造就了有别于传统印刷文字写作的电子模拟，进而以数字化写作方式——音视频制作方式的出现。

(四) 全媒体新闻写作的基本概念

从上面的分析可以看出，全媒体新闻写作，是在全媒体传播过程中，新闻内容生产的一个重要环节，是新闻记者、编辑按照新闻报道和新闻制作的要求，把采访中搜集到的材料、信息，通过文字写作、音视频制作等手段，制作成具有适合不同媒体发布的新闻作品，为受众提供新闻信息服务的过程。

二、全媒体新闻写作的发展

(一) 全媒体新闻写作载体和手段的演进

全媒体时代，新闻信息传播形态由少变多，相互融合，并可相互转换；新闻写作载体由单纯的纸质媒体、电子模拟媒体，发展为多媒体文字媒体，新闻写作的手段也单一的文字书写工具发展为数字化音视频设备。

全媒体新闻写作不仅是文字脚本的写作，还逐渐扩大到了剪辑、配音、配乐、合成等影像制作领域。如今，又跨入到了超媒体、超文本、超链接的数字技术和网络技术写作时代，即"基于声像符号聚合与电子传播而形成的线性与非线性文本写作的时代。"[①]

(二) 全媒体新闻写作体裁和样式的扩展

全媒体新闻服务于广播、电视、报纸、杂志、互联网、手机等诸多传统媒体和新媒体，这些媒体的融合与转换产生了比以往更多的新闻体裁和节目样式，为新闻体裁和节目样式的选择提供了更加广阔的空间，更大的自由度和自主权。

(三) 全媒体新闻写作方法和理念的更新

传统的新闻各自有不同的写作方法，已经基本形成了规律和模式。而新媒体的出现，给传统的新闻写作体裁和写作方法带来了极大的挑战和极好的发展机遇。现在，新闻写作已经成为集文字、声音、图像、动画，甚至虚拟环境为一体的全方位、多手段立体化的数

---

① 何坦野. 新媒体写作论 [M]. 杭州：浙江大学出版社，2008：50.

字新闻作品制作过程，写作方法相互借鉴，表现手法、写作艺术得到强化，从写作层面上升到了创作层面。

数字技术也给新闻写作带来了全新的理念。以网络新闻的超文本写作为例，传统的新闻结构一般包括标题、导语、主体、背景、结尾等要素，而网络新闻的超文本写作则突破了传统新闻的固有结构模式，采用多个超文本链接来帮助受众阅读。受众可以通过这些链接选择获取新闻结构中的任何部分，或文字、图像、声音、多媒体等表现形式。

第二节 全媒体新闻写作的特点、地位和作用

一、全媒体新闻写作的特点

全媒体新闻写作与传统新闻写作相比，在写作人员、写作方式、写作方法和技巧等方面，呈现出许多不同的特点。

（一）专职记者的联合协作

传统媒体的记者往往是单枪匹马跑新闻，而且主要是完成文字采访与写作任务，记者队伍中有很多人就是从文字工作等行业转型而来的。但是，全媒体时代，新闻记者如果只会从事传统媒体的采访与写作，就跟不上全媒体新闻传播的发展了，全媒体记者必须熟练地掌握并自如地运用数字技术和网络技术新闻采写设备，具有文字写作、设计数字化音视频制作能力。

全媒体时代的新闻记者需要多种媒体的记者进行良好的联合与协作。一方面需要具有多方面的新闻采写技能，另一方面，多种媒体的记者，发挥各自的长处，优势互补、强强合作，利用最优最适宜的手段，从多角度、立体化、全方位、多渠道的采写报道新闻事件给受众前所未有的新感受。

（二）人民群众的广泛参与

全媒体时代，随着数字技术和网络技术的迅猛发展，新闻写作队伍发生了很大变化。过去，新闻写作是专职新闻记者的职能，全媒体时代，新闻写已拓展至网民、博客、手机用户和持有数字化音视频摄录编设备的新闻爱好者等非记者人群。

全媒体背景下，受众既是新闻的消费者又是新闻的制作者。受众可以与新闻记者随时进行沟通交流，还可任意选择和调出相关的资料信息，可以上网发布消息和言论，可以通过发送手机短信、撰写博客日志、发起网络群聊等方式参与到新闻写作当中。"沉默的大多数"拥有了话语权和选择权。就像美国《连线》杂志所说的，我们已经进入"所有人对所有人的传播"时代。①

这种人民群众广泛参与新闻写作的多元性、个体性、自由性，博客、播客、手机短信息等新的写作表现形式，是全媒体新闻写作的一个重要特征。

---

① 苏宝华. 新媒体定义新论［J］. 新闻界，2008（3）：59.

(三) 数字化、网络化的写作手段

全媒体时代，数字技术、网络技术的发展和应用，使新闻写作的手段呈现出数字化和网络化特点。数字化书写和扫描工具、数字录音笔、数字照相机、数字摄像机，在职业和非职业记者手中，犹如运用自如的自来水笔，可以随意进行新闻采集和写作；网络传输技术、网页制作软件、非线性编辑软件、二维、三维图形制作工具等，可以对文字、声音、图表、图像、动画、活动视频等数字化素材进行扩充、拼接、插入、删除、复制、剪切、粘贴、移动等编辑、制作和多次修改、加工。数字化、网络化的写作平台还具有新闻记者和受众互动写作的功能。

(四) 音、视频为主的写作样式

全媒体新闻写作较之传统媒体写作，新闻写作体裁和节目样式不再局限于用文字表现，也不仅局限于"图文并茂"，而是表现出了空前的丰富性和多样性。虽然依然保留着传统的文字写作样式，但随着数字技术、网络技术的发展和3G时代的到来，新闻写作的样式开始由文字为主转向以音、视频为主。新闻写作中"拍客"、"播客"等新名词的出现就是有力证明。音、视频写作样式，直观、形象、真切、自然、贴近生活、贴近群众、贴近实际，最受受众的青睐。随着全媒体时代的发展，新闻写作将进入可视可听的全新天地。

(五) 双向互动的写作交流

全媒体新闻写作的特点还体现在写作交流的双向互动上。在网络新闻传播过程中，受众与新闻作品及新闻写作者、传播者之间，可以建立链接关系，实现双向互动交流。新闻事件不仅可以得到迅速报道，写作者、传播者还可以快速得到回馈，受众甚至可以直接参加到新闻文本的写作过程之中，使新闻的传受双方形成一种全新的自由、平等、民主的互动交流状态，使新闻传播效果大大增强。

二、全媒体新闻写作的地位和作用

(一) 全媒体新闻写作的地位

全媒体时期，新闻写作在新闻生产中占据核心地位。全媒体时代的新闻生产越来越要求搭建全媒体数字平台，新闻制作者和传播者，通过这个平台整合各种媒体采集来的新闻资源，对各种形式的新闻信息实时共享和互动，经由全媒体数字技术平台编辑制作形成各种文稿、图片、音视频等新闻文体和样式，然后传至不同媒体，进行新闻发布。在这个全媒体数字技术平台上，无论是新闻素材整合，还是编辑加工制作，都属于新闻写作的范畴。

在全媒体新闻传播过程中，每生产一件新闻产品，都离不开发现—开发—采集—制作—传播的生产流程。其中新闻写作即制作环节，直接决定着新闻信息能否以新闻报道的形式传播出去。同时新闻写作能力的高低，也影响着新闻产品的质量和传播效果。

(二) 全媒体新闻写作的作用

1. 新闻写作在新闻传播过程中起着决定性作用

新闻写作是做好新闻传播工作的决定性因素。首先，新闻写作决定了新闻作品的最终呈现。一篇新闻，只有经过采访、写作、编辑、制作、印发或者播出等环节，才得以与受众见面。在这一系列活动中，写作（包括编辑制作）是将采集来的零散材料组装到一起的

关键步骤,如果没有写作的组装过程,就不会有新闻产品的产生,那么,前期资料的采集便没有任何意义,后期印制、播出也无事可做。其次,如前所说写作质量决定了新闻作品的传播效果。

2. 新闻写作在新闻传播的融合与互动交流中起着关键作用

全媒体时代,迅猛发展的网络技术和数字技术,不仅促使了传统媒体和新媒体的融合与转换,而且催生了一批能够互动交流、双向传播的新的传媒介质,如数字电视、网络电视、电子邮件、论坛、博客、播客、电子杂志、电子报纸、车载电视、楼宇广告、手机短信、手机电视等。但是双向传播提供了物质技术条件,真正实现还要靠适应这种物质条件要求的新闻内容的生产,即数字化、网络化、音视频化的新闻写作。这样一来,一方面是新兴的传媒介质,另一方面是适应这些传媒介质需要的源源不断的新闻内容,使具有互动交流,双向传播等特点的新闻传播成为现实。

3. 新闻写作的全球化对社会发展具有深远影响

在全媒体背景下,新闻发布有着更广泛的传播空间。新闻作品可以结合组织稿件、介绍相关背景、整理论坛讨论意见、集纳原创评论、展示视频图片、跟进后续新闻等手段,将信息搜集、整合、加工,通过图文、视频、评论、互动话题、相关报道等,整合成为全媒体报道的各种形式,通过网络、手机发布等渠道传播出去,进行全面立体的发布,实现对新闻事件更广阔更深入地展示。

新闻写作与全媒体的发展存在这样一种关系,新闻的文本写作是属于人文层面的,引领着社会认知和社会文化的发展方向,掌控着社会的主流话语权,体现着社会的价值尺度。全媒体作为一种技术和手段的进步,一方面在信息传播和接受中起着重要作用,另一方面也改善了人们的生活质量和文化视野。二者还存在一种互相依托和谐共生的关系,全媒体的发展需要新闻写作强有力的推动,而新闻写作的自身建设,也需要全媒体这样一个宽阔而丰富的承载者,才能够得以更加迅速全面的提升,在更广阔的社会空间里产生深远的影响。

第三节 全媒体新闻写作的融合与转换

一、全媒体新闻写作的相互融合

《媒介融合》一书认为新闻业向复合媒体转变,"依赖于那些能够思考复合媒体而且可以轻松地在不同媒体平台上工作的新闻工作者。"[①] 新闻写作的相互融合已经成为全媒体时代的真实写照。

(一)多媒体新闻写作平台的一体化

随着新媒体的兴起和发展,传统媒体不断遭受到冲击,从门户网站、数字杂志、数字报纸等基于互联网的媒体的传播形态,发展到无线门户、手机报等基于移动媒体的传播形态,再发展到数字电视、IPTV、户外数字媒体等基于通信网、广电网络媒体的传播形态,

---

① 〔澳〕奎因等. 媒介融合——跨媒体的写作和制作 [M]. 北京:人民邮电出版社,2009:1.

多种传播形态构成了蓬勃发展的、立体交互的全媒体新闻传播形态。在这种背景下，新闻写作也相应地加速了相互融合。许多单一的传媒组织开始向多种媒体参与运营的全媒体运营方式转变，结合平面媒体、网络媒体、广播媒体、影视媒体等多种形式，来发展自身的新闻传播业务。与此同时，新闻写作的平台也日益融合，各类媒体的采集、写作机构逐步呈现出一体化的趋势。

以文字写作与音、视频制作为例，二者的"联姻"是全媒体新闻写作发展的一大趋势。文字写作在语言表达、深度报道中有独特优势，而音、视频制作凭借数字和网络技术的优势及新闻产品的直观性、形象性，越来越受到受众的青睐。这两大新闻写作平台的一体化，能够推动全媒体新闻写作水平和品质的提升。

（二）多种媒体新闻写作的统一策划

曾经有人提出过这样的疑问："受众只能在电视中看到新闻事件的活动图像，只能在报纸上看到新闻的完整报道，只能在杂志上看到重大事件的深度分析报道，那么，为何不可以把上述三者融合在一个媒体之中？也就是说，在报道中增加与百科全书式的链接档案资料（地图集、人物背景资料；相关国家人文概况等），在文字报道中增加一些视频或音频片断，尤其在时效上，采取 24 小时滚动报道……"① 这种设想的描述，正是全媒体时代新闻写作与传播形式特征。要实现这种形式，不同新闻写作方式需要相互融合，对多种媒体新闻写作进行统一策划。

这是一种文字文本与视听文本写作的融合，文字新闻写作与音视频新闻制作相融合所得到的音视频新闻节目，不仅可以调动受众视觉和听觉两个积极性，而且能够把抽象思维和形象思维结合起来，发挥综合概括和具体分析两个方面的作用，获得最佳的新闻传播效果。这是全媒体时代新闻写作发展的一大趋势。②

二、全媒体新闻写作的相互转换

全媒体时代，新闻写作呈现多种传播媒体、多种写作类型和多种写作体裁。全媒体时代新闻内容的生产不仅要求不同媒体、不同类型、不同体裁的新闻写作相互融合，而且要求它们能够相互转换，并为它们的转换提供了物质技术条件。

（一）不同媒体新闻写作的相互转换

不同媒体间新闻写作的相互转换的基本动因有两个：一是不同媒体间新闻内容生产和新闻传播效果的竞争，二是数字技术和网络技术的发展为不同媒体间新闻写作的转换提供了技术手段。竞争使不同媒体间新闻写作的相互转换成为必然，技术手段使这种转换成为可能。

不同媒体间新闻写作的相互转换主要有两种模式：一种是五大媒体，即报纸、广播、电视、互联网和手机之间新闻写作的相互转换，如报纸新闻写作转换为广播、电视、互联网和手机新闻的作品；另一种是某一媒体在全媒体时代的转型发展导致的新闻写作的转换，如全媒体时代的报纸媒体为了生存与发展，除了努力办好报纸外，还朝电子报纸转型发展，从而导致了不同媒体间新闻写作的转换。同样道理，传统的单向传播的电视媒体也

---

① 何坦野. 新媒体写作论［M］. 杭州：浙江大学出版社，2008：80.
② 同上书，第 49—50 页.

向双向互动的网络电视媒体、手机电视媒体转型发展,从而导致了不同媒体间新闻制作的转换。

不同媒体间新闻写作的相互转换,扩大了新闻内容生产的数量,丰富了新闻作品的媒体样式,拓宽了新闻传播的范围,方便了受众对新闻媒体样式的选择,增强了新闻传播的效果。

我们再以文字写作和音视频制作为例,虽然二者都属于新闻文本写作的范畴,但是文字写作更侧重于指向空间的艺术,而音视频制作则更多代表了一种时间的艺术。文字写作在空间中组织和安排符号编码,因此能够提供更多的细节,也更具有持久性,受众可以回过头来反复理解其中某些重要的部分和段落;而音视频制作在时间中完成视觉和听觉元素的组织和编排,在播出上具有单程性和即逝性,但是更有视觉和听觉的吸引力,表现力更强。如果将两者的优势融为一体,促进两者之间的互相转换,就能够获得更好的信息传播效果。

(二)不同类型新闻写作的相互转换

全媒体新闻写作中不同类型新闻新闻写作的相互转换,主要是指文字、图表、图像、音频、动画和活动的视频等不同类型媒体介质的相互转换。文字类型的新闻写作和音视频类型的新闻写作的相互转换,若是后者转换为前者相对容易一些;若是前者转换为后者,则十分复杂。文本语言向视听语言转换,需要掌握各种不同新闻文本语言的特性和表达方式,将文本语言中精彩的描述经由视听语言完整生动地表现出来;从文字介质的素材向音视频介质素材的转换,需要依据文字素材的内容,重新进行构思、策划,采集音视频素材。从以抽象思维为主向以形象思维为主的思维转换,需要依据视听心理经验,运用好蒙太奇思维,从文字写作手段向数字化制作手段的转换,则需要写作或制作者熟练地掌握和自如地运用数字化的软硬技术手段。全媒体时代,不同类型新闻写作相互转换,特别是文字类型向音、视频类型的转换,将是大量的、普遍的。

(三)不同体裁样式新闻写作的相互转换

早期新闻写作的体裁分为新闻、新闻通讯、访问记、新闻公报、文件公布、报刊评论、新闻解说、新闻资料等八类。随着新闻理论研究的深入,理论界又将新闻分为了消息、通讯、述评三大类。到了20世纪90年代初期,新闻体裁又被分为了典型的新闻体裁、边缘性的或者是杂交性的新闻体裁、报刊上刊登的其他文字作品体裁、广播、电视中的一些特殊的体裁、探索性体裁等五大类。到了全媒体时代,又出现了博客新闻、微博新闻、播客新闻、短信新闻等新闻体裁和新闻样式。这些新闻体裁和样式,从理论上说,都是可以相互转换的。因为同一新闻题材的内容,可以写成或制作成不同体裁和样式的新闻。特别是全媒体时代,数字技术和网络技术迅猛发展,促使多种媒体竞相融合与转型,新闻生产和新闻传播的竞争日益激烈,为了取得竞争的优势,不同体裁、样式的新闻写作的相互转换,由以往理论上的可能变为现实的必要。

全媒体时代,互联网是海量的各种媒体、各种类型、各种体裁新闻作品的展示和平台,是全球最大的新闻资源的集散地。专职和非专职的广大新闻记者和新闻写作者,来往奔波于真实的现实生活和虚拟的互联网之间,进行新闻采写。新闻写作的融合与转换,将是一种发展趋势。

思考题

1. 什么是全媒体新闻写作？全媒体新闻写作具有哪些特点？
2. 学习全媒体新闻写作的重要意义是什么？
3. 试论全媒体新闻写作与传统新闻写作的关系。
4. 全媒体时代新闻记者要加强哪些修养？为什么？

第十一章
全媒体新闻写作的共同规律

―――◇ 本章提要 ◇―――

在全媒体时代，新闻报道方式、新闻写作技巧，应该随着时代的推移而不断创新，但是新闻报道活动本身又有其特殊的规律，反映这一规律的新闻写作的基本原则是带有普遍性的，不应被忽视。本章主要从新闻写作的要求、新闻写作的技巧、新闻作品的标题以及新闻语言的运用这四个层面探讨这些规律。"新闻常新"，新闻写作最忌守旧，本章谈到的一些具体方法和技巧，只是迄今的经验总结，不应成为写作者的戒律。

通过本章的教学，帮助学生了解新闻写作的要求，尤其要深刻理解新闻作品的真实性的含义，以及如何做到客观真实；通过新闻写作技巧的学习，掌握新闻写作的一般规律如角度的选择、背景的运用、跳笔的艺术；通过对新闻标题的介绍，学会拟定及修改标题。

第一节 新闻写作的要求

一、具有真实性：客观准确——让人信服

真实性是新闻报道的生命，也是新闻区别于其他文体最基本的特征。

（一）"真实"的含义

绝对真实的新闻是不存在的。这里所强调的"真实"是指新闻报道必须无限地逼近客观事物的原貌。主要包括两个方面。

1. 新闻报道的具体事实必须真实准确

记者所报道的事实，包括人名、地名、时间、数字、引语、以至行为细节等，都必须准确无误，不容许任何差错，不允许虚构、夸大或缩小，更不可以"合理想象"。

2. 新闻报道的整体概括与分析要符合客观实际

作者对事实的说明和解释应符合事实的本来面目，不能有任何曲解或掩饰。

（二）新闻写作为什么要坚持真实性

1. 新闻写作的真实性由新闻的文体特征决定

新闻是对新近发生的事实的报道，因此这种文体具有可靠的真实性。一则新闻如果没有事实或事实的真实性不够可靠，那么这则新闻就失去了它应有的意义。这好比文学创作塑造人物只写他的灵魂，而不描写他的形象一样，让人感到子虚乌有，无法存在。新闻写作也是这样，它必须依事实而构成，靠真实而感人，只有这样，才能使新闻永葆其严肃性和可靠性。

2. 新闻写作的真实性由新闻报道的受众需要决定

新闻媒体的主要职能是传播新闻信息，受众最想了解的是世界上发生的客观变化，即事实本身，最难容忍记者的主观臆断或情绪化的片面报道。新闻报道只有适应这一接受心理，才能赢得广大受众。

客观事物本身错综复杂，人们的认识有一个过程。然而，新闻报道又要求迅速及时，最好是即时同步地展开报道。此时最好的办法是不必匆忙地做出判断，完全可以采用客观报道的方法，从各个不同的角度全面地、连续地展现事物的本来面貌，使受众随着对事物的深入了解而做出正确的判断。

（三）新闻报道失实的原因

新闻报道失实的原因多种多样，我们简单归纳如下。

1. 体制性失实

体制性失实是指因某种价值观对新闻报道发生强烈作用时而造成的新闻失实。

2. 经济性失实

经济性失实是指由于金钱等经济利益对新闻报道发生强烈作用时所造成的新闻失实。新闻是舆论的工具，真实是新闻的生命。新闻工作者在采访活动中应遵纪守法、廉洁自律，恪守新闻职业道德，远离金钱的诱惑，杜绝有偿新闻行为。

3. 业务性失实

业务性失实是指记者由于种种主观条件的限制或影响，未能按照客观事实的本来面目如实做出报道所导致的新闻失实。这种失实与记者的职业素养有关。有这样一个事例，很令人深思。

《新闻记者》2010年第1期公布了2009年十大假新闻，《人民政协报》上刊出的《中国0.4%的最富裕的人掌握了70%的财富》的报道恰在其列。

2009年6月，曾有某专家在一次专题讨论会上称："国外一家研究机构估计，中国0.4%的最富裕的人掌握了70%的财富"。《人民政协报》未经核实，就将此数据在2009年6月19日《调整收入分配格局不是"杀富济贫"》的报道中刊出了，并将"国外一家研究机构"改成了"中国权威部门"。6月25日，广东《时代周报》网络版刊发了题为《贫富分化急遽扩大的危险》的报道，以《人民政协报》报道中的虚假数据为基础展开述评。《时代周报》的报道刊发后，又被浙江《青年时报》及一些网站引用或转载。

为什么新闻媒体对这类所谓的"调查数据"深信不疑，不加调查核实就轻率引用？除了采访不扎实外，关键在于新闻工作者职业素养不高，缺乏辨别真伪的能力。

（四）如何坚持报道的真实性

坚持报道的真实性的核心在于用事实说话。用事实说话，即指思想观点通过事实过程，自然流露，不是直接论述对事实的主观看法，而是叙述和再现事实，运用事实本身的逻辑反映现实，即所谓运用"用事实说话"。

1. 巧选典型

新闻是一种选择的艺术。现实生活是复杂的，事实也是大量存在的。在大量的事实中，要经过层层筛选，获取新闻事实，在新闻事实中还要选取精华，即典型事实。

新闻本身就是一种典型化的选择。普通人的普通事不会成为报道的重点，普通人的不普通的事才会成为新闻，原因即在于其典型性。

具备典型性的事实必须是鲜活的、读者所未知的事实，必须具有重要性而且是具体的事实，接近性可以强化典型事实，有的放矢也是选择典型事实的一个标准。①

曾荣获2007年度第十六届"上海新闻奖"一等奖的广播新闻《南汇优质西瓜香飘雪域高原》就是一篇用典型事实说话的新闻精品。有不少支援西藏的工作仅停留在物质援助上，而南汇的援藏干部瞿元弟带去的却是优良的西瓜品种，他带领藏族同胞依靠种植"拉孜西瓜"走上了致富路。记者精选了这一典型事实，创作出了这篇引起很大社会反响的新闻精品。

2. 再现场景

这是指把新闻事实的某些场景具体地再现出来。它能使新闻报道的内容生动活泼，使人仿佛亲眼所见，更具可信性和说服力。

近年来，我国涌现出许多优秀的电视新闻现场报道，如中央电视台连续3个小时的中、俄、哈、吉、塔签署边境裁减军事力量协定仪式的现场报道，连续14个小时的长江三峡大江截流现场报道，连续五天、共直播25小时的黄河"小浪底"工程合拢报道，连续48小时的澳门回归特别报道等。

---

① 刘明华，徐泓，张征. 新闻写作教程[M]. 北京：中国人民大学出版社，2002：38—39.

3. 善于对比

这是指通过相关材料的对比与衬托，更好地发现问题，认识事物的本质，达到用事实说话的目的。

如1991年5月10日，新疆人民广播电台播发的一则真实再现、发人深省的录音新闻《乌鲁木齐市图书馆闭馆》，就是运用对比与衬托的手法采制成的。这是一篇获第二届现场短新闻评选一等奖的作品，表现了一个重大的社会问题，就是在社会转型时期，在市场经济大潮的冲击下，文化事业面临的冲击。记者巧妙选材，把经济的发展和文化的失衡甚至是滑坡进行了强烈对比，引人深思。

二、具有时效性：又新又快——让人惊

时效性是新闻最基本的特征之一，是新闻报道的重要核心。时效性包含"快"和"新"两层意思。

（一）"快"

这主要是指新闻的时间性。报道的时间距离事件发生的时间越近，这条新闻就越具有新闻价值。真实性与时效性都属于新闻的基本特征，真实是新闻的生命，不真实的新闻根本就不能称之为新闻，而缺乏时效性的新闻是没有价值的新闻，是旧闻。既保证新闻的真实性，又以最快的速度进行报道，是媒体及媒体工作人员追求的目标。

中央电视台新闻频道为了进一步提高新闻报道的时效性、新闻性，从2009年6月初开始，率先在全国8个城市设立了应急报道驻点，一旦当地发生突发事件，驻点记者就会在4—6小时内赶赴现场，进行报道。

传统媒体锐意改革的同时，新媒体更是凸显自身在新闻报道时效性上的先天优势。一是播发速度快。新闻事件发生后，网络和手机报不仅仅是在当日，更是在短短的数小时，甚至是数分钟内就能播发出去。汶川大地震后，凤凰网在很短的时间内就把消息发布出来，各家手机报也在当日的下午版发布了消息。二是滚动播出。主体新闻播发出去后，随时播发事件的最新进展。新媒体的这种迅即、超强的时效性，大大提高了新闻传播的速度和效果。

（二）"新"

所谓的新，就是新鲜、新颖，表现在内容、视角、切入点、形式、主题等方面。新闻的"新"有两方面的含义：一是内容要新，内容一定要"拎起来"，所反映的事实要有新意；二是形式要新，形式一定要"吸引人"，受众接触新闻的目的是获取信息，必须把最有新闻价值的东西用最抢眼的形式摆到受众面前。

要制作出又新又快的抢眼新闻，记者必须学会集中精力，不受外界干扰，能够在不同的工作条件下迅速投入写作；要学会和养成打腹稿的习惯；要能够熟练掌握新闻各种文体的写作方法，特别要能够得心应手地运用消息写作的技巧和方法；要善于准备好各种写作素材，灵活地组成"预制构件"，随时能够根据报道的需要进行拼接与组装；要注意培养自己口述新闻的能力。

三、具有简明性：简洁明了——让人喜

新闻如何短而实、短而活，在新闻界是个老生常谈的问题。早在20世纪40年代，胡

乔木同志在延安《解放日报》上发过《短些，再短些》的文章，提出报纸新闻1/5是100字到400字的短新闻。1947年6月新华社总社语言广播部提出："新闻每条在200字左右，专稿在1000字左右。"理由是：短，才能使新闻条数多；短，才能使报道的覆盖面宽广；短，才能使人易记易理解（尤其是广播新闻）；短，才能使新闻节目多样化。

要想制作出简洁明了让人喜的新闻作品，记者必须在提炼主题、精选材料、语言运用上下工夫。

《我国首开时速350公里动车组列车》这篇现场短消息，十分简洁明了，反映的是我国第一列时速350公里"和谐号"动车开行的重大事件。报道短小精悍，信息量大，现场感强，文句简短，清新干脆，较好地呈现了我国首列时速350公里高速列车开行的生动场面及重大意义。

首先，消息标题高度浓缩了该消息所涵盖的主要新闻事实，清晰地反映了消息所承载的宏大主旨。其次，消息精选了材料，从中国普通老百姓、国外媒体、经济学专家的视角，佐证了时速350公里动车给人们生活带来的显著变化。

第二节　新闻写作的技巧

一、角度的选择技巧

写好新闻，表现好主题，首先要"巧"在角度的选择上。

角度一词源于摄影。摄影学证明，在不同的方位，或者说通过不同的角度拍摄，拍出的照片效果是不一样的。新闻角度是指记者发现事实、挖掘事实、表现事实的切入点。

从一定意义上说，任何新闻报道都是一个能够准确表现该事实新闻价值的"片断"与"剖面"，需要巧妙地截取或者切入。

（一）角度选择的重要意义

1. 角度的选择与新闻价值直接相关

著名记者艾丰把选择新闻角度比喻为"挖矿"。他曾经说过新闻价值在事实内的蕴藏是不均匀的，选择好的角度，就是为了便于记者更迅速、更顺利地开采这些价值，更准确、更鲜明地表现这些价值。

新闻角度选得准，新闻价值倍增。反之，选得不准，报道老一套、一般化，就会削弱新闻价值。

2. 角度的选择体现新闻立场

任何新闻，同时都是一种见解。报道什么或不报道什么，从哪个角度进行报道，反映了传播媒体的立场。

1997年7月1日，我国政府对香港恢复行使主权。对于这一举世瞩目的重大事件，不同立场的新闻媒体给予了不同的报道和评论。

新华社：1997年7月1日零点，中华人民共和国国旗和香港特别行政区区旗在香港升起,经历了百年沧桑的香港回到了祖国的怀抱,中国政府开始对香港恢复行使主权。

《大公报》:1997年7月1日0时0分0秒,在香港会议展览中心专为中英政权交接仪式新建的大会堂里,英国的米字旗和港英旗于6月30日午夜24时最后时刻落下之后,中国的五星红旗和特区旗升起到杆顶飘扬。压在肩头156年的奇耻大辱,此刻,在整个世界的注目之下得以洗雪,香港终于重回祖国的怀抱。

路透社:6月30日午夜时分,当查尔斯王储将香港归还中国时,应该结束了一度强大的大英帝国历史。

新华社和香港《大公报》的报道,洋溢着自豪感和由衷的喜悦之情;而路透社的报道则透漏出无奈和不甘。

3. 角度的选择彰显报道主体的风格

角度的选择还是体现报道主体风格的重要手段。记者进行新闻写作时,都会寻求一个能够较好体现本媒体风格的角度。

关注小人物或者以小人物的角度关注公众人物,是《南方周末》和《中国青年报》的共同特色,但是由于媒体的风格不同,即使对同一题材的报道,两报的切入点还是有所区别的,在此以对2008年春运期间在广州火车站因踩踏致死的李红霞的报道进行对比。

《南方周末》的《被踩踏者李红霞的短暂人生》的稿件分"证明自己"、"出门远行"、"不归路"等几个小标题完成了对李红霞生平的讲述。从中不难看出,李红霞的人生是被放在一个大的社会历史的框架里来讲述的,她之所以被《南方周末》选择,是因为她在社会历史中的代表性。这也正是《南方周末》在人物传记报道上的特点所在:通过对人物的挖掘来揭示更深层次的社会问题。正如它的宣传语"在这里,读懂中国"一样,《南方周末》的人物传记整体给人的感觉是很有一种历史感、社会感。

《中国青年报》冰点周刊的报道《李红霞人生的花夭折了》,同样是写小人物李红霞,与《南方周末》不同的是,前者关注的是把李红霞作为普通的逝者,关注的是她的平凡人生,而不是作为"踩踏者"、"缩影"的人生。这一点从题目就可以看出来。

这也正是《南方周末》和《中国青年报》在报道角度的选择上的不同,如果说前者强调报道对象的"代表性",呈现给人历史感和社会感的话,后者则强调报道对象的个人人生,给人以命运感。

(二)选择最佳角度的标准

角度的选择与新闻价值直接相关,也是新闻立场的体现。什么样的角度才算是最佳视角?我们先来了解一下西方记者的选择标准:读者的需要就是最佳角度;切中要害,最能说明问题的角度;最能引起人们兴趣的角度;读者最易接受的角度;读者最关心的角度;时空距离读者最近的角度;最有人情味的角度。

衡量角度优劣的标准有以下几点:

1. 它必须是最贴近受众,最能引起受众兴趣而且最易接受的视角;

2. 要有独特的发现,没有特色、平庸的报道会在新闻信息的汪洋大海里淹没无存,自然也难以实现它的独家效应;

3. 好的切入口,一定是能够最深刻地显示出事实的新闻价值,且能够进行最富有创意的独特表达,以此显示出它的特色。

（三）选择角度的方法

1. 小处入手，大处着眼

"小处入手"指的是从一个典型的细节、镜头或一段真实的小故事切入。然而，要想增加局部新闻的含金量，就必须"大处着眼"，站在全局新闻的角度去观察、发现、提炼局部新闻。2007年6月18日《西藏日报》刊登的题为《家庭开旅馆 农民办公司 青藏铁路正在改变农牧民生产生活方式》的新闻稿，就是从"小处入手，大处着眼"写成的一篇好稿件。

作品从丹增贡嘎老人开办家庭旅馆的小角度切入，以点带面的写实手法，穿插情境、对话描写等写作技巧，巧妙地通过新闻事实，把青藏铁路通车一年来给西藏农牧民生产生活方式带来的变化，活灵活现地展现在读者眼前，体现了党中央对西藏的关心、对西藏人民的帮助和扶持这一大主题。

2. 以旧见新，挖掘新意

这里的旧，包括老题材、老典型、老话题等。根据我国的国情，媒体很多新闻的题材难免重复，如节日报道、交通报道中的春运、会议报道中的"两会"等，这些老题材的报道，都必须变换角度，受众才乐于接受。同样道理，报道老典型，能写出新意境，才会引起广大受众的兴趣。

每年的"两会"报道，就像是媒体的"大考"，"年年岁岁会相似，岁岁年年报不同"。如何让报道出新出彩，报道角度的创新显得尤为重要。2008年"两会"期间，中国教育电视台"少儿新闻"栏目以孩子的视角，贴近、生动、活泼的话语表述，从节目内容、表现形式以及风格定位等方面，为孩子们提供了一个了解两会的窗口。其中"代表委员的童年印象"板块成为栏目的一个亮点。在每天的报道中，孩子们喜爱和崇敬的科学家、教育家、艺术家亮相荧屏，讲述他们的儿时趣事以及成长中最难忘的经历。以这样的视角来报道两会，给人以耳目一新的感觉。

3. 独辟蹊径、多维视角

新闻记者在采写新闻报道时追求的最理想状态，应该是另辟蹊径，写出"奇之极、新之极"的独家新闻。要做到这一点，就必须打破传统的思维方式，巧妙地选择报道角度。

如奥运会的很多报道，记者的视角大多放在对我国奥运历史的追溯上，即便是奥运给我国带来新变化的报道，也都是从政治、经济、文化等宏大的角度切入，千篇一律，让人产生审美疲劳。

但《新民周刊》的专题报道《奥运浮世绘》却从"他们与《他们》"、"古都蜕变提速"、"为奥运改造厕所"、"到家观奥运"、"我为英语狂"等十个方面，讲述了被奥运改变了的普通人的生活。

本组报道在众多奥运报道中独辟蹊径，把目光投向普通老百姓，以此为核心，选取了十个生活侧面，探析老百姓是如何被推着、带着、裹挟着进入奥运的宏大故事，使原本平凡的日常生活和工作又有了新趣味。更为深刻的是，在这些小事件的背后，反映的是奥运给我国带来的重大影响，如社会公共服务的改善、奥运经济的开发等，真正地描摹出一幅奥运浮世的景象。

"小处入手，大处着眼"，"以旧见新，挖掘新意"，"独辟蹊径、多维视角"，采用这些技巧，才能使我们获得深刻、独特的报道角度，以实现"独家报道"的效应。无论采用何种技巧，目的在于要使报道有别于一般，给受众留下深刻印象，成为众多媒体中的赢家。

二、背景的运用技巧

美国总统里根遇刺时，合众国际社记者狄安·雷瑙尔兹就在现场，他立刻冲向华盛顿布尔顿饭店，通过电话报道"总统遭到枪击。"随后，他扔下电话，又为补充报道进行追踪采访，详细了解事件的起因。这位美国记者随后的工作，便是为了搜集新闻背景材料。

新闻背景，就是与新闻报道有关的材料，是对新闻的说明和注释。与新闻事实有联系的历史条件、社会环境、政治原因、地理特征、科学知识等过去时的材料，是新闻作品中不可或缺的内容。

新闻之所以需要背景，是因为任何事物都有一个发展的过程，而新闻又不能反映这一发展的全过程，只能截取其中最有价值的那一段，即事物发展全过程链条中的一环。再者，任何新闻的产生都有一定的环境和历史条件，不能将这一环与事物发展割裂开来。与新闻事实有关的环境与历史材料就是新闻背景资料，是对形成新闻事实的来龙去脉、历史环境中各种矛盾之间内在的辩证关系的剖析与解释。背景资料的使用能促进理解，对深化新闻有直接作用。纵观每一篇有深度的报道，无不与背景材料运用得当有关。

当前新闻写作的实践中存在着一种"重导语、轻背景"的倾向。在实际新闻工作中，缺乏背景意识，忽视新闻背景，很难达到预期的宣传效果。

（一）背景的类型

1. 对比性背景

对比性背景是指对事物进行横向的比较和纵向的比较，以突出新闻事实的重要意义，或阐明一定的主题思想的新闻背景。通过对比，尤其是背景材料的对比，有助于突出新闻主题，如下面这则新闻的导语：

新华社电 66年前李鸿章从外国买的一台造纸机，现在还在生产，每天生产的纸张比它年轻的时候要多三倍半。

这则新闻通过强调造纸机是"66年前李鸿章从外国买的"这一背景材料，不仅增加了新闻的知识性、趣味性，而且通过纵向对比，十分生动地说明了改造老设备的潜力是很大的，阐明了在工业生产中利用现有设备改造挖潜的重要意义。

2. 解释性背景

解释性背景是指能说明事情产生的条件，包括介绍时代背景、地理环境、历史演变等，借以引导和帮助读者加深对新闻理解的新闻背景。

如获得17届中国新闻奖一等奖的消息《七台河"11.27"矿难周年祭李毅中质疑：为何还没人被究刑责？》，在第一时间独家报道了这一重大事件。消息在主体部分插入了两段背景材料：

2005年11月27日，龙煤集团七台河分公司东风煤矿发生特别重大煤尘爆炸事故，死亡171人，伤48人。国务院调查组认定：这是一起重大责任事故。

2006年7月，经国务院常务会议研究，同意对东风煤矿矿长马金光、龙煤集团七台河分公司调度室主任杨俊生等11人移送司法机关追究刑事责任；同意对龙煤矿业集团有限责任公司总经理侯仁等21人给予相应的党纪、政纪处分。

这两段背景资料回顾了这起矿难的概况及相关部门对这起矿难的处理决定，加深了受众对消息中所报道的重大事件的理解和认识。

3. 注释性背景

新闻报道中可能会涉及一些比较专业和冷僻的专业术语和专业知识，如果不做解释，可能会对受众理解新闻稿件造成障碍。如科技新闻《我在世界上首次获抗病毒转基因小麦》中的"抗病毒转基因小麦"就是一个专业用语。为了不给受众造成阅读障碍，文中穿插了背景资料对此专业用语进行了注释："由于小麦中不含有抗性基因，无法从抗病性筛选中获得抗病品种。科学家曾试图利用病毒外壳蛋白基因，人工构建小麦对病毒的抗性基因，将其导入小麦，在不改变品种原来优良性状的情况下，提高抗病性。"这些注释性的背景资料对受众理解该科技新闻有很大帮助。

（二）背景的写作要求

1. 围绕主题，释疑解难

新闻主题是调遣背景材料的主要依据，大部分新闻应根据主题的需要确定背景解说的重点。不少新闻作品在背景写作上出现问题，大致也是背离主题造成的。记者在选择背景材料时，必须紧扣主题，只有这样，背景资料才可以解释、烘托和深化报道主题，使新闻所包含的内涵更为明朗。

另外，决定背景选材的另一因素是事实本身的"疑点"。这些"疑点"往往都是读者感兴趣之处，若不加注释性背景，读者就难以理解，甚至影响新闻传播的效果。

2. 位置灵活，不拘一格

背景资料穿插的位置非常灵活，可以穿插在新闻报道任何一个合理的地方。

（1）背景资料出现在新闻标题中。如有一则新闻的标题是《血头吃血　医生吃血头　曾获"新长征突击手"称号的万某因受贿入狱》，这个标题中的主标题是虚题，副标题中穿插了背景资料，把万某的身份交代清楚了。

（2）背景资料出现在新闻的开头。1949年北平解放时新华社消息的开头是："世界驰名的文化古都、拥有二百万人口的北平，本日宣告解放。""世界驰名的文化古都"、"拥有二百万人口"都是这则消息的背景，既说明了和平解放北平的缘由和依据，又显示出了和平解放北平的意义。

（3）背景资料出现在主体部分。背景资料在主体部分的出现是最为常见的。应该注意的是，背景资料的出现，一定要根据叙述的节奏和需要，巧妙地带出来，不可太生硬，留下强行塞入的痕迹。

（4）背景资料出现在结尾。如1983年7月12日《长江日报》的《第2次洪峰昨日凌晨过汉》的结尾：

一九三一年水位刚达26.93米，汉口江堤决口，市区一片汪洋。这次水位比当时高1.18米。洪峰过汉期间。一百六十多列客车安全通过武汉；紧靠江边的武钢日产生铁九千六百四十六吨，超过日计划；位于一九三一年决口处的武汉肉类联合加工厂日宰猪九千头，比计划多二千；北京电影乐团的谢莉斯、王洁实两位新秀，正在临江的黄埔路礼堂为观众演出，以甜美的歌喉唱出了对祖国的热爱。

这则新闻通过背景材料的今昔对比，说明制服洪水后的安定，突出了主题。

如今，背景出现的位置和方式已经突破了以前的固定程式，背景穿插的方法也不拘一格，特别是在深度报道中，背景资料常用"新闻链接"的方式来揭示重大事件内幕，诠释专业术语和某种现象的前因后果，介绍重要人物生平等。在网络新闻中更有超链接这种便捷的超文本方式提供给网民海量的背景信息。

3. 简明扼要，突出重点

新闻背景介绍的详略，也要与新闻事实的重要程度联系起来考虑。对于新闻价值大的稿子，背景材料可以交代得详细一些；对于新闻价值相对较小的稿子，背景材料就应写得简单一些。有些稿子一写到新闻背景，就从头写到尾，这样做，很容易喧宾夺主，将新闻主体淹没在繁琐的背景材料之中。因此，选择背景材料，应在确保新闻主题实现的基础上进行。

三、跳笔的艺术技巧

跳笔，是新闻作品的在段落和行文方面的重要叙事技巧。

（一）新闻跳笔的含义

新闻跳笔也称变笔、跨笔、衬笔，是一种在文体结构上采用多段体，在行文叙述上采用跳跃式的新闻写作笔法。与一般文字作品所要求的注意上下衔接、具有连贯性、讲究起承转合等笔法不同，它主张"跳"，在句子与句子之间，段落与段落之间可以有、甚至必须有较大的跳跃。

西方新闻理论又叫"断裂行文法"。它要求打破时间与空间的限制，只着力突出读者最感兴趣的新闻事实，把它们用跳跃的方式组合起来。可以从一件事，突然跳到另一件事上去，与电影中的"蒙太奇"手法类似。

（二）新闻跳笔的运用

运用新闻跳笔可使新闻作品信息量更集中，节奏更明快，效果更强烈。同时，这种断裂行文又给了受众思索、回味的空间，有利于受众对新闻信息的理解。新闻跳笔可分为内在结构的跳跃和外在结构的跳跃两种类型。

1. 内在结构的跳跃

在新闻内在结构上，通常采用的跳跃方式有以下几种。

（1）事实之间的跳跃。这是指从一段事实材料跳到另一个截然不同的事实材料上。2001年12月11日，美联社发布的一条关于"9·11"事件的短新闻就运用了这种跳跃方式。

9·11——美国人心中永远的痛

[美联社纽约12月11日电] 在白宫，在外层空间，在工厂，在遍布世界的美国大使馆里，美国人和他们的盟友今天都停下来纪念"9·11"事件发生3个月。

美国东部时间上午8时46分，白宫开始了纪念活动，一阵咚咚鼓声之后，奏响了美国国歌。

布什总统说："在9月11日遇难的每一个无辜的人对某个人来说都是最重要的人。每一个生命的消失都熄灭了一个世界。"

在国会大厦、司法部、运输部和五角大楼等华盛顿其他地方，也举行了纪念活动。

在纽约市，消防人员、警察和建筑工人在世贸中心所在地进行模拟搜寻和清理。作为一次跨宗教祈祷仪式，一个孤独的喇叭手吹出一曲悠缓、悲伤的《星条旗永不落》。

这则 200 多字的短新闻，每一段落所陈述的事实都是相互独立的，导语中概括地陈述了在外层空间、美国国内、世界各地为"9·11"举行的纪念活动，第二段就直接跳到了白宫的现场纪念场面，第三段跳到了布什的讲话，第四段又由白宫跳到了美国其他地方的纪念活动上，最后一段跳跃最大，一下子跳到了世贸中心的祈祷仪式上。段与段之间没有过渡段和过渡词，从一个事实跳转到另一个事实，但读者并没有觉得断章取义，而是感到很自然。事实表明，这种跳跃式、多段式的报道手法，更便于读者阅读和清晰地了解事实。

（2）时空之间的跳跃。这是指在报道新闻时，善于按照新闻事实的发生、发展、结束过程的时间段，从某一时段跳入另一时段；善于从空间的变换角度来审视事实，从某一空间跳入另一空间。这种跳笔方式使得新闻层次清晰，结构分明，受众能很快了解新闻事实的整个过程。

2. 外在结构的跳跃

跳笔呈现在新闻报道的外部特征上，即大量使用跳跃式行文法，用短段落和多分段把事实的内容打散，再用短段落跳动地重新组织起来打破时间、空间的限制。一个或二、三个句子便组合成一个思想层次的段落，每个段落相对独立，互相不粘连，段落之间很少用过渡词。一个简短的句子展现一个独立的思想；一个简短的句子描述一个独立的事实；一个简短的句子就是一个生动的细节，一个简短的句子就是一段传神的背景。如 2002 年 8 月 4 日，美联社发布的题为《华美回家》的短新闻，采用的就是外在结构的跳跃方式。

华美回家

[美联社美国圣迭戈（2002 年）8 月 4 日电] 大熊猫华美憨态可掬的形象已经成了圣迭戈市的标志：T 恤衫、广告、电话簿，她的身影随处可见。她是第一只在美国出生并成长到青春期的大熊猫，如今，这个城市要向她说"再见"了。

根据中美两国的协议，华美的父母从 1996 年起租借给美国，而它们所有的后代在长到 3 岁时都要送还中国。

华美将在 8 月 21 日度过 3 周岁的生日。中国尚未提出要回华美的时间，但估计她将在初秋离开。

华美出生后就一直追捧她的大熊猫迷们悲痛不已。加利福尼亚州南部的高速公路上出现了一幅幅广告牌，上面画着孤独寂寞的华美在挥动黑色的手掌，旁边写着："亲爱的，再见了！"自称"华美迷"的一些人聚在一起录制一则向华美道别的电视广告片。

尽管华美的体重只有 87.8 公斤，但她已经长得跟妈妈白云一样高了。

这篇只有 5 段 300 多字的新闻，段落短而多，全文节奏明快，干脆利索。第一段开门见山地道出了华美这只在圣迭戈市非同寻常的知名大熊猫就要回家了。第二段用一句话交代了华美回家的背景。第三段告诉读者华美的生日和回国时间。第四段笔锋一转，一个飞快的跳跃，跳到了"华美迷"人群身上，叙述了圣迭戈人对华美的依依惜别之情。最后，第五段又回到了华美的身上。在 300 多字的篇幅中，如此大跨度的跳跃，如此快速的叙述，给读者一个广阔的视野天地。

第三节 新闻作品的标题

新闻标题是用以揭示、评价新闻内容的一段最简短的文字，用大于正文的字号刊于新闻之前。

标题是现代新闻不可分割的一部分，是新闻信息为受众所接受的必经通道，是新闻发生作用的起始点。不论是报纸、广播、电视乃至网络新闻，都需借助一双双传神的眼睛——标题的概括、评价、引导和强化的作用，以顺利进入传播渠道，寻觅自己的知音，实现自身的价值。

一、新闻标题的特点

（一）标出焦点

标出焦点，就是在标题上标明受众最关心的新闻核心。这个核心可能是一个观点，也可能是一个现象或结果。

对于新闻来说，受众的期望是用最快的速度获得最多的信息，这不仅表现为对正文的期待，也表现为对标题的期待。因此，把最重要的事实放到标题中，这是新闻标题的基本特点之一，如《深圳市率先成为全国首个无农村城市》(《深圳特区报》2004－9－30)，把最能体现时代发展的事实放在了标题中；《"公投制宪"可能触发战争，美国决非"台独"救星》(《中国日报》2003－11－19)，把最能反映事物本质的事实放在标题里；《征地造房为啥急煞人（引）一道公文背着39颗印章旅行（主）》(《文汇报》1980－09－19)，把最富趣味性的事实直截了当地做进了标题中。

（二）标出动感

许多新闻事件、新闻人物和新闻现象是运动的，进行式的，因而消息标题在条件许可情况下应当尽量标出动感。

动感标题特别适合于突发新闻、事件新闻。但其他题材只要动脑也可以做出很好的动感标题来。制作动感标题要多用动词，巧用动词，用拟人、比喻等手法，用简洁、明快的语言，将静态的东西变为动态的东西。

《今日早报》曾报道一个集体婚礼，配发了一张20对新婚夫妇拥吻的图片。作者在制作标题时别出心裁，站在婚礼主持人的角度，模仿体育比赛中发令员的口气，制作了一个动感十足的标题《各就各位——预备——吻！》，多么轻松幽默、妙趣横生。既再现了热闹喜庆的场面，又增添了欢乐祥和的气氛，让人忍俊不禁。

（三）标出导向

新闻是有阶级性的，也就是说有政治倾向性。无论在西方资本主义国家，还是在社会主义国家，体现一定政治集团利益的媒体在实施新闻传播过程中都会体现出一定政治倾向。只不过是有的直接一些，有的含蓄一些罢了。

好的新闻标题不仅能表达出不同的立场倾向，给读者以不同的引导，还能够标出"情感"，对新闻事实做出选择和评判，引起读者的共鸣。

河南某石油公司在工程施工中，将农民的水渠损毁，致使良田遭旱，损失严重。农民依法索赔，石油公司却迟迟不理。此稿作者的原标题是：《救命渠不救命？毁渠者迟拒赔》。《中国水利报》编辑在修改此标题时，加了10个字变为：《救命渠不救命农民损失惨？毁渠者迟拒赔天理怎相容》，既生动、形象地标出了新闻事实，又融进了编者的立场和感情色彩，表达了对农民的同情和对毁渠者毁渠行为、拒赔态度的义愤，从而更能引起读者的共鸣，增强舆论监督的效果。

二、新闻标题的构成要素

（一）主标题

主标题是标题中最夺目的部分，字号最大，位置最显。它主要用于概括和提示新闻中最重要的事实或思想，是新闻内容的精华所在，一般占一行或双行多行。如《王濛夺得冬奥会短道速滑女子1000米冠军》（《新闻联播》，2010—02—27），这则标题采用单行主标题的形式，把王濛在冬奥会上夺冠的主要事实提炼了出来。

《药剂师心猿意马活老鼠居然入药》（《文汇报》1980—09—23），这则标题是双行主标题，读起来朗朗上口，电视新闻的标题比较强调音韵的美。

（二）引题

引题位于主题之前，对主题起引导作用，字号小于主题。它与主题的关系一般表现为以下几种：交代主题所揭示内容的时间、空间、人物、经过等背景情况；烘托和渲染主题所表述内容的气氛；揭示主题中内容的作用和意义；以设问提出问题，为主题开路；说明主题中内容的原因、目的。如《起跑失误　仅列第四》（引题）《虎年首秀刘翔跑砸》（主题）（《燕赵都市报》2010—02—27）。

在2010年2月26日下午全国田径室内60米栏特许赛决赛中，"中国飞人"刘翔由于出发失误，仅跑出8秒05，名列第4位，意外遭遇2010年的首场失利。这则新闻的主标题标出了新闻的核心事实"刘翔跑砸"，跑砸的原因和结果放在引题中交代。

（三）副题

位于主题之后，主题不能完全包括或表述的重要内容，往往由副题来承担。副题主要起补充和解释主题的作用。它与主题的关系主要表现为以下几种：交代事情结果；补充主题内容以外的次要新闻事实；对主题中的观点加以验证；对主题的概括加以具体解释。如《上海世界博览会隆重开幕》（主题），《胡锦涛出席开幕式并宣布上海世博会开幕》（副题）（《燕赵都市报》2010—05—02），这则标题承担了主标题没有完全表述的重要内容：国家主席胡锦涛出席开幕式并宣布上海世博会开幕。

《难忘，春风沉醉的激情之夜》（主题），《市民游客热情观看世博会开幕式》（副题）（《燕赵都市报》2010—05—02），这条新闻侧记的主标题是虚题，所以副标题必须实标，把新闻的主要内容概括出来。

（四）段落题

段落题一般用在内容比较重要、篇幅比较长的新闻中，主要是为了帮助受众了解新闻主要内容，使受众在较短的时间内掌握新闻实质。如《正定庙会　一场冀中南20万人的狂欢》（《燕赵都市报》2010—02—26），这则新闻的段落题从五个方面介绍了正定庙会：

盛况：8天20万人正定赶庙会

回忆：正定老人重温儿时旧梦

成功：庙会成冀中南文化品牌

崛起：文化寻根牵手消费需求

遗憾：庙会"年轻"年味不足

（五）提要题

提要题又称提示题、提纲题，突出放在新闻稿件题后文前的开头处或主（副）标题的下方，概括新闻的主要事实、做法、经验或问题，起内容提要或编者按的作用。

从内容上分，常见的有：

1. 提示新闻要点的提要题；

2. 展示与突出新闻中最重要的事实的提要题；

3. 提出引人思考的问题的提要题；

4. 介绍新闻、文章中的新观点、新成果的提要题。

如《家电下乡提高限价 外资品牌忙"补考"》（《燕赵都市报》2010－02－25），提要题如下：

"2009年的最后一天，新一轮家电下乡正式开始。此次招标并未如之前预期一样取消最高限价，但最高限价已由之前的3500元大幅提高至7000元，尽管并未取消限价，但7000元的销售价格也足够让农村消费者选择更大尺寸的平板电视产品。另外一方面，大幅提高限价的举措，也进一步刺激了更多彩电品牌的参与热情，从此次招标现场来看，除了2010年1月25日投标日中在上一次中标的彩电制造企业，在26日更是聚集了三星、松下、东芝以及飞利浦此类参与"补考"外资品牌，另外，众多中小品牌也纷纷参与此次家电下乡，欲借补贴之势，获得更大的收益。"

这则新闻的提要题展示了新闻发生的背景和意义。

三、新闻标题的组合类型

标题的分类方法有很多，从结构上来划分一般分为单行题和多行题。

（一）单行题

单行题就是占一行位置的标题。单行标题必须实标，即以叙事为主，说明必要的新闻要素，一见此题即知消息内容。如《仲满：一剑划开新纪元》（《北京日报》2008－08－13），《〈上海市消防条例〉将在世博会开幕前实施》（《新闻和报纸摘要》2010－02－20）

（二）多行题

多行题又称复合题，常见的有两行题、三行题两种。

1. 双行标题

双行标题的常见形式有以下三种。

（1）引题＋主题。如：

32万元巨款归还失主　大义的哥孔祥奎说——

捡到就还，就像生活一样简单

（《齐鲁晚报》2010－02－28）

（2）主题＋副题。如：

农民工的"被窝子"管不管？

网友有赞有弹，认为提高农民工收入才是关键

(《南方都市报》2010—01—30)

(3) 双主标题。如：

积雪压塌鸭架

六千只鸭子遭殃

(《齐鲁晚报》2009—11—13)

2. 三行标题

三行标题的常见的形式是：引题＋主题＋副题

三行标题中有一个必须实标，其余可虚可实。副题一般是实题，引题以虚题为主，主标题可虚可实。如：

我省召开深入学习实践科学发展观活动暨干部作风建设年活动总结大会（引）

把贯彻落实科学发展观引向深入（主）

张云川指出，今年要集中整治乱收乱罚，吃拿卡要等行为（副）

(《燕赵都市报》2010—02—27)

升入优质高中 不再"惟分是举"（引）

千余个考生要过"素质"关（主）

今后中考改革模式："分数＋等级＋定性评语"（副）

(《楚天都市报》2005—06—13)

四、新闻标题的拟制

(一) 新闻标题的拟制要求

1. 题文一致

新闻标题所标内容要与新闻内容相互一致，标题中的论断在新闻中要有充分的依据。

题文一致是新闻标题制作的一条基本原则。标题要求准确概括新闻的基本内容。但是在网络新闻标题的拟制上这一原则受到了冲击。对点击率的追求使网络新闻标题制作者想方设法把自己认为最能吸引人的新闻事实以最吸引人的方式表达出来。因此，出于煽情和诱惑的需要，一些网络新闻标题故弄玄虚、断章取义、挂羊头卖狗肉的现象较为严重。导读标题和主页面标题内容不相符，主页面标题和二级页面标题不相符，标题和正文内容不相符，这种现象在娱乐新闻标题制作中尤其突出。

2. 简洁明快

新闻标题简洁明快，能使受众一目了然。

要想拟制出简洁明快的标题，需要在以下方面下工夫：首先，新闻标题的结构要尽量简约，能用单主题说明问题的就可不用设引题和副题，否则就是"小题大做"；其次，要善于删去标题中那些可有可无的内容；最后，标题经过压缩，删削了不必要的内容之后，还需进一步锤炼语言。锤炼语言，是制作标题的一项硬工夫。

3. 生动活泼

新闻标题不仅语言要生动活泼，而且形式也应该优美，富于变化。这样的标题才能吸引受众注意，使受众感兴趣。如：

局长特批→校方特办→学生座谈（引）

9名初中生可参加中考了（主）

(《楚天都市报》2005－06－17)

这则标题运用了箭头，既有动感，又代表了事情的进展过程，效果很好。

(二) 新闻标题的修辞艺术

1. 比喻

用有相似点的事物或道理来打比方。如《"春风"吹来6000个就业岗位》(《燕赵都市报》2010－02－27)，标题中把河北省的就业帮扶政策比喻为春风，形象贴切。

2. 比拟

把人当物写，把物当人来写，或把甲当乙来写。如《太平河厕所"冬眠" 每天数千游人难解急》(《燕赵都市报》2010－02－25)，标题中把太平河厕所的关闭形象地比作"冬眠"，非常生动。

3. 借代

不直呼其名，而用相关的名称代替。如《大学生结婚解禁 重庆3年来300对大学生披婚纱》(中国新闻网 2008－07－14)，用"披婚纱"借代"结婚"的意思，一语双关，简短的句式意蕴深长。

4. 引用

在新闻标题中引用俗语、俗语、古诗词，从而增强标题的表现力、感染力。如《中超前半程：怎一个乱字了得 菜鸟颠覆传统格局》(网易 2008－07－14－)，《中国问题分裂欧洲议会 反华议员被萨科齐"气炸肺"》(中国新闻网 2008－07－14)，《法第一夫人发唱片法国人不赏脸 布吕尼称很受伤》(新华网 2008－07－12)，这三个标题借用了古诗词、俗语、流行歌曲等，用得很贴切，使标题生动形象。

5. 对比

把两种事物或同一事物的对立面放在一起进行比较。如《吴静钰"瓷都"里走出个铁娃娃》(《竞报》2008－08－21)，跆拳道运动员吴静钰是从景德镇走出来的一位"铁娃娃"，标题运用对比把吴静钰的故乡和职业巧妙地交代清楚了。

6. 对偶

将两个结构相同或相似、字数相同、意义密切关联的短语或句子，对称地排列在一起。如《汤圆畅销花灯俏 张灯结彩迎元宵》(《新闻联播》2010－02－27)，标题运用对偶，把全国各地闹元宵的热闹场面勾勒了出来。《任长霞：洒泪心系百姓苦 欢笑情解万民忧》(《新闻联播》2004－06－03)，标题运用对偶，刻画了党的好干部任长霞系百姓苦，解万民忧的博大情怀。

7. 排比

把三个或三个以上结构相同或相似、语气一致、意义密切相关的句子、句子成分或段落排列使用。如《有的换号 有的迁址 有的欠费 有的过时武汉官方公布机关电话11个为空号》(《燕赵都市报》2010－02－27)，"有的换号 有的迁址 有的欠费 有的过时"这组排比的运用，形象地揭露了武汉某些职能部门公布的机关便民电话为空号。

8. 疑问

采用疑问的方式来制题，吸引受众注意，引发思考，寻求答案，常常会收到很好的效果。如《女曲："魔鬼教练"能否圆梦？》(《北京娱乐信报》2008－08－21)，中国女子曲棍球队从雅典小组赛 4 战全胜，到点球大战败给了四年来从未输过的德国队，在决赛前戛然止步。2008 年奥运会上，她们在魔鬼教练金昶伯的带领下挺进决赛，但能否夺冠还是未知，标题用疑问的形式把受众关注的焦点标注了出来。

9. 拈连

在两类事物连说的时候，把适用于前事物（一般是具体的）的词语顺势用于后事物（一般是抽象的），使语言更加形象生动，这种修辞方法就叫做拈连。如《生吞蛇胆 生喝蛇血 生猛致病襄樊三民工海口中毒》（2004 年 11 月 26 日《襄樊日报》），主标题"生吞蛇胆，生喝蛇血，生猛致病"是三个动宾词组，既是排比，又是拈连，"生"字连续三次出现，让人过目不忘，使人警醒。

10. 谐音

利用词的同音（或音近）条件，有意使语句产生新的意义。如《"被聚会"，孩子遭遇"春劫"》（燕赵都市报 2010-02-26），"春节"变"春劫"，道出了被动参加家长聚会的孩子们的心声。

大量的新闻实践表明，一个好标题的诞生，总是经历了"千呼万唤始出来"的艰难历程。因此，要想制作好新闻标题，记者、编辑需要下很大工夫。首先，要提高文化素养，平时多读甚至背诵一些古典诗词和名句。其次，要注意平时积累，要悉心观察，善于积累生动、形象的语言。再次，要把平时看到的好的新闻标题记录下来，认真揣摩标题的切入点和意境，不断丰富自己。只有这样，才有可能拟制出信息量大、内容丰富、生动传神的好标题来，以满足在"读题时代"受众日益增长的审美需求，从而提高新闻的传播效果。

第四节　新闻语言的运用

语言是新闻存在和传播的载体。新闻从出现那一天就和语言紧密地联系在一起，并在长期的传播和运用中逐渐形成了具有特色的专门化语言——新闻语言。一篇好的新闻作品，不但要选好主题、体裁，有清晰、完整的思路和充实的内容，还必须正确地运用语言文字，尤其是运用新闻语言把整个新闻简明、准确地表达出来。

判断新闻作品使用语言文字是否正确，是否恰当，主要看文字的运用是否符合新闻写作的要求。经过长期新闻写作的实践，新闻作品所使用的语言，已经形成区别于文学、科技、军事、经济、理论等其他作品的一些特点，它有特殊的语言表现方式。

一、新闻语言的特点

（一）准确、具体

新闻语言是从新闻的角度对社会进行"选择"和反映时所用的工具，它的作用是传播信息、报道事实、解释问题和快速交流。因此，准确、具体是新闻语言的首要特点。

新闻语言要准确具体，忌抽象含糊。具体不是空洞，不是概括，更不是抽象。具体就是原原本本地说出或写出事物的具体情况。新闻要实事求是地反映客观事实，事实是具体的、真实的，不是抽象的、虚假的。因此，记者在写稿时要对新闻的要素，如时间、地点、人物、事件经过、事件原因、事件结果等,叙述、描写得必须准确、恰当,能具体的要尽量具体,切忌抽象、含糊。新闻语言要做到准确具体,必须注意以下几个问题。

1. 少形多动,笔无意有

郭沫若同志指出:"要使文章生动,我想,少用形容词是一个秘诀。"英国斯坦利·沃克也说:"形容词太多是危险的。不能因为某一个形容词具有闪电般的显示力量,就以为十个形容词能使一条新闻增色十倍。"他们之所以这样说,是因为形容词是表示性质、状态的词,属于模糊语言,用得太多,文章就不会准确具体,所以应当尽量少用。新闻语言是一种以白描为主要特征的语言,不用或少用形容词渲染,多用动词、用准动词,或是采用大众口语,以质朴的文笔,简练而直接地勾勒出事物的特征。

2. 分辨词意,切忌笼统

要提高新闻语言的准确度,必须在分辨词意上下工夫。

某篇消息中有这样一句话:"去年沿海各部队共派出护渔护航舰艇 2300 多艘次——抢救出许多遇难的渔民兄弟。"这句话中,"遇难"是指遭遇不幸死去。既然人已死去,又谈何"抢救"呢?所以,此处应改为"遇险"。这属于词语误用,混淆了"遇难"和"遇险"的词义。

此外,新闻报道要尽量避免使用笼统的词语。语言力求明确、具体,给人一种真实、确凿的感觉,如"事实基本属实"、"基本上解决了"等说法,就不够准确明了。又如"取得了显著成效"、"有很大进步"、"发生了喜人的变化"等,这些说法都比较含糊,最好少用。

(二)明快、简洁

新闻语言要简洁明快,开门见山,切忌啰嗦拖沓。新闻的内容是新鲜的,表达新闻内容的语言也应该是新鲜活泼的。生活是丰富多彩的,新闻也是多彩的,新闻语言也不应色调单一,枯燥无味。活泼的新闻语言往往能够起到吸引受众眼球的功能。

(三)质朴、通俗

新闻语言是传播的语言,而传播是面向广大受众的。一篇新闻本身价值的实现,最后要通过受众来体现,而受众受教育程度、文化素养千差万别,高低不一,只有做到了新闻语言通俗化,才能吸引和服务尽可能多的受众,才有了媒体存在的基础。从新闻传播对象的广泛性来考虑,新闻语言要求通俗朴实。

(四)个性、多元

前面所提到的"准确、具体,明快、简洁,质朴、通俗"是新闻语言的共同特征,初此之外还需要强调的是,针对不同的报道、不同的作者、不同的媒体,应该有不同的语言要求。

新闻体裁不同,语言的风格自然有别。相对于消息的惜墨如金,通讯的语言则更形象、感情色彩更浓。新闻语言的风格还取决于新闻事件本身的基调以及被采访者的语言个性。另外,新闻语言在不同的传播媒体中也呈现出不同的特点。一般来说,电子媒体因有画面和声音的支持,不会像平面媒体那样极尽详述,而往往以具体数字、量度概念做补充;平面媒体和广播媒体在叙述时的用词就比电视更加倾向于感觉化、立体化的形容,因为电视的画面感在这类媒体中只有通过新闻语言在脑海中的联想才能得到补偿。

二、新闻语言的运用

（一）创新语言的表达方式

创新新闻语言的表述方式，让新闻语言充满情趣，是摆脱呆板、枯燥语言的有效途径。

1. 句要短，口语化

多用短句，少用长句；多用陈述句，少用祈使句、感叹句；多用散句，少用整句；多用口语句式，少用书面语句式。

如《北京有个李素丽》采用了蒙太奇结构的断裂行文，全文有10个小节，像10组镜头。文笔朴素，语言清新。下面选取其中的一小节：

车厢里。人头攒动。

一位戴墨镜的乘客摸着朝售票台挤去。

他从挎包里掏出一个纸包，放在售票台上。

"同志，你……"李素丽莫名其妙。

"姑娘，我就爱听你说话。这几天，我觉得你嗓音有点哑，这点胖大海是我专门给你买的，泡着喝吧。"

车到站，乘客被扶着下车了。原来他是盲人。

（《工人日报》1997－05－11）

2. 用修辞，语生动

新闻语言要善于运用比喻、拟人、排比等修辞手法。

荣获安徽省2008年度经济好新闻一等奖的作品《豆腐渣自述：科技创新圆我千年梦想》一文中，作者以第一人称的形式，通过拟人的手法，让豆腐渣自己讲述了在被人遗弃2000多年后，经过科技创新，焕发出勃勃生机的经历。"2000多年了，豆腐渣的价值却始终没有被开发……我急啊！"、"但我并不气馁，我豆腐渣有信心：'金子'总会发光！"、"我自豪，因为我豆腐渣是豆制品加工中最具发展潜力的！"……拟人化的表现手法，把那些读者感到深奥、晦涩的名词、术语，用群众理解或听得懂的话，借助生动、浅显、妙趣横生的语言来阐释，不仅夺人眼球，也让文章更具活力。

（二）增强语言的时代气息

新闻要新，不仅是内容新、角度新，而且语言也要新。

1. 要在新颖上下工夫

所谓新，就是新颖、新鲜。新闻语言要有时代气息。

一些备受追捧的网络流行语、流行句式也时常出现在新闻报道中。如2009年7月，大学毕业生自己完全不知情却已在统计数据中完美就业的现象，成为热议话题，"被就业"一词应运而生，成为网络流行语。尔后，许多新闻报道也纷纷采用。如《"被聚会"，孩子遭遇"春劫"》。

2. 要在"活"字上做文章

这里说的"活"，是指要注意采用来自人民群众口头的富有生活气息的语言。

在"5·12"汶川地震报道中，不少记者采用朴素本色的生活语言表达干部群众的心声，避免人为拔高的"豪言壮语"，更加显现当代英雄平凡而伟大的质朴本色。一位乡纪委书记累昏倒被抢救过来只说了三个字:"继续搞!";下岗工人说:"我没有钱捐,我献血!";天安门广场上群众默哀三分钟后自发呼喊:"中国加油!";媒体上广泛使用的标语"我们都是汶川人!"等,都强烈震撼人心。

✎思考题

1. 如何运用新闻跳笔?
2. 怎样寻找新闻角度?

✎作业题

1. 欣赏获奖新闻作品,讨论这些作品是怎样使用新闻语言的。
2. 用白描手法描绘人物形象,组织学生互评作品。

第十二章
报纸新闻写作

──◆ 本章提要 ◆──

　　本章主要介绍消息与专稿的相关知识。在消息这一部分主要介绍消息的概念、特点、导语、主体、结构、消息源；在专稿这一部分，主要介绍专稿的概念、特点、主题、选材等。

　　消息与专稿的写作是全媒体新闻写作业务的重要组成部分。通过本章的教学，帮助学生了解消息和专稿的概念、特点，明确两者的区别。通过提炼主题、筛选材料、构思结构等知识的讲授，使学生掌握消息与专稿写作的一般规律；通过对不同类型的消息与专稿的介绍，结合学过的采访知识，使学生能够独立完成消息和专稿的写作。

第十二章
九後赴關ケ原

第一节 消　　息

一、消息的特点

对新近发生的有新闻价值的事实的迅速及时、简明扼要的报道，这种新闻文体，即是消息。因其在各种新闻文体中使用频率最高，使用数量最多，是新闻报道中最常用的文体，所以，人们常把消息称为新闻。狭义的新闻即指消息。消息体裁主要有四大特点。

（一）消息头——独特的专属标志

消息头，用以表明稿件发出的单位、地点和时间的标志，通常加括号或用显著字体标出，置于稿件开头。通常有以下三种形式。

"电头"：表明电讯稿发出的单位、地点、时间。通讯社主要以电报、电传、电话等方式发稿，所以通讯社总以电头作为消息头。

"本报讯"：是报社自己的记者或通讯员采写的稿件的标志。

"本台消息"：是电台、电视台自己的记者、通讯员采写的消息的标志。

消息头的作用在于以下几方面。

1. 使消息明显地区别于其他文体

消息头是消息这一体裁独有的外在标志。但并不是所有的消息都加消息头，不同国家和地区，不同的媒体对消息头的处理方法也不尽相同。

2. 它是"版权所有"的一种标志

就像商品的商标一样，消息头是一种所有权的象征，贴上这一标签，表明了消息的发出单位，其他媒体和个人就不能擅自转载和修改。

3. 消息头与新闻单位的声誉紧密联系在一起

新闻单位在拥有所有权的同时还要承担对发表新闻作品的责任。现在有些媒体习惯每篇稿件都署记者的名字，这样，既扩大了记者的影响力，又表示文责由记者个人来负。

4. 消息头有发稿的时间、地点，可以说明新闻的来源、时效

消息头不仅仅是一枚标签，如果运用得当，它还能传达非常微妙的信息。

（二）"倒金字塔"——典型的结构方式

何为"倒金字塔"结构？倒金字塔结构在消息中的运用十分普遍。

《肯尼迪遇刺丧命》就是一则"倒金字塔"结构运用得较为巧妙的典型报道。此报道连标题在内共六句话，一句一段，一段一层意思，按照事实的重要性依次排列，把倒金字塔结构运用得淋漓尽致。标题"肯尼迪遇刺丧命"告知受众最重要的信息，导语把时间和死亡原因补充进来，其他的事实材料在主体中展开。

这种结构方式就是"倒金字塔"结构，也称"倒三角"结构，是消息写作中最常用的一种结构方式。它以事实的重要性程度或受众关心程度依次递减的次序，先主后次地安排消息中各项事实内容，犹如倒置的金字塔或倒置的三角形，因而得名。

"倒金字塔"结构符合新闻的传播规律，具有很强的生命力。正如美国著名新闻工作

者杰克·海敦所说:"倒金字塔既没有过时,也永远不会过时。"①

(三) 叙述——主要的表达方式

这一特点强调"用事实说话",不对人物和事件做浓墨重彩、精雕细刻的描写。因为"记者的舌头是藏在后面的",叙述是其主要的表达方式,不用或少用直接的议论和抒情。

用事实说话是消息的重要特征,也是消息写作的一种基本方法,一种客观报道的表达方式。事实是最有说服力和感染力的,只有事实内容是客观的,报道形式是客观的,新闻才具有可信性,才能充分发挥作用。

当然,消息也是要表达观点和倾向的,消息写作并非没有立场、观点的纯客观的"有闻必录"。但消息主要是通过对事实的选择和叙述间接地流露出自己的观点和倾向,寓观点于事实之中。主要通过展现事实,显示事实本身的逻辑。因此,作者应少发或不发直接的议论,要发议论,只能是必要之处的"点睛"之笔。

初学写消息者常忽略这一特征。写作中总是急不可待地站出来直接地对所写人或事发表看法、评价,对其意义进行明明白白的揭示,造成议论多于事实,内容抽象、空洞,缺乏真实性,也难以让受众接受。

用事实说话的具体方法很多,如以小寓大、对比衬托、再现场景、运用细节、运用非感情色彩的中性语言等。

(四) 简括是突出的文风特色

《世说新语》中记载了这样一个故事:"桓宣武北征,袁虎时从,被责免官,会须露布文,唤袁倚马前令作,手不掇笔,俄得七纸,殊可观。"后来人们根据这件事,概括出"倚马千言","倚马可待"这样两个成语,称誉那些文思敏捷之才。新闻的时效比公文更紧迫,消息简洁、概括的体裁特征使记者快采、快写、快发成为可能。

消息一般篇幅均较短,通常只有几十字或几百字,所以列宁曾称之为"电报文体"。特别是现在,人们生活节奏快、时间观念强,最喜欢言简意赅的短消息,希望在最短的时间里获取尽量多的信息。当然,短要建立在实的基础之上,长而空固然不行,短而空也不好,空洞无物的短,也是不可取的。

二、消息的导语

"写好导语相当于写好消息"。这是美国著名新闻学者麦尔文·曼切尔说过的话。他还曾经断言"写作过程中的第一步,也是最重要的一步,那就是写作导语了。"②

《纽约人》杂志撰稿人约翰·麦克菲曾经打过有趣的比方:确定导语是一场战斗。中外新闻界的优秀记者总是呕心沥血地经营这方寸之地,以求写出吸引受众的导语。

(一) 导语的含义

关于导语的含义,至今没有一个统一的说法。本教材采用中国人民大学《新闻写作教程》给出的定义:"导语是消息开头部分用来提示新闻要点与精华、发挥导读作用的段落。"③ 理解导语的含义,应把握住以下几点。

---

① 〔美〕杰克·海敦. 怎样当好新闻记者[M]. 北京:新华出版社,1980:67—68.
② 洪天国. 现代新闻写作技巧[M]. 北京:中国新闻出版社,1986:46.
③ 刘明华,徐泓,张征. 新闻写作教程[M]. 北京:中国人民大学出版社,2002:152.

1. 导语是消息体裁所特有的,是新闻事件的结果、提要或高潮

这一点与文学等其他文章的开头都不相同。如文学作品讲究欲扬先抑,曲径通幽,一般不会将故事的高潮或结局放在开头部分,但消息导语的构思手法却正好与之相反。

2. 导语要包含有兴奋点的新闻事实

先看一条有问题的导语:

今天上午11时20分左右,石家庄市一家商场楼内发生爆炸,这家名为"鑫发祥水特产副食品蔬菜综合市场",是一座三层大楼,地处市内较繁华的西二环路的西侧。爆炸发生时,一声巨响,血肉横飞,惨状目不忍睹。警方闻讯后,迅速封锁了现场,展开勘察工作。

这条导语的问题出在哪里?试想:如果发生了爆炸,我们最想从新闻里了解的信息是什么?这条导语有没有把人们最关心的信息告诉受众?再看下面这条导语:

今天上午11时20分左右,石家庄市一家综合市场内发生爆炸,造成1人死亡,9人受伤,警方初步锁定嫌犯,动机是报复。

这条导语用简短的语句把我们欲知应知的信息交代清楚了,伤亡人数、爆炸原因,是我们面对爆炸案最感兴趣的信息点。所以,导语容不得记者娓娓道来,它要求直奔有价值的新闻事实,把最丰盛的菜肴先端出来。

(二)导语的演变

1. 第一代导语:全要素导语

消息的导语从产生到现在,已经有一百多年的历史了。

据考证,消息有导语,产生于19世纪60年代。1861年,爆发了长达4年之久的美国南北战争,美国的大通讯社以及一些大报馆前往前线采访的记者开始采用赛缪尔·莫尔斯1845年发明的电磁电报机发稿。在战争初期,由于电讯技术还很不完善,加上战时电报机械和线路经常发生故障,有时记者写的消息,发了开头或一半就中断了。编辑部收到的文字缺乏新闻要素,往往编不成一条消息。在这种情况下,编辑部想出了急救办法,要求前线采访的记者在写消息时,先将报道的事件发生的时间、地点、人物、事物和原因等读者最关心的要素统统写入消息开头的第一段,其过程和细节放在以后各段补充叙述。这样写出的稿件即使发报过程中因出故障而中断,只要编辑部收到具有上述要素的第一段,也可以成为一条消息。后来,西方新闻界人士把这种全要素导语称为第一代导语。

2. 第二代导语:部分要素导语

随着信息传播技术的日臻完善和发展,以及社会生活节奏的不断加快,从20世纪30年代后期开始,消息写作又出现了依据实际情况和报道需要的第二代导语,其特点是重点突出、简明扼要。导语里只侧重写出部分新闻要素,从而打破了第一代导语必须新闻五要素俱全的一统天下。第二代导语的写作,一般是"开门见山",争取以最少的新闻要素,简明扼要地报道出主要事实或传递出最新的信息。

3. 第三代导语:自由式导语

据有关新闻学著作介绍,第三代导语是在继承了第二代导语的优良传统的基础上发展起来的。第二代导语的核心是突出部分新闻要素。对此,第三代导语是一脉相承的。两者的最大区别在于如何突出"部分新闻要素"。第三代导语的特点是,为了写出与众不同又别具一格的导语,记者们施展浑身解数,在表现手法和选择角度等方面大做文章。即使是

报道同一事件,各个记者写出的导语却精彩纷呈。

(三)导语的作用

导语的作用可以形象地概括为"窗户"、"鱼饵"和"前奏"。

1."窗户"作用:一眼便知

导语在第一时间介绍消息中最重要、最精彩的事实,像为受众打开了一扇窗,透过这扇窗,便可以了解新闻的核心内容。尤其是在受众有选择地阅听的传媒环境下,消息导语的开门见山、使人一眼便知的作用将会越来越受到重视。

2."鱼饵"作用:一见钟情

导语一般由最新鲜、最重要的新闻事实组成,它总是抓住事件的实质,像"鱼饵"一样,能够吸引受众为该报道停留。

"光荣的代价是什么?两只眼睛、两条腿、一只胳膊——每月12美元。"这是《华盛顿先驱报》圣克莱尔·麦凯尔维所写的关于一名一战残废老兵一贫如洗的报道的导语。这个导语虽然只提出了一个问题,但它用白描的手法将事件核心形象化了,所以能吸引读者继续阅读。

3."前奏"作用:一锤定音

好的导语,犹如音乐的前奏,能够为全篇报道定"调子"。记者站在什么样的立场上进行报道,对所报道的事件采取什么样的态度,以及确立什么样的报道主题,都会在、也应当在新闻导语中反映出来。因此,导语能够决定新闻主体部分将怎样展开以及展开到什么程度。

(四)导语的类型

按不同的分类标准,导语可以分为多种类型。

从导语中所含消息要素的多少来分,可分为全要素导语和部分要素导语。

1.全要素导语

全要素导语就是消息五要素齐全的导语,也称全要素型导语。从导语的发展看,也是第一代导语。如:

萨摩亚·阿庇亚3月30日电:南太平洋沿岸有史以来最为猛烈、破坏性最大的风暴于3月16日、17日袭击了萨摩亚群岛,结果,有6条战舰和其他10条船只要么被掀到港口附近的珊瑚礁上摔得粉身碎骨,要么被掀到阿庇亚小城的海滩上搁浅。与此同时,美国和德国的142名海军官兵,有的葬身珊瑚礁上,有的则被埋在远离家乡万里之外的无名墓地上,为自己找到了永远安息的场所。

全要素导语的长处是具体、完整,可以独立成一条消息,但缺点是内容太多,主次不分,重点不突出,所以被人们戏称为"晒衣绳"式导语。

2.部分要素导语

部分要素导语是指导语中只包含五要素中的部分要素,也称微型导语或第二代导语。该类导语通常突出五要素中某一要素,组合与之相连的一两个要素,单纯含某一个要素的导语较少。如"欧洲大战于昨天拂晓爆发"、"约翰·肯尼迪总统今天遭枪击身死"之类的导语,可说已极其简洁,但在突出"何事"的同时,也包含了"何时"或"何人"等要素。

从表达方式和表现手法上讲,导语可分为叙述式导语、提问式导语、描写式导语、引语式导语、评论式导语、对比式导语等。

1. 叙述式导语

叙述式导语也称直叙式导语，以凝练的语言，扼要而直接地将消息中主要的事实叙述出来，是导语最基本、最常见的写法之一。如：

本报四川北川5月15日电（特派记者李英挺　通讯员胡金文）15日上午10点37分，四川省绵阳市北川县地震灾区夏禹电力公司的一堆废墟上。当誉欣终于获救时，废墟上守候的人群响起一阵欢呼掌声。誉欣永远无法忘记这一时刻——被埋在坍塌建筑68个小时，当她绝望时，来自海南的地震紧急救援队冒着生命危险，为她打出一条生命通道。（《"海南的救命恩人，让我摸摸你们的脸"》第19届中国新闻奖二等奖）

2. 提问式导语

提问式导语是将有关问题通过一个尖锐而鲜明的问题提出来，以引起受众的关注。如：

本报哈尔滨11月22日电（记者王冬梅）国家安监总局局长李毅中今天再次质疑："11.27"事故发生快两年了，移送司法机关的10多名责任人，为何还没有得到处理？按照有关规定，移送司法机关、如何判刑等都应该向社会公布，希望早点把处理结果透明地公布。（《七台河矿难责任人两年未被处理 李毅中提出质疑》）

3. 描写式导语

描写式导语以展示事物的形象和事件的场景为主要特征。写作时常抓取某一生动形象、鲜明的色彩或有特色的细节加以描绘。如：

新华社北京7月16日电（记者郭玲春）鲜花、翠柏丛中，安放着中国共产党党员金山同志的遗像。千余名群众今天默默走进首都剧场，悼念这位人民的艺术家。（《金山同志追悼会在京举行》）

4. 引语式导语

引语式导语是引用新闻人物精彩而生动的语言来揭示消息主题。如：

新华社北京（2006年）5月29日电　"记者只有热爱祖国、热爱人民，有追求，用心采访、用心写作，才能在采访中感动自己，用新闻报道感动社会。"全国优秀新闻工作者、新华社高级记者张严平充满真情的演讲赢得现场阵阵掌声。

5. 评论式导语

评论式导语是对所报道的事实进行评论，揭示其意义。如：

本报西藏珠峰大本营5月8日电记者燕管社报道　历史将铭记此刻，人类首次在地球距太阳最近的地方点燃奥运圣火，在前所未有的高度把梦想变成现实！今天上午9时17分，象征"和平、友谊、进步"的"祥云"火炬在世界最高峰珠穆朗玛峰峰顶点燃。西藏边防总队奥运圣火运送护卫特勤队在两小时前首先登顶珠峰，圆满完成了护卫北京奥运火炬珠峰传递中国登山队登顶珠峰任务。（《护卫"祥云"登上世界之巅》第19届新闻奖消息三等奖）

6. 对比式导语

对比式导语就是把有差别的事物相比较，将现在的情景与过去的情景相比较，将此地之状况与别处相比较等。如：

2002年，欧盟全面禁止进口中国禽肉产品。六年来，中国没有一块鸡肉出口欧洲。

经过艰苦努力,今天山东在全国率先打破了欧盟六年封关。(《冲破六年封关山东禽肉产品重返欧盟市场》第19届中国新闻奖电视消息一等奖)

以时间的远近点来划分,可以分为直接式导语和延迟式导语。

1. 直接式导语

直接式导语是在第一段集中叙述事件的主题,大多数报道都使用这种导语。检验记者能力的最可靠的方法就是看他为现场新闻事件写的导语能否直入正题。

2. 延迟式导语

延迟式导语是在第一段通过语言暗示、对比、设问,吸引读者进入第二段,第二段为新闻核心事实。延迟式导语对第一段的语言提炼要求较高,要把最抓人、最精彩、最幽默、最有悬念的东西展示给读者。

突发新闻或硬新闻常用直接式导语,但有时候,记者在报道突发性新闻时,有意识把导语放在文章后面部分。在新闻特稿中,因为这类报道不是关于正在进行的或突然爆发的事件,也通常用延迟式导语,以一个事例、一则趣事或一个例子来设置某种情境或唤起某种情绪。

何时使用直接式导语或延迟式导语并没有绝对的规则。大规模的事件通常要求使用直接式导语,而对于特稿来说,延迟式导语效果更佳。但是,在这两个极端之间,界限是模糊的。

三、消息的主体

主体是消息躯干部分,紧接导语之后,内容比导语更详尽、充实,篇幅比导语长些,是"新闻的展开部分"。

(一)主体的功能

1. 补充和深化导语

导语是高度概括的事实,主体是对导语中所涉及的内容进一步补充细节和背景材料,使导语中高度概括的事实具体化。另外,主体还承担着补足导语中尚未出现的新闻要素的任务。美国的克尔梯斯·麦克道格尔在《解释性新闻报道》中提到,主体的任务是:"第一,对导语里提到的各个事实加以阐述,使它们更加明晰起来。第二,补充导语里未提到的次要材料。随着新闻的展开,5个'W'和1个'H'变得更加清楚,新闻根据更加扎实可靠。"[1]

2. 补充新鲜材料,深化主题

导语一般只突出新闻事实中的部分要素,主体部分要适当补充新鲜的材料,以便受众对于报道的主题和事件的来龙去脉有更全面和深刻的理解。美国的约翰·钱塞勒认为"导语提出一个或几个观点,然后就要在报道中加以证明"[2]。主体不仅要充分证明导语中提出来的观点,还要充分解释导语中引起疑问的地方。

(二)主体的写作要求

1. 围绕导语,深化主题

导语是主体的提要和浓缩,主体是导语的展开和深化,主体要按照导语的方向行文。

---

[1] 董广安. 实用新闻写作学 [M]. 郑州:河南人民出版社,1991:194—195.
[2] 约翰·钱塞勒. 记者生涯 [M]. 北京:世界知识出版社,1985:36.

除此之外，主体部分所涉及的材料较多，材料的取舍必须本着有利于表达和深化主题的原则，不管有多长的篇幅、多丰富的材料，都要围绕主题选择材料、使用材料。

2. 内容充实，材料典型

所谓充实，除了补充和完善导语中所涉及的内容外，主体还要提供与之相关的新闻背景和其他新闻要素。

3. 逻辑严谨，层次分明

消息虽然篇幅短小，主体部分也要层次分明。记者要根据材料的内在逻辑关系，合理安排材料的先后顺序，各层意思之间，或者是并列关系，或者是递进关系，要有很强的逻辑性。

另外，消息要进行分段，最好一段一层意思，便于受众接受。

4. 勇于创新，不拘一格

作为新闻体裁的一种，消息的体式规范性较强，在写作手法上有许多模式化的东西，如概括叙述的表达方式，直接写实的表现手法等。但记者要把握"大体须有，定体则无"这一规律，勇于创新，这样才能有所突破，写出优秀的消息作品来。

从消息《631平方公里内蕴藏18种矿产东江源区域对开采说"不"》中可以较好地来体会到主体的功能和写作要求。

这条消息内涵丰富、主题鲜明、时效性强，获得了第19届中国新闻奖消息二等奖。

这条消息好在哪里？通篇786个字，短小精悍。出人意料的导语吸引了受众的注意，主体部分紧扣导语，回答了受众心中的谜团，主体部分用典型、丰富的材料补充了导语，深化了主题。

除此之外，主体部分在第二段还巧妙穿插了背景资料，让受众对安远境内的矿产资源情况有了更全面的了解，有如此丰富的矿产资源，却对矿产开采说"不"，表现了安远干部群众"不爱金山银山，只爱绿水青山"的理念，追求的是资源的永续利用。

另外，语言的诙谐幽默，结尾的别具一格，也是该消息的鲜明特色。

四、消息的结构

结构是指记者对新闻材料的总体性安排或布局。

计划先于写作。而对于结构，记者下笔前总要思考两个问题：我想说什么？它该在什么位置？记者应该将新闻报道视为一个有机组织的整体。每个句子、每个段落的安排都应该各有目的。即便是正在进行报道时，记者也要努力考虑到他们报道的形态和内容，特别是导语。导语为报道确立了结构，导语是对最重要材料的概括，它告诉读者报道里将有什么内容。报道的主体——对开头起详述、支持、举例和解释的作用，它还包括背景和次要材料。结尾一般是对报道的总结。

就消息的结构形式来讲，常见的有以下几种。

（一）倒金字塔式结构

倒金字塔结构是按材料的重要程度由前至后依次展开，把最重要的材料放在开头，比较重要的随后安排，再次的再向后排，最不重要的放在最后，即导语、解释和详述导语的材料、必要的背景、次要的或者重要性程度较轻的材料。

1. 倒金字塔结构的优势

（1）便于快写。起源于19世纪60年代美国南北战争时期的倒金字塔结构，最初就是记者为了应对电报讯号时常中断，抢发新闻而生的。记者只要判断新闻材料的主次轻重，便可按照其重要程度写作，不需要在谋篇布局上多费心机，使稿件出手更为快捷。在对突发事件的报道和新闻发布会上，此结构颇受记者青睐。

（2）便于编辑。采用倒金字塔结构为编辑选稿、分稿、组版、删节带来了方便，如在版面不够时，可从后往前删，无须重新调整段落，无论删到哪里都是较为完整的一篇文章，无需打乱重写。

（3）便于接受。这是针对受众而言的。倒金字塔式结构便于受众迅速掌握全篇之精华，满足受众尽快获取最新消息的需求，欲详欲略，受众可自由把握；受众在任何地方停留，都可以对新闻获得相对完整的认识。

2. 倒金字塔结构的不足

（1）对记者提出了更高的要求。倒金字塔结构是按照材料的重要性来组织结构的，对于材料的重要性势必有一个衡量的标准，如何去把握这个标准，是考验记者职业素养的重要环节。

此外，这种结构打破了记叙事件的常规，对写作提出了更高的要求，需要记者转变传统的文学写作思维。

（2）倒金字塔结构容易造成程式化、单一化的毛病，它比较适宜写时效性强、事件单一的突发性新闻，那些富有人情味、故事情强的新闻，则不是倒金字塔结构的所长。

（二）时间顺序结构

时间顺序结构，就是以时间的延续为基本线索，发生在前的表述在前，发生在后的表述在后。

1. 时间顺序结构的特点

这种结构叙事条理清晰，现场感强，且很适合写那些故事性强、以情节取胜的新闻，尤其适合写现场实录报道。另外，按照事物的发展顺序来组织结构，也符合受众的认知习惯。

其缺点是开头平淡，难以一下子吸引受众，消息的精华也可能淹没在长篇的叙述之中，容易出现平铺直叙和拖沓的弊病。

2. 时间顺序结构的常见形式

（1）依照事件自身发展顺序组织结构。

（2）按照采访调查过程安排结构。

（三）其他结构形式

1. 并列式结构

并列式结构是在综合消息和经验消息中较多采用的一种结构形态。在综合消息和经验消息中，报道的具体事实不止一个，需要并列地叙述若干个新闻事实，这样就形成了并列式结构。

2. 对比式结构

消息的主要层次之间呈现彼此对照的关系，就是对比式结构形态。此种结构重在通过对比，揭示差异，从而突出新闻主题。

3. 悬念式结构

悬念式结构是指在前面的层次中仅做有保留的交代，引起了读者的强烈关注，在后面的层次中才揭示谜底的一种结构形式。它尤其强调将最精彩的、出人意料的材料置于消息结尾。

4. 散文式结构

散文式结构是吸收散文在结构和表达等方面的特点，材料和层次安排自由，构思随意，章法灵活，较为生动活泼的一种结构形式。

五、消息的来源

（一）消息源的定义

消息源是指向记者提供新闻信息的一切人、事物或其他形式。

梅尔文门彻说："消息来源是维持记者生命的血液。不能通过消息来源接触信息的记者无法开展工作。"① 新闻记者采写新闻离不开消息来源，"新闻线索提供者"是一个如今常常见诸媒体的概念。有些新闻媒体为了鼓励公民提供新闻线索，实行定期公开奖励制度。

因为新闻记者不可能是每一新闻事件的目击者，他写作的大量素材都来自于消息源提供的信息资料。从这个意义上说，消息来源是新闻记者成功报道新闻的关键与基础。

（二）消息来源的类型

1. 人的消息来源

人的消息来源是指信息的提供者是人，包括新闻发言人、记者、目击者、新闻当事人、专家、官员等。

一名记者最好的消息来源是这样的人：他们展示了自己作为事件正确的观察者、解释者和预言者的知识和能力。记者应该放弃那些被证明是错误的消息来源，而不管他们的社会身份如何。

2. 物的消息来源

物的消息来源是指信息来源于物证。如图书资料、剪报、年鉴、文物，以及记者直接观察到的东西。物质的信息范围是非常宽泛的。唯一限制记者获得物质消息来源的因素是记者的既有知识。好的记者往往把物的消息来源看得比人的消息来源重要。但是，并非所有物的消息来源都具有同样的可信度。因此，记者对待物的消息源，一定要保持清醒的头脑，具有较高的识别能力。

3. 机构的消息来源

这类消息来源是以机构而非人的身份出现在报道中。如"中国红十字协会"、"河北省发改委"等。

（三）消息来源的规范

《华盛顿邮报》曾经发表了一篇报道，讲述一个生活在华盛顿贫民区内、受猖獗毒品交易摧残的8岁男孩的故事，这个男孩小小年纪就在母亲的同居男友教唆下染上毒瘾，而他的志愿，竟是长大以后能从事贩卖海洛因的"工作"。然而在社会各方希望能为这个男孩提供帮助的时候，该报道的作者简妮·库克（Janet Cooke）以"有必要保守这个秘密"

---

① 张宸. 当代西方新闻报道规范［M］. 上海：复旦大学出版社，2008：1.

为由拒绝透露其真实身份和消息源联系人。在政府和警察表示怀疑时,《华盛顿邮报》也以有保护匿名消息源的相关法律为由拒绝。直到 1981 年这篇报道获得普利策奖,简妮才坦白这是个虚构的故事。这不仅使《华盛顿邮报》蒙羞,也使公众对整个美国新闻界的可信度产生怀疑。

这一案例说明,消息来源对于新闻报道的作用举足轻重,消息源使用不当或错误将会对报道产生很大影响,事关媒体声誉。因此,中外主流媒体关于如何使用消息源都有较为详尽的规定。

第二节 专　　稿

一、专稿的概念及特点

(一) 专稿的概念

专稿是指除消息以外的所有报道性新闻体裁和报道形式的总和。它是一个集合的概念。在全媒体时代,专稿不但可以运用在报纸、广播、电视等传统媒体中,还可以更生动的形式运用于网络媒体或其他的新媒体中。在实际报道中,专稿大致可以分为两类:第一类是各种媒体共用的体裁和形式,如通讯、调查报告、专访,以及解释性报道、预测事件发展趋向的分析性报道等;第二类是广播、电视及新媒体在自己的实践中从当代媒介的传播特点出发创造的新形式。

(二) 专稿的特点

1. 专稿更加侧重配合"重大时机"

消息特别讲究时效,追求目标主要在于快速告知、提供信息;而新闻专稿对时间的要求不如消息严,往往配在消息之后,多关注重大问题,配合重大时机。

2. 专稿更加注重用"形象说话"

它在事实的基础上,注重表达的形象性、故事性和文学性。在专稿的写作中常常运用细节描写、悬念设置、对比烘托等表达手法来吸引读者,而且,有些专稿作者还将强烈的情感注入文章中,这与消息的短小精悍、概括简约、冷静客观、简洁明了的消息写作方法是根本不同的。《南方周末》执行总编辑向熹认为:专稿是篇幅较长、最接近文学的新闻文体,其线索(或关键人物)明晰而所涉复杂,主观认识在其中,且包含了文字的历险和涉趣。

3. 专稿以报道的深度、广度见长

挖掘出平常新闻事件中意义隽永的"点",是专稿的一大属性。专稿的视野比消息更加开阔,时间方面更有纵深度,空间方面也更宽广。如果说消息侧重于"When"、"Where"、"What",那么专稿报道的侧重点则在于"Why"和"How",以此来满足信息时代受众求知、好奇的心理。因此,在新闻分析、解释和调查等方面追求深度、广度是专稿的一大特点。

二、专稿的主题

专稿的主题即专稿要表达的中心思想,是记者在对现实社会进行观察、分析、研究的基础上,通过组织提炼素材所表达出来的一种思想观点。每一篇专稿必须有一个鲜明的主题,如事件背后的重大意义、重大问题、典型人物等都可以成为专稿的主题。而这个主题往往是串起大量的背景材料和采访人物对话,现场观察材料、动人的故事细节等素材的一条"线",只有找到了这条"线",才能进一步选择新闻事实,组织素材,安排结构,选择恰当的表达方式。

(一) 专稿主题的要求

意在笔先,才能成竹在胸。主题的确定是写作成败的关键环节,一个好的专稿主题确定前必须明确以下原则。

1. 主题正确,经得起实践检验

正确的主题符合党的政策,有利于国家和社会的进步与发展,优秀专稿的思想力量可以影响一代又一代的人。如海峡广播电台于2008年11月24日播出的广播专稿《功夫熊猫之团团圆圆》,以2008年反映两岸关系和平发展的重要事件——"大熊猫赴台"为背景,凸显了"大熊猫是两岸和平的天使"这一主题,高扬了"台湾是中国领土不可分割的一部分"的对台政策,坚持了正确的舆论导向。

2. 把握全局,弘扬时代精神

专稿主题不能就事论事,不能一般化,需要恰当地判断被采访事件的意义与分量,把采访对象放在整个形势的大背景下,做出宏观判断。如《上海打出中华牌》这篇专稿通讯,以大量事实表现了上海人改变狭隘保守观念,着力打好"中华牌"所出现的经济发展的新气象:上海从与外省市竞争的伙伴地位变为带动长江流域乃至全国经济复兴的龙头;许多省市把上海看成是自己进入太平洋、走向世界的通道,资金技术纷纷投往上海;上海加速发展,带动其他省市乃至整个中华也加速发展。从"上海牌"到"中华牌",这个转变反映了改革开放中上海人思想观念的升华。这种全新的、反映时代潮流的思想观念,对形成中国经济新格局,促进全国改革开放无疑具有十分重要的现实意义。

3. 深入分析,探索事物的本质

要提炼一个好的主题最重要的是设法找到新闻事件中最本质的东西。如2004年湖南卫视举办的"超级女声"节目引起的"超女现象",如果媒体只报道"超女"场面怎样热闹,怎样受到百姓的欢迎,比赛结果又是怎样等,就是最一般的消息报道;而当专稿开始分析为什么大家这么着迷"超女",沉浸在"超女"的火热之中的受众心理时,就跨出了新闻表面层面,向"超女"的本质靠近了一步;如果新闻作品能抓住"超女现象"的本质对当前市场经济条件下电视业的发展前景等问题进行深入思考,这那就会抓住"超女"的本质,使专稿作品更有力量。

4. 充分对比,突出个性

很多专稿因忽视了被采写事物的个性,而令读者感到概念化、一般化,这就要求记者开阔思路,善于对事物进行纵横比较,找出被采访事物的独到之处,从而使得主题更新、更突出。

(二) 专稿主题的提炼

提炼主题是认知的主体与客体反复作用的过程。在这个过程中，既有从感性认识到理性认识的飞跃，又有从现象到本质的深化。提炼主题，是一项重要而艰苦的思维过程，因此，需要记者积累一定的经验，掌握一定的技巧和方法。

1. 提炼主题的两个步骤

第一步是主题的形成。主题的形成始于材料研究，当记者得知线索还未进行采访时，在头脑中已经形成了主题的初步构想。

第二步是主题的深化。记者带着对主题的初步构想，进入采访过程。在采访中，记者不断印证主题，在"写作——采访——再写作"的循环往复中，使主题不断得到深化。

2. 提炼主题的三种方法

（1）红线贯穿法。主题是贯穿整个材料的红线。要找贯穿整个材料的红线，就是要找出素材与素材之间的联系，尤其是多组材料，很可能每一个材料都能反映一个主题，这些材料之间的联系是什么，这些材料的主题是否可以统一到一个意义层面上，这些都是需要从材料中去分析思考的。

（2）材料对比法。可以用一个可比性的材料与要写的材料之间比较，或者把新闻事实的方方面面加以对比，让不同的思想碰撞在一起，从而找到了专稿的主题。如要写一篇关于井冈山的稿子，可以拿革命圣地西柏坡的材料与之对比，在方方面面的对比中，可以得到井冈山的主题是星星之火可以燎原，西柏坡的主题是新中国从这里走来。

（3）三原则法。列宁的夫人克鲁普斯卡娅在一篇回忆列宁的文章中说，列宁对编辑工作曾指出："选择主题很重要。要选择政治上重要、为大众所注意、涉及最迫切问题的主题。"这是列宁提出的选择主题的三个基本原则，也是对新闻主题提炼的经验之谈。① 因此，记者往往挑出政治上重要的、人们关注的，时下迫切的"点"做专稿主题的切入点。

三、专稿素材的选材

在确定主题之后，需要精心选择素材来为主题服务，使专稿血肉丰满、生动深刻，以期达到宣传教育或批判警示的目的。因此，素材的选择，即选材是专稿写作的重要环节。

（一）专稿选材的要求

1. 选材要典型

所谓选材要典型，是指所选材料要具有代表性。"代表性"有两层含义：一是普遍存在，即所选事例无论大小，都不是社会中的个别现象、个别事件而是具有普遍的意义的事例；二是事例突出，有特点，跟其他材料比较起来说，更能够反映主题。只有符合了这两条，事实材料才具有典型性。

2. 要围绕主题选材

在确立专稿主题之后，记者就围绕着主题，使用材料表现主题，为主题服务。例如，荣获中国气象报第7届（2006年度）通讯一等奖的《"鸟巢"三考气象——精细化预报彰显魅力》，以"奥运"工程中"鸟巢"这一举世瞩目的建筑为切入口，重点描述了建设过

---

① 魏霞. 论通讯主题及提炼 [J]. 咸阳师范专科学校学报，2006 (6).

程中需搞好气象保障的几大关键阶段,折射出了我国气象科技的能力和水平,对我国气象精细化预报的效率和精确度,也是一个很好的检验。主题重大深刻,材料纷繁众多,记者从大处着眼,小处落笔,紧扣主题对所有材料进行精心剪裁,做到了选择新闻事实精当,驾驭材料娴熟,叙事简洁。①

3. 选材切忌重复

选材的重复,是指用多个相近的事例来表现同一个问题或者问题的同一个侧面,重复是专稿选材的大忌,容易使文章拖沓、不立体、不突出。如写一个建筑方面的劳模,第一次是去运盖房的红瓦片,他连装带卸一个人顶三个人;下次是去拆旧房,他带头上房抢大锤,累得险些跌下来;第三个事例又是拆房子,不过地点不一样而已。几个事例都写大致相同内容、情节,并未从不同侧面挖掘表现此人素质的关键事例,这样选择和运用材料肯定是既累赘又难以奏效。②

(二) 专稿选材的类型

1. 骨干材料

骨干材料是构成专稿的基本事实,是支撑主题的重要材料。一篇专稿必须有能够支撑主题的骨干性材料。骨干材料多是意义突出、比较完整、较有分量的典型事例,能够很好地说明主题。如写孔繁森的通讯,很多作品都把二次进藏、雪灾现场指挥抗灾、卖血养育藏族孤儿作为骨干事例,有力地表现了孔繁森全心全意为人民服务的精神,和为藏族人民无私奉献的公仆情怀,使通讯的主题更加鲜明、集中。

2. 细节性材料

细节材料是再现型的材料,是指骨干材料中细致的情节、现场画面,或者富有个性化的对话。它们是通讯中最有灵性、最富有感染力、最易吸引受众的部分。细节材料能够立体地再现新闻事实,使读者"如临其境"、"如见其人"、"如闻其声",切实"感受"到活生生的事实。

3. 概括性材料

概括材料是指把具有共同特征的事例,用简洁扼要的语言概括起来,集中反映事物的特点的材料,典型材料往往表现事物的深度,概括性材料有助于反映事物的广度,两者配合使用往往能较好反应事物地全貌,使专稿主题意义揭示更加深广,给人留下深刻的印象。

4. 背景材料

背景材料是指交代与主题相关的背景信息的材料,一般与主题有关的地理、历史、故事典籍、专业知识、人物生平、事件的前因后果等,都可以成为背景材料。它有助于帮助读者打开视听,更加详细的了解人物和事件,也可以起到对主题的补充说明作用。

四、专稿的结构

结构是一切事物的基本属性和存在形式。专稿的结构是记者根据表现主题的需要,对所有材料进行的组织和安排。

---

① 刘小燕. "鸟巢"三考气象——精细化预报彰显魅力 [N]. 中国气象报,2010-1-18.
② 刘明华,徐泓,张征. 新闻写作教程 [M]. 北京:中国人民大学出版社,2002:362.

（一）专稿结构的要求

1. 服务于主题

确定主题是专稿写作的第一步，也是结构安排的"灵魂"。用事实来表现主题，是记者创造性、能动性的体现。因此，要围绕主题来理顺全部事实材料的内在逻辑关系和层次关系，将所要体现的意义鲜明集中地表现出来。

2. 均衡对称

均衡和对称是新闻事实内在的逻辑性和整体性在外部结构中的表现。均衡是指专稿的意义层次之间要具有一定的逻辑关系，使整个篇章内容连贯，一气呵成。对称是指在段落层次之间，需要意义上的互补。也就是说每一个意义层次都需要有不同的侧重点来反映事实。

3. 简洁明晰

简洁明晰是说在专稿结构安排中，必须选择表现主题十分有力的材料，并且每个材料都必须十分精当，这样，才能使整篇结构明了清晰。此外，在材料的"切割"过程中，还要符合新闻人物和新闻事实的内在逻辑，只有这样，剪裁才可显其清晰、亮丽。

4. 疏密得当

"文似看山不喜平"。专稿的结构也要注意节奏上的变化，特别是详写略写合理搭配，多种叙事方法穿插得当，使叙述过程疏密相间，张弛有序，峰回路转，起伏跌宕，这样的专稿更具有感染力。

（二）专稿结构的基本形式

专稿结构形式千姿百态，多种多样。常见的结构形式主要有时间顺序式、空间顺序式、时空交错顺序式。

1. 时间顺序式

时间顺序式是按照新闻事实发生、发展、结束的时间顺序安排层次。这种结构，优点在于线索单一、清晰，便于读者掌握事件的来龙去脉，特别是便于广播受众听知。缺点是由于平铺直叙往往使人产生单调沉闷的感觉，所以采用这种结构时一定要注意详略得当，尽可能加入一些局部上的变化来改变专稿的节奏或布局，使其生动且富有情趣。

如普利策新闻奖获奖作品《"末日即将来临"》就是一篇记叙原子弹第一次爆炸的专稿。作者从倒计时倒数几分钟时开始写起，每隔几秒钟就描写一次场面，有很强的节奏感，而且这种节奏越来越快，直到爆炸结束，车队返回。正是由于运用了加快节奏的方法，使得时间顺序结构并不令人感到单调沉闷。[①]

2. 时间倒叙式

时间倒叙式是把事件的结局先写出来，然后再按照时间顺序叙述事件发生、发展的经过，也叫做"倒叙"。这种写法也是比较常见的。这种方法的优点在于能够增加通讯的生动性，缺点是该方法依赖于作者具较高的专稿写作技巧，除了应注意埋下伏线，前后照应之外，还应注意交代清楚倒叙部分的起讫点。从倒叙转入顺叙，连接的地方既要有明确的界限，又要过渡得自然，不显得突兀。

---

① 丁彦彬. 新闻写作实用全书（第二卷）[M]. 北京：科学技术文献出版社，2002：335－347.

3. 空间并列式

空间顺序适用于新闻事件发生在多个地点，或者新闻事实有多种侧面，并且每个侧面都是并列的关系。这种结构最大的优点是，通过多个视角反映事件，使得稿件立体丰满。这种结构的缺点是容易出现叙述散乱而不利于主题的表达。因此，若采用空间顺序一定要注意围绕一个中心来结构材料，使得发生在不同地点的事件、不同事实的侧面都能统一到同一个主题上来。并且要注意，不同层面之间的相互联系，避免整个专稿支离破碎、凌乱涣散。如每年的五一、十一、春节等重大节庆日，或者香港回归、申奥成功的瞬间，许多媒体都会采用"多点同时"的报道方案，来展现不同地点报道人们的庆祝活动，这些都是空间顺序的典型应用。

4. 时空交错式

它是以时间为"经"，以空间为"纬"，采用"纵横交叉"的方式来安排层次。这里有两种情况：一种是反映事物的多侧面并接；另一种是按时间和空间两条线索安排材料，这种结构的优点在于，多场景、多线索、多镜头，往往起到扣人心弦的效果。但是此种结构在把握上有一定的难度，一般报道重大的综合性新闻事件适用于此种结构。

如第14届中国新闻奖获奖通讯《百名白衣天使冒死救一人》，讲述了一名重症非典型性肺炎病人被百名医生抢救的过程。这篇不到3000字的报道，字里行间蕴藏着白衣天使拯救病人的忘我精神。在这篇作品中，作者的线索是按照病人被抢救的时间来进行的，即根据事件发生的顺序来写的。但是又没有拘泥于这一点，还牵出了另外一条线，即空间位置的转移，患者在前两家医院的时间分别是24小时，8天，现在在第三家医院已经是第6天。在每个时间区间里，交代一个医院的抢救经过。文章框架很明显，结构特别清晰，叙述的条理性很强。[①] 读者轻轻松松地就弄清了事情的来龙去脉。

（三）专稿的基本组成部分

1. 标题

专稿的标题与消息标题相比，更加生动，类型同消息相似，可以只有主题，或者引题+主题，或者主题+副题，或者引题、主题、副题都有。标题的类型多种多样，如叙述式标题《北京"吃剩饭族"与服务员抢夺剩饭》；抒情式标题《醒来，铜陵》；描写式标题《四海波涛逐香江 华夏儿女逐浪——海外华人华侨在香港回归时刻》。

2. 开头

好的开头往往能够在第一时间吸引读者，使读者产生强烈的阅读欲望。一般来说，稿件的开头要做到新颖、简洁、生动。常见的开头方式有以下几种。

（1）开门见山式

对有些专稿的题材，可以采取开门见山、单刀直入的方式。点明主题，增加透明度，使读者有一种简洁、明了、快捷的感受。例如：

赵俭生，是局二高中普普通通的语文教师，坎坷的经历，使他刚进入不惑之年，衰老的迹象便在他的身上出现，看上去俨然是一个老头。然而，就是这个"老头"以非凡的意志与厄运抗争，以顽强的毅力在教育战线上拼搏。（摘自《坎坷的路》）

[①] 薛国林，杨莲. 时间为经空间为纬——评十四届中国新闻奖获奖通讯《百名白衣天使冒死救一人》[J]. 新闻与写作，2005（9）.

此篇专稿一开始就交代了人物的身份，点明了主人公有着一段不平凡的坎坷经历。这是该稿件主题表现的主要事实部分，作者开门见山直接把读者带入情境。

（2）摄像式

摄像式是一种比喻，指专稿的开头通过描绘特定的事物、特定的场景或特定的细节，好似一个镜头，把那些最微妙、最闪光、最能打动人的一点、一个画面"拍摄"下来，然后再道出原委，往往能起到出其不意的效果。

如马雪松同志撰写的通讯《"天鹅"的爱情——记芭蕾舞演员朱美丽的高尚情操》开头采用的就是摄像式手法。"我见到朱美丽，是在演出芭蕾舞《天鹅湖》的舞台上。绛色的帷幕徐徐拉开，台上出现了葱茏的密林，湖边耸立着一座阴森古老的城堡废墟。一群白天鹅，从碧波荡漾的湖面上飘游而去。踏着柴可夫斯基那富有诗意的曲调，三个大天鹅舒展着柔美的双臂，轻盈起舞，领头的就是她——朱美丽。"

作者在专稿的开头给我们"拍摄"了一个美妙的画面，一个正在翩翩起舞的芭蕾舞演员仿佛就在眼前。生动、形象、引人入胜，是以摄像式开篇的专稿作品最突出的优点。[①]

（3）悬念式

作者为了抓住读者阅读的兴趣，增加文章的可读性，往往在开头设置悬念，在后面的部分做出解答。

如《一曲师情母爱的赞歌》这篇通讯的开头是这样的："'母亲节'那天，一封封'献给母亲'的贺卡像雪片一样飞到教师赵建新的手里。人们不禁要问：赵老师只有一个女儿，怎么会收到这么多贺卡？读完全文便能找到答案。原来，寄给赵老师贺卡的并不是她的女儿，而是她的学生。这些曾和赵老师朝夕相处的学生虽然离别老师，踏上了工作岗位，但他们始终没有忘记慈母般的老师。在他们心目中，赵老师永远是伟大的母亲。"

该作品通过巧妙的设置悬念，引起了读者的好奇和对文中主人公命运的关注，收到了意想不到的效果。

3. 主体

主体是专稿写作的关键，表现好主体需要注意两个方面的问题。一个是过渡。在写作中，当表达方式、叙述方式、人称、时空发生转换的时候，需要有一个恰当关联的过渡来承接上下文，才能使文章浑然一体，自然流畅。另一个是照应，简单地讲，就是伏笔和呼应，在开头埋下伏笔，在后面的展开中呼应，从而形成认识的升华。照应可以是处处照应，也可以是前后照应，照应运用的好全文能够浑然一体。

如中国新闻奖获奖作品《一位母亲的呼吁》非常朴实地运用了过渡使得专稿连成一体：

——我们的儿子。儿子很聪明，读书成绩一直不错，我和丈夫把所有的希望、所有的一切都倾注在他的身上。我们希望他能够争气，可是最近发生的一件事却彻底打碎了我们的梦想。

事情还得从年初说起，儿子从去年开始自学电脑，而且学的不错。丈夫和我商量了半

[①] 丁彦彬. 新闻写作实用全书（第二卷）[M]. 北京：科学技术文献出版社，2002：369.

年，终于咬牙花了 8000 多元钱给他买了个电脑……①

第一段的最后一句和第二段的第一句较好地融合在一起，起到了承上启下的过渡作用。如果没有这个过渡，前后两段的行文和内容就会显得断裂和孤立。

4．结尾

专稿的结尾通常有三种方式。

（1）点题式

专稿写作必须主题鲜明，文章结尾，往往要通过记叙或者议论来再次点明主题，以起到强调和深化的作用。这种点题可以通过发表议论或者人物的语言来实现。

（2）启思式

与点题式相反，它继续讲着事实，事实包含着主题，只是让读者自己去思考，去回味，去领悟。表面上专稿已经结束，但实际一切尽在不言中。

（3）抒情式

专稿需要讲事、讲情、讲理，一个含情的结尾会给人以无尽的回味。

五、连续报道

连续报道是指新闻媒体在某一时期内，围绕受众普遍关注的某一个（组）重大新闻事件、一个或多个重要新闻人物所采写的分段持续报道。因其连续不断地跟踪人物或者事件的最新进展，所以，又称之为跟踪报道，常用作突发事件的报道、热点问题的访谈讨论、先进人物的立体宣传、典型经验的多面透视等。② 连续报道的独特表现功能，主要在于能够随时反映事物或新闻事件的发展变化，为人们提供最新事态的信息。

（一）连续报道的特征

1．连续性

连续报道通常以时间为线索来展开。这里的时间线索强调了在多次报道中的时新性，即报道时间跨度要小，应是对新近发生、正在发生或进展中的事态的连续报道，但连续报道的根本特点不在于报道次数的连续，而在于报道对象事态本身的连续性，这种事态本身的连续性是各次报道之间在内容上的承上启下的连续和衔接。因此，连续报道的连续性与新闻事态的空间、时间都是紧密不可分的。

2．动态特征

所谓"动态"，是对正在发生、发展中的新闻事件所做的及时报道。连续报道着眼于事物变化发展的最新态势，不断向读者提供新的事实信息，而"动态"是通过多次新闻集合连续地向受众发出的，能够使人们获得对事件的完整认识。因此，这种动态是连续报道最显著的特征。这就要求记者能够不断捕捉时间上的新变化及内在的逻辑递进关系，层层揭开，从而造成强大的社会影响力。

3．典型性

连续报道关注的不是一般的社会现象、社会问题，而是重大典型的社会现象和问题事件。由于连续报道在一定时间内信息量大，容易引起观众注意，因此连续报道的显著性决

---

① 丁彦彬．新闻写作实用全书（第二卷）[M]．北京：科学技术文献出版社，2002：381．
② 邱沛篁．新闻传播百科全书[M]．成都：四川人民出版社，1998．

定了它的选题宜精不宜滥,一般的题材采用连续报道的方式会给人们以小题大做的感觉,从总体上反而会削弱连续报道的作用。连续报道一般应选择重大的题材或者选择社会上大多数人注意的、直接关系到群众切身利益的题材。显著性是连续报道最重要的特征和优势所在。

(二)连续报道的原则

1. 真实性和时效性的统一

连续报道是一种紧紧跟踪新闻事件客观发展进程,随时反映最新事态的报道形式。真实性和时效性是连续报道的生命,任何形式的顾此失彼或舍此保彼,都会影响报道的效果,因此,必须坚持真实性和时效性的统一。

2. 着眼新闻事件的新近变化和发展

连续报道从本质上来说就是跟踪报道,而跟踪报道,必须着眼于新闻事件的新近变化和发展。也就是说,如果一个事件发生,不仅要关注它的现状,尽可能去掌握已经发生的各种事实,还要认真探索它形成的原因,并密切注意它在每一阶段的变化发展情况,只有这样才能保证及时并准确地反映事件原本面目。

3. 用事实说话避免主观臆测

新闻事件的变化和发展,往往是多种因素共同作用的结果,其结局是难以预料的。所以,要尽可能用事实说话。在具体的报道中,要自觉地坚持实事求是原则。尽可能提供那些能代表事件本来面目的具体事实,避免随意使用判断性语言以及没有根据的评论和推测。

4. 重视交代新闻来源从而保证新闻的真实性

交代新闻来源不仅仅是出于对报道策略的考虑。更重要的是,可以为受众理解事实、做出正确判断提供某种暗示和帮助。

(三)连续报道应注意的问题

连续报道的一个突出特点是其报道形式的多样化,但我们应该清醒地认识到,无论形式如何多变,要想写好一份报道,就必须要把写作技巧掌握好。从连续报道的写作技巧上看,我们应该掌握以下几点。

1. 策划意识必须要贯穿报道始终

连续报道很少是由单个记者或编辑来制作完成,它往往是整个编辑部总体策划的产物。策划水平直接决定了连续报道的价值。在实际编采进行的过程中,案头策划工作包括题目酝酿、角度选择、报道深度的把握、采编力量的调配、稿件组合、节目安排等,可以事先做好策划。

2. 要对新闻题材进行深度挖掘

追求认识深度是连续报道的一个重要目标,连续报道适合对新闻事实作深度开掘。它能满足受众释疑解惑、识时明势的需要。把握好报道主题是把握报道深度的关键。这需要从事报道的编采人员深入调查,查阅资料,请教专家,以求对问题有较高的认识水平,并且要多侧面、多角度的合力掘进。可对所报道内容做剥笋式处理,由表及里,逐层深入。

3. 要着力于引发受众兴趣

连续报道要吸引受众,必须要有一定的操作技巧,要在报道中设置悬念,引而不发。

连续报道的谋篇布局要考虑整体效果，不能不留余味。其悬念效果可以表现在把报道对象本身的戏剧性变化描述得饶有余味，还可以合理推测事件发展的可能性，吸引受众一起关注事态变化。

六、系列报道

（一）系列报道的特征

系列报道是记者围绕同一题材或主题，在一定时间内根据人们普遍关心的重要问题，从不同侧面和角度，进行多次的连续性的报道，通常系列报道是由若干有着各自独立意义并相互之间进行有机联系的篇章组成。系列报道的特征有以下几方面。

1. 独立性

系列报道的各个组成部分，并不是一份长篇报道的机械分割。它们都各自独立成篇，每篇报道都有完整的结构和内容，每两篇相邻的报道之间并无承接关系，它们只是在同一主题的统帅下，通过一篇篇的连续发表而使整体的逻辑关系能得以展现，新闻主题能得以突出，从而来发挥其整体强势。

2. 完整性

系列报道的几篇稿件在主题关系上是统一完整的，这个主题贯穿着整个系列报道的始终。主题是整个报道的逻辑脉络，它统帅着所有的材料和各个独立篇章的中心思想。系列报道的多篇稿件必须在统一主题的统领下表达完整统一的意义。这就要求系列报道的主题必须单一、鲜明、集中。

3. 透视性

系列报道能够清晰、真实地反映出新闻事件的本质。透视就其本质而言，是指看透物体。我们可以把透视性系列报道理解为记者围绕同一题材或主题，在一定的时间范围内就人们普遍关注的重要问题，从不同的角度、不同的侧面，进行连续的多次报道，并剖析其社会现象，揭示其社会问题的新闻报道。

（二）系列报道应注意的问题

1. 统一形式和紧扣主题

主题是各章节有机联系并组成整体的统帅，它对系列报道的质量和分量起着决定性的作用，因此，主题必须复杂而深刻，在一个较为深刻的总主题的统领下，各个组成部分才能体现出其应有的深度。系列报道各个独立篇章的主题必须扣准总的报道主题，使整个报道和谐而统一。系列报道各组成篇章应具有统一的形式和写作风格，每一篇系列报道都应尽量做到内容均衡、文体一致、风格相近，以形成整个整体的强势。

2. 善用动态思维方式

新闻思维是记者面对新闻事实展开的一种认知活动。透视性系列报道要求事实清楚、思想深刻并能深入挖掘出事物的本质。在实现形式上，要从不同的角度、不同的侧面进行报道，在报道的内容、角度和立意等方面进行创新，以求报道的"深"和"真"。它以视点、角度丰富见长，并具有连载特征。这就要求记者拥有动态思维能力，采用多种思维方式对事件进行分析。

3. 着力全方位策划

系列报道一般是针对已经发生的事件进行有组织的报道，记者要在内容和形式上，对事件报道的过程进行全方位、立体化的策划。在时间上,要考虑报道时间的长短,在空间上要考虑选材的范围,在题材上要考虑内容的丰富性,在体裁上要考虑形式的多样性。在整个报道过程中,要做好全盘的考虑,明确主题思想并将整体策划思维深入的渗透其中。对系列报道进行整体策划后,系列报道的布局就会是精致有序的,前一篇报道与后一篇报道不会出现内容上的重复,同时也可以避免因为信息分布的不均匀而出现"虎头蛇尾"现象。

思考题

1. 什么是消息?它具有哪些特点?
2. 消息的结构分为哪几部分?
3. 什么是专稿?它有哪些特点?
4. 专稿的结构分为哪几部分?

作业题

1. 每人搜集十条精彩新闻导语,以组为单位在课上加以赏析。
2. 每人搜集中央电视台新闻频道播出的一个系列报道和连续报道,以组为单位在课上赏析它们的写作技巧。
3. 每人自选报道同一事件的一则消息和专稿作品,以组为单位在课上比较分析专稿的特征。
4. 阅读新华社 1995 年 4 月 6 日通稿《领导干部的楷模——孔繁森》一文,从主题提炼、选材过程和结构方式等方面谈谈该专稿的写作特点。

第十三章
广播新闻写作

── ◦ 本章提要 ◦ ──

　　广播消息是狭义的广播新闻，指由各类开放式广播电台播发，供大众用普通收音设备接收的简明新闻信息。本教材讲述的广播新闻属于狭义范畴，即广播消息。

　　通过本章的教学，使学生了解广播消息的含义及类型；认识广播消息的传播特性；掌握广播消息，特别是录音消息导语、主体的写作方法；认识录音消息的结构特点；掌握广播新闻深度报道的写作形式与写作方法，从整体上把握广播新闻写作的要领。

第一节 广播消息概述

一、广播新闻与广播消息

（一）广播新闻的基本特性

1. 明确实在，听觉形象鲜明

广播新闻的力量，在于提供鲜明的听觉形象，使新闻事实实在化、立体化。人们看报纸可以细细品赏，听广播却不同，必须快速"浏览"。因此，广播新闻写得越明确实在，越有听觉形象，可听性就越强。广播新闻应尽量使用具体形象的事实，多用写实性的文字来说明问题，尽量减少抽象、笼统、概括性的文字。此外，写作广播新闻时，要尽量多用生动活泼的细节来说明自己的观点，用细节来加深听众的印象。

广播新闻要写得实在，就必须尽可能地回避那些枯燥的概念和数字，用具体形象的事实去表达，如"我市居民目前拥有30万台电视机"这句话不如改成"目前我市每户居民拥有一台电视机"；"中国城镇居民的房租很便宜"，这句话可改为"中国城镇居民的房租只占一人工资收入的百分之五"，显得更为生动。

2. 取材精练，篇幅短小

篇幅短小是新闻共同特点，广播新闻更应强调这一特点。要把新闻写得短小精练，要注意一条新闻只选一个有特点的问题、一个有特点的侧面进行报道。这样一条新闻只集中写一个问题或写一个侧面，新闻的突破口就小，就容易写集中，写深。

精选事实，用最能反映主题思想的事实说明观点。新闻中存在着最能揭示主题思想的事实，这些事实是新闻的核心，最能揭示新闻事实的本质。对听众来说，听一条新闻关键是要听那些最能留下深刻印象的事实。所谓核心事实是指那些在新闻中处于核心地位，能解释新闻的中心思想，并具有鲜明的特点个性、深刻的思想性和指导性的事实。要想表述好核心事实，可先在导语部分对事实作初步交代，在主题部分就可承接导语，比较详细地叙述核心事实。此外，要尽量简述背景材料以突出核心事实。

3. 反复输入，节奏要缓慢

科学实验表明，人们对视觉信息的存留率为70%～80%，对听觉信息的存留率为30%～40%。加之广播不留痕迹，不便查找，因此必须有适当的重复。有些听众是当一条新闻播了一半时才开始收听的，如果后面不进行必要的重复，听众就搞不清楚这条新闻报道的是哪个单位、什么人，甚至还会造成误解。如有则新闻中说："一种低银医用X胶片最近研制成功，投产以后可为国家生产投影胶片节约大量的白银。"如果在这段话中，把"投产以后"，改为"这种胶片投产以后"，效果则不一样了，既为后面的话题作了铺垫，也让听众容易听懂。

另外，广播新闻还应该注重文章的节奏，总的原则是，节奏要舒缓一些，缓慢一些，尽量不要让人们感到紧张，喘不过气来。

（二）广播消息就是狭义上的广播新闻

广义上讲，广播新闻是指以无线电波为传播手段对新近发生的或正在发生的新闻事实的报道，泛指所有的新闻性广播内容和报道形式，主要包括口播新闻、录音新闻、现场报道以及广播深度报道等的报道新闻事实的方式。

广播消息就是狭义的广播新闻，是指由各类开放式广播电台播发，供大众用普通收音设备接收的简明新闻信息。本教材讲述的广播新闻属于狭义范畴，即广播消息。

（三）广播消息的类型

广播消息的类型有多种，依据不同的标准，可以划分为不同的类型。

依据时间长度，广播消息可以分为短消息（1分30秒以内）、长消息（1分30秒以上）；依据内容类别，广播消息可以分为时政报道、经济报道、文体报道、社会报道等；依据题材性质，广播消息可以分为突发性消息、预知性消息、综合性消息、批评性消息等；依据报道形式，广播消息可以分为口播消息、录音消息和现场直播报道。

口播消息是指由新闻播讲人只用单一的声音语言表达形式进行报道，有时采用配乐，但不采用现场录音的广播消息。

录音消息是带音响的广播新闻体裁，一般来说由现场音响和记者的口述两部分组成，有时也配以新闻播讲人的简单概括串联。

现场直播报道是指新闻事件的发生发展过程，广播工作者对新闻事件的采、录、编、播的过程以及听众接受这些信息的过程三者同步进行的一种广播消息报道方式。而过后再通过广播去报道发生过的新闻事件，就属于录音消息报道的范畴了。

二、广播消息的传播特性

（一）简洁、精炼、通俗和快捷

广播消息以变动着的客观事实为报道对象，具有记录事物发生、发展变化进程的动态感。优秀的广播消息应当做到语言精练，布局紧凑，要素齐全，朗朗上口。

在2004年雅典奥运会的赛场上，21岁的中国男子跨栏运动员刘翔谱写了奥运新篇章，他以12秒91平了世界纪录的成绩，为中国人也为亚洲人夺得首枚短距离径赛项目的奥运金牌。那一刻，中国沸腾了。当时中国之声记者侯艳所做的现场直播报道可谓广播消息中的经典。

各位听众，我现在正在雅典奥运会主体育场为您报道，男子110米栏决赛就要开始了，我国选手刘翔在前三轮比赛中一路过关斩将，轻松顺利地进入了决赛。

现在运动员都在起跑线上做着最后的准备，刘翔是排在第4道，刘翔做了个深呼吸，给自己鼓了鼓劲儿。

好，现在运动员已经在起跑器上准备起跑。

【出发令，枪声】

起跑！第一个栏，我们看到刘翔和旁边的选手并驾齐驱。

第八个栏，第九个，最后一个。刘翔第一个冲过了终点，中国选手刘翔第一个冲过了终点！他以12秒91的成绩获得了男子110米栏的冠军，刘翔刚才的成绩也是平了这个项目的世界纪录。刘翔今天晚上真的太出色了，这个成绩超过了他以往所创造的个人最好成绩。刘翔为中国田径夺得了本届奥运会的第一枚金牌，也为中国田径和亚洲田径夺得了第一个奥运会短跑项目的金牌。

现在的刘翔身披着五星红旗，正在绕场奔跑着，刘翔向场下的观众挥手致意，并不断地把我们的五星红旗展示给全世界的人们。现在刘翔身披国旗绕到了我所在的看台的前面，他自己也忍不住哭了起来，确实太让人激动了！

【观众齐声喊："刘翔，刘翔！"】

刘翔：根本就没有想到，我自己也没有想到能跑到13秒里面。我可以说，在黄皮肤的中国人或者亚洲人来说，我实现了一个不大不小的奇迹吧。[①]

这则直播报道已经成为广播消息中的经典之作。开头第一段交代了时间、地点、人物和主要事件，简洁明了。第二段中的"刘翔做了个深呼吸，给自己鼓了鼓劲儿"，言语通俗，拉近了听众与比赛现场的距离。第四段、第五段和第六段概括了刘翔的比赛过程、比赛成绩与刘翔获得冠军后的状态与心情。言语精炼、铿锵有力，通俗易懂，让听众也随之激动。

（二）口语化、现场感强、连贯性好

《翱翔雅典，跨越历史》除了事件本身的显著性和消息报道的简洁、精炼、通俗、快捷外，在采制技巧方面也极适合声音传播。记者亲历现场，把整个事件切割成四个部分：赛场描述，比赛解说，背景铺垫，即兴采访。四个部分环环相扣，层层递进，完整、生动、流畅地记录了刘翔夺冠的全过程，充分展示了广播消息的传播特征，给听众留下了深刻印象。

现场直播报道是对于事件性新闻常用的报道方式，记者目击新闻事件的当事人，以及新闻事件发展的过程，无疑会加重新闻的传真性。现场报道的突出优势是口语化，口耳说听的描述方式极易把听众拉入现场，使之身临其境，从而有效地凸现广播消息的又一个重要特征——现场感。在这条消息中，记者开宗明义，"各位听众，我现正在雅典奥运会主体育场为您报道"，将自己所处位置在第一时间告诉听众，轻而易举地把听众带到现场特定的氛围中。

具有口语特点的短句、段，通俗上口，方便收听。这条消息在介绍比赛准备阶段时说："刘翔做了个深呼吸，给自己鼓了鼓劲儿"，话语虽不多，却抓住了大赛前的紧张气氛。在比赛阶段，"起跑！第一个栏，……第八个栏，第九个，最后一个。刘翔第一个冲过了终点，中国选手刘翔第一个冲过了终点！"口语与书面语最大的不同在于，它不苛求语言章法的齐备，像上面这段口语解说，单拿出句子大多是不完整的，但在现场实况中，特有的气氛、语调、环境却可以让听众一听即明，句子长了反倒影响听觉记忆，而且与现场气氛不符。这些口语化的现场描述还有一大优点，就是突出细节，画龙点睛，比如，"刘翔身披着五星红旗，正在绕场奔跑着"；"刘翔向场下的观众挥手致意，并不断地把我们的五星红旗展示给全世界的人们"。

广播消息的连贯性往往是由有声语言和现场音响相黏合共同完成的。在整个消息中，从记者描述刘翔夺冠的瞬间，可以听出她的声音像所有中国人一样，达到喜悦的高峰。当刘翔跑到记者所在看台附近时，她已经喜极而泣。这一切与现场观众的欢呼声交相辉映，连贯成高潮迭起、一气呵成的整体，充分体现了广播消息的传播魅力。

[①] 中央人民广播电台.翱翔雅典，跨越历史.2004年8月28日播出.

第二节 录音消息的写作

无论是口播消息、现场的直播报道还是录音消息，结构形式都与报纸消息大体上相同，都包括消息的导语、主体、背景及结尾。本节主要介绍录音消息的写作。

一条成功完整的录音消息主要包括音响与记者口述两部分，录音消息中记者口述的部分，一般都是事先写好的文字稿，包括消息的导语、主体、背景及结尾部分。在广播消息写作中这几方面有其自身的特点与要求。

一、录音消息导语的写作

导语是消息中简述新闻事实最关键、最重要内容的开头部分，起到传达新闻事实的核心内容、点明主题，以及引导听众接受和理解新闻内容等多方面作用。除简明新闻以外，导语一般是构成消息独特结构的一部分，位于消息开头第一段或前几段。单一的事件性新闻一般用第一段或一句话作导语，概述最重要的事实；当报道内容包括两个以上相互关联的新闻事实时，一般采用多段落的复合导语，第一段为"主导语"，后面的段落为"次导语"。

录音消息运用声音系统传播信息，要求遵循声音传播的听知规律。除了要达到精练、明快、生动等共同要求外，还要做到开门见山，突出最精彩、最鲜活的事实；或提出问题或营造悬念，以吸引听众的收听兴趣。从采写构思上，录音消息导语应强调以下几点。

（一）简洁明了、直奔主题，突出新闻要素

导语一般用寥寥数语，突出最关键的事实，达到吸引听众注意的目的。因此，对新闻要素的概括不可能面面俱到，而是强调、提炼出听众最关心的事儿，即主题或事件的结果。一般来说，对于事件性新闻，导语侧重强调"何时"、"何事"；对于非事件性新闻，导语主要提示"何故"、"如何"，其他要素则放在主体部分交代。如"今天上午，'联想'向社会各界宣布，他们已经收购了IBM的全球个人计算机业务。"①

2004年12月8日，我国本土企业联想集团成功收购美国IBM个人电脑业务，使"新联想"一举成为世界第三大PC机生产商。北京人民广播电台关于这一事件的报道，在新闻导语中突出了"何时"、"何事"等最关键的新闻要素。又如"元旦前夕，国家扶贫开发工作重点县之一的蒲城县，耗资数百万元，历时两个多月，举办'迎元旦万人歌咏比赛'，在当地引起强烈争议。"②

这是陕西人民广播电台播出的一则批评性报道的导语。披露一个国家级贫困县不因地制宜为群众办实事，而是花费四五百万元"穷扎势"、"瞎摆阔"，搞面子工程。这是一则思想性新闻，意在通过对这一反面典型的曝光，引导人们反思如何推动贫困农村的发展。因此，导语中突出了"何故"和"如何"两个新闻要素。

---

① 北京人民广播电台. "联想"收购IBM个人电脑业务，将成为全球第三大电脑厂商. 2004年12月8日播出.
② 陕西人民广播电台. 贫困县歌咏比赛"穷扎势". 2004年12月30日播出.

(二) 尽量选择具体的事实和生动的语言

导语需要高度凝练和概括，同时又要防止抽象化和概念化。因而，根据报道内容的不同，可以通过描述生动的细节写成"陈述式"导语，也可以通过选择新闻当事人一两句经典语言作成"引语式"导语。例如：

（主持人）各位听众，现在是北京时间7月13号22点06分，莫斯科时间18点06分。决定2008年奥运会举办权的国际奥委会第112次全会进入了最后阶段，开始进行第二轮投票。中央台记者陈建奇正在莫斯科世贸中心会议现场。现在，就请他介绍第二轮的投票情况。

（记者）听众朋友：现在第二轮投票结果已经出来了。经过几位监票人的签字、认定，这个结果将要装在信封里。到底是封口不封口，我们现在来看一下。我想，全国的亿万听众、海内外的同胞，大家都非常关注这个时刻的到来。

啊，我们看到，他把信拿起来，现在要折叠成比它（原来）小一点。这是最后的结果？还是不是最后结果呢？我们再看，他在认真地审视着这张票上边的每一个数字，把它叠起来。呵，要装信封了，一个蓝色的信封。装进去！封口吗？我们看看他封不封口。封口啦，封口啦！是封口啦？啊，他把它叠起来，揣在怀里。这次是要很郑重地……从（往）他的西装的右手的内侧的兜里面（揣进去）。①

这是"陈述式"的复合导语，由三段构成。第一段是在北京，中央人民广播电台播音室的主持人临时插播消息，引出在莫斯科世贸中心国际奥委会第112次全会现场作报道的前方记者陈建奇，以及北京申奥成败就在今晚这一事实。第二段中，陈建奇用具体生动的语言，形象、通俗地描述了监票人的现场举动，勾起国人对最终投票结果的极大关注。第三段中，记者陈建奇用更加形象、具体的语言来描述监票人的举动，因为这事关北京申奥的成败。这段导语，对主体部分的推出还起到"引戏"和制造悬念的作用。又如：

【出朱镕基录音】
"现在，我宣布，南水北调工程开工！"
【掌声，音乐声】【压混】

各位听众，现在是12月27日上午10点14分，记者正在济南市济平干渠贵平山口为您报道。随着朱镕基总理在北京主会场一声令下，世界上最大的水利工程——南水北调在山东、江苏同时开工建设。②

"南水北调"工程是迄今为止人类史上最大的水利工程，其开工的标志性意义不言而喻。山东人民广播电台记者在设计导语时，没有采取一般的"倒金字塔"结构，而是选取了时任国务院总理朱镕基在北京主会场宣布"开工"的讲话。通过这段具体的讲话录音，引出下面的消息内容，使听众的悬念逐步揭开，也使这条消息更具庄重性和仪式感。

"引语式"导语用于正面报道时，引语的选取具有肯定或支持的含义；用于批评性报道时，引语往往带有否定的意味，有的选取受害者或目击者的言论进行揭露式否定，有的则选取当事人的言语进行暴露式否定。例如：

---

① 中央人民广播电台. 漫长的瞬间. 2001年7月13日播出.
② 山东人民广播电台. 南水北调工程今天开工. 2002年12月27日播出.

【出录音】

"我的孙子都十三啦,到现在也没落上户口,找哪哪不管!想给省长打个热线电话吧,黑天白天地拨拉也拨拉不通。"

讲以上这番话的是泰来县胜利乡三合村村民王永富。

听众朋友,我是记者杨松涛,我现在正在泰来县采访。据王永富今天向我介绍,一段时间以来,省长热线电话在他们这里怎么也打不通了。在王永富家,我拿起他家的电话,拨打了省长热线。①

这则录音消息的第一段也是把讲话录音作为引语。这段话说得极具特点,言语通俗,典型的百姓语言,而且生动、形象,把急于落户的心情表现得非常到位。第二段和第三段是记者设计的导语,具体、精炼,如"省长热线电话在他们这里怎么也打不通了"、"我拿起他家的电话,拨打了省长热线"。这样的语言,只要听众一听,便知道了事情的缘由。

不论哪种引语,都要认真提炼和选择,力求概括新闻实质,不曲解原意,不断章取义,还要在适当时候交代讲话人身份以及引语的出处。

(三)与新闻主体形成呼应

导语虽然可以单独构思推敲,但它毕竟是一则消息的有机组成部分,不论以哪种形式出现,其内容和风格都要力求与新闻主体形成一定的照应关系,使之和谐统一,防止出现脱节、重复或自相矛盾等现象。

常见的呼应方式有三种:一是着重强调新闻主体的某一个突出点,以引起关注;二是着重描述事件现场最有意思的场景,以引起兴趣;三是直接揭示新闻的本质,以引导舆论。如:

鞍钢集团矿业公司为劳动模范建造的劳模楼终于竣工。可是令人不解的是:在张榜公布的分房名单上,竟然没有一位劳动模范。昨天记者来到劳模楼时,看到新住户正在忙着装修。②

一个以"为劳模改善住房条件"为名义申请、批建的住宅楼,建成以后,没有一个劳模能够住进去,而搬进去的都是些"处长",岂不成了咄咄怪事。导语将新闻中这一矛盾的焦点突出和强调出来,与主体部分对鞍山职工的采访——"既然盖这劳模楼,为什么名不副实呢?你挂羊头卖狗肉干什么!"形成了强烈的呼应。又如:

今天上午,阜阳市颍州区在区委礼堂召开"五一八"事件见义勇为英雄表彰会,表彰"五一八"事件中的9名救人英雄。然而,会议刚结束,记者却看见两位受表彰的村民拽掉大红花,扯下绶带,甩到地上。③

一般来讲,受表彰是件高兴的事。可消息中的主人公却"拽掉"、"扯下"、"甩到"象征荣誉的红花和绶带,这一细节的抓取和描写,不但引起听众兴趣,还直接勾连出主体部分对原因的解释——某区政府企图以给受害者戴红花、送奖金的方式,掩盖一起特大环境污染事故的真相。再如:

今天是9月18日,现在的时间是22点20分,您听到了吧,此时,我市夜空响起震

---

① 黑龙江人民广播电台.省长热线电话在泰来被封锁.2002年3月18日播出.
② 辽宁人民广播电台.劳模楼里无劳模.2003年12月6日播出.
③ 安徽阜阳广播电台.尴尬的表彰会.2000年6月5日播出.

耳的警报声。64年前的这个时刻,日本军国主义炮击沈阳北大营,拉开蓄谋已久的侵略中国的序幕。沈阳市委、市政府决定,这个时刻在全市13个县区同时拉响150个警报器,以告示人民,不忘"9·18"。①

1995年,是中国人民抗日战争胜利和世界人民反法西斯战争胜利50周年纪念的重要年份,沈阳市选在"9·18"事发时刻同时拉响设在全市的150个警报器的做法无疑有着特殊的意义。因为从64年前的这一刻起,中国人民就陷入了深重的灾难之中。导语提示人们勿忘国耻,不但是对新闻事件的概括和升华,更与主体部分采访历史老人的厚重相照应。

二、录音消息的主体写作

主体是消息最基本、最重要的组成部分,承担着完整交代新闻事实的任务。一则消息可以没有导语,可以没有结尾,也可以不交代背景,但主体不可或缺,而且必须完整,即使是简明新闻也是如此。

主体一般安排在导语之后,通过完整地、详实地叙述新闻事实,对导语扼要概括的事实、观点或相关要素做进一步的展开、解释和补充,以丰富、充实消息所表达的内容。主体的构思既要精选素材,层次分明;又要呼应开头,生动鲜活。怎样在有限的篇幅内,将两方面有机结合,点面相宜,便于听知,需要一定的功力。如《劳模楼里无劳模》这则消息的主体部分是这样的:

【装修声】

张:我这个来讲是152平,这属于三室、一厅、两卫。

记者:你是按劳模分的,还是按处长分的?

张:对,就是正处级。我们这个楼上来讲,有一个是技校教育副校长,我楼下姓赵,叫赵新,他是七选厂的党委书记,对门是高树清,他是生活服务公司的副经理。【压混】

说话的是矿业公司清欠办主任张甲灵。他说,"劳模楼"共有34套住房,面积都在140到150多平方米,这些住房全都分给了公司的处级干部。"劳模楼"如今已经变成了"处长楼",那为什么要叫劳模楼呢?在矿业公司,记者看到了一份该公司建"劳模楼"的申请报告,报告中写道:"鞍山市计委:我公司现有50多位省级劳动模范,他们大部分还居住在原来老结构的房子里。为改善他们的住房条件,拟建一栋住宅楼。"对于这份报告,矿业公司副经理石伟解释说:

【出录音】

"我给上级报告,我目的要建成楼。建劳模楼,批的时候要顺利点。"

石经理说,近几年来,市中心区域建楼审批越来越严格,用"劳模楼"的名义向市里申请立项会容易得多。果然,这个立项得到了批准。眼看着变成了处长楼,鞍钢矿业公司的职工们十分气愤。

【出录音】

职工甲:既然盖这劳模楼,为什么名不副实呢?你挂羊头卖狗肉干什么!

职工乙:劳模们做了那么大贡献,这房子本应该分给劳模的,现在处长们都挤了进去,算怎么回事?

---

① 沈阳人民广播电台·警报,不忘"9·18".1995年9月18日播出.

就在昨天,公司的"全国五一劳动奖章"获得者、省特等劳动模范韩玉喜,由于家中住房实在紧张,搬进了儿女为他租的一套45平方米的单间。

【出录音】

叫个科级干部也不能像咱住房这么紧张,生活条件这么差!他只能说利用劳模这个光环和这个荣誉,他们盖完了自己享用,咱们还有啥办法,咱什么办法也没有。①

这则消息仅3分钟,除导语之外,主体部分由4段采访、3段陈述构成,可视为7个自然段。前两段以调查访问的方式,说明主体事实的客观存在——"劳模楼"确实变成了"处长楼";第三四段说明"劳模楼"出笼的经过,属于背景阐释;第五段披露群众的义愤,触及事件的性质;第六、七段则以对比的手法,进一步启发人们作深层的思考。

下面以这条消息为范例,对录音消息的主体写作要求做出归纳。

(一)用典型事实说话

录音消息容量有限,主体是否充实,在于取材的质量而不是数量。因而,学会画龙点睛、用典型事实说话,可以起到以一当百的功效。这则消息选用典型音响,采用当事人的采访录音,证明"劳模楼"住的都是"处级干部","面积都在140到150多平方米"。这两段紧随导语,补充、延伸导语所概括的重要信息,同时又勾勒出鞍钢职工的气愤,说明整个事件造成影响的严重性和广泛性。

(二)善于交代背景

背景不属于新闻信息,却可以烘托新闻事实,帮助人们理解新闻的潜在含义。消息中选用公司副经理的话,"我给上级报告,我目的要建成楼。建劳模楼,批的时候要顺利点"。话语不多,却点出了巧立名目背后的真正目的。而这一现象在某些地方是带有普遍性的,从而使新闻的内涵具有举一反三的功效。

(三)合理搭配素材

一条消息所包含的信息,相互之间总是存在某种关联的,在展示其关联中更能表现其意义。通过精心梳理,合理搭配素材,可以使各个新闻要素相得益彰,进一步突出新闻主题。

不妨设想一下,如果没有前面公司副经理关于建"劳模楼"真实目的的道白,后面职工的义愤就会显得突兀;如果没有前面34户处长忙于装修新房的"盛况",结尾处一位劳模因住房紧张,不得不搬进出租房的无奈,就不会显得那么孤独。当然,合理搭配素材是要遵循事物的本来面目及其因果关系,不是生搬硬套,东拉西扯。

(四)叙述简约有致

录音消息为适合听觉的需要,其主体布局需要一张一弛,以简驭繁。对于局部或具体事实要权衡轻重、主次,区别对待。有的舍弃或一带而过,有的则要舍得笔墨,形成听觉重音。

该消息主体部分前三段,集中说明"劳模楼"的现状及其出笼经过,是消息的"重头戏",没有它,整个消息便缺乏力度,于是,录音、铺陈不辞繁复,力求详尽。而对于"劳模楼"是怎么批下来的,建成后又是怎么分配的,却是一笔带过或者不着一字。这一

---

① 辽宁人民广播电台.劳模楼里无劳模.2003年12月6日播出.

繁一简，使消息重点突出，主题鲜明，听得明白，听得痛快。

三、录音消息的结构安排

结构特指消息在组织素材、安排内容等方面的处理方式。一般包括导语、主体、背景、结尾四个部分。有时候背景和结尾统合在主体之中。录音消息为线性结构，对于包含多种要素的消息，也要一件一件分别叙述，力求叙事繁简相宜，环环相扣，衔接自然，符合听知规律。

录音消息的结构可以分为"倒金字塔"式和非"倒金字塔"式两大类。

（一）"倒金字塔"式结构

这种结构要求按新闻事件内容重要性依次递减的顺序安排新闻事实。由于上重下轻的结构特点，形成倒立的三角形，故称为"倒金字塔"式。录音消息运用这种结构，开篇就要明确时间要素，防止因时间含混而干扰对事实的理解。对新闻素材的安排次序要与听众的心理需求相一致，帮助听众从一个层面自然过渡到另一个层面；注意音响在段落过渡中的衔接作用，避免时空交错的突兀感。

2003年2月24日在新疆巴楚大地震中，一位村党支部书记为先抢救遇险村民，而失去了5位亲人，灾后又带领当地群众生产自救，这种"舍小家顾大家"的共产党员气节深深鼓舞了当地群众，也感动了温家宝总理。3月29日，当刚刚在国务院上任不久的温家宝总理到新疆视察时，他最想见的就是这位村党支部书记——达吾提·阿西木。下面是新疆人民广播电台当天播发的消息：

【现场问候，压混】

一直密切关注新疆巴楚地震灾区的国务院新任总理温家宝，今天（3月29日）来到重灾区琼库尔恰克乡看望六村党支部书记达吾提·阿西木和震区灾民。

突然袭来的"2·24"大地震夺走了268人的生命，达吾提·阿西木家5位亲人丧生。震后，他强忍巨大悲痛，不分白天黑夜带领党员干部抢救伤员，照顾孤儿，迅速解决全村灾民的吃、住和孩子上学问题，加紧春耕生产，重建家园。乡亲们称他为"废墟上的钢铁脊梁"。

温总理紧紧握着达吾提·阿西木的手，明亮的眼睛里噙满泪花：

【出录音】

"支部书记，你的悲痛就是我们大家的悲痛。在这场大的地震灾害面前，你是个好党员，党员干部都要向你学习。你记着北京有个总理，也是你的亲人。"

温总理轻轻拍着达吾提·阿西木的肩膀，鼓励他和在场的维吾尔族乡亲们：

【出录音】

"齐心协力，生产自救，重建家园。"[①]

当达吾提·阿西木见到从北京赶来看望他和灾民的温家宝总理时，不禁失声大哭，压抑多时的感情瞬间爆发，温总理紧握他的手，眼里噙着泪花说出那句暖人肺腑的话语，表现出新一代党和国家领导人亲民、爱民的风范。该消息采用"倒金字塔"式结构，首先报道温家宝总理到达灾区视察的核心事实，而后以"情"相连，有力地突出"平民总理"的

[①] 新疆人民广播电台. 北京有个总理也是你的亲人. 2003年3月29日播出.

形象。但细究起来,最后一段,偏离了以情取胜的构思主线,可以删掉。

(二)非"倒金字塔"式结构

这类结构又可细分为时序结构、逻辑结构和导引结构等形式。

1. 时序结构

这种结构以新闻事件发生的先后次序安排素材,叙事顺序与事件进程一致,符合听知习惯,便于听众了解新闻事实的来龙去脉。这种结构又称为"金字塔"式结构或"积累兴趣"结构。

在2003年"国际艾滋病日",温家宝总理到北京地坛医院看望艾滋病患者,记者以时序结构报道了温总理到达医院,与艾滋病患者握手、交谈,以及宣布中国政府对待艾滋病政策的全过程,录音报道《温家宝握手艾滋病患者,提倡全社会关爱艾滋病人》[①] 通过对"亲切握手"和"促膝交谈"的描述,以深情的叙述,体现出我国社会大力提倡不歧视和关爱每一位艾滋病患者的深层含义。

这种结构要求繁简适当,切忌平均使用笔墨,或颠倒轻重关系。在这条消息中,记者将前半部分促膝交谈的软素材"浓缩",把后半部分宣布政策的硬素材"拆分",使之"软""硬"兼施,创意无疑是正确的,也收到了较好的效果。但前半部分"浓缩"得还不够,如在问及患者病因时,曾三次出现涉及"输血"的提问:"得病输血感染的?"、"也是因为输血感染的?"、"你也是输血?"等。三次问答不但信息重复,而且隐含一种理念:仿佛因输血而患艾滋病是值得同情和关爱的,而以其他方式患病的不在此列,这与"国际艾滋病日"倡导的"关爱每一位艾滋病患者"的宗旨是有距离的。虽然三次提及"输血"并不一定意味着对"非输血"患者的歧视,但就我国目前艾滋病患者的整体规模和患病方式多元化的趋势而言,谈话不涉及那些"沉默的大多数"是不全面、不科学的。在这里,报道者对游离于主题需要的重复信息、无效信息应当进行大胆舍弃。

2. 逻辑结构

这种结构是按新闻事实的内部逻辑关系安排素材,便于人们理解新闻的内在含义,多用于报道非事件性新闻。常见的有因果式、主从式、比较式、点面结合式,运用时要注意交代时间要素,顺乎听众思维,防止逻辑颠倒。

河北人民广播电台播发过的消息《产粮大县兴起种草热》[②],在逻辑性上严格遵守起承转合的写作规律,使语句的安排、语流的控制完全符合听众的思维习惯。其第一段"县政府做出决定"是"起";播完此句,按下不表,接着谈栾城县历史上靠种粮曾创造的辉煌,这里是"承";第三段写面对近两年种粮增收缓慢,农民的目光投向生态环境,"转"向思维的改变;第四段则是"合",呼应导语,描述"种草热"的现状。段落之间起伏有序,环环相生,播出上句,便能牵引听众判断下句的走向,体现出高度的逻辑性。这则消息的显态信息告诉人们,当前农村已开始以调整种植结构的方式向实现高附加值的效益农业方向发展,潜态信息告诉人们,当代农民正经历思想的解放和观念的转变,其透射出的思想信息比动态信息更有价值。

---

① 中央人民广播电台. 温家宝握手艾滋病患者,提倡全社会关爱艾滋病人. 2003年12月1日播出.
② 河北人民广播电台. 产粮大县兴起种草热. 1999年10月31日播出.

3. 导引结构

这种结构以某一生动细节或具体情节为前导,引起听众注意和激发联想。多用于非事件性新闻或新闻特写。因而,这种结构又称为"延缓兴趣"结构。

需要提醒的是,广播消息的任何结构形式都不是万能或一成不变的,实践中切忌机械地照搬某一种结构方式。而应当依据具体内容,从综合传播效果出发,做到利于内容表达,利于听众接受,利于媒体传播,形式与内容相和谐。这样,即为最佳结构方式。因此,记者既要熟悉消息的基本结构方式,又要根据不同新闻事实和现场气氛灵活运用,力争有所创新。

第三节 广播深度报道的写作

深度报道在新闻报道领域的重要性已经不言而喻,各种媒体都积极地运用深度报道,以满足市场和受众的需求,相对于报纸、电视和网络,以声音为唯一介质的广播媒体的深度报道一直备受关注。事实证明,在实践过程中广播的深度报道渐渐显示出其重要性,因而受到了青睐。

一、广播深度报道的含义和特征

(一)广播深度报道的含义

广播新闻深度报道是指运用广播传播手段对新闻事件的来龙去脉做深入分析并预示其发展方向的一种新闻报道形式和手法。衡量深度报道,不是看篇幅长短,也不仅仅看是否属于连续、战役性报道,关键看这种报道是否揭示了新闻事物、事件的本质、价值及规律,是否具有舆论引导力度。

(二)广播深度报道的特点

广播是听觉媒体,它传达的信息只有声音,转瞬即逝,难以反复,不易存留,印象往往不深刻。基于这一点,有人认为广播媒体单纯以声音为介质,声音的易逝性和一次性似乎很难支撑起以深刻见长,需要详尽分析的深度报道样式。

但是任何事物都有其两面。深度报道是人们喜闻乐见的一种形式,而广播又具有采集播发迅速的优势,往往成为社会热点的先声,单纯依靠声音传播的广播媒体反而有可能凭借快速这一优势先声夺人、出奇制胜。

中央人民广播电台的新闻评论栏目《新闻纵横》就是广播进行深度报道的成功典范。开播于1994年的《新闻纵横》在1999年、2001年、2003年蝉联第一、二、三届《中国新闻名专栏》称号,并终身享有《中国新闻名专栏》荣誉,这也中国广播界唯一一个连续三届蝉联"全国新闻名专栏"的节目。[①]

另外,河北人民广播电台的《今日焦点》、石家庄人民广播电台的《清晨热线》的追踪报道,都是优秀广播深度报道,深受广播听众的青睐。这些广播深度报道具有如下

---

① 马良军. 声音成就深度——浅谈广播如何操作新闻深度报道 [J]. 内蒙古大学学刊,2001(6).

特点。

1. 时效上先声夺人

快速是广播最大的优势，更有利于在深度报道中出独家新闻。声音按其组合编码方式有语言、音响和音乐三种，其单声道的采集和接受方式，不管直播还是录播，都可以尽量缩短新闻事实发生与传播的时间差，使受众能迅速并很好地理解所传内容，同时又为听者提供了广阔的联想和思考的空间。

2. 选题的典型性

深度报道在选题时首先要关注国家、社会急于解决的问题，其次是关注群众普遍关心的热点、难点、疑点问题。特别当重大事件刚刚发生时，广播媒体可以有更大的作为，不同于其他媒体具有刊发周期或者要静观等待相对完整的结果，广播深度报道在某项重大决策尚未出台或正处于酝酿阶段时，可以起到启示作用；在群众尚未理解或存在疑惑时，可以起到解释、推动作用。

3. 采访对象选择富于个性

对于广播深度报道来说，好的采访对象除了是新闻的参与者，还要在表达上有某种语言特色或语言魅力，这样才能让听众听得明白，过耳不忘。采访者在选择采访对象时不能只针对事件或人物表面，而要充分挖掘其人物的个性和新闻价值所在，综合分析，整体把握。

4. 报道种类和形式的多样性

广播音响的种类虽然只有语言、音响和音乐，但这三者的组合有多种可能，运用上述三种表现手段，各种声音可以构成多种多样的结构样式，表达丰富多彩的内容。还可利用消息、评论、调查、解释、综述、典型、系列或连续报道、新闻专题等多样化的报道方式，充分发挥深度报道的传播特点。

二、广播新闻深度报道写作的基本技巧

广播新闻深度报道，主要是以录音报道方式对最突出、富有代表性的人物或事物进行的重点报道，包括典型人物报道、先进集体报道、重大事件报道、工作经验报道等。广播深度报道作为一种报道性和描述性相结合的广播方式，由记者叙述、人物谈话或对话、现场音响剪接组合而成。与报纸通讯相比，它不仅有报道词，还有现场实况音响和人物谈话，比较形象、亲切。广播深度报道文字稿的基本表现手法和技巧包含以下几个要点。

（一）利用音响的表现力，增强广播深度报道的现场感和形象性

广播深度报道是通过播音员、记者的声音与现场音响声音来表述的，二者虽然都是声音符号，但是性质却不尽相同。播音员、记者的声音往往具有个人化特点，有时带有一定的主观色彩，而音响则是客观存在的。在广播深度报道中利用音响，其实就是利用客观音响自身的表现力，借以增强广播深度报道的真实性、现场感和形象性。如1984年5月31日，六届人大二次会议胜利闭幕，中央人民广播电台记者采制的录音新闻采用时间顺序结构，一句导语"六届人大二次会议今天下午在人民大会堂胜利闭幕"之后，紧接着便依照会议的十项议程，一项一项顺次报道。为了增强报道的现场感和真实感，报道重复两次使用现场同期声："现在表决。赞成的请举手。请放下。反对的请举手。没有。全体通过。"（掌声）广播深度报道就是要突出现场音响，记者主持人的解说与现场相配合，这种结构

便体现了这一特色。

（二）注重情节和细节描写，做好故事化的处理

受众喜欢听故事，而广播是善于讲故事的媒体，广播深度报道可以被看是新闻事件和"故事"的组合，当然这个"故事"首先要做到真实，是对事实的挖掘。广播深度报道如果没有故事，就不可能把人物形象和重要事实刻画描述得丰满形象、有血有肉。

（三）广播深度报道在报道新闻事件时，应处理好写人与写事的关系

新闻事件离不开人的活动，人群的活动产生了事件，并推动着事件的进展，决定着事件的结局。人物和事件的结合共同构成了深度报道的意义，广播深度报道描写事件过程，要正确处理好事与人的关系，所谓"事因人生，人因事显"。

表达人物除了描述，更多的是对人物典型语言的录用。如中央人民广播电台《新闻纵横》栏目1995年1月3日的一期节目《老师，手下留情》，就突出了写人和写事的关系。一位9岁的黑龙江女孩董静只因马虎，单元测验得了92分，被一位青年女教师殴打，导致长达四五个月的时间昏迷不醒，几乎变成植物人的悲剧。本来就非常贫寒的董静父母，不惜身负巨债，为救董静跑遍全国数家大医院。很显然，记者是带有感情倾向的——既为青年女教师的行为感到气愤，又为董静父母为救女儿所表现出的亲情所震撼。但是所有这些倾向记者都没有用语言直发议论，节目的结尾写道："（董静的母亲）王颖轻轻拍着女儿说'董静不怕，董静不怕，老师再也不打董静了，老师再也不打董静……'"将事件进程、人物活动与典型语言有机交融在一起，展示了丰富的思想内涵。

三、采写广播深度报道需要注意的问题

（一）注意理论思辨性，彰显新闻力量

深度报道的关键在一个"深"字，在于思辨出新闻事实表面之下隐含的本质以及对本质的感悟和认识，以一种反思的态度进行积极的思考，从而实现感染人、教育人、启发人的社会功效。深度报道的生命力在于通过构思严密的逻辑力量，而对于广播深度报道来说，在于以精心的选材——采访、音响，配以理性的思索——记者，主持人的解说，让听众从中悟出道理。

（二）练好采访基本功，获取优质录音材料

深度报道的题材，大多是事实比较复杂、问题成因多的新闻事件，因此，记者必须通过细致入微的采访，进行大量新闻调查，从而把握新闻事实。广播深度报道中由于现场音响和采访对象语言的使用，要求记者不但要发挥自身的表达能力，对新闻事件进行多侧面、多角度的理性分析，更要充分调动起采访对象的积极性，在采访中善于捕捉刹那的语言灵光和特别的音响环境，从而引发听众连绵的反思和情感的追随，把听众从具体事件引向广阔的社会空间，因此说，记者要注重锤炼采访基本功，加强业务素养，做到扎实、深入、理性，只有这样，才能做好新闻的深度报道。

（三）注意各种表现手法的配合和科学运用

深度报道在表现形式上应是不拘一格因事而异的。要运用各种手法，通过电波多侧面、多角度再现丰富的现实生活，以吸引听众注意力，获得好的收听效果。广播深度报道尽管表现方式只有声音，但是声音有多种组合的可能性，如在报道中多一些现场实况展示，少一些记者、播音员的转述；多一些动态和瞬间现场，少一些静态和概念解说。对事

物的分析，尽可能用当事人现场同期声的述说或其他现场纪实手法来表现，以增强可信度。要注意选取具有典型性、富有特色和感染力的情节和细节，让听众如临其境，心弦紧扣。

（四）要把握好广播深度报道中理论分析的度

广播新闻深度报道因其时效性强、报道形式灵活而备受重视，但必须处理好以下两个关系：一是要处理好客观报道与理性分析的关系，要使二者相互补充，报道的重点要放在对深层事实的挖掘上；二是要处理好长与短的关系，防止讲大道理、空道理，稿件不要人为拉长，画蛇添足，该长则长，该短则短。

深度报道再深，也不是理论文章，不能从概念至概念，推理了再推理，不能是理论化、学术化的论文，而需要有故事化的情节细节来展示深度，启发人思考。只有恰如其分地把握其理论功能的"度"，杜绝淡化或淹没了新闻事实的倾向，才能不违深度报道的初衷，使听众在没有过重心理负荷的情况下自然接受。

四、广播深度报道范文分析

范文：

据中国之声《新闻纵横》7时16分报道，争分夺秒抢救生命，千方百计保全物资。为了给灾区群众今后的生活提供保障，这两天志愿者们想方设法帮助受灾群众从废墟里抢救物资。

玉树结古镇胜利路的蒙利茶叶店地震后变成了废墟，老板娘张凤姐在知道家人平安后，就惦念着店里十几万元的财产。昨天中午，看到唐山农民志愿者在胜利路上帮助受灾群众抢救物资，张凤姐就拜托志愿者们帮她把店里的东西抢救出来，尤其是店里的现金。

唐山市农民志愿者调来了挖掘机，先把大型建筑材料搬开，19位志愿者踏在废墟上，用铁锹、甚至用手在土里刨，地毯式搜索茶叶店里的物资。茶叶出来了、烟酒出来了、饮料出来了，光茶叶就装了8辆小汽车。

唐山市农民志愿者队长宋志永：今天就调过来挖掘机，所有的物资帮着清理，帮着运输，还找了特警帮助维护，把老乡的东西清理出来。

除了这些货，张凤姐更担心压在废墟下的钱，为了进货方便，她把现金分放在店铺各处。

张凤姐：有的时候放这边，有的时候放那边，哪个柜子里都放钱，衣服里都放，这个里面塞一点，那个里面塞一点。

100、50、10块，现金一张张从废墟里刨出来了，集中放在一个白色的小筐里，里面甚至有1毛的纸币。张凤姐忙前忙后地帮志愿者们确定放钱的位置。

张凤姐：找出来了茶叶，饮料、钱，我挺高兴。

记者：东西都抢救的差不多了吧？

张凤姐：差不多了，谢谢唐山的大哥，也谢谢全部救援的人员。

现场人员立刻联系玉树邮政局，希望能把张凤姐抢救出来钱第一时间存进银行。钱还没完全找齐，邮政局的工作人员已经在废墟边等候了。当着店主陈永明的面，邮局工作人员蹲在地上，当场按面额大小分类、点钱、整理。玉树邮政局局长陈军勇说，破损的钱要进行登记，按规定处理。

陈军勇：我们及时来现场服务，破损的钱一般都是按照人民银行的规定来进行处理。

24916，店主陈永明把钱捧在手里，一个劲儿地跟志愿者们道谢。

陈永明：我非常感谢，谢谢大家。

中广网北京 4 月 20 日消息（记者刘黎）

分析：

在重大灾难发生之时，广播媒体比其他媒体更有到达优势，实际上，在重大灾难发生之后的初期，广播成了灾区人民了解外界唯一的渠道。同时，如何能在第一时间将这些大事告知世人，不仅关乎我国电台的传播能力问题，更关系到国际影响和软实力等问题。2008 年汶川地震如此，2010 年青海玉树地震同样如此，灾难期间，全国广播系统在节目制作上，特别是在节目编排上有较大突破。

在播发灾难情况、分析灾难成因、救灾状况等新闻同时，一些灾难中感人的故事挖掘也可成为广播深度报道的主要着力点。本篇就是通过描述救灾过程中的一个"废墟找钱"的小故事，反映大灾之下人们相扶相携的大爱主题。

稿件的开始的导语，是由记者解说介绍了救灾中抢救财物的基本情况，之后记者并没有用枯燥的数字来表现整体状况，而是用杂货店老板张凤姐遇到的小故事介入，通过张凤姐、唐山市农民宋志永、邮局工作人员的采访来展现人们之间的配合和关爱，颇有深意和趣味。

思考题

1. 广播新闻与广播消息的联系是什么？什么是广播消息？
2. 广播消息如何分类？
3. 试举一例，说明广播消息的传播特性。
4. 录音消息在导语和主体写作上有哪些要求？
5. 录音消息有哪些结构形式？

作业题

以你的身边事为基础或走出校门，对具有新闻价值的事件采写一条录音消息，要求有文字稿，有现场音响，有本人的口述串联。

第十四章
电视新闻文本写作

———◦ 本章提要 ◦———

　　电视文本是文字在电视中的特殊形式。电视文本是编辑记者的思维成果转化为声音和画面的桥梁，它所独具的蒙太奇思维和视听语言，决定了其写作既要遵循文字写作的一般规律，又必须依照电视文本创作的特殊规律。

　　通过本章的教学，指导学生了解全媒体时代电视新闻文本的种类、特点、结构及写作的一般要求；使学生掌握电视专题报道解说词、电视深度报道文字稿、电视专访文字稿等等文本的写作方法和规律；并能应用所学知识，把采集来的电视新闻素材撰写成不同体裁的电视新闻解说词和文字稿。

第一节 电视新闻文本写作概述

作为一种电子传播媒介的表现形式,广播电视新闻与其他新闻的根本区别在于它是通过电子技术传播的。与传统的报纸新闻相比,广播电视新闻的时效性更强,传播速度更快,它不仅传播新近发生的事实,还传播正在发生或变动的事实。

一、电视新闻传播的优势和劣势

在全媒体时代,电视新闻作为广播电视新闻的一种,由于传播手段上的特殊性,与报纸、广播、互联网络形成了新闻传播领域"大传播、全媒体"的新格局。要理解全媒体时代电视新闻文本写作,首先要懂得在新闻传播新格局中电视新闻传播的优势和劣势,因为电视新闻文本写作与此紧密相连。前章已述,与报纸、杂志等媒体相比较,电视的传播优势同广播类似,主要表现在快速及时,先声夺人;受众广泛,覆盖面广;具体形象,感染力强等方面。然而,电视新闻传播也有转瞬即逝,印象难深;线性传播,难以反复的劣势。

当然,电视媒体曾经还有一些传播劣势,如不易保存、选择性差等,但是由于科技的发展和媒体资料库的建设,电视节目的长久保存已经成为事实。在网络媒体发达的今天,电视媒体和网络媒体密切配合,电视节目的分众化、网络版已经将这些问题逐一解决。

二、电视新闻文本的特殊性

电视新闻文本是文字在电视中的特殊形式,其存在与发展正是要适应电视媒体的传播特性,和画面配合,扬长避短,增强传播的效率。

(一)电视新闻文本形式特殊性

电视新闻文本写作有广义与狭义之分。广义上的电视新闻文本写作,是指用摄像机、编辑机等电子设备,运用电视屏幕提供的电视语言符号(声、画综合而成的)作为书写工具而进行的电视大写作,也即借用"写作"二字来概括整个的电视创作。狭义上的电视文本写作,指专为电视创作而进行的一系列文案工作,它贯穿在电视创作的整个过程中,包括电视选题报告、节目策划书、拍摄计划、采访提纲、节目框架设计、导演阐述、拍摄脚本、串联词、解说词、编辑提纲、字幕等,在此章节中所探讨的电视文本写作是在狭义范围内的,特指后期制作中的文字稿写作。

(二)电视新闻文本性质特殊性

电视新闻文本是电视新闻采写过程中的重要组成部分。由于电视新闻文本在写作过程中除了运用一般的语言文字符号外,还必须掌握影视语言,运用蒙太奇思维,按镜头顺序进行构思。所以电视新闻文本是电视新闻报道的文字表达,是体现新闻主题的文字说明,新闻内容的具体表现。

电视新闻文本对电视新闻的质量和传播效果具有举足轻重的作用。电视新闻文本与报纸、杂志等平面文本的性质有明显的区别,它并不直接与受众见面,因为它不是电视作品的最后形式，而是编导的影像编辑的补充信息，是电视新闻作品形成的基础和前提。可以说，电视新闻文本是一座桥梁，它联结起了前期采访和后期影像制作，把编导的思维成果转化为声、光、电的形式展现在荧幕上，以视听结合的方式达到传递信息、审美、教育、娱乐、服务等目的。

三、电视新闻文本的种类

电视新闻文本的种类与报纸、广播都有相通之处，主要包括以下几类。

（一）电视消息类文本

如前章所述，消息是以文字话语迅速报道新闻事实的一种体裁，它广泛用于传播各个领域新近发生或正在发生的事实，是各种新闻媒体运用最多、最经常的新闻形式。消息的基本特点是"短、广、快、活"。所谓"短"，是指消息的任务是迅速、简要地报道国内外大事。"广"是说消息的报道范围要广泛地反映各个领域的发展变化，记者应把报道立足点面向广大群众。"快"是说消息要以快取胜，它的时效性是今天，是刚刚或正在发生、发展的事实。"活"即活泼、生动、有较强的可听性或可视性。业界一般将消息分为事件性消息和非事件性消息两类。

1. 事件性消息文字稿

事件性消息是以报道刚刚发生或仍在发展变化、一般具有较明确的时间始终点的新闻事件为主的消息体裁。它与非事件性消息相对应，要求迅速及时地反映事件的发生、发展和变化，有很强的时效性和动态性。

事件性消息根据所报道的新闻事件的实发性，还可分为突发性事件和可预知性事件的消息。前者是报道人们无法预料的，甚至是不以人的意志为转移的事物变动。后者报道的则是人们可以通过各种渠道预先得知的，或是记者凭新闻敏感可能预测的、将要发生的新闻事件。

2. 非事件性消息文字稿

非事件性消息是同事件消息相区别的新闻报道。这类消息着重报道的客观事物一般没有很明确的时间，其变动的时态往往是渐近性的。因此不仅报道已经发生的新闻事实，而且要综合运用各种事实表现新闻主题，展现有关事物的基本面貌，揭示其内在本质和社会意义。所以，它对时效的要求相对来说要宽松些，但也要善于利用新闻根据，以增强消息的新鲜感。

（二）新闻专题类文本

不同于纸媒的传统文本形式——专稿，电视节目的报道形式以"专题"呈现，包括以下几个方面。

1. 人物专题解说词

人物专题是以人物报道为中心，主要展示人物的事迹与思想的一种报道体裁。在我国，人物专题在新闻专题中一直占有很重要的地位，其中以表彰先进人物为主要内容的人物专题比重最大。

人物专题的报道要注重报道对象本身的意义和知名度，人物专题解说词要遵循贴近受众的原则，力求与受众在一定时期内的特定需要与行为动机相吻合。同时要尽量做到报道深入人心，使受众愿看、爱看。

2. 事件专题解说词

事件专题是反映具有典型意义的新闻事件的一种报道体裁，它有以下特点：有明确的行为主体；发生的时间、地点比较集中；有开头，有过程，有结尾；常常带有鲜明的矛盾性和冲突性；有具体的原因和结果。

事件专题的报道有明确的目的，因此事件专题解说词要线索清晰、脉络分明，要形象地再现事件的特性，力求体现事件的深度、广度。

3. 研究性专题解说词

研究性专题是通过对社会生活和实际工作的综合分析，得出经验教训和规律性认识的新闻专题节目。研究性专题具有强烈的针对性和指导性。它或者通过对现实生活中美好事物和实际工作成就的考察，概括出具有普遍意义的经验；或者分析消极社会现象和工作中存在的问题，引出发人深省的教训，借以指导社会实践，推动实际工作的开展。

采写这种专题，要求记者以高度的社会责任感和敏锐的观察力，深入实际，及时提出问题。文字稿要善于透过现象看本质，鞭辟入里地触及问题的实质和要害。

4. 深度报道文字稿

深度报道是一种阐明事件因果关系、预测事件发展趋向的报道形式。它不满足于向受众提供简单的新闻事实，而是对新闻要素做深入挖掘。一方面剖析新闻事实的内部，另一方面展示新闻事实的宏观背景，从总体联系上把握其真实性。

深度报道的"深度"是一种全方位的、蕴涵着事与理的思辨深度，它所涉及的时间、空间跨度大，范围广，能满足人们对多个信息进行对比、综合的欲求，这是一般消息所没有的，因此对记者的要求也更高。

5. 谈话节目文字提纲

一人或多人完全用讲述的方式表现节目内容的节目形式，其特点在于，它不是对于某时某地发生某事的具体报道，而是通过各抒己见的谈话，传播观点与见解，反映当代人的心态、观点。

常见的新闻谈话节目类型包括访问型、讨论型、故事型等。多数情况下，节目是在主持人主持下，邀请嘉宾和观众，就群众普遍关注的问题，以平等的对话交流方式，充分表达各自的意见、观点和见解。因此，谈话节目的成败，很重要的在于选择好的话题、参与谈话的对象和主持人驾驭现场的能力，因而谈话节目的文字提纲要简要精辟，符合议题。

（三）衍生类文本

之所以称之为衍生类文本，是因为这类文字稿是因电视新闻播报方式不同而产生的文本形式。

1. 现场报道（录播）解说词

现场报道是记者在新闻现场边录音响和画面、边采访、边解说报道的形式，包括直播和录播两种播出方式。其基本特征是报道者身在现场，以观察者身份出面述说。其制作特点是记者在新闻事件发生的现场，边看、边听、边说、边录，融采、录、播于一体，因此时效性强、现场感强，可以让受众在第一时间获知信息、充分感受现场情景，这是现场报道最显著的优势。

由于现场报道要求记者在事件现场一次性完成报道，对新闻记者的要求也很高。记者必须熟练掌握采访提问技巧，要有新闻敏感性，要有敏锐的洞察力和随机应变的能力，要充分做好采访前准备等。现场报道的解说词，有时候就是主持人的随机腹稿，但其话题内容、话题对象、表述方式都有一定规律可循。

2. 连续报道文字稿

连续报道是对同一新闻事件或新闻人物在一个阶段内的有关情况的发生、发展、结局的连续性报道。这种报道形式最能体现广播电视进行式的报道特点，报道以时间为顺序，随着事件的发生、发展的进程而展开。由于连续报道所具有的连续性，使报道内容更能突出事件实质，形成舆论力量，引起广泛关注。其文字稿除了每次报道新信息的补充，还要前后照应，加强反复。

3. 系列报道文字稿

系列报道是指对某一新闻主题，从不同角度、不同侧面所进行的多次报道。它由多个独立的报道单元组成，单元之间没有内在的必然联系，但它们集合在同一主题思想上，以求对新闻事实作比较系统、全面、有一定深度的报道。

4. 电视新闻评论文字稿

这是广播电台、电视台针对新闻事实做出评论的一种体裁，主要是针对当前具有普遍意义的事件、问题或社会现象表示的意见或态度。消息类、专题类新闻节目的区别在于，它的任务不仅是报道事实，更是要通过对具体事实的分析揭示其实质，阐明对于事实的见解态度，借以影响、引导社会舆论。

三、电视新闻文本的写作要求

（一）文本结构要求

1. 结构要简明

电视新闻的结构要适应线性传播的特点，线索要清晰，结构要简明，让受众在几分钟的时间内掌握报道要点。最常用的结构是按照时间顺序或逻辑顺序展开的顺序式结构。

2. 层次要清楚

在叙事繁简适宜、详略得当的基础上，做到事实之间相互照应、环环紧扣，段落之间过渡自然、步步衔接，使之成为层次清楚的有机整体。

3. 材料组织要整体构思

电视新闻是由多种元素组成的，要求从整体出发，对文字、人声、音响、画面、音乐诸元素进行合理安排，使它们协调一致，发挥整体效应，共同为表达电视新闻的主题思想服务。

4. 核心信息要突出

电视新闻对核心信息要加以强调和突出，如对核心信息进行适当的重复，在主体部分巧妙强化核心信息，围绕核心信息选择材料和突出主干材料等。

（二）文本语言要求

视听语言是电视的基础和生命，是电视传播信息的手段，电视依靠它来区别于其他媒体，这是电视得以形成的必不可少的先决条件。

视听语言主要由三部分要素构成：一是视觉部分，包括屏幕画面和字幕；二是听觉部分，包括有声语言、音乐和音响；三是文法句法，即蒙太奇这种镜头剪辑技巧。作为电视视听语言的一部分，电视新闻文本语言就有了许多与纸媒不同的要求。

1. 文字语言表述要明白晓畅、通俗易懂，易于受众接收、接受

电视新闻线性传播、转瞬即逝的特点，要求受众的思维紧紧跟随，容不得细细揣摩，同时，电视受众面广，文化、年龄不同，因此，电视新闻写作的语言应明白晓畅，易于受众接收、接受。

2. 文字语言表述要准确

电视新闻要求真实、准确，新闻报道对象必须确有其事，因此，要求电视新闻写作运用的文字语言，不论是对过程的介绍，对细节的描写，还是对引语的表述，对资料的表述，都必须是准确的。

3. 报道信息要相对完整

由于客观事物的复杂性和运动性，一则电视新闻并不能完全涵盖事实的变动、趋向和结果，但是电视新闻文本必须注意某一时间段内报道信息的相对完整性，让受众准确掌握所报道事物在该时段内的性质和状况。至于事物后来的发展状况，则是后续报道或系列报道的任务了。

4. 文字语言要同电视新闻的画面、声音紧密配合

电视编辑中的画面是语言的画面，解说是画面的解说。画面依靠解说去充实，解说依附画面而存在。二者相辅相成，相依而行，共同完成塑造形象，传达主题的任务。因此，电视新闻要注意声画关系、现场音响、同期声音，使之各司其职，各展所长。

第二节 电视短新闻文本写作

这里所说的电视短新闻，是指消息类的电视新闻，或称电视消息，大多为几个画面镜头，配上几百字的文字（声音）报道。

新闻写作是以采访为基础的，电视也不例外，当记者在考虑电视新闻写作的时候，其实往往是已经历了前期策划采访、现场采访拍摄、初步编辑等过程。此时，构成电视短新闻的典型画面已经成型，我们要考虑的是如何写出与这些画面相匹配的文字。具体来说，电视短新闻写作要遵循以下基本原则。

一、阐释画面，补充其信息量的不足

由于画面具有现场性、多义性等特点，单纯的画面不可能将新闻的五要素完全交代清楚，这就需要文字稿进行阐释补充。有时候画面本身的信息量不全面，需要语言补充才能够形成完整的新闻信息。让我们来看看下面这则电视新闻报道：

巴格达遭空袭纪实[①]

冀惠彦　董志敏　水均益

导语：巴格达当地时间19日凌晨1点30分，伊拉克首都巴格达遭到美英第三轮大规

---

① 孟建，祁林．广播电视新闻范文评析[M]．北京：新华出版社，2001．

模的巡航导弹袭击，巨大的爆炸场震撼了整个城市，这是三天以来美英对伊拉克最为猛烈的一轮导弹袭击。请看本台驻巴格达记者发回的报道。

同期声：观众朋友，我现在是在巴格达市中心的新闻中心二楼的平台上，现在是伊拉克时间12月19日凌晨的4点多，也就是北京时间12月19日上午的9点多，我们听到整个巴格达市区爆炸声响彻夜空，爆炸声音在我们身边不断响起，有很多防空火炮和高射机枪在对空射击，爆炸场音在我们附近响得很强烈，我们周围各个方向都有爆炸的声音，而且可以看到强烈的火光，在我们的正前方刚才已经有三颗炸弹落了下来，巨大的火光把天空整个都染红了，在我们楼顶上，我们可以看到有一个高射机枪不断地对空射击，在我的右侧就是伊拉克的国防部，大家可以看到远处又红了一片，我们马上可以听到爆炸声，根据声音的反馈应该有将近七八公里的样子，我们可以看到一枚巡航导弹横着飞过去，这个地方可以说是巴格达比较具有战略意义的一个地方，因为在我的右前方这个位置就是萨达姆总统的总统府，在总统府的旁边一点就是总理府，总理府这边一点就是国防部，在我的后面是它的外交部，这次空袭一共持续了45分钟，到目前为止空袭的警报还没有解除，而与此同时，巴格达清真寺的祷告声已经传出了，这就标志着一年一度的穆斯林斋月从今天正式开始了。

这是中央台记者从伊拉克首都巴格达报道的。

（中央电视台1998年12月19日播出）

这篇报道极具现场感，纪实性。1998年底，美英两国对伊拉克发动了代号为"沙漠之狐"的空中打击，面对这一全球瞩目的国际事件，中央电视台首次派出记者在炮火纷飞的国际军事冲突中进行现场报道，发回了《巴格达遭空袭纪实》这则电视新闻，其强烈的现场感和纪实性的表现手法给观众留下了深刻的印象。

这则电视新闻摒弃了传统的依靠解说词进行叙述的方式，观众只要通过镜头和主持人现场同期声就可以完全看懂是怎么回事。摄影师在拍摄横着飞来飞去的巡航导弹，防空火炮和高射机枪射击的场景时，长镜头的运用十分巧妙，再加上强烈真实的炸弹爆炸的战场声响确实给人以身临其境之感。尤为难能可贵的是，当时水均益现场解说的地点附近就是总统府、总理府、国防部、外交部等空袭重点打击目标，最近的炸点距离摄制组仅800米，他们的生命随时会遇到危险，然而摄制组临危不惧，处乱不惊，出色地完成了报道任务。最后，报道采用国际流行的结尾方式，对比鲜明，意味深长，给全片画上了圆满的句号。

二、电视短新闻写作必须清晰准确

清晰准确是任何新闻写作都必须遵循的准则，但是对于电视短新闻来说，其意义尤其重要。报纸主要由文字进行传播，一个新闻场的各种层次的信息都要通过文字表现出来，不管是阐述事实的说明性文字还是渲染气氛的较为抽象的文字。相对于报纸，电视短新闻的语言的功能将更单纯。它不需要担负诸如塑造形象这样的任务，只要把具体的新闻事实阐述清楚就行了，这种功能的限制使文字语言在电视画面中往往简单明快，而较少修饰。

三、电视短新闻写作突出口语化特征

电视短新闻的文字稿不是给人看的,而是由主持人说出来给人听的,因此必须要求电视新闻文字稿有听觉语言的特征,照顾到传播对象对新闻信息的接收特点。在这点上,对电视新闻文字稿口语化的要求与广播口语化的要求非常类似。

四、电视短新闻是完整的新闻文体,要符合一般新闻文体写作要求

相对于报纸和广播来说,由于电视新闻还要考虑到画面的因素,因此短新闻的创作更加复杂。

（一）导语写作

对于电视新闻报道词来说,导语一般也是指开头第一段,通常由最新鲜、重要、吸引人的事实构成。它或概括全篇,或提纲挈领,或揭示要点,或引出置疑,起着开门见山、引人入胜的作用。它以极简要的文字介绍消息的主要内容,揭示新闻的主题,引起读者、听众、观众的注意。要写好短新闻的导语,需要注意以下几点,即选材精粹、简短精练、照应主体。

选材精粹——突出最具新闻价值、最有吸引力的事实,或者突出最能表现最新事态的新闻要素。导语不可能也没有必要概括全部新闻要素,而只能着重强调某些最重要的因素。

简短精练——新闻导语的句式要短小精悍,表意要简洁,避免繁琐冗长。

照应主体——作为一则消息的有机组成部分,导语不管以什么形式出现,在内容上及语言上,要与新闻主体协调一致,相互呼应,防止相互脱节或矛盾。

（二）背景和主体写作

新闻主体是对导语的展开叙述,是对导语所涉及事实的延续和补充,要给观众更加明晰和清楚的信息。由于任何新闻事实都不是孤立的,都是在一定的背景下产生的,所以主体的制作除了要交代清楚新闻事实本身以外,还要交代人物的经历、事件的沿革等背景材料。如在《巴格达遭空袭纪实》这则消息中,为了增加新闻的立体感和厚度,对于新闻活动的背景介绍运用十分恰当,还有事件产生的客观环境、主要新闻人物的简历、相关事件的联系等,电视短新闻常用背景来拓展画面的含义。

同时应注意,主体写作强调对导语所涉及事实进行注释和补充。主体发展的脉络应紧扣着导语涉及的内容加以丰富和延伸,而不是机械、简单地重复。

第三节 电视新闻专题报道的解说词写作

一、电视新闻专题报道的特点

电视专题报道是综合运用各种电视表现手段与播出方式,深入报道某一重大新闻事件,或某些具有新闻价值又为广大观众所关心的典型人物、经验、新出现的社会现象,以

及某一领域、地区新面貌等题材的新闻报道形式。它具有如下特征。

（一）新闻性较强

专题类新闻节目必须具有新闻性，这是新闻专题报道区别于社教类节目的主要特点。新闻专题是围绕新闻事件或新闻人物、新闻典型等展开的。报道具有时效性，报道的内容或是新近发生的，或是适宜于当前形势需要的。

（二）主题深刻

新闻专题不仅报道重要的新闻事实，而且注重反映事物或事件的发展变化过程、原因和影响。从选题方面来说，注重从反映社会脉搏和时代精神的高度提炼主题。在新闻要素里面，更注重"为什么"（Why）和"如何"（How）这两个要素。所以，电视专题报道所揭示的主题都比较深刻。

（三）专题性明显

专题类新闻节目是消息类新闻的延伸和拓展。在报道内容方面，它注意多侧面、多角度、多层次地展现新闻事实及相关的背景资料；在报道时间上，它有足够的长度，能容纳分析、透视事物的内容；在传播形式上，它往往没有固定的栏目或者特别节目，作为传播新闻性专题的窗口。

（四）表达方式多样

电视新闻专题可以有恰当的描写、抒情和议论，并大量使用文字语言之外的其他符号进行传播，如音乐、音响、特效等。它还可以用对播、交谈、问答或嘉宾、听众参与的访谈方式播出。

二、电视新闻专题报道解说词的作用

电视解说词是电视节目中的有声部分。电视解说词的创作，并不等同于单纯的写作，它是电视节目创作中的一种手段，一种重要表现因素。解说词依附于某一个电视节目而存在的，是对电视资源的一种处理和安排，它同其他电视表现手段结合起来，无声的画面加上有声的语言，共同配合，共同完成节目的创作。电视解说词是节目制作者传达创作意图，帮助观众理解节目内容的一种重要方式，尤其是在电视专题节目中，更是不可或缺。

解说词最基本的一点是补充解释画面，对画面无法传达的间接信息，尤其是那些抽象的，难以通过画面直接感知的问题，给予充分的说明，提高信息传递的精确度和明晰性。如画面上是天蒙蒙亮时一个中年男子在蹬着一辆三轮车，解说词是"某某每天凌晨四点都要准时去菜市场接菜"，交代的是人物和时间。这是画面语言中无法表达，但又是必须传播的信息。

解说词一般不应该简单重复画面上的内容，但有一种情况除外，就是用解说词将重点细节加以突出强调，使观众由无意注意转向有意注意，这是由电视片稍纵即逝的画面特点所决定的，如画面上是太阳高照，人们热得扇扇子，解说词是"艳阳高照，大地热得像蒸笼一样"，这是重复信息，因为画面本身就传达了"热"的信息。如果解说词改为"今天的气温高达38℃，据了解，这样炎热的天气还将一直持续到下个星期"，讲出画面上看不出来的内容，这种补充就是必要的。

解说词还有一个画面所达不到的作用，那就是深化主题。深化主题的方法，可以是补充相关背景信息，或者是高度概括地对事件意义进行总结等。如2008年度获中国广播电视新闻奖的作品《交警来开会，高速路堵车》，说的是黑龙江和吉林两省交警联手开展打击高速公路违法行为专项行动，却把会场设在了高速公路的收费口。作者采用对比表现手法，一方面是交警热火朝天开会，一方面是因为开会封闭路口造成的40分钟的交通堵塞。解说词没有直接表达批评意味，而是说"今天凌晨京哈高速路德惠段发生了一起交通事故，造成了交通堵塞，几个小时后才通车，可司机们没想到，走到这又被交警拦住，不让走了。"简练的解说词，与司机的怨声载道配合，展现了官僚主义的危害，在事实基础上通过简笔勾勒表达出全篇主题。

可以说，评价电视解说词优劣的标准，已并不单纯从文章的谋篇布局、段落划分、遣词造句的好坏来定，最根本的是看其与画面的协调和配合适当与否。一句话，就是为"观看"而写作，为"感知"而解说。以往惯用的"解说＋画面"的电视编辑手法已过时了，也被广大观众所厌弃。电视更鲜活更真实的根本途径是加大同期声、现场声的采录，大量运用长镜头，用事实本身说话，让出现在电视里的人自己说话，与观众交流。只有这样，才能提高电视编辑的质量，最大限度地满足电视观众的欣赏和审美需求

三、电视新闻专题报道解说词的特点

（一）电视新闻专题解说词是对电视画面进行补充和升华式说明，不能独立成篇

电视是视觉艺术，可视性是它最基本的特性，电视专题片也不例外，它的解说词只能是对画面的补充说明，很类似于"看图作文"，但不能是简单地照葫芦画瓢式地说明，必须对画面进行补充和升华，尽可能用少量的文字，使观众获得最大的信息量。

如1998年重庆电视台拍摄的《走进贫困山区》中有下面几段解说词：①

1. 在一座大山上，记者寻访了一户岩洞人家，如果不是亲眼所见，人们也许不会相信这是事实。

2. 奉节县长安乡岩下村，因为贫穷，有点办法的农户都举家外迁，现在全村只剩下10来户40几口人，是我市人数量最少的村。这位农妇结婚已经35年，而结婚前丈夫家里的被子，至今还在使用。

3. 面对贫困，重庆已别无选择……

单看这三段解说词，读来并不连贯，甚至令人感到丈二和尚摸不着头脑。但如果加上两段同期声采访，情形便大不一样了。第一个同期声在1、2之间，用画面和同期声采访姐弟俩。

记者："你们住在这里边怕不怕？"

答："不怕"。

记者："那你们想不想住好房子呢？"

答："想"。

记者："想不想读书呢？"

答："想读书"

第二个同期声在2、3间，采访主人的妻子。

妻子："这个棉套么，我来他们就有，这么些棉套……"

---

① 赵华琳. 电视编辑中画面与解说词的关系 [J]. 晋阳学刊, 2001 (3): 81-84.

记者:"你结婚嫁过来的时候,你们家就有,就用这个?"

妻子:"啊"。

记者:"那用了几十年?"

妻子:"啊"。

这样通过画面、配以解说再加上两段穿插进去的同期声采访,便将这个家庭的贫困程度及对新生活的渴望完全传达给了观众。可见解说词不是依靠语言自身能够独立完成的,它要与画面和其他手段一起,共同去完成对事件全方位的报道。

(二)电视新闻专题片报道词的语言应准确、通俗、朴实、生动

因为电视新闻专题片报道词最终是化为播音语言传播给观众的,所以这方面与前面提到的电视短消息写作要求相同。

报道词除了口语化要求外,还要讲究修辞,如比喻、对偶、排比、拟人等,生动朴实的语言与形象化的画面组合,才能产生强烈的感染力。如表达一个大学通过刷卡取水而节约用水的解说词,如果写"到目前为止,每年学校用水由原来的 102900 吨下降至 2300 吨,节约十万余吨水。"不如接着写成"十万吨水相当于每天把水龙头开到最大流两个小时。"这样写就会变得形象起来。如果电视新闻解说词出现了历史年代,要让受众一次性了解这个年代,可以用著名的历史人物或历史事件作参照。如提到公元 755 年,可以补充说是唐代大诗人李白生活的年代,或者说是"安史之乱"爆发的年代,这样进行形象化处理会使新闻活起来,更加有趣生动。

(三)电视新闻专题片解说词的写作应是感性笔触上的理性思辨

电视新闻专题片应具有感性和理性双重特色。所谓感性即电视新闻解说词的写作是语言的艺术,特别是对于影像中存在纪实段落的电视新闻专题片,解说词配合画面和其他电视元素形成的电视新闻主要诉诸受众的感官。所谓理性是指电视新闻必然要以一定的新闻观念、新闻理论为指导进行采访报道和新闻写作,表达某种意图和倾向。电视新闻专题片文本要在真实准确、凝练概括的前提下达到反映舆情,引导舆论的作用。电视新闻的画面往往只能形象地反映和表现新闻事件,增强新闻的现场感和形象性,而不能表现新闻内涵,彰显报道主题,这就给解说词提供了一个提高报道主题的空间。

总之,我们在报道电视新闻时一定要认识到解说词的重要性,它和电视画面是不可分割的。仔细推敲解说词会更好地把电视新闻的内涵传达给广大观众。

四、电视新闻专题报道解说词的锤炼和意境的营造

(一)通过标准规范的语言锤炼"准确"

解说词特别是新闻解说词是一种公共语言行为,因此在写作过程中必须注重语言的规范性。在一般受众眼里,电视语言应该是规范语言,这是对媒体的信任和要求。从这一角度说,媒体担负着舆论导向和语言导向的双重责任,媒体应该是语言规范的典范。所谓规范,就是按照汉语语法,遵循社会大众共同认可的语言运用标准。电视语言不同于网络语言,不能追求"标新立异",把还没有被大多数人认可接受的"创新语言"运用到解说词中。电视语言作为人们接触最多、影响范围最广的语言形式,其规范化的重要性不言而喻。随着社会发展,社会语言空前丰富,但不可否认,逻辑混乱、语言失范的问题也同时出现。生造词语、用语粗俗、病句错句、错字别字、词不达意等问题正困扰着受众和媒体

工作者，给受众带来了视听和理解障碍，从而影响了节目质量。这就要求我们必须加强自我修养，提高语言文字水平，严格遵守语言文字使用规范，将失误降至最低甚至为零。

（二）通过客观准确的语言锤炼"真实"

真实是解说词的生命线，如果解说词是虚假的，一切都无从谈起。因此解说词写作必须建立在真实的基础上，只有客观真实，才能有说服力和生命力，才能取信于民。西方学者主张以公正的、超然的、不含成见的态度报道新闻，意见必须与新闻分开，这种观点同样适用于解说词写作。在实践中，有些解说词可能自觉不自觉地掺杂一些主观意识，如对某项工作、某种事物主观评判，甚至小题大做得出结论，如"极大地促进了……从而确保了……"，此类语言既有强加于人之意，又有画蛇添足之嫌。解说词的任务是配合画面，将事实更清晰地呈现给受众，至于结论应是受众视听思考的结果。当然，解说词总会带有作者的倾向性，但这种倾向要通过事实的选择、词语的锤炼、句式的运用、修辞的技巧等表现出来。一般而言，解说词应尽量慎用或少用以下词汇：一是模糊概念如"几天前"、"一天夜里"、"非常美丽"等；二是表意绝对的词汇如"登峰造极"、"空前绝后"；三是感情色彩强烈的词汇如"蛮不讲理"、"恶狠狠的"；四是推断性、结论性语言如"强力推动了"、"切实加强了"；五是不规范的网络语言和方言。

（三）用通俗流畅的语言锤炼"直白"

解说词的作用是设法把听觉信息与视觉信息相互结合，补充、完善、延伸、深化画面内涵，因此，解说词应当是大多数观众听得懂的大众通俗语言。但通俗不能庸俗，更不是媚俗，解说词不能使用粗俗的语言，并尽量少用或不用专业学术用语，非用不可时，也要做适当解释。另一方面，解说词最终要由播音员以语音形式传送给观众，这就要求要特别注重音韵美，注意语言的节奏感，避免使用过于冗长的句子，使之读起来朗朗上口，听起来声声悦耳。

（四）用简洁形象的语言锤炼"意境"

由于解说词是配合电视画面的解释性文字，简洁明了是必然要求。要做到简洁应把握两个不用：一是言之无物的空洞语言不用；二是和画面语言完全重复的语言不用，如画面是满树通红的苹果，解说词是"树上挂满了通红的苹果"，画面是雨景，解说词是"下雨了"。解说词应在延伸、深化、美化上下工夫，使观众听了对画面有更深层次的理解和思索，使画面有更强的感染力。形象虽不是解说词刻意追求的目标，但形象化的语言能把抽象变为具体，把呆滞化为生动，使整个作品多几分灵气。

数字的灵活运用就是明显的例子。解说词不可避免地要使用数字说明问题，但过多的数字罗列不仅枯燥无味，而且观众在瞬间无法综合比较分析，很难得出理性结论。在数字形象化运用上，有许多成功范例值得借鉴。如把纺织接线工每天走的路合计写为"能在北京十里长街走五个来回"；把全国白酒消费量写作"可装满两个西湖"，这样的解说具体中不乏生动，使抽象的数字有了一定的形象感觉。由此可见，形象化的语言往往能更准确地表达作者的匠心，使寓意含蓄而深刻、表达生动而具体。生动形象的语言在一些专题片中尤为重要。

总之，单从文字语言上讲，解说词要力求清新、自然、朴实。写好解说词要有扎实的文字功底和较高的文学艺术修养，要有丰富的词汇积累和广阔的知识面，博览精思、厚积薄发才能出精品。

第四节　电视深度报道的文字稿写作

一、电视深度报道的演变

什么是深度报道？《新闻学大词典》是这样定义的："运用解释、分析、预测等方法，从历史渊源、因果关系、矛盾演变、影响作用、发展趋势等方面报道新闻的形式。"① 中国人民大学的喻国明教授认为：客观报道的基本要求是"实事"，深度报道的本质要求就是"求是"。②

我国的深度报道发端于 20 世纪 70 年代末 80 年代初。那时国家的政治、经济、社会生活等领域正在发生重大变化，这些变化程度之深、影响之巨，使人们迫切希望迅速获知有关信息的全貌；与此同时，此前的平面、单一、孤立的报道形式，已远远不能适应纷繁复杂的形势的需要。为了适应新形势下的新情况，我国新闻工作者开始探索寻求新的报道方式——深度报道。

20 世纪 80 年代，我国的深度报道得到了较大的发展，以纸质媒体为首的深度报道步入前所未有的高潮期，继之而起的是学界对深度报道的大量研究。

20 世纪 90 年代前后，为适应社会经济形势变化而出现的电视深度报道迅速发展起来，频道增多，多种形式的深度报道（包括访谈类节目）出现，并越来越引起受众和媒体的关注。可以说普遍认为，电视深度报道是"以电视媒体为传播载体（平台），以意义重大、影响深远，具有挖掘和拓展潜力的核心新闻事实（新闻事件、新闻人物、新闻话题三大类）为中心，立体多维、多层次、多时空地系统呈现新闻事实的历史和现实背景、因果关系、辐射影响以及发展动态，以揭示其实质、追踪和探索其发展趋向的报道方式"。③

二、电视深度报道的思维品格

电视深度报道所传递的任何理性信息，不是凭作者的感觉和知觉得到，而要经过一个认识中介，即思维。思维，是对社会生活理性信息的一种内化活动，是由生活到新闻作品的一种内在图式。这种内在图式的建构，理性信息获取的快慢，质量的高低，贮存时间的长短，均由思维所决定。忽视思维、缺乏思维，电视深度报道的写作活动是难以展开的。因而，对电视深度报道文本写作者来说，首先必须了解和掌握电视深度报道的思维品格。所谓思维品格，就是指在展开思维的逻辑起点、传递理性信息的方式、表现理性信息内容的过程，以及认识的深度广度等思维环节中所体现出来的特性。

（一）思维的宏观性品格

电视深度报道要提出事关全局的问题。深度报道中思维的宏观性则要求记者从全局和

---

① 孙诗语. 电视深度报道概论 [J]. 新闻世界，2009（10）：103－104.
② 喻国明. 深度报道——一种结构化的新闻操作方式 [J]. 电视研究，1997（6）：12－15.
③ 孙诗语. 电视深度报道概论 [J]. 新闻世界，2009（10）：103－104.

整体出发，高屋建瓴地思考问题，将思维对象放在更加广泛的社会背景下和社会系统中进行透视，从而避免只见局部、不见整体，只见树木、不见森林的毛病。

（二）思维的人文性品格

从本质上讲，人文情怀只是一种意识，不是操作方法，而深度报道始终要秉持一种人文意识，要把对普通人的生存境遇和发展要求的关注、对个人价值和社会发展的关怀凝结为内核，好的深度报道特别突出的品格就是忧患意识和人文情怀。

（三）思维的立体性品格

一些记者习惯从一个方面、一个层面去看问题，用一个模式、一种标准去衡量事物，回答问题也习惯做简单的"肯定"或"否定"。这样的思维方式常常容易在局部真实的掩盖下，造成整体上的失实。立体性思维要求对认识对象要进行多方位、多层次、多角度地思考和探索，力求真实地反映事物的整体，以及这个整体和周围事物构成的立体画面。立体性思维要求记者摆脱以往形成的思维惯性或思维定式的影响，全方位思考报道对象。

思维的立体性品格还应体现在记者的创造性报道上。所谓创造性不是生搬硬造，而是从司空见惯的新闻事实中挖掘出与众不同的思想观点，通过对诸多新闻事实进行过滤、筛选，在重新组合中提炼出独特的思想。在这种综合创造性加工的过程中，储存在记者头脑中的各种材料均被作为新闻写作的思维元素进行加工、重新组合，从而实现信息的增值，产生新的价值。从这个意义上说，任何形式的深度报道都不是文字的随意组合，都不是生活影像的简单排列，而是记者智慧的结晶。

（四）思维的动态性品格

思维的动态性是深度报道区别于平面报道的一个显著特征。常言道，变动出新闻，没有变动就没有新闻。在深度报道中记者要能真实、客观地反映动态中的新闻，就必须要求自己的思维具有动态性，特别在进行式报道和连续式报道中最能体现这一特征。这种动态性要求深度报道记者可以通过规律对事物的发展进程进行有效预测。

三、电视深度报道的话语分析

（一）电视深度报道的话语含义

媒体是通过话语作用于受众的，媒体营造了一个巨大的话语场，它容纳并呈现政治、经济、科学、宗教、道德、文学、艺术以及日常生活的各种话语形式，根据自己的意图与模式进行改造，对这些话语进行再组织。大批的媒体人物如记者、主持人以及参与媒体事件的相关人物等，是媒体产品和媒体话语的生产者。深度报道中记者以调查者的身份出现在镜头前，对新闻事件、新闻人物进行一系列调查采访。记者的活动成为构筑媒体话语的一种形式，具体来说就是新闻媒体将其观点、立场通过记者的话语表达体现出来，同时由于新闻事件本身与人们的实际生活和切身利益息息相关，媒体又会将其意识形态渗透到公共生活的各个领域，从而发挥其舆论引导作用，用媒体的立场和观点去改造公众的立场和观点，从而达到预期的传播效果。

（二）电视深度报道的话语本质

媒体拥有话语生产的巨大资源和权利，因而大众媒体正以平稳而快速的步调扩张其能力，表现为媒体在一切领域"发言"，并施加影响。话语在本质上体现为新闻媒体的介入姿态和介入方式，这种介入不仅体现在狭义层面上记者的个性诉求与职业表达，同时体现在广义层面上记者调查过程中潜在的价值导向。显然，介入方式的多样性决定了话语表达的多元性，从而构建起从言语信息到体态信息、从问题设计到文本叙述的"话语图景"。就深度报道而言，尽管话语方式具有某种开放性和包容性，但记者的话语必须建立在新闻专业主义的基础上。如果记者的话语方式与栏目的风格定位、道德规范发生抵触，势必会引发角色冲突。因此，深度报道对记者的介入方式要求更为苛刻。采访是否到位？调查是否深入？探寻是否完满？导向是否正确？质疑是否合理？视角是否独特？……这些基于话语介入层面的职业要求，客观上构建了记者话语方式的特殊性。

（三）电视深度报道的话语把握

电视深度报道作为新闻报道的一种形式，其客观性原则要求记者以超然的态度公开报道最充分的事实，但在某些情况下，记者会不自觉地流露出个人情感。《新闻调查》有一期节目叫《山顶上的希望》，在这期节目中，当主人公费力地往山上抬水时，记者很自然地问了一句："我能帮你吗？"这不禁引起我们的思考，从公正、"无立场"的角度看，记者能帮别人抬水吗？

新闻的核心价值是要传递未经修饰的事实真相，一个不容回避的问题是，记者作为一个有感情的人，会不自觉地在采访中倾注情感。采访的情感介入的底线是什么？情感介入会不会误用了电视深度报道的话语权力，产生错误的舆论引导？

可以说，情感介入不能无节制地转化为一种纯粹的情感宣泄，其底线体现为是否符合受众"换位思考"心理机制下的生活经验和认知经验，是否维护了基于实体正义层面的话语平衡。生活的真谛告诉我们，属于情感范畴的介入方式往往与真相、正义联系在一起，而且完全建立在受众情感认同的范畴之内。

在电视深度报道中，如何把握记者的情感倾向，把握话语，使深度报道表达某种意图时更加真实公正呢？

1. 电视深度报道要充分运用画面语言展示真实

为什么同源的新闻事件，用纸质媒体和电视来报道就产生不同效果？原因就在于，电视新闻所表现的内容虽然与报纸新闻一样，都是对特定时空中现实存在的再现，但前者给受众看到的是活动逼真的画面，因而带给受众的是一种真实的现状，或者说是一种正在发生和进行着的生活的真实。不是说报纸就不能让受众感受到这种真实，关键在于，活动的画面，具有报纸所无法具有的现场感和视觉冲击力。

同时，电视深度报道也需注重时效性，尽管有时电视深度报道的拍摄制作需要耗费数月甚至一年时间，但在电视深度报道的画面编辑和解说词的写作中，同样要注意把握时态，强调时效性，千方百计缩短深度报道的新闻事件的时空距离与观众收看时的心理距离。如中央电视台2001年9月3日播出的一期节目，观众看到以下画面：卖不出去的月饼拉回厂里，刮皮去馅、搅拌、炒制入库冷藏，来年重新出库解冻搅拌，再送上月饼生产线。记者为隐蔽拍摄这些视频等待了近一年时间，这一年前拍摄的视频和一年后的视频剪接，配上记者的解说词，受众很能理解南京冠生园食品厂偷偷地把一年前的月饼馅又拿出来制作"新月饼"，这给人以一种很强的现场冲击力，而这种现场感受在纸质媒体和广播的同类报道时是不容易在受众的感觉中产生的。这是因为，电视新闻活动画面的播出，是与受众的收看同步进行的，同时也说明，受众对电视新闻的接受与理解是准确的和到位的。

2. 电视深度报道要通过准确的解说词补充真实

考虑到电视画面叙事的多义性特征，只满足于用画面来叙事是有缺陷的。仍然以"南京冠生园事件"为例。我们可以了解到，画面的游移、模糊，即多义性是怎样通过文字和语言的介入而变得清晰和准确的。

第一组画面：

A. （画面）南京冠生园食品厂光线昏暗的车间，一扇黑漆漆的门打开了，几个身穿白大褂的工人正在从里面搬出一箱箱的东西来……

B. （记者画外音）这里是南京冠生园食品厂一个隐秘的冻库，工人们正打开冻库大门从里边搬出一箱箱的月饼馅，准备制作今年即将上市的新月饼。

很显然，画面是活动的，现场感很强。工人们正在紧张的工作。如果没有电视屏幕上打出的文字和记者的语言解说，观众是不会知道那搬出的一箱箱东西是月饼馅。即使知道是月饼馅，也断不会知道这里面隐藏着什么秘密。如果记者的语言和屏幕上的文字将这一活动的画面解释为食品厂的工人们在加班加点，辛苦地为即将到来的中秋节献上他们对市民的一片心意，观众是不会想到有什么不对的。这就说明，单纯的画面，其含义是多义性的，没有语言和文字的介入是不清晰的和不确定的。

再看第二组画面：

A. （画面，镜头特写）搬出的一箱箱月饼馅上面，有星星点点的白色团块……

B. 记者画外音：这一团团、一簇簇的白色斑点是什么呢？原来是月饼馅上长出的霉斑……

再看第三组画面：

A. （画面，一年前同一车间画面回放）工人们正紧张地将一箱箱月饼馅装入冻库。

B. （记者画外音）这是一年前中秋节后我们拍摄的镜头。当时所有没有销出去的月饼，它们的馅又被食品厂重新装箱放回了冻库……经记者暗访，食品厂的工人说，这已不算什么新闻，食品厂多年来都是这样做的，每年卖不完的月饼，都把馅弄下来重新放入冻库，第二年再用……

正是在写作的参与之下，通过文字和语言的介入，才将新闻画面中的叙事的缺陷——即多义性和不确定性克服和挽救，最终使观众对这个新闻事件所提供的信息有了全面、准确和清晰的了解。

3. 电视深度报道的采访和拍摄场景选择要准确真实

电视深度报道的制作和解说词的写作还有一个选择性问题，即电视画面必须要由制作者预先处理。有学者批评这种选择性其实是强制性的，因为记者由于个人介入而替受众做出的选择可能无法代表客观事物最真实和公正的部分。所以，这种选择性就要求选择的内容——拍摄的场景和解说词的写作要更接近事件的真实。

在南京冠生园事件中，记者何以要选择食品厂隐秘的冻库车间这样的场景来拍摄，而不是选择工厂庄严洁净的大门、绿树成荫、鲜花绽放的厂区花园来拍，这里除了有传播者的主体选择意识在发挥作用外，最根本的就是这种选择性更接近新闻事件的真实。选择性把握得好，不仅有利于克服多义性，或者说为克服多义性创造了必要的条件，更重要的是，它更贴近生活的真实，更逼近新闻事实的本质，发现并提取内中所含纳的新闻价值，更有利于向观众准确、清晰地传达新闻的理念和意图。

对于电视深度报道的话语把握,既需要大量画面的现实传达,又需要电视新闻写作的密切配合。可以说,假如离开了电视新闻写作,不仅播音员的口播语言会陷入无源之水的境地,而且,再动人的现场音响,同期声,特别是画外配音,都将使其意义衰减,甚至显得单薄和苍白。

第五节 电视新闻访谈的文字稿写作

电视新闻访谈节目是电视专访和谈话节目的统称,即记者请新闻人物就专门性的问题进行解答的一种节目方式,是记者带着目的对一位或多位有关人士进行的专门访问。"它是以语言为主要传播符号,传达的是有识之士的真知灼见的节目。"[①] 访谈节目的魅力在于,它展示的是当事人的真实一面,当事人以第一人称的视角向观众讲述他的经历、他看到的一切和他的感想。访谈节目虽然不像电视新闻消息报道那样及时,能把事件的所有要素在第一时间传达给受众,但是却可以听到当事人对事件的表达;访谈节目虽然不像纪录片那样"自由地纵横展示时空",却也可以让观众从访谈对象身上看到有见地、有新意和一些不为人知的观点和思想。从传播学的角度看,访谈类节目应该是大众传播与人际传播的辩证统一。"在传播学中,大众传播是指传播组织通过现代化的传播媒介,对极其广泛的受众所进行的信息传播活动,它针对较大数量、异质的和匿名的受众,消息是公开传播的。人际传播是指个人与个人之间的信息传播活动,是社会生活中最直观、最丰富的传播现象。它反馈及时充分、最具说服力,传播对象确定,可同时用语言符号和非语言符号手段,成效明显。大众传播和人际传播有着各自的特点,他们在电视访谈节目中的关系不是对立的,而是相辅相成,相互制约的关系。"[②] 在访谈节目中,有人说"面对面交流思想是电视最大的长处",因此现在在很多新闻性节目中,访谈节目比重已日益增加。[③]

一、全媒体电视新闻访谈文字稿重在开篇

电视访谈的魅力在于主持人和受访对象的问答互动,现场气氛,然而,电视访谈也需要脚本提纲文字稿。对于文字稿来说,重要的部分首为开篇。因为电视访谈通常不是开头就一问一答地谈话,需要安排一个开头自然而然地引出访谈的内容。

(一) 电视访谈文字稿开篇的重要作用

古希腊哲学家柏拉图说过:"开头,是一篇文章最神圣的部分。"[④] 同其他文字稿形式相同,电视专访文字稿除了引出访谈内容,引领话题之外,还具有其他一些重要作用。

1. 引起受众对新闻人物和新闻事件的关注

一个访谈节目的话题能否引起受众的兴趣,能否抓住受众的注意力,首先决定于话题

---

① 邱珏. 新闻,无处不在——浅析访谈节目中新闻类选题的选择 [J]. 视听纵横,2008 (5).
② 谭丝霜. 试论如何淡化电视访谈节目主持的预设性 [J]. 新闻知识,2009 (7).
③ 邱珏. 新闻,无处不在——浅析访谈节目中新闻类选题的选择 [J]. 视听纵横,2008 (5).
④ [美] 梅尔文·门彻. 新闻报道与写作 [M]. 展江译. 北京:华夏出版社,2003.

的新闻价值和访谈对象的选择。烘托新闻价值和访谈对象重要性的内容，往往在于电视访谈新闻稿的开篇。收看电视新闻的随意性环境决定了受众的注意力徘徊于无意注意和有意注意之间，同时他们的心理活动处于不集中的涣散状态。他们对所要传递的新闻内容在大部分情况下缺乏期待。为了提高电视访谈节目的受关注程度，这就要求访谈文字稿开篇以鲜明的、集中的内涵强烈刺激受众涣散的注意心态，使受众的无意注意变为有意注意。

有时，电视访谈文字稿的开篇还包含评价的意味在里面，当然这些评价不是直接表达，而是借助于事实的选择拼接和反问、设问等修辞形式来展现，在引领受众继续观赏的前提下给后面的访谈蒙上评价判断的意味，使得受众想知道，在这样的判断下，采访对象将如何解释，这也是将受众无意注意变为有意注意的过程。

2. 突显新闻价值核心

新闻价值核心，是新闻事件的主要内容和最有价值的部分，也是电视访谈人物最具吸引力的部分，当然有时也包括访谈对象对新闻事件所持有的观点及评价。这些内容都可以通过电视访谈文字稿的开篇来展现。

3. 确立访谈的要点内容

电视访谈文字稿的开篇以简约的文字勾勒出新闻事件、访谈人物的轮廓及要点，为新闻访谈的继续进行确立基调，接下来的内容将依照文字稿开篇描述的轮廓进行扩展、补充和延伸。

（二）文字稿开篇的几种方法

1. 介绍采访对象的概况，或介绍采访对象的某一突出成就及其他背景资料

电视新闻访谈文字稿开篇对于采访对象概况的介绍，起到的是情景构建的作用，即通过向观众介绍访谈对象的背景及访谈对象的身份，表达信息来源的重要性和新闻价值的重要性。对于采访对象的概况介绍，除了身份的表述，常常是依靠采访对象的背景介绍完成的。

如中央电视一台《东方之子》2004年7月19日播出的一期节目《丁肇中：物理的态度》开头是这样描述的。

丁肇中曾经在北京大学做过一次讲座，题目是《我所经历的20世纪物理实验学》。在20世纪的物理学界，丁肇中可以说是为物理学添上了浓墨重彩的一笔。发现了新的基本粒子，使丁肇中成为继李政道、杨振宁之后的第三位华裔诺贝尔奖获得者。丁肇中常常笑称自己的工作是花钱最多，却效益最低，但是每个物理学者都知道，他的研究对于人类探索宇宙的奥秘有着深远的意义。现在丁肇中正领导着来自于20多个国家和地区的600多名物理学家从事着尖端的物理学试验。

这段开场白概括介绍了丁肇中的背景资料。接着节目通过访谈和短片，从科研的态度、功名观以及科研的动力三个方面分别进行。最后，由主持人进行总结。

值得注意的是，将采访对象的突出成就和相关背景写入电视访谈文字稿的开篇，要多考虑的是这些背景与此次采访的新闻价值关联度，还包括生动性和故事性，切忌空洞背景的拼凑。

2. 由一个读者普遍关心的事件或问题引发，或可以说是交代访问的意图和目的

这就是电视新闻访谈的"以人引事，以事带人"的作用的最好体现。对于一个新闻事件来说，核心人物的命运是对其发生原因、结果及社会意义的最好诠释，将人物放在新闻

事件的大背景中介绍,可以使事件和人物两相应照,增加深意。

如新浪网曾有过一段对联想集团复出总裁柳传志的采访,就是以事带人、以人引事的很好范本,其开头如下:

(2009年)6月25日,距离柳传志复出重组联想已整整140天。这一天,新浪科技再一次见到了这位年逾65岁的老帅。08年第四季度,联想遭遇到11个季度以来的首次亏损,金额达到9700万美元。2月5日,联想对管理层进行了调整,创始人柳传志重新出任联想集团董事局主席,杨元庆改任集团CEO。现在140天过去,柳传志在董事局主席的职位上,是否依旧如同以前一般从容不迫呢?

(同期)主持人牛立雄:柳总您最近都忙些什么?

柳传志:我除了一些必要的社会活动之外,50%的精力是用在了联想集团,50%左右的精力是用在了联想控股的其他方面的业务上。

主持人:听说你最近打高尔夫球,打了一个一杆进洞,跟我们讲一讲?

柳传志:那都是蒙的。因为对我来说,打球的技术确实是很一般,那个洞挺近,大概在130码左右,到了200码我肯定一杆进洞不了,那也是很偶然的,我也很奇怪的就进去了,希望是好兆头。

主持人:有一个说法是一杆进洞旺三年。

柳传志:谁知道呢(笑)。

3. 对采访现场进行描绘

由于电视访谈已经有画面存在,所以这种描绘主要以描绘后台故事或访谈前发生的某个细节来展现和补充现场的画面。

如在玉树地震后的中央电视台《情系玉树,大爱无疆》赈灾晚会上有一段对新闻人物的现场访谈。主持人白岩松牵出年仅十岁的震区小志愿者才仁旦周,并讲了这样的一个小故事:"上台前,小才仁说'我可不可以畅所欲言啊',我告诉小才仁,在这里你可以畅所欲言……"小才仁接下来没说自己在救灾现场是怎样做的,也没说自己家里受了什么样的灾难,而是怀着感恩的心,感谢晚会现场和全国的爷爷奶奶叔叔阿姨对家乡的帮助,说着说着,孩子哭了。

白岩松选择的这个小插曲,感动了很多观众,他们的眼泪随着小才仁的哭泣而掉落,既为孩子情真意切的表白,更为孩子没有任何事先排练童言无忌的"畅所欲言"。

二、电视专访文字稿应与采访画面紧密配合

(一)文字稿应适时地补充说明采访画面

众所周知,不少电视台在播出人物访谈时,为了避免镜头长时间聚焦一个人,往往插入一些相关的人物行为的画面,这样既可避免荧屏过于单调,增强电视画面的信息量和可视性,又可展示电视访谈的独特优势——通过人物的行为展现其基本人格特征,同时还可以避免个别电视人物访谈画面的单调和欠丰富,加深报道的力度、信度和效度。这时就需要解说词配合画面,补充信息。特别是对于人的行为占主要内容的画面,解说词更应与画面紧密相连,并融入真挚的情感。

(二)文字稿应恰当地运用背景材料

在运用背景材料时要紧紧围绕中心主题,做到用得活,用得贴切,用得精当。电视人

物访谈一般要给受众介绍一位人物或一组群像，或让人物谈出一些见解，为了使人物给受众留下印象和人物对一些问题的见解能为受众所接受，适当的背景交代是必要的。

要想巧妙地运用好背景，首先要占有大量的背景材料，这样才能有选择的余地，才会出"精"。背景材料的运用，一定要剪裁，精选，实在没有合适的，宁可不用。有些"访谈"一上来就堆一大堆人物生平材料，像是传记，平板、沉闷，也是不足取。要善于分散穿插，力求动静结合。

（三）文字稿应提示和深化采访的内涵

电视访谈文字稿是构成电视人物访谈完整性的主要部分，而不应仅把电视访谈文字稿看作是对电视访谈画面的一种补充说明。随着观众对电视访谈求新求真求快意识的增强，因为文字在构成电视新闻基本骨架、交代新闻背景、深化主题、挖掘思想等方面的重要作用，电视访谈文字稿的作用和功能越来越引起人们的重视。

电视访谈的文字稿一方面体现在记者与采访对象问答后对话语的总结分析上，另一方面体现为记者在访谈完成后，运用抽象思维，总结概括事物间的内在联系，从而揭示新闻事件的本质和内涵，提升访谈人物的魅力和个性特征。

思考题

1. 电视新闻文字稿的基本作用有哪些？
2. 在电视深度报道中，画面和文字稿应如何配合？

作业题

在实习过程中拍摄一段新闻视频，配以文字稿，体会文字稿对于电视画面的作用。

第十五章
网络新闻写作

———◇ 本章提要 ◇———

　　本章主要介绍网络新闻写作的特点、基本方法和博客的写作。网络媒体是全媒体时代不可忽略的新媒体。网络新闻写作是将采集所得，用符合网络媒体传播特点的方式，撰写或制作网络新闻作品的过程。网络新闻与传统媒体新闻写作在基本的新闻观念上是一致的，但两者在传播手段上不同，记者在网络新闻写作过程中要注意网络媒体的特点和写作要求。

　　博客作为网络新闻传播的一种新方式，发展非常迅速，它从诞生之日起就与新闻报道结下了不解之缘。博客参与新闻报道通常通过披露、挖掘独家新闻、"遗漏的新闻"再利用、立体化新闻报道等几种方式。博客新闻的写（制）做要遵循个性化原则、原创性原则、连续性原则、自由性原则。

　　通过本章的教学，指导学生了解网络新闻的概念、特点，掌握网络新闻写作的基本方法；了解博客种类、博客与新闻报道的关系，掌握博客新闻的写（制）作技巧。

第一节 网络新闻写作的特点和种类

网络新闻写作是在网络新闻采集的基础上,将采集所得,用符合网络媒体传播特点的思维方式和表现手法,撰写或制作成准备在网络媒体上发布的网络新闻作品的过程。

一、网络新闻写作的特点

与传统媒体新闻写作相比,网络新闻写作具有自己的特点。

(一)全时性

网络不受地域、时间限制,几乎覆盖全世界,使新闻的全时性得以实现。在网络上人们不仅可以第一时间制作、发布新闻,也可以随时更新、修改、删除已经发布的新闻,有些网站还可以在线直播,这就在客观上造成了网络新闻写作的全时性特点。

(二)超链接

超文本链接写作是网络新闻写作的一个非常突出的特点。通过文本、图形、图像、视频、音频等多种形式,网络新闻可以把各种信息有机地结合在一起,极大地丰富了新闻的信息范围。

(三)数据库化

网络新闻的作品几乎拥有无限的信息空间,其信息总量是传统媒体无法比拟的。现在的网络新闻写作内容可以包罗万象,无所不有。网络记者、编辑不需要担心版面的限制,却要竭尽全力搜索与新闻相关的资料,来满足读者的需要,填充网络这个可以容纳"百川"的空间。

(四)交互性

与传统媒体写作相比,网络新闻写作的最突出特点是交互性。在传统媒体写作中,尽管传播者和受众之间也存在交流,但是互动的程度和规模是不能同网络新闻写作相提并论的。网络新闻的写作才真正实现了传播者和受众之间的双向互动传播,给记者和公众提供了一个互动平台,受众可以自由发表自己的意见和观点,直接参与新闻的写作和报道。

(五)多媒体

网络新闻写作不但使用文字、声音、图像的同期声,而且在表现形式上更加多种多样,它借助网络的技术将文字、动画、图像、声音等各种表现形式,以动态的形式展现。因此,网络新闻作品往往有声有色,图文并茂,能够更强烈地吸引受众。

二、网络新闻写作的类型

目前,网络新闻的写作类型很多,根据来源可以分为以下两种类型:复制新闻和原创新闻。

(一)复制新闻

所谓复制新闻,是指从传统媒体上复制来的新闻。在某种意义上说,复制新闻谈不上写作,它奉行的是"拿来主义",更多是涉及网络编辑的技巧。

网络新闻复制过程是编辑先从上网报纸的内容中寻找新闻,把具有新闻价值的稿件挑选出来,通常情况不做改动,只是把长段打开,多划分几段,然后改写标题。标题一般为实题,包含新闻基本要素。

复制新闻只是网络媒体初创时的一种形态,如果只有复制,没有原创,就会出现网络媒体的"新闻沙漠化",直接影响到网络媒体的生存。

(二)原创新闻

原创新闻才是真正网络新闻写作研究的对象。所谓原创新闻,一般是独家的、第一手的、网络记者自己采访写作的新闻报道,或者是通过重组新闻资源、重新编辑改写的新闻报道,也可以是利用网络传播的特殊优势,制作出适合网络信息传播规律的新闻报道。

原创新闻写作实际包含内容原创和形式原创两层意思。在内容上,网络媒体应该强化新闻自采,发出自己的声音。在形式上,网络新闻写作主要是滚动式、超文本和互动式写作。

网络新闻写作要写成原创、独家新闻,首先要求新闻事实本身是首发性的,而且,首发事实本身的新闻价值有分量和影响力。深入现场,打捞最有价值的首发性新闻事实和事件成为写作原创性新闻的第一因素。其次,非首发事实也可以构成原创新闻。记者在日常的新闻采集过程中,对许多此前或深或浅地涉及过的新闻事实,换个角度或挖掘得更深入一些,也可以重新打造成原创新闻。

第二节 网络新闻写作的要求及注意事项

网络新闻的写作与传统媒体新闻写作在基本新闻观念上是一致的,但两者在传播手段上存在不同,因此,网络新闻有自己的写作要求和注意事项。

一、网络新闻的写作要求

网络新闻写作与传统媒体一样要,把握新闻传播过程中受众心理与行为方式特征。网络媒体的受众接受网络信息呈现出快速获取信息、主动选择信息、精确接触深度信息等特征。当受众浏览网页的时候,最先看到的是主页上的新闻标题,通过点击进入次层次链接,完成对自己感兴趣的新闻报道的阅读行为。

受众在网络新闻传播过程中的心理预期和获取网络新闻的行为特征,对网络新闻写作提出了特殊的要求。

(一)精心制作新闻标题

新闻标题往往最先被搜索引擎捕捉,它应该能够满足最基本的信息获知需求。简洁明快的标题会吸引,刺激,引导读者点击索取下一层新闻内容,而蹩脚的标题则会成为深层新闻内容展示的直接障碍。因此,网络新闻的标题就显得特别重要。网络新闻标题制作一定要清晰准确地说明一个新闻事实,突出其中最为重要的新闻因素,强调新闻中最新的变动,揭示新闻中最为本质的变动意义。

（二）突出重点新闻要素

网上阅读新闻的主要方式为扫描式阅读，记者将最重要的新闻要素置于最前面可以使读者在最短时间内准确、完整地了解最重要的新闻要素。为了保证受众能够准确、清晰地捕捉新闻内容，写作时记者要遵循重要者为先的原则，把最重要的信息置于最前端，想方设法让受众感到你提供的信息有用。

（三）分层展示新闻的深度信息

网络新闻报道过程是一个逐层递进的过程，读者是分层去索取新闻信息的。在网络新闻写作中，要通过超链接使新闻相关的信息之间产生联系，使网络新闻文体呈网状、多维结构。因此，记者写作时，要把最关键的新闻事实划分为第一层次，而相关的事实如背景、细节等作为第二、三层次展开。分层展示一般不要超过四层链接。记者写作时着力写好骨干层次，把骨架搭好，吸引受众，同时为枝叶层次展开创造空间和条件。

（四）制作便于检索的导语和概要

记者要使新闻更容易被检索和查寻，就要扩大新闻传播的影响，增强新闻的再度利用率。新闻最前端的简短文字是新闻全部内容的简明标示，受众通过在搜索引擎上的描述来判断新闻与自己需求的吻合程度。因此，记者在写作时要使用能引起人们注意的词汇和简洁的句式制作导语，还要精心制作新闻概要和链接，将其置于页面最前端，吸引读者阅读报道的详细内容。记者在写作时还要注意，导语和概要描述必须准确反映新闻的内在联系及本质，以便受众获得正确信息。

（五）进行即时滚动式、超文本、互动式写作

写作网络新闻时，记者在文字报道的同时，需要运用声音、图画、动画或者影视来配合。其中，文字新闻是基础部分，其他部分往往是在文字的支撑下通过超链接技术来完成。网络新闻的一般写作过程是：事件发生的第一时间发快讯；十多分钟后，写详细报道、多篇报道，以超文本的方式展开；接着附上背景资料和相关报道；最后写出对此事件的评论。

二、网络新闻写作注意事项

与传统新闻写作一样，网络新闻写作也要符合新闻的基本理论。真实与新鲜，是新闻的两块基石。网络新闻在时效性上有优势，而在真实性上恰恰容易出问题，所以，网络新闻写作时应注意下面几个问题。

（一）树立"受众中心"观念

在网络全新的传播模式冲击下，受众的心理产生了明显的变化，受众不再满足传统媒体所提供的信息，开始拥有了对信息的选择权甚至发布权。"受众中心"的观念是一切新闻写作的出发点和切入点。作为一种新媒体，传统的我传你受的传播模式被互联网所否定。网络媒体处于一种和读者平行对等的状态，不再被视为全知全能的先知，而被看做是一个具有真诚服务精神和开放思想空间的信息采集者、制作者、发布者。

（二）确保新闻真实性

新闻的真实性是决定受众对新闻媒体信任度的重要因素，直接关系到新闻媒体的社会影响力。因为网络的无限开放性，非常容易产生假新闻，我们决不能眼看着网络媒体成为有些人造谣惑众、危害社会的"自由空间"，必须站在受众的立场上，正确对待网络媒体，

尤其记者在网络新闻的写作上更要负责任。网络媒体新闻真实可信，不仅能够树立网络新闻主体的权威，而且能有力抵制零散网点发布的假新闻，起到主导作用。

（三）提升新闻时效性

现在，越来越多的人放弃每天读报习惯而去网上读新闻，网络使得信息传递超过任何传统媒体介质的速度。同时，网络媒体正在以其前所未有的感染力、亲和力、互动性感染着每一个接触网络的人，因此，在新闻写作时要实时更新，并对突发事件迅速报道，提升时效性，增加媒体竞争力。

第三节 博客新闻写（制）作

一、博客概述

从1997年至今，博客诞生的时间不过十几年。到目前为止，全球博客的影响力不仅存在于网民之间，而且已经蔓延到社会的各个角落。短短几年间，博客开始从边缘媒体形式逐步进入主流媒体形式。据中国互联网络信息中心（CNNIC）统计数据显示，截至2008年6月，中国网民数量已达到2.53亿，已超越美国成为世界上互联网用户数最多的国家。2.53亿中国网民中，博客数量达到1.07亿，网民拥有博客的比例高达42.3%。

（一）博客的含义

博客一词源于 Web Log（网络日志）的缩写，是一种特别的网络个人出版形式，内容按照时间顺序排列，并且不断更新。文字、图像、其他博客或网站的链接，以及其他与主题相关的媒体、互动意见等是博客的重要元素。大部分的博客内容以文字为主，也有一些博客专注于艺术、摄影、视频、音乐、播客等主题。博客是一种十分简易的个人信息发布方式，任何人都可以像免费电子邮件的注册、写作和发送一样，完成个人网页的创建、发布和更新。博客是社会媒体网络的一部分。①

博客是开放的私人房间。它可以充分利用超文本链接、网络互动、动态更新的特点，将个人工作过程、生活故事、思想历程、闪现的灵感等及时记录和发布，发挥个人表达力；更可以以文会友，结识和汇聚朋友，进行深度交流沟通。

（二）博客的种类

博客的类型很多，按照不同的分类标准，可以把博客分为不同的类型。

以参与主体的人数多寡为标准，可以分为基本博客和小组博客。基本博客是博客最简单的形式。单个作者对于特定的话题提供相关的资源，发表简短的评论。这些话题几乎可以涉及人类的所有领域。小组博客是基本博客的简单变型，小组成员共同完成博客日志，有时候作者不仅能编辑自己的内容，还能够编辑别人的条目。这种形式的博客能够使小组成员就一些共同的话题进行讨论，甚至可以协商完成同一个项目。

以主体关系为标准，可以分为家庭博客、班级博客、工作室博客等。这种类型博客的

---

① 综合百度百科、互动百科。

成员主要由亲属、朋友、同学或同事构成,他们是一种生活圈、一个家庭或一群项目小组的成员,如布谷小区网。

以公关营销传播为标准,可分为商业博客、企业博客、广告型博客等。这种类型博客的管理类似于通常网站的网络广告管理。

以博客主人的知名度、博客文章受欢迎的程度为标准,可以分为名人博客、一般博客、热门博客等。

以内容来源为标准,可以分为原创博客、非商业用途转载性质的博客以及二者兼而有之的博客。

博客的特殊类型——微博,即微型博客,这是目前是全球最受欢迎的博客形式。博客作者不需要撰写很复杂的文章,只需要抒写140字内的心情文字即可,如 Twitter,随心微博,品品米,新浪微博,9911等。

近年来,我国博客呈多元化的发展趋势,类型也是多种多样,这里就不一一介绍。

二、博客新闻

(一)博客新闻的含义

博客新闻就是和博客有关的新闻报道的统称,这是一个集合概念。

博客从诞生的那一天起,其通过网络传播新闻的潜在价值就被挖掘出来。博客作为一个不设门槛的媒体,使普通人也拥有了话语权,既能提供新闻,又能评论新闻,实现了由信息接受者向信息传播者的角色转换。博客媒体的迅速膨胀,对新闻传播起着越来越大的作用,有时甚至可以左右舆情,使传统媒体不敢小觑。可以说,博客已经成为一种新型的媒体形式。

(二)博客新闻报道方式

1. 披露、挖掘独家新闻

据统计,大众传播媒体的新闻信息总量中,75%由信息源提供,只有25%由传播者亲眼所见写成。但在博客中经常会爆出轰动性新闻,使得传统媒体对其信息进行跟踪报道,尤其是娱乐新闻和政界新闻。1998年,资深博客——马特·德拉吉(Matt Drudge)在个人博客网站率先发布克林顿总统与白宫助理莱温斯基的丑闻消息,并于之后的整整半年时间内引领了美国的"舆论导向"。

2003年,伊拉克战争期间,每天都有成千上万的人上网搜索博客萨利姆·帕克斯撰写的有关巴格达局势的文章。[①] 萨利姆·帕克斯记录了战火之下、围城之中的巴格达最真实的生活,从西红柿价格到炸弹的威力。

在报道突发事件上,博客是传统媒体强有力的竞争者。时效性是新闻的基本特性,在"第一时间"把新闻发布出去,是新闻保持鲜活度的重要手段。与专业媒体相比,博客的触角多,社会中每时每刻发生的事件都可能在博客作者的视野中,这是人数有限的专业媒体记者无可比拟的。在突发事件现场可能没有专业记者,却会有博客作者。

---

① 萨利姆帕克斯从2002年9月开始撰写并张贴有关巴格达局势的文章,据传他的工作地点就在巴格达。每天都有成天上万的人在互联网上浏览他的博客。格鲁姆出版社已出版了他的日记选段,书名为《萨利姆·帕克斯:一个普通伊拉克人的秘密日记》。

2. "遗漏的新闻"再利用

博客记者最大的优势是，熟练运用互联网、博客软件、多媒体等新工具，将许多传统媒体"遗漏的新闻"再利用，并进行富于个性的叙述和评论，由于其篇幅不受限制，可以大大拓展信息报道的范围和深度，弥补传统媒体的不足。由于版面有限，记者采访到的许多一手新闻无法全部与受众见面，许多被"遗漏的新闻"成为媒体记者博客中的记录内容，从而促进了事件解决。

2008年8月1日，山西省娄烦县寺沟村尖山铁矿发生山体滑坡事故。根据当地媒体的报道，有11人被埋，确认为山体滑坡所致的自然灾害。8月底，《瞭望东方周刊》记者孙春龙和特约撰稿人王晓发表了《娄烦：被拖延的真相》，指出娄烦事故存在着瞒报谎报的行为，死亡人数至少在41人以上，而且事故也不是自然灾害，而是一起重大责任事故。9月14日，孙春龙在博客上发表了《致山西省代省长王君一封信》的举报信。9月17日，温家宝总理和国务委员马凯在"有博客刊登举报信反映8月1日山西娄烦县山体滑坡事故瞒报死亡人数"上做出了重要批示，要求山西省人民政府和国务院山西省襄汾县新塔矿业公司对此事故进行核查。

3. 立体化新闻报道

一个完整的新闻事件在传统媒体上一般只用一种报道方式，然而到了博客层面，由于有不同的写作者根据自己的喜好方式对其进行报道，就成了这个新闻报道的后续、追踪、评述。所以博客新闻是不同新闻报道方式的综合体，是所有参与到这场讨论或是传播活动中的人的共同努力的结晶，这突破了传统媒体中的记者和编辑的局限。

2004年，在美国民主党全国代表大会上，36名博客拿到采访证，博客跳出了隐形写手的身份。CNN在7月宣布，引入博客的方式，实时报道民主党全国代表大会的全过程。该博客由旗下数字节目主持人、分析评论员、特派员共同执笔，和网友形成平等、互动的平台。和美国传媒界的"紧急转身"一样，博客式报道在我国也被越来越多的传统媒体所采用。在2008年的北京奥运报道中，中央人民广播电台和中央电视台纷纷引入博客的报道方式来拓展互动和共享的传播途径。

三、博客新闻记者

记者是从事信息采集和新闻报道工作的人，那么博客记者就是利用博客进行新闻信息采集和报道人。博客记者有广义和狭义之分。

广义博客记者指的是所有利用博客发布新闻信息的人；狭义博客记者专指有意识使用博客发布新闻信息的博主，主要指"平民记者"和使用博客的媒体记者。

"平民记者"指的是与传统媒体或网站以签约或投稿形式发布新闻的博主。如2006年《青年时报》开设"博客人写新闻"栏目，公开征集博客新闻记者。网民成为博客新闻记者之后，青年时报网会链接他们的博客，优秀的新闻稿件择优刊登，并支付稿费。同时，《青年时报》版面编辑也会通过自己高人气的个人博客与博客新闻记者一起互动交流，以期将博客新闻记者的博客都打造成人气博客。

在我国，大概从2006年开始，记者博客开始兴起，不少传统媒体的工作者开始关注博客对传统记者的冲击力，并亲身加入博客的行列，如"柴静·观察"、"小丫跑两会"等。如果记者能同时拥有博客身份，将会对自身的工作模式产生不可估量的影响。在

2008年5月的汶川地震、8月的北京奥运会等几次重大事件的报道中,博客新闻中凸显了大众媒体所没有的优势,甚至弥补了某些关键报道点中新闻媒体机构由于主客观限制而造成的空白。尤其是北京奥运会期间,新浪、搜狐等门户网站将博客报道作为奥运新闻的一个专题推出。自2008年之后,中国博客新闻的地位已经上升到了一个新的高度。传统媒体或网络媒体记者,利用专有博客或个人博客进行信息采集和发布,他们是记者与博客的融合体。

四、博客新闻写(制)作的原则和技巧

博客新闻作为新的新闻形式,以其个性化、即时性、共享性和互动性等特点延伸了传统媒体的传播影响力,体现了新兴媒体独特的传播优势和传播潜力。

(一)博客新闻写(制)作的原则

1. 个性化原则

博客新闻写作强调叙事性写作,使用个性化语言。相比较传统媒体专业信息提供者的角色,博客新闻则是自家客厅里用来招待客人的果品,自然活泼,富有个人化的语言特点。文章叙述、表达视角从作者个人角度,而非编辑部角度出发。

2. 原创性原则

博客记者要强调新闻专业理念,与普通网民区别开来,尽量避免只依据自己的兴趣发表信息,带有浓郁的主观色彩,同时尽量避免直接转载或大量链接,强调原创。

3. 连续性原则

博客新闻写作是连续不断的写作,其文章是以时间的倒序形式排列。这种连续性应当包括事件的连续报道、网民的反馈、博客记者的回应等方面的连续地写作。所以,报纸的博客化写作方式的核心应在于依托个人,以一定时间为间隔,以一定主旨为框架的连续写作,只有通过博客记者的连续写作,阅读者的连续阅读,博客记者才能在网民中建立起情感上的联系,增加他们的忠实度。

4. 自由性原则

博客新闻的文体是非常自由的,包括新闻报道(事件连续报道)、评论(时评)、感想札记、内容链接等。通常包含以下几种:(1)文字体裁,作者可以记叙、抒情、议论、说明,字数可多可少,篇幅可长可短;(2)声音体裁,上传到博客上的作品可以是原声录音,也可以是音乐作品。只要是能够让读者听到声音的,都可以作为文本体裁;(3)图像体裁,作者可以以纯图片作为文本,也可以在图片旁边附上短则一句话,长则一篇文章的评论;(4)音像体裁,博客还可以上传一段摄像作品,2004年12月26日印度洋海啸发生后,海啸的视频最初就是由博客传播开来的。博客作者根据表达内容的需要,自由选择表现形式。

(二)博客新闻的写(制)作技巧

1. 标题的写作

网络阅读很大一个特征,就是标题式阅读。大部分读者尤其是新读者,一般是先看标题,然后才决定看不看内容。因此,一个好的标题,能够给博主带来高的访问量。博客新闻标题不同于传统媒体新闻标题的制作,博客新闻标题写作中要注意以下几点。

(1)在标题中提及关键词和热点。如博文《有钱了,没水了》,直指2010年春天我国

西南大旱问题。

（2）一句话概括文章的全部内容，带有引导性。如刘国昌的博文标题《温总理的开场白，精彩!》，博文评述3月14日温家宝中外记者招待会的开场白。

（3）语言富有时代感。博客文章标题要富有时代感，凸显网络语言的特色，如《小虎队唱的不是歌是我们的青春》，这个标题借用时下网络流行语"哥吃的不是面，是寂寞"，恰到好处地表达了小虎队的歌曲与一代人青春岁月的美好记忆。

一个好标题的最高境界在于，用最准确的字词来表达最精确的内容。

2. 博客正文的写作

（1）短段落，多分段。每一段的行数不宜过长。如果一屏内只有一段，甚至一段都还没有结束，很容易把读者吓跑——即使你的文章再好也没有多大的效果。

（2）多用短句，少用长句。多用主动语态，少用被动语态。

（3）词汇通俗易懂。尽量避免使用行话或者专业词汇。如果一篇文章充满了行话或者专业词汇，很容易让读者产生挫败感或者恐惧感而离开，并且再也不回来。

（4）文章不宜过长，如果内容太多可以写成一个系列。博客新闻不宜过长，每篇大约在600字到1500字左右。这与电脑展幕阅读有关。电脑展幕上图文并茂，一般一屏容纳约500个汉字，读起来比较舒适，一个滚动条翻三次，就应该看完一篇博客文章。1500字左右是一个相对完整的表达单元和阅读单元，基本上可以讲清一个观点，叙述完一件事情。如果一个观点或一件事情在1500字的容量里不能表达完毕、表达清楚怎么办？可以通过一篇一篇的独立的"博客文章"，采用"之一、之二、之三……"的方式进行组合与连载。

3. 博客的编排技巧

博客作为一种新的传播形态，包含文字、图片、音频、视频等，可以说博客写作是文字、色彩、线条、音乐、技术等的编排艺术。

（1）多使用大标题，强调粗体字体。很多人小看了粗体的功效。其实，一篇文章里面，某一段字使用了粗体的话，很容易被读者注意到。所以恰当地使用粗体，有时候能够带来意想不到的效果。

网络阅读除了标题式阅读以外，还有另外一个特点，那就是跳跃式阅读。如果在文章中多使用大标题，可以很好地把文章的主题结构表现出来，这样读者只要花上一点点时间就可以了解整篇文章的架构以及主要内容。

（2）使用列表项。博客列表项最大的作用在于，使文章富于条理性。假如说，大标题是使文章可以让读者很快了解主要内容的话，列表项则可以使读者更好地了解文章的逻辑结构。博主恰当使用列表项可以做出一个很富有表现力的排版方式。

（3）色彩综合使用。在博客制作中，博主可以利用颜色选择器来设计博客。颜色的使用要协调，一个页面的颜色不要太多，否则会给人眼花缭乱的感觉。

（4）文、声、画多媒体演绎。在博客中安排一幅或若干幅图片及动画，使色彩、形象能直观地辅助文章内容的传达。另外还可以配上音乐，让音、声、画、文等多媒体技术共同演绎文章内容。

（5）超链接。"博客文体"配合链接技术，使与文章内容相关、相近的文章实现并列式的突出，或延伸式的渲染，或集束式的荟萃，那么博客文章的内涵便得到了放大，相关信息得到有序整合。

博客的快速发展为博客新闻的发展提供了丰厚的土壤,众多博客异彩纷呈。众多平民记者和媒体记者开博,加入到了新闻报道行列。博客新闻在未来的新闻报道中作用会越来越大。

思考题

1. 网络新闻写作技巧有哪些?
2. 根据网络新闻的传播特点分析互动式写作的特点和传播优势。
3. 博客的写作特征有哪些?

作业题

1. 运用超文本与链接的方式,写一篇网络新闻报道。
2. 利用所学知识,注册一个班级博客,设计自己的风格,形式创新包含文字、图片、音频、视频,内容要不断更新。

第十六章
手机新闻写作

― 本章提要 ―

手机新闻从2003年起，经美伊战争、雅典奥运会等重大事件的报道日臻成熟。现在，手机已经成为新闻报道的重要媒体，手机新闻概念已经深入人心，并日益得到社会大众的认同。

通过本章的教学，指导学生了解手机作为新闻信息传播的"第五媒体"，自身具有哪些优势；它对新闻信息传播和新闻写作提出了何种要求；弄清手机新闻的含义、分类和特征；掌握手机新闻写作方法和写作技巧，学会编写手机新闻。

第一节 手机新闻概述

一、手机新闻的发展过程

（一）手机新闻起源于手机拍摄的照片和镜头

手机从何时起作为一种新闻传播形式应用在新闻媒体当中并没有记载。也许是从 2001 年的 "9·11" 事件开始或许更早。在近年来发生的重大新闻事件中，如 2004 年的印尼海啸、2005 年伦敦地铁爆炸案等突发事件，都有事件亲历者在现场用手机拍摄下的镜头或画面在网上传播或被新闻媒体采用，留下了许多珍贵的新闻镜头，弥补了传统媒体的遗憾。由此可见，可拍照的手机为普通大众成为记者提供了可能。传统媒体也正是充分利用现代技术创造的条件，不断拓展自己的新闻来源和报道涵盖面。如 2005 年 7 月 8 日路透社的一条电讯导语是这样写的："7 月 7 日，在伦敦的交通线遭袭后，可拍照的手机把受害者变成了记者，业余水平的图片和录像占据了报章、电视和网络报道的重要位置。"

（二）手机用户成为新闻媒体的"手机记者"

1. 手机报道在大众传播领域的运用

手机报道因为方便快捷，成为专业媒体青睐的对象。目前，手机报道作为一种新的、有效的报道方式在国内也已经被媒体认可，并开始大量使用。尽管刚刚开始，大多还停留在以事件或者活动吸引受众参与的阶段，但势头很猛，相信会有不错的发展。有以下案例可以说明。

案例一，2006 年 3 月 27 日《楚天都市报》有这样一则消息："3 月 24 日，拿起手机当记者，寻找身边活雷锋活动结束，襄樊市委宣传部、新闻出版局、团市委、省摄影家协会、团市委、中国联通襄樊分公司相关负责人对报纸刊发的'手机记者'照片进行了评选。"

案例二，2005 年 4 月 21 日上海的《新闻晚报》上刊发了这样一条消息："潇洒做回'手机记者'"——'联通彩 E 快照'活动邀你参加：从即日起的 2 个月内，本报与上海联通公司共同举办'联通彩 E 快照'活动，届时，所有联通用户可以 24 小时全天候将生活中所见的新闻故事，用手机记录下来，通过联通彩 E 功能将所拍照片发送到活动指定邮箱，所有见报照片的提供者，都将获得一张价值 100 元的上海联通一卡通缴费卡，更有机会获得数码摄像机、数码相机、家庭组合音响的大惊喜。"

案例三，2006 年 12 月 20 日起，《珠江时报》曾三次刊登招募"手机记者"的启事："你想成为兼职记者吗？只要拿出你的手机，按下'发送'键，就有机会实现心愿。《珠江时报》和佛山移动强势联合，为你搭建平台，在全国率先招募'手机记者'。只要你每个月有五条短信新闻信息或者报料线索被本报采用，或者有三张彩信照片刊登在版面上，你就有机会成为本报'手机记者'。"

《华商报》2009 年也举行过类似的活动。除此之外，新浪、搜狐等门户网站上采用手机照片的情况早已十分普遍。在 2009 年，用手机进行报道，也成了职业传媒人的一种报道方式。

2."手机记者"成为大众传播媒体从业者中的一员

2006年1月1日,陕西电视台都市青春频道的新闻节目《都市热线》,在国内首家推出电视媒体与电信运营商合作的"彩信直播"报道方式。随着栏目正式开播,"手机记者"这一新锐名词也随之诞生。在这档直播节目中,手机记者出现在每个新闻事件的事发现场,用可拍照手机以动态图像、照片加语音连线报道的方式,第一时间把新闻事件传递给广大的电视观众。同时,《都市热线》栏目还推出了"彩信新闻有奖征集"活动,观众可通过彩信手机拍照并发送新闻照片,随时提供新闻线索,使人人都可以成为"彩信手机记者"。这种彩信拍发结合手机语音连线的报道方式,第一时间将新闻事件展现在广大的电视观众面前,实现了快捷、方便、低成本的现场电视直播。

(三)手机成为新闻报道的重要媒体

2006年全国"两会"期间,除网络外,手机也加入了"两会"新闻大战。"两会"期间,新华网、人民网、千龙网等联合推出了"掌上两会"手机频道,成为4亿手机用户了解"两会"、传递心声的又一个新通道,成为可以随身携带的"手机新闻台"。手机很大程度上拉近了人们与"两会"代表和委员们的距离,使庄严神圣的"两会"与百姓更近了,也提高了百姓对政治生活的参与度。再比如,2006年10月17日,新华网发布了这样一条综合消息:"11日,当一架单引擎飞机坠毁,第一个进行现场报道的,不是CNN,更不是路透社,而是福克斯新闻频道的一个摄影记者斯科特(Scott Wilder)。当时斯科特正在距飞机出事地点不远处执行任务,赶到现场时,他拿出Treo智能手机,摁下一个按钮,Treo手机立刻就与福克斯新闻转播室的电脑相连,于是,他在现场用手机拍摄的视频直接就在福克斯新闻频道上向观众直播了……这样,新闻传播过程中一种新的报道方式也随之产生,更多的人拥有可拍照的手机,更多的人用它记录下"当时发生了什么",更多的普通人而非精英参与到传统媒体的新闻制造过程中去。手机成为新闻报道的重要媒体。

(四)社会对手机新闻概念的认同

综合以上分析,手机新闻从2003年起,经美伊战争、雅典奥运会等重大事件的报道日臻成熟。2003年大年初一晚10:10,新浪网新闻中心收到通讯社发来的关于美国"哥伦比亚号"航天飞机与地面失去联络的消息;10:19,第一篇快讯被刊登到新浪网站上;一两分钟后,新浪向手机短信新闻订户发出了第一条信息,这也是国人最早收到的关于航天飞机失事的消息。2004年7月18日我国第一家手机报《中国妇女报彩信版》正式开通,读者通过手机看报纸、听新闻已经成为现实。2005年7月7日,震惊世界的英国伦敦地铁爆炸案发生后,用手机拍摄的照片成为各大报纸、通讯社播发新闻的"主力军"。现在,手机已经成为新闻报道的重要媒体,手机新闻概念已经深入人心,并日益得到社会大众的认同。

二、手机新闻的种类

手机新闻的形式主要有以下几种。

(一)语音式手机新闻

语音式手机新闻是语音传播,即电话连线的方式。这种方式最为简便,只需要一部可通话的手机,直接连线到编辑部或直播室,由现场记者或者新闻事件当事人、目击者口述现场情况完成报道。这种方式在广播电视中最为常用。

(二)短信式手机新闻

短信式手机新闻即短信(SMS)的方式,用手机短信报道新闻或提供新闻线索。

(三)摄影摄像式手机新闻

具体又分为以下四种:

第一,语音+画面的方式,如《都市热线》手机记者的报道方式;

第二,短信+画面的方式,如新华网发出的第一条有关中石油吉林石化爆炸的图片新闻,不是来自摄影记者,而是当地居民用手机拍摄传输来的;

第三,新闻短片的方式,如萨达姆行刑时的手机录像;

第四,视频+音频直播的方式,如福克斯新闻频道记者斯科特报道飞机坠毁事件。

(四)多媒体组合手机新闻

1. 手机报新闻

手机报是指基于移动网络传输,并在手机上进行阅读的特殊包装后的报纸,目前的包装形式主要是短信新闻和彩信新闻,传播特点主要是快速、随机、精确,同时具有阅读的强迫性。此外,便于携带,而且传播范围广泛——2010年,手机报用户将达到7.8亿[①];它最大的缺陷是传播的信息量小,通常一条短信只有几十个字,而受制于2G通讯技术的传输速度只有20~40Kbps,手机报更多是以文字短信的形式播报新闻,偶尔配以图片,对于现在的读图时代来说,内容比较单调、苍白。但3G技术大幅提升了传输速度,这就为音频、视频、FLASH等多媒体信息传输提供了技术保障,在手机上观看视频将变得流畅,手机报将不再只是一张电子化的报纸,而是成为融多种信息方式为一体的电子杂志,可以与网络上的电子杂志相抗衡,大幅提升竞争力。

2. WAP网站新闻

WAP网站指的是通过手机终端访问移动通信网络,进行数据传输的互联网,其网站内容主要由WAP网页形式和HTML网页形式构成。WAP将互联网和移动电话技术结合起来,使随时随地访问丰富的互联网络资源成为现实。2009年1月7日,工业和信息化部为中国移动、中国电信和中国联通发放了3张3G牌照,此举标志着我国正式进入3G时代。自2005年开始,全球3G进入全面商用阶段,截至2007年9月底,全球3G网络用户总数已达4.86亿户。艾瑞《2007—2008年中国3G增值新业务行业发展报告》显示,在2007年中国手机用户使用过的主要增值服务号中,63.9%的用户使用过短信内容订阅,51.3%的用户使用手机登录过WAP网站,可见手机用户很注重手机的信息传播功能。而由于3G技术大幅提高了网络传输速度,手机新闻业务势必也会得到巨大的发展。

3G技术下,网速的大幅提升使得用户可以高速上网获取多媒体的新闻信息,打破了2G技术下只能以文字、图片为主的信息传播方式,新闻信息将被手机媒体注入更多新的内容,比如音频、视频信息将会被大量采集、传播,一些突发性事件将在第一时间被3G手机用户拍摄上传。由于信息能够以多媒体方式传播,新闻的时效性、真实性、形象性等

---

① 中国新闻网.“2008年一季度移动预测:2007—2010年中国市场”报告[EB/OL].http://chinanews.com.cn/it/txxw/news/2008/02-02/1154801.shtmL,2008-2-2.

将比 2G 时代大幅增强，真正做到了"看新闻"、"听新闻"。此外，手机新闻中的直播内容将得到显著提升。2G 技术下，由于数据传输速度低，手机网上直播受到制约，而 3G 技术下，高速的传输速度使得手机 WAP 网站与互联网之间的差距缩小，WAP 网站将会提供更为多样的资讯形式和更为丰富的资讯内容。更重要的是，3G 技术下，手机用户发布信息的意愿增强，信息不再局限于文字的录入发布，而是可以通过手机的照相、摄像、录音等功能直接将图片、视频、音频等信息上传，上传方式变得简单而又快捷，上传的内容也更具真实性、纪实性和感染力。当然，WAP 网站也会因此能够提供时效性极强的新闻信息，甚至是大量的现场报道，从而与互联网资讯一较高下。

三、手机新闻的特点

手机新闻报道的形式只有与手机媒体的特点相适应，才能最大限度地发挥出其信息传播优势，更好地推进手机新闻的强势发展。手机新闻除了具备前面提到的时效性强、互动及时的特点之外还具备以下特点。

（一）文本结构丰富

手机新闻文本结构丰富，用户可通过彩信手机报，或访问 WAP 网站，在手机上浏览新闻。手机新闻的文体结构是多媒体多维结构，既有传统报纸的文字、图片，还包含声音、动画、视频等。由于网络的超链接技术，手机新闻的文体结构还具有多层次性，如标题新闻、导语新闻、详细新闻、相关新闻等，既可以向外延伸、平面展开，也可以向内深化、纵深搜索。

（二）用户阅读方便

手机新闻省去了报纸的印发环节，而且和电视、电脑相比，它不受地点限制。用户根据个人的具体情况，可以阅读新闻标题、阅读新闻导语，可以阅读详细新闻及深度报道，还可以超链接阅读相关新闻和新闻背景等。特别是遇到突发事件时，手机可以像网站一样实现新闻的动态传播。

（三）内容短小精悍

手机新闻具备一种短平快的新闻内容和风格。从新闻文本写作的角度来看，由于屏幕阅读的局限，手机信息一般都短小精悍，简明易懂，常常带有鲜明的"5W"标记。从某种意义上说，手机短信以其媒介形态的特殊性回归了新闻消息快、短、精的初衷。

（四）信息"适销对路"

在新闻类别和新闻价值上，手机新闻的信息往往具有选择性，对重大突发新闻、与民众息息相关的内容十分敏感。目前服务商对手机新闻的经营方式都是订阅式，经过筛选过滤和分类归纳，新闻信息被按照内容或重要性分门别类，如头条、焦点、体育新闻、社会新闻、经济新闻等，并进一步细化，以备用户选择；而用户在接受短信服务之前，已经在服务商提供的信息列表中选择定制，预定了自己最感兴趣和急于了解的新闻信息。这样，手机新闻的大众传播在信息内容上有了明确的指向性和针对性，与其他的大众传媒相比，手机新闻的受众接受率与信息有效利用率相对要高，信息也更加"适销对路"了。

总之，手机新闻以其新鲜、快速、简短、互动、方便、丰富的优势，确保了新闻传播的时效和有效性。

四、手机新闻的写（制）作要求

手机新闻的写（制）作与报纸、广播、电视、网络等的新闻写（制）作相比，有如下要求。

（一）增强时效性，注重原创性

手机新闻以快讯为主，力争与新闻同步发出，然后再跟进详讯或图片资料，采取即时滚动式写作，进行连续性现在时写作，交叉使用快讯、详讯和评述等文体。同时，要扩大原创新闻内容比例，提高内容的吸引力。

（二）巧妙使用文、图、声、像

手机流媒体是一种实时传输数据的方法，通过移动通信网络，手机终端可以接收和使用音频和视频，典型的应用实例包括手机视频点播、手机视频聊天、手机电视等，在写（制）作新闻的过程中要巧妙使用文、图、声、像等手段，使手机新闻信息内容表现更加立体和详尽。

（三）分层次写作，突出主干层次

手机新闻采用滚动播出，所以手机新闻要分层次写作，把最关键的新闻事实划分为"主干层次"新闻，着力写好并迅速播出，"主干层次"新闻吸引受众，才能为后面的"枝叶层次"的新闻做好铺垫。

（四）分类建立数据库，实施互动式写作

1. 分类建立数据库

细分目标用户群，可以将手机新闻的客户群体划分为潜在客户、不活跃客户、活跃客户、退订客户四大类别，这样可以针对不同的目标用户发展个性化的服务。

2. 实施互动式写作

根据读者自己选择的内容、版式、色彩，甚至发送时间等建立分类信息数据库和分类客户数据库，在分类的基础上利用手机短信功能实施互动式写作。

第二节 手机短信新闻的传播特点

无论是手机报还是手机 WAP 网站上的新闻，目前都是以手机短信新闻的形式出现的，因此了解手机短信新闻的发展和特点，掌握短信新闻的写作方法和技巧十分重要。

一、手机短信和彩信新闻的发展

（一）手机短信新闻的蓬勃发展

1992 年，世界上第一条短信在英国沃达丰的网络上通过电脑向手机发送成功，这一成功标志着短信时代的到来。中国移动通信网络在 1994 年就具备了短信功能，几乎达到了与世界的同步。然而手机的这一大功能却在六年后的 2000 年的 5 月 17 日正式开通。从此，短信成为人们一种重要的通信方式。据统计，短信在中国城市开通的第一年，中国的短信量达到 10 亿多条，2001 年是 189 亿条，而到 2002 年，全年达到 900 亿条。2004 年，

全国手机移动短信业务量达到了2177.6亿条，比上年同期增长了58.8％，2005年，中国移动的短信业务量已经达到了2743.81亿条。从2000年的发信总量10亿条，到2005年的2743亿条，短短5年的时间，短信业务增长了近270倍。而最新数据统计，2009年，全球手机用户共发送了超过5.5万亿条短信，短信的业务也随着短信市场的蓬勃发展逐渐由最初的接受和发送短消息发展到了各种增值服务。这些增值业务主要包括：手机图片下载、手机铃声下载、各种资讯服务（天气预报、质检通告）以及短信新闻等。这些增值业务在为手机用户提供了全面服务的同时也为无线通信商家和相关网站创造了巨额的利润。手机短信方便、便宜的特点也让很多媒体纷纷加入进来。于是，手机短信新闻出现了。

2001年9月11日，美国世界贸易大厦被炸，以最快速度向公众公布这一爆炸性新闻的媒体是新浪网，但是最先看到这一消息的却是上亿的手机用户们。新浪网以短信的方式向全国很多手机用户发送了这一消息，同时，收到这一短信的手机用户们也纷纷将这一新闻转发给了自己的朋友。于是，在很短的时间内，世贸大厦被炸的新闻便不胫而走，很多人都为之哗然，这一新闻也成了当时人们谈论的焦点。伴随着这一事件的出现，短信新闻进入了人们的视野。

（二）手机彩信新闻迅速兴起

不久之前，短信仍是以传播文字信息为主，长度和容量的限制束缚了短信新闻发挥作用的范围。但现在彩信业务的推出改变了这种状况，短信新闻也开始具有多媒体的特性。在中国"移动梦网"增添了彩信业务后，tom.com公司在全国领先推出彩信新闻定制服务。用户通过彩信手机不仅可以在一条彩信里同时阅读数十条新闻，还可以浏览多张清晰的新闻图片、新闻全文。彩信新闻的"实时、彩图、新闻全文"等特点，已经满足人们对新闻的大部分要求，进一步提高了手机成为流动资讯接收站的地位。受到长度的限制，短信新闻一直都只能充当消息快报的角色，但是彩信对容量的扩张使短信新闻在深度报道方面也有了用武之地。新浪网在彩信业务中就推出了"新视点"服务，"实事话题评说，剖析深层内幕，焦点追踪分析，深入报道评论"，邀请专家评说百姓话题、社会热点。随着技术的发展，互联网新闻的视音频功能也将在短信新闻上得到实现。以色列一家公司已经和中国的移动运营商完成了语音短信息服务的试验，用户通过其手机录制一条语音短消息，然后通过现有的SMS通道发送到对方，接受端用户只需一按键就可以收听语音短消息，比访问语音邮件要方便。如果将这项技术应用到短信新闻，将大大丰富短信新闻的信息容量和表现形式，使短信新闻同时具有文字新闻、图片新闻、广播新闻甚至电视新闻的特点，满足不同受众的需要。

二、手机短信新闻的结构特点

短信新闻就是以手机短信的方式通过无线网络向手机用户传播的新闻。短信新闻作为一种新的新闻形式受到各种条件制约，在内容结构方面有着不同于传统新闻写作的鲜明特点，有些特点甚至颠覆了以往的新闻写作规则。

（一）新闻字数有限制

这一特点是由手机本身技术特点决定的。一条手机短信的最大容量是140个字节，能够容纳的汉字就是70个字，所以每条短信新闻只能控制在70个字以内。超过了70个字，就只能以另一条发送。所以，"短"就成为短信新闻最为主要的一个特点。如："快讯：美国'哥伦比亚'号航天飞机从北京时间今晚 10 点起突然与地面失去联系,按计划飞机即将降落。目前可见几道尾气轨迹从空中划过。"①

(二)结构形式破常规

依照传统新闻写作的基本原则,标题、消息头、导语、主体作为一篇新闻的必要成分必须齐全,缺一不可。短信新闻由于字数和手机屏幕大小所限,为了更好地适应自身发展的特点,彻底打破了这一规则,开创了自己独特的新闻结构形式。

1. 新闻无标题

2. 没有消息头,消息的来源在短信最后予以说明

如"广东省卫生厅有关负责人证实,经卫生部及广东多名专家联合诊断,广州一中年男子于昨天 15 时被确诊为传染性非典型肺炎疑似病例。新华网"。

3. 新闻无导语

如"今晨央视名嘴黄健翔以罕见激情解说意大利终场点球,其对意大利近乎歇斯底里的盛赞引爆球迷争议。"这条短信新闻是 2006 年 6 月 27 日由网址为 2006 的世界杯短信中心发给订阅用户的。这样的一条短信似乎是消息,但又有些不像。消息的体裁特征要求包括:简要完整的事实报道。在这条短信中 Who、When、Where、What 都包括了,但是却缺少了 Why 这一项。另外,它没有标题,没有消息头,也没有严格的格式,只是以一句话的方式将消息发出。这些特点都说明它不是严格意义上的消息。从内容上来说它更像是简讯,但从格式上来说它又不是简讯。这一系列的特点使得短信新闻处在了新闻体裁的边缘。从某种意义上来说,短信新闻类似于传统报纸新闻的导言,也类似于电视的滚动新闻。

短信新闻在结构和内容上的这些特点在传播过程中既是优点,同时也成为缺点。短小精悍使受众对新闻事件一目了然,节约更多的时间;同样是短小,却让它无法在深度报道方面有所发展。

(三)新闻主题多元化

常规新闻的写作要求每篇新闻要有一个而且只能有一个主题,告诉读者一件完整的事情或者表明作者对某一个主要问题的看法。但在短信新闻写作中,为了体现其简洁性与更强的服务性,一个短信往往会有两个或有几个主题,即在一篇短信新闻中告诉读者两个或几个新闻事件。如"美副总统切尼 13 日至 15 日将访华,中美将讨论美向台售武器等问题;北京决定取消外来人员就业证等 174 项地方性行政许可事项。"

(四)新闻内容链接化

由于短信新闻的"短",一篇短信新闻很难包含整个事件的详细信息。为了节省资源,体现服务的针对性,短信新闻只告诉读者最重要、简洁的新闻事实,如果想了解更多的内容,通过回复短信来满足。这种个性化的服务不仅增强了人机交互性与获取信息的主动性、便捷性,还避免了短信资源的泛滥,消除了手机用户为每天收到自己不需要的大量信息而产生的烦躁感。

---

① 陈彤,曾祥. 图文:新浪网对哥伦比亚号航天飞机坠毁事件的报道[EB/OL]. http://book.sina.com.cn/11072 43742-thewayofsina.com/2005-03-01/3/169342.shtml,2005-3-1.

三、手机短信新闻在传播过程中的特点

以上分析了手机短信、短信新闻发展的一些概况以及短信新闻在结构和内容上的一些特点。这些相关内容决定了手机短信新闻与传统媒体新闻不同的传播特征。短信新闻的传播特征包括以下几方面。

（一）即时性

这一传播特点是任何传统媒体都无法比拟的。报纸新闻在到达受众手中一共要经过采访、写作、编辑、印刷、发行等一系列的过程。这就使得新闻不可能在第一时间传播出来。电视出现以后，它的时效性曾经让很多人为之振奋；电脑的出现立即让人们看到了真正的时效性，它几乎可以在事件发生的同时就将新闻发布出去，而不用像电视要经过制作、编辑在能播发。应该说电脑的时效性达到了一个极致。但是我们发现，在社会发生重大事件的时候，最先让受众得知消息的却是手机，而不是电脑，更不是报纸和电视。

如2001年6月4日，新浪首席执行官王志东因故被迫离开新浪网，新浪新闻中心是第一个发布此条重要新闻的媒体。但时间是早晨的6点。即使是最勤勉的记者们也还没有打开电脑开始上班，绝大多数人是因为定制了新浪网的手机短信服务而得到了此条新闻的。所以在时间上，手机短信新闻明显优先于网络新闻。

又如2001年9月11日美国世界贸易大厦被炸，几乎在事件发生的同时，新浪网便以最快的速度在新浪新闻中心发布了这一消息，然而绝大多数的受众还是通过新浪、搜狐、网易等几大门户网站的新闻中心所发送的短信得知这一消息的。

再如2003年中国农历大年初一，美国哥伦比亚号航天飞机失事，传统媒体还没来得及报道，新浪、搜狐、网易等各大门户网站已在10分钟之内把这一消息发送的手机用户上。随后，新浪的新闻短信订阅业务——'"新浪冲浪"通过短信的方式第一时间把伊拉克战争爆发的消息发送给了几十万的手机用户。

2003年，"非典"初期，由于各种原因，报纸、电视、广播等传统媒体集体失语，使得短信担负起了大众传媒的功能，短信成为人们唯一能够得到相关消息的媒体。在那样一个非常时期，短信新闻的即时性让恐慌的民众有了些许的安慰。

刘建明认为，"就狭义而言，第一时间是指事件发生，没有被局外人知晓的时刻……新闻在第一时间发布或报道，能满足更多的人以致全社会的知晓欲望，具有很大的新闻价值。"从这一点来看，短信新闻与传统媒体新闻比较而言，无疑更具时间性，尤其是当社会发生重大事件或是社会发生突发性公共事件时。在这样的时候，新闻的"第一时间"显得尤为重要。只有让公众在第一时间了解事件的真实状况，才有可能避免不必要的恐慌与躁动。2006年，国务院在1月8日发布的"突发公共事件总体应急预案"中就提出："发生突发公共事件必须在第一时间向全社会公布简要信息，随后发布初步核实情况、政府采取的相关措施和公众防范的措施。"可见，"第一时间"对于公众乃至整个社会的重要性。传统媒体也意识到了"第一时间"的重要性。目前绝大多数的电视台都有24小时的全天滚动新闻在其他节目播出的过程中同时向公众发布。但是由于各种条件的限制，能够真正让公众在"第一时间"得知并了解事件状况的恐怕只有手机短信。所以，手机短信新闻在这一点上无疑具有最大的优势。

（二）定向性

定向性就是指短信新闻在向公众发布的过程中是确定的，也就是短信新闻的受众是明确的。传统的报纸、广播、电视、网络等新闻媒体在传播新闻时，并没有一个明确的方向，而是将所有公众视为受众。对于传统媒体而言，受众是模糊的、是不确定的他们在制作新闻是必须考虑到所有可能的受众，制作出能够最大限度满足受众要求的内容和节目。于是，我们便看到了从国家到省级再到城市，各种不同的电视台、报社等的综合新闻、综合电视台。然而，手机短信新闻将这一现状完全打破。

手机短信目前的运营方式是靠付费定制获取利润，是一种纯粹的"卖新闻"，用户付费，从而获得自己想要的新闻。在这一过程中，用户可以根据自己的喜好，定制自己需要的短信新闻，而服务提供商便可根据用户的订阅状况，向用户提供相关的短信新闻。这样对于提供新闻的这一方来说，可以明确地知道有多少人在看这条新闻，这些受众都是谁。21世纪报系资深发行人沈颢先生在2006年5月的演讲中曾说道："短信新闻受众的明确性是很厉害的，这一点是传统媒体想要达到，但却永远都不可能达到的。同时也是传统媒体无法与手机短信新闻相比的优势之一。"

（三）分众性

分众化是大众传播媒体发展的一个结果。媒体市场的饱和使得媒体市场的竞争异常激烈，于是所有的媒体都在尽最大的力量争取受众，吸引受众的眼球。对媒体而言，受众的注意力就是资源，是媒体赖以生存的资本。然而，在新旧媒体都想要获取一席之地的形势下，要抓住全部的受众几乎是不可能的，所以很多媒体便力求在某一方面做得更深、更专，以牢牢抓住某些受众。报纸分块、电视频道的专业化就是分众传播的结果。以昆明为例，《春城晚报》分为了都市新闻、学习周刊、美丽周刊、数字周刊、国际新闻等几大板块；而昆明电视台则分为综合频道、生活频道、影视频道、新闻频道等几大频道。这样对内容进行划分后，一方面满足不同受众的不同需求，另一方面也有利于广告有选择性地投放。

手机短信新闻在传播中就具备了这样的特性。目前短信新闻一般分为国际新闻、社会新闻、体育新闻、财经新闻、娱乐新闻等几大种类。用户可以根据自己的喜好定制不同的新闻。服务提供商根据用户的定制要求，有选择的向用户发送新闻。这样用户就可以只看自己喜欢看的新闻，而不必像看传统媒体新闻那样在大量的资讯中搜寻自己想要看的新闻。

（四）互动性

互动性，应该说是现在所有媒体都在努力追求的一点。传媒的市场化逼迫着报纸、广播电视以及网络去了解自己的受众以及可能存在的受众，以便报道或制作出受众想要看到的内容，最大限度争取受众，从而获得高回报率的广告投放。与受众的互动就是一条直接获取受众反馈意见的便捷途径。很多报社都设有读者来电，以便报社及时了解受众的意见，同时还在版面上留出一项空间刊登读者来件；电台、电视台则采用手机短信的方式直接与观众进行互动。网络在这一点上是很具有优势的。在网络中，很多新闻后面都有网民们热烈的讨论。但是前面提到的这些互动方式与短信新闻的互动方式相比而言，都是不够直接的。报纸的互动有较长的时间间隔；广播电视的互动本身依赖的就是手机短信的方式，而费用却又太高；网络新闻的互动，没有一定的监管，绝大多数都是网民们发表的一些个人化的言论,可信度并不高。

手机短信新闻的互动性在这些方面就更具优势。第一,互动间隔的时间短。在看完任何一条新闻后,阅读者都可以立刻将自己的观点和看法通过短信回复的方式反馈回相关的短信网址。第二,费用与广播、电视的短信评论相比更低廉。绝大多数的短信新闻回复评论的费用已经包含在定制费用里。第三,短信新闻的回复评论能够得到有效的监管,可信度较高。这些方面都说明了短信新闻在互动方面的特点。应该说,无论是在时间间隔、价格还是可信度上,短信新闻的互动评论都具有很大的优势。

另外,媒介参与理论的提出者们认为,媒体应该是一种公共资源,任何一个公民都有使用媒体资源的权力,受众应该有参与新闻的机会,反对新闻媒体管理的小规模化和非机构化。然而,对于传统四大媒体而言,受众是不可能真正实现高度参与的,而手机成为一种新闻传播媒体后,受众参与新闻的可能性大大提高了。现在,用户不仅是新闻信息的接受者,同时也成为新闻的传播者。在这一过程中,二级传播,甚至是多极传播变成了极为普遍的事,新闻的传播常常出现几何式增长,受众实现了真正的新闻参与。

(五) 强制性

到目前为止,传统的四大媒体提供新闻的方式都是"我提供新闻,你自由选择"。受众翻阅报纸选择自己想要看的新闻内容;广播、电视的受众则按着调频键,拿着遥控器飞快调台,寻找自己想要听、想要看的内容,即便是网络同样如此。手机短信新闻在这一点上却具有明显的强制性。手机用户都有这样的经历,在收到短信时,好奇心总会促使用户打开这条短信,看看它的内容。即便是中国移动服务台发过来的短信,尽管有时候也会烦,但很多人还是会打开看看。另外一方面,这本身也是手机制造技术上的影响,很多手机在收到短信时,想要删除这条短信,就必须先打开短信,然后才可以进行删除操作。

因为手机短信具备了这样一些特点,就使得短信新闻也同样具有一定的强制性。用户在收到短信新闻时,无论想看不想看,都得看。如国家质检总局就向定制用户免费发送一些质检方面的新闻以及相关的通告,因为高到达率可以保证收到短信的用户得到相关信息,阻止消费者购买不合格的商品,以免危害消费者的人身安全。

(六) 便捷性

有手机的人,绝大多数都是手机不离身的。手机对于现代人来说,逐渐成为一种不可或缺的生活工具。这样就让手机短信新闻无论何时何地,只要所在的空间有信号,都可以接收到新闻。这是其他任何一种媒体都无法比拟的。

另外,手机新闻与传统媒体新闻比较而言,具有更大的方便性。受众只用发一条短信便可以方便地定制自己所有需要的新闻。而服务提供商就会在每天按时给用户发送新闻,用户不用买报纸,不用看电视,也不用上网,随时随地就可以看到新闻。

施拉姆提出:"人们选择不同的传播途径,是根据传播媒介及传播的信息等因素进行的。"[①] 人们选择最能充分满足需要的途径,而在其他条件完全相同的情况下,他们则选择最能方便而迅速地满足其需要的途径。他提出了人们选择某种信息的或然率的方式,即如下的公式:报偿的保证/费力的程度=选择的或然率

人们选择信息时如此,选择使用媒体途径时也如此。公式中的"报偿的保证"指传播

---

① 段鹏. 传播学基础历史、框架与外延 [M]. 北京:中国传媒大学出版社,2006:192.

内容满足选择者的需要的程度,而"费力的程度"则是指得到这则内容和使用传播途径的难易状况。从这两点来看,手机新闻选择的或然率与传统媒体新闻相比,应该是具有一定优势。从"报偿的保证"方面来说,手机新闻可以囊括用户对所有新闻的需求;从"费力的程度"方面来说,通过手机获取新闻既方便又快捷,可以最大限度节省读者阅读新闻的时间,读者不用在众多新闻中花费不必要的时间来寻找自己感兴趣的新闻。

(七)私密性

现代社会,时间的紧迫、工作的繁忙,让现代人没有太多的私人空间去看电视、上网、听广播,甚至报纸也只能在上下班的空隙时间才能看。很多学者都认为这是一个"碎片化"传播的时代,人们接受大众媒体的时间是"碎片"的,而媒体的内容也是"碎片"的,这些状况就使得人们无法完整、全面地去了解世界正在发生着的事情。手机短信新闻正好切合了这一点,即便在上班的时候,人们都可以利用那么一两分钟的时间看一下手机上仅仅几十个字的新闻,不用担心被上司指责在上班的时间看报纸。同时,人们可以在等公交车的时候、吃饭等上菜的时候、课间休息的时候,甚至上卫生间的时候,随时随地地看到新闻。

短信新闻私密性的这个特点同样是由手机本身的特点所决定。这个特点可以让用户在无聊的时候看看新闻,以消磨时间;可以让用户定制一些更为私密的资讯;也可以让用户在不被发现的情况下看新闻。真正做到新闻"无时不在,无处不在。"

以上分析了短信新闻的传播特点,这些特点使得短信新闻一出现便引发了业内高度的关注,相信短信新闻的这些特点也将使这一新的新闻传播方式发展得更加完善。

第三节 手机短信新闻写作要求、模式和技巧

一、短信新闻的写作要求

短信新闻在写作上正在形成不同于传统新闻的个性要求,有些特点甚至颠覆了以往新闻写作的规则。

(一)体裁——简讯

短信新闻的长度受手机短信字数容量的限制,一般不超过70个字,这就在很大程度上制约着短信新闻的体裁。到目前为止,所有的短信新闻的体裁都是消息范畴中的简讯,只有简讯才符合短信新闻的长度要求。

有人说,短信新闻的"短"是它的先天性缺陷,这像铁链一样束缚着短信新闻的编辑,使得短信新闻无法像特写、深度报道那样充分展现新闻写作的技巧。其实不然,短信新闻的"短"并不完全是它的缺陷,从某种程度上讲,"短"更彰显了短信新闻的独特之处。

订阅短信新闻的用户往往是为了了解最新的国内、国外最新最快的时事或是体育、娱乐方面的最新资讯。这些用户通常都是工作繁忙的上班族,他们少有时间或条件上网,于是他们对新闻的要求并不在于全面和深入,而是要求快捷获知。短信新闻凭借其内容短小

精悍、信息传递及时、接受方便简单、可选择性订阅等特点足以满足这些用户的需要，为他们即时提供各种信息。另外，手机用户是通过手机屏幕来阅读短信新闻的，比起报纸、电视和电脑，其信息的呈现区域非常小，这不仅增加了人们阅读的困难，也降低了人们对较长新闻阅读的耐心程度。因此，在编辑短信新闻时，宜短不宜长，语言言简易懂，70个字内最多包括两个新闻事实即可。短信新闻的种种特征足以显示，其体裁主要仍是简讯。

（二）结构——简单

传统新闻的结构通常包括标题、导语、背景、主体和结尾等，而这些部分即使在最短小的简讯里也是必要成分，缺一不可。短信新闻彻底颠覆了这一规则，把所有要传达的信息浓缩在一两句话中，除了省略新闻的背景和结尾，标题也不再具备，剩下的导语和主体部分也可都放入短信新闻中，可以看做是省去了主体的导语。事实上，无论是标题、导语、背景、主体还是结尾，都是针对结构完整的消息而言。短信新闻不存在新闻内部构造的划分，仅仅是呈现新闻事件中最新鲜、最主要的事实，其结构是一个无法再划分的基本单元。所以，传统的新闻结构对于短讯新闻而言已不再适用。

网站主要依赖传统媒体获得新闻资源，在反复的转载和加工过程中，新闻的可靠性往往被忽视，误传误报时有发生，甚至会出现虚假新闻扰乱视听。为了增强短信新闻的可信性，通常要在短信新闻的最后加上新闻来源，如新华网、人民日报等，我们可以将它称作"消息尾"，它是读者判断消息真实性和可靠性的重要依据。另一方面，也可避免新闻版权上的纠纷。

（三）要素——不求完备

新闻的五要素包括 Who（何人）、What（何事）、When（何时）、Where（何地）、Why（何因），交代清楚每一个要素是新闻写作的基本要求。但是，短信新闻不可能完整地具备这五要素，在编辑的过程中，由于受到字数限制，通常会省去"何因"这个要素。在编辑短信时，必须在有限的字数里，用最简洁的文字将新闻事实叙述清楚，以便读者用很短的时间就能清晰地理解内容。作为短信新闻，真实性和时效性是最基本、最核心的两个特性。然而，通过观察发现，时间要素的缺失在短信新闻中是普遍现象。读者在阅读新闻时，如果不能获得关于新闻事件发生的时间，就无法判断新闻的实效性，而没有时间要素的新闻也会让读者对它的真实性产生怀疑。

时间要素在短信新闻中的缺失这一现象，暴露出短信新闻发展的不成熟，也反映出短信新闻编辑的不规范一面，编辑在处理新闻时存在很大程度的随意性。因此，作为新生事物的短信新闻编辑，在其规范化操作上仍需要一段时间的努力和探索。

二、手机短信新闻的写作模式

短信新闻从无到有，从默默无闻到妇孺皆知的短短几年时间里，在内容服务商、技术服务商和新闻编采人员的共同努力下，已经具备了适应其自身发展的三种新闻模式。

（一）加工新闻

它取源于传统媒体，对新闻进行加工整理，使其具有更好的质量与可读性，并依靠其不可比拟的传播速度来赢得受众。同样是近几年才兴起的新媒体——互联网，它的最基本、最原始的新闻应该是"粘贴新闻"。但是"粘贴新闻"并不适用于手机媒体，第一是因为我们已经进入了一个信息过剩的年代,"粘贴新闻"这种简单的新闻处理方式已经不能适应市场和受众的需求了。市场和受众需要的是具有独创性的新闻,而"粘贴新闻"则有趋同的倾向。第二是因为在传统媒体和网络媒体中流传的"粘贴新闻"过大,而手机的传送字节和容量有限,照办照抄、直接将新闻粘贴在短信新闻中是不可能的。

（二）组织新闻

它可分为形式上的组织与内容上的组织,一方面对现成的新闻资源进行整合,一方面争取独创性。从形式上看,组织新闻最重要的是界面的设计。短信新闻的内容组织,可分为三个层面:挖掘各种新闻或者信息之间的内在联系——基本层面；策划新闻选题或专题并组织报道——中间层面；构造整个短信新闻网或频道的内容框架——宏观层面。

（三）解读新闻

"解读新闻"即对新闻事件或其中某环节的来龙去脉、前因后果进行深度剖析,解释疑惑。信息时代的媒体竞争,不仅仅是新闻题材的竞争,还在新闻深度的竞争,而这在很大程度上是新闻挖掘方式的竞争。媒体不仅要告诉人们发生了什么,还要告诉人们它为什么会发生,这件事与那件事之间有什么联系。媒体要做的,不是让读者自己去费力寻找那些联系,因为对他们来说,信息消费只是业余生活中一部分,他们不可能全天候地跟踪世界的变化,并对这些变化做出合理的解释来。跟踪与解读的工作,应该由媒体来完成。对目前的中国短信新闻来说,"解读新闻"这个层次,亟待开发。谁能在这一层面上快人一步,高人一等,谁就能在下一轮的新闻竞争中占据有利地形。

三、手机短信新闻的写作技巧

一方面手机短信新闻为人们提供了获取新闻信息的崭新渠道,另一方面也改变了人们对新闻的传统看法和观念。手机短信作为成长中的"第五媒体",在新闻传播上显示出巨大的成长空间,并逐渐形成自己的个性和特色。

当前手机短信新闻凭借信息传递及时、内容短小精悍、接收方便简单,以及可以选择订阅等优势受到相当一部分手机用户的欢迎。作为一种新型的新闻传播形式,手机短信新闻在写作上与传统新闻体裁比较起来有何不同?可以说,手机短信新闻正形成不同于传统新闻的鲜明特点。有些特点甚至颠覆了以往新闻写作的规则。下面我们就探讨一下手机短信新闻的写作技巧。

（一）篇幅追求短小精悍

手机文字新闻受接收终端、字数、阅读环境的限制,不可能像某些传统媒体的新闻一样洋洋洒洒数千字而只能在有限的空间里传达有效信息,因为一般的手机的短信字数容量为不超过10个汉字,这在很大程度上制约着短信新闻的体裁选择。到目前为止,除新华社播发的短信新闻故事《赵家富》之外,基本上所有的短信新闻的体裁都是消息中的简讯。因为在包括通讯、特写、深度报道等在内的诸多新闻体裁中只有简讯符合短信新闻的长度要求。换句话说,只有简讯才能够最大限度地发挥短信新闻的特点和优势。

尽管《赵家富》短信新闻故事连载打破了短信新闻只播发消息的常规,但这种做法仅仅是一种新鲜的尝试,其发展前景如何目前还无法定论。一些接收到该连载的订户就表示,短信铃声总是响起令人感到厌烦。连载形式固然可以为短信新闻体裁扩展打开大门,但这种形式是否可以大范围运用于短信新闻的发布仍需要更多实践的检验。

有人说短信新闻的"短"是它的软肋,像一条锁链捆绑住了短信新闻,使它无法在更广阔的天地内施展手脚。但笔者认为,短信新闻之"短"非但不是缺陷,反而彰显了它的独特之处,其理由如下。[①]

首先,人们订阅短信新闻的目的或者是了解最新的时事动向,或者是获得一些体育和娱乐方面的资讯。短信新闻的接收者大多是一些因为工作繁忙或工作性质特殊,没有时间或没有条件从传统媒体和网络上获得所需信息的人,他们对新闻信息的要求并不在于全面和深入,而只是知晓和了解,短小精悍的短信新闻刚好可以满足他们的需要。

其次,手机用户通过手机屏幕阅读短信新闻,比起报纸、电视和电脑而言,手机屏幕的信息呈现区域非常狭小,这不仅增加了人们的阅读困难,也降低了人们对长时间阅读的耐心程度。因此,利用短信的形式进行新闻发布宜"短"不宜"长",尽管可以在其他体裁上做一些有益的探索,但"简讯"仍应是今后短信新闻在体裁选择上的主要对象。

(二) 结构必须打破常规

新闻结构是指消息这一文体的内部构造成分及其组合方式。其中,内部构造成分是组成一篇消息的基本零部件,通常包括标题、消息头、导语、主体、背景与结尾等部分。组合方式是指新闻报道的各种布局方式,即通常所说的"金字塔结构"、"倒金字塔结构"等。

依照传统新闻写作的基本原则,即使在篇幅最短小的简讯的写作中也要做到新闻结构上的完整,标题、消息头、导语、主体作为一篇新闻的必要成分必须齐全,缺一不可。短信新闻却彻底颠覆了这一规则,把所有要传达的信息浓缩在一两句话之中,除了省略新闻背景与结尾部分,也不再具备标题和消息头,仅有的部分与其说是"省去了导语的主体",到不如看做是"省去了主体的导语"。事实上,无论是标题、导语、主体、还是结尾,都是针对一篇结构完整的消息而言,导语是相对于主体而言的导语,主体是相对于导语而言的主体。短信新闻不存在通常的新闻内部构造的划分,仅仅呈现新闻事件中最新鲜、最主要的事实,它的结构是一个无法再进一步划分的最基本单元,因而"导语"、"主体"等说法对于短信新闻写作不再适用。

另外,短信新闻没有消息头,消息头的一个重要作用是表明新闻来源,以便读者判断消息的真实性与权威性,所以,短信新闻采用在结尾处注明新闻出处的做法告知新闻来源。

"消息尾"对于构成一则完整的短信新闻是不可缺少的,它是读者判断消息真实性和可靠性的重要依据。目前,短信新闻还处在不成熟的发展阶段,其内容大多由网站供应,而网站主要依赖传统媒体获得新闻资源,在反复的转载和加工过程中,新闻来源的可靠性往往被忽视,误传误报时有发生,甚至出现虚假新闻扰乱视听。在接收者对短信新闻的信任度普遍不高的情况下,使用"消息尾"标明新闻来源可以在一定程度上打消人们对新闻是否真实的疑虑,在另一方面也可避免新闻版权归属上的纠纷。目前,仍有相当一部分的短信新闻不标注新闻来源,本书认为,应该把"消息尾"作为一个必要的部分固化到短信新闻结构中去,以规范短信新闻的写作。

---

① 靖鸣,刘锐. 手机传播学 [M]. 北京:新华出版社,2008:214—221.

（三）新闻要素不求完备

虽然一篇消息中有时并不完全呈现新闻五要素，但一篇完整的消息往往将新闻五要素全部囊括在内。在传统的消息简讯写作中，不将消息的所有要素都写进消息中，而是选择最有必要的要素（何事、何时、何地）来写，回答读者的阅知，看起来似乎是新闻要素部分缺失，这种情况在手机新闻编写中则是一种常态。手机新闻写什么不写什么，也是根据新闻价值高低来做出判断和选择的，写手机新闻应该按照这一标准来。看一看下面这四则案例。

案例1. 奥地利一家动物园的一位21岁的女饲养员不幸被3只美洲虎咬死了！3只虎把她在地上摔打撕咬，几秒钟，饲养员就变得血肉模糊了。

案例2. 澳大利亚一名60多岁老头在大街上偷自行车时猝死，警方发现他家中共有1000多辆偷来的自行车，房间内挤得毫无立足之地。

案例3. 美联储承认，当前美国短期利率水平过低可能存在危险；中国证券登记结算公司表示，今年证券登记结算体系将有重要改革举措。

案例4. 世界包装组织和国务院批准：亚洲包装中心正式确定落户杭州；新华社播发经济观察强调：今年粮食要增产250亿公斤，增加农民收入。

这四则短信新闻都没有交代新闻事件发生的时间和原因，缺少了"5W"中When和Why两项，如果说在一两句话中无法展开对新闻事件发生原因的叙述，故而省去原因要素尚且可以理解的话，那随意省去对事件发生时间的交代就显得没有充分的理由了。真实性和时效性是新闻最基本、最核心的两个特性。读者阅读新闻的时候，如果不能获得关于新闻事件发生时间的信息，就无法对新闻的时效性做出判断；而没有时间要素的新闻也会让读者对它的真实性产生怀疑。在只需要一两个字就可以把时间交代清楚的情况下，省略对时间的交代不仅不利于读者对新闻事实的了解和把握，也会在很大程度上损害到短信新闻的新闻性。

研究发现，时间要素缺失在短信新闻中是普遍现象，这个特点在短信新闻发展不成熟阶段的暴露出来，反映了当前短信新闻写作不规范的一面。这种不规范暴露了短信新闻供应商缺乏新闻写作的专业训练，对新闻的处理存在很大程度的随意性。今天，无论是报纸还是广播、电视新闻的写作都有一套相当成熟的规范加以约束；作为新生事物的短信新闻，在实现写作的规范化上仍需要一段时间的努力和探索。其中，对短信新闻供应商的专业化训练和对短信新闻写作过程的规范是现阶段非常需要予以重视的问题。

（四）叙事结构务求单一

在制作手机短信新闻的时候，要尽量做到叙事结构简单，以便于受众更迅速地获知和理解新闻内容。即使是故事性、戏剧性较强的消息，传统新闻写作里也会被渲染得摇曳多姿，短信新闻则一样会照顾到手机用户的接受心理，尽可能简化受众的理解程序。如下面这个案例。

新人出嫁请公安学校学生冒充警察开道

昨日上午9时许，在兰州7名身穿警服的男子为一队迎亲车队开道。商贩和市民以为是上级领导来视察工作，所有人都自觉向路边靠。但让人意想不到的是，一对迎新车队缓缓驶来。这让在场的群众非常愤怒。当地公安局表示，高校公安专业学生私自为婚车开道，是绝对不允许的。

这则手机新闻摈弃传统报纸上类似消息常用的悬念式结构，铺垫型叙事直至最后才揭开谜底的写法，叙述结构比较单一，追求一种"只在直中取，莫在曲中求"的效果，在简短的文本里给受众传达最大量的信息，却又尽量避免增加受众的理解难度。

（五）新闻语言要高度浓缩

新闻语言是指以规范化的语言为基础，根据新闻报道的特殊要求加以改造，在遣词造句、表情达意上符合新闻传播要求、便于受众理解和接受的语言。新闻语言的主要特征是准确、清晰、生动。短信新闻作为一种新的新闻形式既符合新闻语言的普遍规律，也反映出某些不同于报纸、广播和电视新闻语言的特殊性，其中最突出的一点就是语言的高度浓缩。

短信新闻的写作很容易让人联想到另一种应用文体——电报，二者的共同点在于作者都"惜字如金"。短信新闻的写作是对来源于传统媒体和新闻网站的新闻进行再加工的过程，长度从上百字到几千字不等的新闻经过作者的充分提炼和高度概括，浓缩到70个字以内，操作的手法各有千秋，如：

案例1. 重庆一62岁老汉牙齿特硬：他能用嘴叼起盛满水的百斤水桶轻松走动数分钟且牙不痛不松。老汉习惯独特，喜以石作枕好冷水浴。（重庆晚报）

案例2. 今晨国际足球赛果：意甲AC米兰3—1桑普，罗马4—1国米；西甲巴塞罗那3—2马洛卡，取得七连胜；德甲不来梅客场2—0胜1860稳居榜首。

在案例1中，"喜以石作枕好冷水浴"一句把现代汉语中使用的双音节词"喜欢"、"石头"、"枕头"、"爱好"全部用古汉语中的单音节词替换。案例2的做法在体育新闻中十分常见，就是用缩略语替代全称，"桑普"代表"桑普多利亚"，"国米"代表"国际米兰"。因为短信新闻是通过用户定制的方式发布，所以对体育迷来说理解这些缩略语并不存在问题。

短信新闻除了在遣词造句上尽量精简之外，常用的做法还有省略某些标点。案例3和案例4是新闻短信连载《赵家富》中的两条，在引用人物的语言时，都没有使用双引号。

案例3. 7月5日下午，39岁的赵家富一行被困在抗洪抢险途中。远处传来轰隆隆的声音。赵家富听了一会儿，说，不是打雷，是泥石流来了！

案例4. 赵家富说，生命多美好，谁想死？我们要活着出去！他率先冲到前面探路。突然，地动山摇，一座山接一座山倒下来。眨眼功夫，赵家富没了踪影。

这样的省略并不影响人们的阅读，但另一些省略就明显不妥，如：

案例5. 中消协抽查北京市场上的果冻八宝粥饮料蜜饯糖果口香糖酱菜等八类食品，发现近半样本存在甜味剂和防腐剂超限量使用的情况。（北京晚报）

这一案例省略了"果冻八宝粥饮料蜜饯糖果口香糖酱菜"中本应有的六个顿号，造成了句子结构混乱、影响阅读。值得注意的是，这种去除标点的做法在短信新闻中并不是零星现象，短信新闻在简明方面的要求可以通过大量删节不必要的细节信息来实现，却不应该以牺牲可读性为代价，否则难免产生歧义，造成误解，影响新闻的有效传播。

由以上分析可以看出，短信新闻写作中的写作技巧方面的要求都是围绕短信之"短"产生的，这些特点对常规的新闻写作发出了极大的挑战。目前，短信新闻写作已经具有自己的鲜明个性和独特风格，但同时也存在一些问题和缺陷，主要表现在不注明消息来源，随意省去某些新闻要素，标点符号使用不规范等。新闻写作无定式，随着新型传播媒体的产生，必然要有新型的新闻写作方式与之相适应；短信新闻的写作仍处于初期探索阶段，需要一个规范、成熟的过程。随着短信新闻的更加普及和短信新闻影响的日益扩大，人们还会在实践中总结出短信新闻写作的新特点，更好地把握短信新闻的写作规律。

思考题

1. 什么是手机新闻？手机新闻有哪些特点和形式？
2. 手机短信新闻写作有哪些新要求？
3. 如何写好手机短信新闻？

作业题

1. 把下面这则消息改写成手机短信新闻。

新华社巴黎8月31日电：英国王储查尔斯王子的前妻戴安娜本地时间8月31日凌晨在巴黎遭遇严重车祸，送往医院后不治身亡。

据悉，戴安娜与其男友埃及亿万富翁之子法耶兹于30日下午来到巴黎。当天午夜，他们在巴黎里茨饭店共进晚餐后，乘坐一辆奔驰600型汽车飞速驶向法耶兹在巴黎的一座私邸，一群摄影记者在途中紧追不舍。戴安娜的汽车加大马力急速行驶，试图摆脱摄影记者，不幸在一处公路隧道里与一根立柱碰撞，造成严重车祸。法耶兹和司机当场死亡。戴安娜及其保镖身受重伤。

车祸发生后，抢救人员立即将戴安娜等人送到医院。负责抢救戴安娜的医生不久宣布，戴安娜在车祸中手臂骨折，大腿受伤并发生严重脑震荡，在抢救过程中因胸腔大出血，于凌晨4时死亡。

法国总统希拉克和总理若斯潘对戴安娜不幸身亡表示震惊。据巴黎警方宣布，车祸发生后，尾随戴安娜的7名摄影记者被带到巴黎警察总署接受调查。

2. 运用"新闻眼"搜寻发生在自己身边的事实，运用自己的手机拍照和摄像功能，每人写（制）作五篇手机新闻。

第十七章
全媒体新闻写作的创新

── 本章提要 ──

全媒体新闻写作创新首先表现在新的理念上,具体体现在:全球化视野下的新闻观、高度的社会责任感、全新的新闻价值观、随时化的新闻服务思想、多媒体的表达方式。理念的变化对全媒体新闻写作提出新的要求:要具有播客"写作"的能力,要具有使用数字媒体软件写作的能力,要具有不同载体、不同体裁新闻作品相互转换的写作能力。全媒体新闻写作的创新思维方式要求具备:批判性思维、发散性思维、统摄思维、立体思维。

通过本章的教学,指导学生了解全媒体新闻写作的新理念,懂得全媒体新闻写作的新要求;探讨在媒体融合的背景下,全媒体新闻写作的创新思维方式,培养学生新闻写作创新能力,并引领学生在实际新闻写作活动中灵活运用。

第一节 全媒体新闻写作新理念

全媒体时代对新闻记者的视野、全局意识、价值判断、反应能力有着更高的要求。新闻要增强时效性、感染力、冲击力，这是新闻媒体竞争的需要，也是对新闻记者在新环境下提出的基本要求。

一、全球化视野下的新闻观

面对信息全球化，面对全球化的受众，面对新闻报道"全球村"的形成，新闻记者必须树立全球化的新闻观。

（一）爱国主义与国际主义相结合

如今的时代，全球化浪潮席卷大地，逐渐向更广的范围诸如经济、政治、文化等实体扩展，受其影响，媒体结构发生了变革，新闻报道的样式也逐渐多元化。因此，面对一个更加开放的媒体时代，在各种新闻思想的涌入，各种新观念的融合背景下，新闻报道坚持爱国主义与国际主义相结合的原则十分必要。一方面，要求新闻记者树立全球报道的新闻意识，努力开拓视野，对于国内国外热点、难点问题进行及时的捕捉与报道。另一方面，在报道中必须坚持中国立场，维护国家和人民的根本利益，特别是在复杂的环境下，正确处理对立意识形态和声音，应对复杂环境下的舆论压力，排除各种不和谐声音，向世界说明国家的正义立场，赢得国际舆论，是当前新闻记者必备的能力。

国际新闻报道一定要努力把握住导向立场，要把客观报道与自然主义区别开来，真正做到服务于党和国家的大局，真正做到为我所用，从而赢得引导社会舆论的主动权。除了要在重大的政治性原则问题上与国家利益保持高度一致外，主流报纸还要特别注重把握国际经济新闻、国际文化新闻和国际社会新闻的导向，注重维护国家经济利益、民族文化传统和社会道德规范。[①]

（二）世界先进报道经验与中国新闻特色相结合

全媒体时代，很多国际重大事件的报道是不分国界的，如关于朝核问题的报道，"9·11"事件在世界范围内引起的关注，还有 2010 年中国世界博览会等。其中很多报道经验、报道技法及国外先进的采编播能力值得我国新闻从业人员借鉴与学习。但毕竟全球化背景下的新闻产品，是各国意识形态的反映，已经融入了各国的国家立场和不同的独立观念。因此，在吸收先进报道经验的同时，必须凸显我国的新闻特色，使我国的新闻报道即坚持正确的舆论导向，又时代鲜明地站在世界新闻报道前沿。

（三）坚持"三贴近"原则，报道国内外热点问题

"三贴近"是新闻报道基本原则之一。在社会生活和读者需求多样化的今天，新闻的沟通功能、服务功能、娱乐功能日益受到重视，人们对新闻价值的评判标准从单一走向多元。在这样深刻的变革中，媒体需要关注人们生活的点点滴滴、方方面面，履行贴近生

---

① 突显"新闻特色"报道现在的新闻北京广播网 [EB/OL]．www．rbc．cn，2009．

活,贴近群众,贴近实际的新闻准则。

《工人日报》曾经发表的一些受到读者好评的报道,如《的哥,你的那张五元纸币改变了》、《钥匙挂门上一夜以后为要不要换锁的问题夫妻俩理论了一天》这样的报道说的都是人们在生活中随时可能遇到的小事,但读起来很有意思,甚至会引发对如何处理人际关系、如何构建和谐社会的思考。这样的报道在过去党报记者笔下是难得一见的,而现在却成为采编人员积极搜寻和发掘的好素材,这不能不归因于新闻价值观的改变。实用价值是新闻价值的一个重要组成部分。《工人日报》服务新闻板块还展开了一次读者调查,根据读者调查,"贴近生活,实用性强"的报纸是读者的首位选择,而"内容丰富,信息量大"位居第二,第三才是生动有趣,可读性强。可见读者首选的报纸已从好看转为实用。①

(四)掌握先进手段,创新报道形式,为受众所喜闻乐见

新闻具有全球性,新闻在报道上也讲求宣传的艺术性。在纷繁芜杂的全球新闻报道中,新闻舆论往往会出现多元化的局面。新闻要在高扬主旋律的同时,兼顾全球化受众的接受方式。掌握先进的报道手段,创新报道形式,这样才能使使新闻的表达能被全球受众所接受,才能够更好地引导舆论,强化宣传效果。

如2009年11月10日,54年罕见的暴雪突袭石家庄,作为一次突发性事件,大雪吸引了全世界关注的目光。身处事件发生地的新闻媒体长城网,展开了一场全媒体采写新闻报道实战。长城网新闻中心、视听中心、互动中心、首页编辑中心等,迅速行动,紧急策划,以文字、图片、视频、音频等形式,发挥网络全媒体的特点,对54年罕见暴雪突袭石家庄的情况进行了全景式报道。

同时,长城网还充分利用网络与网民互动性强的特点,除在每篇稿件后开设网民评论留言窗口外,还在长城论坛开辟了大雪报道互动专区,网民的声音、观点和有关大雪的图文、视频报道可以通过这里直接上传,真正实现和发挥了"网民记者"的作用。

此外,长城网视听中心也及时制作和转发了大量视频报道,"河北中南部普降大到暴雪"、"石家庄长短途公路客运基本停运"使网友对于大雪的感受更直观、更形象,充分体现出长城网"全媒体"全景式报道的优势,令人耳目一新。此事件中,长城网的点击量直线上升,可谓一次运用先进技术,创新报道形式的典范。

二、高度的社会责任感

高度的社会责任感是记者职业的基本操守,对于媒体工作人员,高度的社会责任感具体要做到以下四个方面。

(一)坚持并维护新闻真实性

多元化的信息渠道造成了更大的信息不确定性,特别是网站。一方面网络是供网民自由交流的意见平台,另一方面,自由的表达与网络监管的缺失之间的矛盾日益凸显,如何在传播网络信息的同时又避免虚假信息的流入,这是媒体要面对的最大问题。因此,记者需要在利用网络获取信息时加强对假新闻的识别、分辨能力,肩负起新闻从业人员的社会责任感,增强媒体的权威性、公信力。

---

① 董宽. 提升主流报纸国际新闻报道的引导能力 [J]. 新闻三味, 2006 (9): 2.

（二）反对和抵制侵犯媒体知识产权的行为

反对和抵制侵犯媒体知识产权的行为，增强自律和新闻职业道德修养和水平，这包括要有高尚的敬业精神，深入实际，深入群众，深入基层扎实的采访作风，勤跑勤问勤记，不断发现新事物，独立挖掘新线索，抓到新鲜有分量的新闻等。同时坚决抵制虚构捏造事实，不正当手段获得新闻线索，不通过扎实的采访获得信息，或不经过他人同意使用稿件，剽窃他人稿件等恶劣行为。

1998年中国检察日报社的著作权纠纷案件引起了人们的关注。刊登在其1999年1月份网络版报纸及1999年1月13日的纸质报纸上，文章署名为"鹤鸣日新"及"八呆"。作者张晓辉发现后，遂以中国检察日报社侵犯其著作权为由向北京市第一中级人民法院提起诉讼。最终，经北京市第一中级人民法院主持调解，双方达成了调解协议，中国检察日报社给付原告稿酬及本案诉讼支出，并在其纸质报纸及网络版报纸上就其刊载行为向原告赔礼道歉。

（三）始终与人民休戚与共

新闻记者要有正义感，做到一身正气，两袖清风，并且不断强化新闻舆论引导的能力，站在党和国家的立场上，始终与人民休戚与共。

如2008年"5·12"汶川地震中，记者扮演着两种角色。第一重大信息的发布者，在突如其来的自然灾难面前，人人都会感觉恐慌，无法用理性的思维判断目前面对的状况，紧随而来的是大量流言和谣言的散播。此时，记者一系列报道迅速发布重要信息，稳定社会情绪。汶川地震发生后的半小时内，中央电视台便发布了官方信息，这样便使得人们清楚受灾的情况，从而可以沉稳地应对灾难。第二是灾区人民的服务者，在自然灾害面前，记者主动充当灾区人民的服务者。在此次地震灾害中，许多记者奔赴灾区与人民一同投入到了抗震救灾中，二线的记者也通过媒体开通的灾区人民寻亲平台、心理重建热线等，最大限度地为灾区人民提供服务。[①] 在这样重大的灾难面前，记者始终是正义的化身，各种报道站在党和国家的立场上给予灾区人民无限的精神支持，同时也对对地震引发的相关社会问题进行批评监督。如对当地房屋建设中存在的漏洞，及建筑违规违法现象的披露，引发了对其他学校校舍安全隐患进行的调查，都彰显了媒体的舆论监督能力。另外媒体对地震中不顾学生安危，自己逃生的教师"范跑跑"进行报道，如《地震出了个"范跑跑"》、《"范跑跑"是一次无奈的师德试水》，更加体现了媒体的正义感和社会责任。

三、全新的新闻价值观

（一）不以内容形式的低俗化取悦受众

新闻价值观是世界观和价值观的直接体现，它受到人们的哲学思想、政治倾向、经济地位、道德观念、文化水平、审美趣味等的制约。如今开放多元化的社会中，新闻自由的观念深入人心，媒体在不同的定位下，新闻价值观不同，报道方式也不尽不同，新闻的表达方式也是多种多样。但是新闻自由并不是绝对的自由，这绝不意味着媒体能以低俗的内容形式来取悦受众。

近年来为了种种商业利益，为了吸引受众眼球，走低俗化路线的媒体屡见不鲜。以电

---

① 蒋成成. 媒体对恐慌舆论的理性引导 [J]. 青年记者，2008 (29): 10.

视媒体为例,很多电视节目,形式缺乏严肃性。为别出心裁,对新闻进行刻意"包装",或者纷纷在有限的新闻线索上大做文章,故意炒作、夸大新闻事实。另外,画面露骨、血腥,缺少人文关怀也是电视节目低俗化的典型表现。在一些灾难事件的新闻中,血淋淋的灾难现场、遇难者的尸体画面未经任何技术处理就惨不忍睹地给以特写;在医院,伤者及家属正痛苦万分地等待抢救,记者却拿着话筒步步追问,让这个"说一说",那个"讲一讲",毫无同情心和道德心可言。更有甚者,报道片面,缺乏公正性。一些涉及矛盾纠纷的新闻报道,经常是在没有采访到当事双方的情况下,以投诉者所陈述的情况为客观事实加以报道,对许多说法不经核实,以讹传讹。

低俗新闻带来的收视繁荣实际上是畸形的繁荣,是以牺牲媒体的社会责任和道德原则为代价的。对低级趣味的八卦新闻和暴力、凶杀的大肆渲染,已对观众造成严重的"精神污染",同时导致媒体公信力下降,更不利于形成文明向上的媒体文化,不利于青少年的健康成长。传播学创始人拉扎斯菲尔德与默顿认为:"大众媒介是一种既可以为善服务,又可以为恶服务的强大工具;而总的说来,如果不加适当的控制,它为恶的可能性则更大。"① 因此,在强调大众媒体享受新闻自由的同时,必须承当起相应的社会责任,不能以内容形式的低俗化取悦受众。

(二) 全心全意为受众服务

全媒体时代的受众有了更多的选择自由,这就要求新闻作品生动鲜活,时代感强。记者要研究受众需求、受众口味,努力体现更强的贴近性,努力做到以下几点。一是趣味性。记者的新闻报道要生活化、趣味化,努力以受众喜闻乐见方式来表达,报道内容要贴近生活、贴近受众,改变目前新闻报道中尚未根除的生硬的宣传方式。二是平等性。新闻传播的传受双方的地位是平等的。新闻视角要自觉地下移,以一种平视的目光来关注生活,这就要求记者着力从受众的意识、情趣和情感世界去寻找、认识和衡量新闻价值,想读者之所想,好读者之所好。三是互动性。传媒与受众之间围绕新闻事件进行双向沟通是新闻的价值的另一体现。受众既是新闻的消费者,又是新闻的"制造者",受众对新闻事件的参与丰富了新闻价值的内涵,新闻价值相对较高的作品,往往群众的关注度和参与度都比较高。

如以《南京零距离》等为代表的民生新闻,以接近性为第一要素的平民化价值取向,平民化报道使新闻媒体更重视贴近受众,这对于过去忽略平民生活层面报道的传统新闻理念是一次冲击和变革。民生新闻报道必须谨防庸俗趣味和浅白猎奇的价值取向,张扬理性和建设性的价值理想,寻求新闻更多的理性诉求和社会意义,提升媒介呵护社会和推动社会发展的能力。②

四、随时化的新闻服务思想

全媒体新闻时代的全时新闻以时间战略实现了空间战略。快速发布(以秒为单位),高频度更新(以分为单位),重复,综合(主题链接)和移动(超文本阅读),使得受众对

---

① 张世福,钱晓文. 重塑互联网价值观 [J]. 网络传播,2009 (3):26—29.
② 景志刚. 我们改变了什么?——《南京零距离》及其民生新闻 [J].《视听界》,2004 (1):3.

于新闻的接受更具有历时性和历史感。①

（一）让受众在需要时收看到新闻

提供信息全天候不分昼夜。新闻事件正在发生时，作为记者要及时提供信息，因此，新闻工作是全天候不分昼夜的。中央电视台新闻频道是一个及时提供信息的典范，如在2010年王家岭矿难报道中，新闻频道24小时连续发回最新报道，并且滚动播出相关的救援情况，每一分每一秒紧张的救援工作都详细的展开。在获救矿工送上地面时，每增加一名获救矿工，相应的解说和字母中的数字也在跳跃更改，真正做到了及时、同步、透明、有效的事实报道。

（二）按受众需要供给新闻

新闻产品的提供决定着新闻节目的总体形象，鲜明地代表着媒体的立场和态度。这种立场和态度主要体现在稿件的选择、归纳、编排、调配上。责任编辑根据报道意图，选择出有新闻价值的新闻，对新闻的内容、画面和解说进行初审和修改，在编排过程中不仅要注意内容的新闻价值，更要注重受众的心理需要。

1. 满足受众期待引导的心理

新闻受众在生活中需要随时通过新闻节目了解党的方针、政策，了解国家政治、经济、文化生活的走向，借以调整自己的心理和行为来适应社会的发展要求，因此说，期待新闻的引导是受众需要的重要内容。

新闻媒体对受众的引导是多方面的，有政治思想、文化教育、日常生活、社会道德等。媒体通过新闻节目向广大人民传播党的方针、政策，对重大的政治、经济、文化、社会活动进行信息传播报道，使人们及早了解这些信息，正确地认识这些信息，这就是新闻的引导性。如北京成功申办2008年奥运会、中国加入WTO组织、某地召开党代会或人代会等，这些信息都会对受众产生重要的影响。因此，新闻媒体在编排上，就要把这样的信息放在显要的位置，使受众得到及时、正确的引导。

2. 满足受众求真的心理

真实性是新闻的生命，只有坚持真实性的原则，新闻才能满足受众求真的心理需要。满足受众求真心理体现在如下几个方面：第一，不要摆布，报道中无论是国家大事还是百姓的柴、米、油、盐、酱、醋、茶，记者都应最大限度地以第一现场传递的信息为准，做到事实准确；第二，报道反映的事实要全面，要倾听各方面、各层次的声音，尽可能地采访当事者、事件参与者、目击者，防止报道以偏概全甚至是弄虚作假；第三，尽可能地采用现场报道方式，突出现场人物及事物运行的实况。电视新闻在节目编排上，要把现场报道的新闻安排在合理和突出的位置，以增强受众对电视新闻的可信性。②

3. 满足受众求新、求近的心理

喜欢了解新鲜的人和事，是人们共有的心理特征。求近心理是说受众对于自己所熟悉的新闻容易产生亲切感，并给予更多的关注。大众媒体是传播新闻信息的，它要体现出"新"字和"近"字，表现在新闻中就是，关心百姓的吃、穿、住、行、就业、教育、医

---

① 杜骏飞. 网络时代的"全时化"新闻理念（上）[EB/OL]. 中国新闻传播学评论：http://www.cjr.com.cn，2004-12-7.

② 傅泽宗. 电视新闻编排与受众心理需求[J]. 记者摇篮，2002（4）：59-61.

疗等问题，以增强新闻的平民化意识和理念，拉近新闻传媒与受众的心理距离，使新闻更具亲和力，满足求"近"心理。以不断变化的视角将这些问题中真实的人和事采访回来，以不断变化的编排方法编播出去，满足受众求新的心理。在电视新闻节目在编排上有很多方法，如头条与最后一条的前呼后应，节目中段时间播报"刚刚收到的消息"，提要中播报重要的消息，加快单体节目的节奏等，这些方法都可以使受众形成新的兴奋点，引起受众的注意。①

（三）追求第一时间的时效性

普利策曾经说，新闻记者是站在时代船头的瞭望者，这个瞭望者应当具有扎实的新闻功力和快速反应能力。

1. 第一时间发现新闻线索

这是新闻报道中制胜的法宝，也包括第一时间发现新闻线索后的跟踪采访。新闻线索是已经发生、刚刚发生或即将发生的新闻事实的简明信号。这信号相当微弱和隐蔽，等待新闻写作者去搜寻、去捕获。

2. 第一时间播出新闻

第一时间采用多种播报手段播出新闻，这些手段包括短新闻、标题新闻、字幕、在线插播或实时转播。第一时间播出新闻，依赖于这些要素的共同配合。现场直播依靠的更强的通信卫星与高科技的传输手段。第一时间播出在新闻传播中具有独特的强大优势，主要表现在：提高新闻时效，使观众产生与事件进展的同步感；展示事件全貌，使观众产生身临其境的现场感；面对面立即传播，减少任何中间环节，使观众产生亲历感；调动有意注意，使观众产生参与感。在某种程度上改变人们对新闻的传统理解，新闻不仅可以报道新近发生的事实，而且可以报道刚刚发生、正在进行中的事实或事件。②

3. 第一时间了解受众对新闻的反馈意见

通过有意义的渠道及时与受众沟通和互动，促使新闻在意见氛围中相互渗透，相互补充。目前，收集观众意见反馈的方式大致有5种，分别是观众来信、来电、网站留言、手机短信、电子邮件。其中观众来信、来电是两种传统的反馈方式，也是5种方式中，最为各电视台普遍采用的方式。网站留言、手机短信和电子邮件，则明显具有现代特征，各媒体都程度不同地采用了这些现代化方式收集意见。不少电视台还建立了自己的网站，采用网站留言（即在网站上提供留言版供观众发表意见）方式收集观众意见，如浙江台、湖南台、重庆台等，网站留言都比较活跃。这一方式的出现，为观众开辟了一块发表意见和探讨问题的网上空间，也反映出新传播科技对于观众反馈所具有的积极作用。③

五、多媒体的表达方式

（一）视觉化的思维

所谓视觉化是指产生视觉印象效果的作法，利用图片、图示、图标、颜色、符号、关键字来呈现意念。视觉化在新闻中的运用有两层含义。

---

① 傅泽宗. 电视新闻编排与受众心理需求[J]. 记者摇篮，2002（4）：59-61.
② 张骏德，叶昌前. 从当前中国电视新闻革新看新闻报道理念的变化[J]. 新闻战线，2002（3）：49.
③ 刘燕南. 反馈的变奏："数字受众"VS"意见受众"[J]. 现代传播，2008（2）.

1. 视觉化的新闻写作手法

视觉化的新闻写作手法是指，记者注重细节和场景描写，尽可能真实地还原新闻事件发生时的人、物以及环境，用文字记录人物生活事件发生发展的原生态，尽量保持生活的原汁原味，从而给读者带来浓郁的生活气息与现场感受。

如2003年解放日报的《航天员杨利伟载誉归来目击记》中有一段现场描写："在喧天的锣鼓声中，杨利伟的妻子张玉梅和儿子杨宁康怀抱鲜花迎上前去。杨利伟一手将妻子拥在怀里，一手将儿子抱在胸前，现场顿时爆发出一片欢呼声。军乐队演奏出高亢嘹亮的迎宾曲，杨利伟与前来迎接的人们一一握手。航天员系统总设计师兼总指挥宿双宁难抑心中的激动，与杨利伟紧紧地拥抱在一起。5个小伙子跑上前来，将杨利伟一次又一次抛向空中。"这一段文字对新闻现场、新闻背景中发生的事件没有做太多雕琢和过多的粉饰，却注重多层次、多维度的描述。既突出了中心人物杨利伟，又写到了次要人物——杨利的妻儿、航天总指挥宿双宁等；既有对主要事件的叙述，又点染了此事件发生的环境和氛围；既再现了现场激动人心的画面，又以热烈的音响表现情绪……所有这些一气呵成，现场氛围、情感交流相互碰撞，许多场面描写如同电视镜头一样，不断调整角度和方位，让人物与事件连贯起来，一个由诸多动态事实组成的复杂"信息场"立体地呈现纸上。于是，读者有如观者，能够亲眼"目睹"这一历史的瞬间。[1]

2. 视觉化的版式设计

要求编辑制作的版面富有冲击力，充分体现媒体个性，瞬时抓住读者的眼球，激发读者的阅读欲望。在注意力经济时代，视觉化思维"统治"着多媒体的表达方式。视觉化版式的主要途径有以下几种。

（1）营造视觉强势。营造视觉强势是一种超越文字意义的视觉表达，读者通常将这种组合强势的大小，理解为报纸对所刊登内容的一种价值判断。为突出视觉效果，一些报纸提出用最大的图片、最醒目的标题，配最重要的文字稿上，放在版面最佳位置。

（2）用好用活图片。图片是版面的"感性符号"。一张好图片，应具有很高的新闻价值和美学价值，有强烈的视觉冲击力和令人过目难忘的感染力。读者不需要借助文字说明，就能基本明白画面所描述的故事。单发的图片应着眼于对周边稿件的烘托，提升这些稿件的关注度和影响力。同时，选用单发图片，应当避免与周边的稿件搭配不协调，以及缺少内涵。新闻图片一般都扮演视觉中心的角色。一个版面，最好只能有一个视觉中心。所以，版面上的图片并非越多越好，关键在于图片要选好、用好，做出视觉强势来。

（3）创新视觉符号。随着电脑制作技术的迅速发展，各类美术图表、图形和卡通造型越来越多地活跃在版面上。这类新型的视觉符号，取材于文字报道中最有价值的新闻要素。编辑将这些本来枯燥的文字要素转化为具象形态，制作成现场还原图、新闻仿真图、信息图表和解释性图表等，不仅直观、生动，还具有文字表达所不具备的三维仿真、现场还原和结构剖析功能，既为读者阅读理解提供了便捷工具，又增强了版面的视觉动感。[2]

（二）多媒体写作

多媒体写作是为了表达主题而运用各种媒体技术，文本写作的法则延伸到了声音、图

---

[1] 阎安. 新闻写作的"视觉化"技法 [J]. 军事记者，2004 (3)：15.
[2] 张渡. 版式设计视觉化的操作与思考 [J]. 中国记者，2010 (2)：78.

形、图像等领域，记者应尽快掌握这种新技能变革。兼容文字、图形、图像、声音等表达是多媒体写作的优势，它激活了网络媒体的"视觉化思维"，新闻向视觉化、特写化、镜头化方向发展，以各种不同的顺序、不同的表现形式，提供给受众，从而使其获得全新的新闻感受。

（三）多媒体发布

多媒体信息发布是通过多媒体系统的显示终端，把丰富的文字、图片、视频等展示出来的方法。它可以通过对流媒体服务器以及各式各样的机顶盒的组合来提供各种系统解决方案。整个系统完全可以利用互联网作为平台来运行。通过构建多媒体信息系统，可以高效地为用户提供高质量的多媒体信息服务。

《南方都市报》在突发和重大事件的报道上进行了大量多媒体信息发布实践，也是报网合作的典型案例。如汶川地震报道是一次全媒体采编流程的集体演练，在这次报道中，文字记者用新通讯技术与网站合作，通过网络、卫星电话向网络编辑随时播报灾区灾情。摄影记者举起了摄像机，制作丰富的视频资料，用多媒体的报道方式向读者呈现全方位的信息。目前，即时新闻、流媒体、新闻采编发流程机制在《南方都市报》呈现出更加多元的内容产品。

（四）非线性互动式读解

这里所说的非线性编辑系统主要是指以计算机为核心构成的视频、音频工作站。

非线性编辑的处理对象主要是各种各样的原始素材，而这些原始素材的基本构成是一个又一个的镜头。摄像机镜头可以表现节目中需要介绍的主体、环境、气氛，可以连续拍摄在时间和空间上都具有连续性的片段。然后应用 After Effects、Premiere 等编辑软件工具进行非线性编辑处理，其实是对素材中包含的镜头进行编辑操作，对连续拍摄的片段进行处理。剪辑中需要考虑画面的编辑，景别的处理和镜头的选择。

第二节 全媒体新闻写作新要求

全媒体传播环境下工作的记者应具备相应的采写能力。在全媒体传播环境下，记者必须尽快掌握新知识，熟练新技能，培养新素质。概括地讲，全媒体传播时代的记者应当是具有较高的新闻写作素质，同时又具有计算机和网络新技术的复合型人才。

一、要具有播客"写作"的能力

播客又被称做"有声博客"，是 Podcast 的中文直译。新闻记者要具有写播客的能力，一是要求在新闻发生的现场进行口述新闻的能力，在新闻发生的同时在网上同步播出，新闻报道与正在发生的新闻事件同步进行；二是记者利用网络的互动手段，和受众进行在线的有声交流，对一些热点问题进行必要的舆论引导。

（一）现场口述能力

现场报道因为新鲜、可信、生动，越来越多地应用于新闻报道之中，特别是一些重大事件和突发事件发生的时候。现场报道必不可少。这种独特的新闻文体，其特点集中体现在现场采制方式上：记者在新闻事件的现场，一边观察，一边口述，一边采录，融"采播录"于一体，是对记者综合能力的考察。这就对现场报道的记者提出了更高的要求，必须具备更敏锐的观察力、判断力和应变力，以及出口成章的口语综合能力。口述能力包括：

1. 口头提问能力

在采访过程中问什么，怎么问，需要记者动一番脑筋。面对复杂的新闻事件，需要记者提前做好准备。准备包括大量案头工作，做到心中有数。如翻阅大量文字资料，设计采访提纲，向知情人了解被采访对象的背景情况等。

作为中央电视台《新闻调查》出镜记者，董倩把自己定位于资料的搜集者，"要做一桌丰盛的宴席，素材的搜集是必不可少的，你准备了什么样的料，决定着你将获得一席什么样的菜。所以我作为资料的搜集者，任务也是比较艰巨的。"可能看出，资料准备是采访的首要任务。

2. 使用"有效"语言的能力

记者现场口述的语言并非是可有可无的语言，而是应该通过记者的口，表达出观众所不知、所想知的新闻事实。如果记者只是泛泛地交代一下观众一眼便可以看见的新闻事实，这样的出镜语言就没有任何意义。此外，记者的语言还应该口语化，通俗易懂。

曾经有个出镜记者描绘游园会气氛时这样说："观众朋友，我们看到，现场有一面鲜红的大旗高高飘扬，姹紫嫣红的鲜花装点在红旗两侧，这里的游人非常多，有夫妻结伴的，有一家老小的……"其实，通过摄像机的镜头语言，观众早已看见了这样的画面，无需出境记者做这番现场讲述。[①]

（二）在线交流能力

全媒体时代，受众可以通过网络平台更方便地发表自己对新闻的各种意见，如今许多报纸媒体都设有读者论坛等栏目，读者可在这里发表自己的意见，阅读其他人的意见，也可以就某个问题和编辑记者进行相互交流。许多报纸媒体都公布了记者、编辑的电子地址，鼓励用户与记者、编辑就新闻交换意见。作为报纸的编辑、记者要善于运用这些渠道，在传播之前进行必要的网民抽样调查，及时了解网民关心的事件；在传播过程中，要善于运用网络，尽可能地同网民进行沟通；在传播告一段落后，要及时对网民反馈的意见进行综合分析，为今后的信息传播提供参考。

二、要具有使用数字媒体软件写作的能力

数字媒体和传统媒体的区别核心的点就是用数字来记录信息。

（一）数字媒体采集设备的操作能力

要想获得满意的数字信息，往往需要经过采集、处理、存储、输出等环节。采集的设备主要是数码相机、录音笔、摄像机、非线性编辑设备，直播车等。在信息采集环节，要熟练使用这些设备，保证采集到最新的信息，并且以最快的速度传递给受众。

（二）音、视频新闻作品的编辑制作能力

音频、视频是多媒体信息的主要类型，也是信息传递、表现的最重要方式。音频、视

[①] 王叶红. 浅谈电视新闻的出镜记者 [EB/OL]. 安徽广播影视：http://www.ahgd.gov.cn/show.asp?id=127&9k=，2006—11—16.

频的编辑处理技术属于多媒体技术。音、视频新闻作品的编辑制作能力包括音频、视频的基础知识、音频、视频文件的采集与保存、音频、视频素材的编辑处理，以及VCD光盘制作等。所有内容以制作最终影音作品为目标。

全媒体时代需要记者从一专变为多能，掌握各种现代化采编录传设备，能够将文本、照片、图表、音频和视频结合起来处理。在西方，视频全媒体记者也被形象地称为"背包记者"（Backpack Journalist），也就是具有文字、摄影、摄像技术的全能记者。[①] 他们可以采访新闻，也可以处理各种不同的新闻业务，所有设备都可以放在一个大背包里，能够同时承担文字、图片、音频、视频等报道任务，为多种不同媒体提供新闻作品。近几年，国内多家报业集团也开始积极的拓展这一领域。2007年，南方都市报摄影部首次设置视频记者岗位，鼓励记者采访音、视频新闻；2008年年底，杭州日报报业集团组建了由10人组成的"全媒体记者"队伍；2009年1月，宁波日报报业集团全媒体新闻部正式成立，他们以全媒体数字技术平台为依托，以视频多媒体为主要报道方式，标志着视频记者的专业化进入新的发展阶段。[②]

澳门回归时，《人民日报》派出网络版记者罗军和王淑军赴澳门采访，带了五箱设备，还有专业摄像机、数码相机、笔记本电脑、非线性编辑机、编辑录像机、显示器和监视器等，两个人完成了采访，写文字报道、拍照片、摄像以及后期非线性编辑等工作，并在网上传输数据。因此全媒体时代，新闻记者应当有熟练使用各种技术设备的能力，能够用笔记本电脑和数码相机、数码摄像机、移动通信设备直接从现场发稿。

三、要具有不同载体、不同体裁新闻作品相互转换的写作能力

（一）报纸消息转化为广播消息的写作能力

广播利用声音传播信息，线性传播，所以广播消息的写作不同于报纸消息，要注意以下几个方面：不用倒装句和倒叙手法，基本以时间顺序和逻辑顺序为主；多用单句、少用或不用复句，语言简洁明快，通俗易懂；人名前要冠以职务或头衔；不可长篇使用引语，必须引用时应交代清楚；不可多用数字，必须引用时尽量用约数。[③]

以下面这篇报纸消息为例。

江西主要河流水位逼近或低于历史最低值

新华网南昌10月12日电（记者林艳兴）记者从江西省水文局了解到，近期江西省内五大河流除饶河外，赣江、抚河、修河和信江部分河段的水位逼近或低于历史最低值。专家称，10月初就出现这种旱象，为江西历史上少见。

进入10月份以来，赣江南昌站水位每天以0.11米的速度下降；其中10日8时仅高出历史最低水位0.23米；当日，赣江樟树段以下水位均低于历史同期最低水位。抚河娄家村站、信江梅港站水位分别比历史最低值仅高出0.19米和0.63米。赣江丰城段水位17.92米，比历史最低值低0.17米。与此同时，鄱阳湖水位下降速度也很快，10月1日

---

① 百度百科.
② 郜书锴. 全媒体时代的报业结构转型. 新闻记者[J]. 2009 (9).
③ 曹璐. 广播新闻业务[J]. 北京：中国传媒大学出版社，2006.

至10日，鄱阳湖星子站水位共下降2.09米，平均每天以0.23米的速度快速下降。

江西省水文局称，虽然江西全省主要江河和鄱阳湖水位走低，但流量仍在历史同期正常值范围之内，水量可以满足城市用水所需。不过专家也提醒，由于水位偏低对自来水厂取水会有所影响，后期如果降雨仍偏少，赣江中下游河段持续出现低于历史最低水位的可能性较大，再加上受三峡蓄水影响，鄱阳湖区水位仍将呈较快下降趋势。

针对近期出现的旱情，江西省有关部门已经采取相关措施。9月15日以来，气象部门已在8个设区市共35个县（市、区）实施了93次人工增雨抗旱作业，增加降水量为1.4亿立方米，缓解了旱情，增加了水库蓄水量。从9月20日起，江西全省已全面进入重点森林防火期，较正常年份提前了10天。江西省航空护林站已经签约租用四川三星通用航空有限责任公司和江苏华宇通用航空有限公司3架飞机，从10月中旬至明年4月中旬期间坐镇江西，从事森林防火灭火工作。

报纸消息有几百字，而中央人民广播电台同天也报道了这个事件，时长只有25秒。具体播报如下：

受持续干旱少雨影响，江西境内主要江河湖泊水位出现不同程度下降，赣江南昌站水位每天以0.11米的速度下降，鄱阳湖星子站水位下降了两米多，而鄱阳湖较往年已经提前一个多月进入枯水期，另外，赣江、抚河、修河和信江部分河段的水位也都逼近或者低于历史最低值。

可见，广播消息更简短，需要在有限的时间里传递更多的信息，以单句为主，通俗易懂，符合受众的接听需求。

（二）报纸消息转化为手机传播的动态消息的写作能力

被誉为"第五媒体"的手机报，较传统报纸在信息传递上，更为直观、生动、迅捷，也更人性化、个性化、互动化。稿件的写作多为动态消息。由于受手机内存和传送方式的限制，一般都比较短小精悍。如现在的手机报《新闻早晚报》的新闻分为两种形式：头条新闻、一般性新闻。一般情况下，每条新闻大都为100～200字，基本上是中新网或新华网上新闻的摘要。形式上没有导语与主体之分，大都只有一段，类似于一句话新闻。主要是介绍事情的主要内容，让读者清楚事情的来龙去脉，不做深入分析，不掺杂任何评论色彩。[①] 如《空置房接近两亿平米》、《单行道窄于8米禁停车》、《高考报名还可补报》、《索马里海盗释放中国船员》……这些新闻不仅上了要闻导读，甚至安排为头条，这样的安排在其他报纸是很少见到的，更动态，更贴近大众。

第三节　全媒体新闻写作的创新思维方式

在媒体深度融合的大趋势下，要求新闻从业人员在新闻写作、新闻报道方法上不断突破自我、积极创新。

"创新"就是要打破"定势"，突破常规，富有创造性。创新的基础是创新思维。记者

---

① 彭静. 手机报《新闻早晚报》的编辑特点 [J]. 青年记者，2009（14）：16.

创新思维，实际上就是作为新闻实践活动主体的记者，要判断新趋势、把握新规律、提出新问题、新见解，突破传统媒体的束缚和局限，创造出新的思维成果的思维活动。这是新时代对记者提出的最高要求。

一、批判性思维

（一）批判性思维的含义

批判性思维是指人们在客观事物折射的信息面前，善于利用相关知识及相应的策略，对其进行批判的审视，做出自己的判断、评价的思维能力。其特点是：人们通过独立的思考，进行合理的质疑，有效的分析对比，最终有所创新。

这里所说的批判性中含有浓重的怀疑成分。怀疑，便不会简单地相信，这样便会带来高度的警觉，从而更有效地克服轻信，从众心理，养成独立思考的能力。这对于记者来说是非常重要的，但是敢于怀疑，并不是意味着要否定一切，而是要求记者在采写新闻过程中，进行仔细调查研究，坚持新闻的真实性原则，用事实说话。

（二）批判性思维与全媒体新闻写作的创新

质疑与批判是记者最具有职业特征的思维品质，全媒体时代，网络技术发达，信息浩如烟海，信息源的真实性也有待核实。面对更多信息的不确定性，记者怀疑的精神是发现问题，深刻揭示事件背后真相的基础。

记者的批判、质疑的精神在中央电视台《面对面》主持人王志的采访中有着出色的反映。按照他的话说："我的眼里充满了怀疑。"在以往的访谈性节目中，记者一般是"顺着摸"地采访对象，有的节目则干脆取名"倾听"、"倾诉"、"讲述"。而王志却独辟蹊径，以一种质疑的态度、挑衅的眼光、咄咄逼人的口气，向被采访对象抛出一个又一个尖锐的问题，以往的"访谈"变成了"拷问"，观众拍案叫绝，大呼过瘾，被采访者却汗流浃背，如坐针毡，一不留神，便在慌乱中抖露出心中的秘密。非典期间，接受过王志"质疑"的北京市的代市长王岐山笑称，王志是"最咄咄逼人的记者"。王志说，从人性的角度来看，当事各方都会站在自己的立场上为自己开脱责任，掩盖事实的真相，"我的工作恰恰就是通过与当事人的对话，从中挖掘他们内心的真实，最终把事实的真相呈现在观众面前。所以，我必须以怀疑的精神，冷静的态度面对诱惑、眼泪和'委屈'，才能把握住现场，才能不被他们牵着鼻子走，才能不被他们的谎言所蒙蔽，才能做到客观与公正。"①

二、发散性思维

（一）发散性思维的含义

发散思维，又叫辐射思维，是创新思维的重要特征，是一种科学、全面的认知和反映社会的思维形式和方法。它就像雷达的天线，以一点为依托，呈放射性扩散。也就是在思考问题的时候，从问题的要求出发，沿着不同的方向去探求多种答案，具有更多的创造性和创新因子。它是记者必备的基本素质之一。

（二）发散性思维与全媒体新闻写作的创新

在采写新闻时思维要呈放射、透视、多角度、多层次的状态。记者运用发散思维，才

---

① 豆丁．面对面的质疑——王志在《面对面》中的提问［EB/OL］．http：//www.docin.com/p-298939.html．

能自觉求异求变，发现更具价值的新闻，增加新闻的厚重感，对同一新闻源独辟蹊径，清理出独特的视角和报道思路，同时还可以使新闻报道的表现形式更加多样，从而增强报道的可读性和吸引力。如光明日报社高级记者唐湘岳运用发散思维采写的《肩膀上的学校》，感人肺腑，催人奋进。记者在谈及该则新闻的采写体会时指出，在构思时就运用了发散式思维。该新闻报道的是湖南张家界市崇山小学教师黄章永的先进事迹，由于崇山小学地处山顶之上，交通不便，学校书籍和物资只有靠教师肩挑上山，日复一日，年复一年。记者由小学教师肩挑书籍和物资这一事实，思维发散到1979年拍摄的反映革命战争题材的电影《小花》中的一个场景：女主角小花和一名战士把身受重伤的战友从山下抬到山顶的医院进行手术抢救，为了保持担架的平衡，小花双膝跪在石级上，一级一级的把伤员抬到山顶医院。记者再由肩挑和跪抬进行了类比：小花抬伤员上山，担架上抬的虽然是伤员，但一定意义上来说抬的是共和国的未来和希望；教师黄章永肩挑的是书籍和物资，正是因为全国有千千万万个像黄章永这样默默无闻，辛勤耕耘的普通人民教师，是他们用肩膀扛起了中国基础教育的大厦。通讯发表后，立即引起了中央、教育部、湖南省领导的高度关注，纷纷做出批示。①

三、统摄思维

（一）统摄思维的含义

"统摄"是指凭借思维来把握事物的全貌。统摄思维是用一个概念取代若干个概念的高度抽象概括，是一种驾驭、吸收并凝聚各种信息的思维方法。对采访者来说，运用统摄思维方法就意味着要对采访中获得的信息进行、分析、归纳、整理，此在基础上，根据新闻价值做出正确的概括，从而找到一个独特的新闻角度。

（二）统摄思维与全媒体新闻写作的创新

北京、上海、深圳被认为是我国发展高新技术的三大板块。上海《文汇报》有一个记者，花了很长时间，实地采访了北京、上海、深圳高新技术产业的专家学者和业内人士，并深入到一些有代表性的高科技产业中去。在写作时，他将得来的数据与事实，主要聚拢到京深沪的人才结构、创新机制和发展潜力等三个问题。通过对比和挖掘，他发现了北京和深圳有联手的可能，但是处在中间的上海有"出局"的可能，于是从聚焦与对比的角度入手，提出了"上海怎么办？"的问题。最终发表了《京深沪：谁做技术创新的领头羊？》② 从中可以看到这种聚拢思维的强大力量。

四、立体思维

（一）立体思维的含义

所谓立体思维指的是对考察对象进行多方位、多角度、多学科、多手段的思考。立体思维要求记者跳出常规的单一思路，联系问题的方方面面，综合起来进行思考。这是全面认识事物的好方法。这样做，可以克服肤浅，发现真相，得出深刻的结论。为了报道的深入与深刻，为了报道的独特与创新，立体思维是不可缺少的。

---

① 邢彦辉. 记者创新思维的时代内涵 [J]. 新闻传播，2008 (11)：21.
② 刘明华，徐泓，张征. 新闻写作教程 [M]. 北京：中国人民大学出版社，2002：108.

(二) 立体思维与全媒体新闻写作的创新

1994年4月16日,《羊城晚报》上陈华胜的文章《仅是"龙井"问题吗?》对"龙井事件"做了全面的、深刻的分析,运用立体思维,经多方采访,探讨了龙井沦落的多方面原因,揭示了李逵打不过李鬼的现实,并升华到更高的主题上,超越了"龙井茶",提出了龙井茶的质量、传统,甚至是文化的问题。由此我们可以看到,记者运用立体思维进行思考,这比单向性的思考来得更深刻,来得更客观,来得更理智。[①]

思考题

1. 什么是全媒体新闻写作理念?请根据社会生活中的报道实例谈谈对全媒体时代全新的新闻价值观的理解。

2. 什么是获得受众反馈信息能力?全媒体新闻写作要求有哪些?

作业题

阅读第十九届中国新闻奖网络专题作品《"生态文明"舞动鄱阳湖》,分析该报道在全媒体新闻写作中的创新之处。

---

① 李春邦. 锻造记者的高尚思维 [J]. 新闻战线,2003 (3).

第十八章
全媒体新闻采写实训设计

── ◦ 本章提要 ◦ ──

本章主要介绍新闻采写实训课的设计，主要包含课内、校内的实训设计和校外实训设计。课内、校内的实训设计又分为了新闻采集能力实训设计和新闻写作能力实训设计。根据能力培养的需要，设计出明确的考核标准。新闻写作实训分为范文评析训练，消息、专稿给定材料写作和多媒体相互转化写作训练。校外新闻实训设计从实训地点选择、实训指导书撰写、实训前资料准备、实训中的指导和管理、实训成果的评定、实训后的总结提高七方面加介绍，并提供可以量化的考核标准。

通过本章的教学，指导学生了解课堂内新闻采写实训设计内容；明确课外新闻实训课程设计要点；培养学生实际新闻采写能力。

新闻教育以培养传媒界需要的复合型人才为目标。学生通过课程学习不仅掌握基本理论知识和素养，还要具备动手实践能力。全媒体新闻采写实训是提高学生综合素质的重要渠道，它本身就是全媒体新闻采写的重要组成部分。

新闻采写实训教学设计分成两个部分，一部分是课内、校内的实训设计，即第一、二节内容；另一部分是校外实训设计，即第三节的内容。

第一节 全媒体新闻采集能力训练

一、实训目的

练习使用传统新闻采访方法和新媒体新闻采集方法，通过实训让学生掌握全媒体新闻采集技能。

二、实训方法

采用体验实训法。由实训教师按照实训总体设计布置实训任务，学生按照教师要求完成新闻采写任务。教师根据学生的作品，进行考核并给出成绩。

三、实训任务

1. 观看《萨马兰奇：传奇老人缔造现代奥运》，分析杨澜的采访技巧。
2. 以校园媒体记者身份，采访校园内的一名同学。整理采访、搜集材料，课上口头汇报，教师可就采访操作过程提出问题，最后教师给出成绩。
3. 采访一位不平凡的人物：他们可以是影视、体育界明星，或者是商界新秀，或者是学术精英，或者是普通人，但是有着不平凡的故事。

教师不限定采访方向，同学可自由发挥。限定两周内完成，整理采集信息，课上口头汇报，教师可就采访操作过程提出问题，最后教师给出成绩。

4. 对本地区新近发生的事件，做深度采访。如2010年春节期间，千年古城正定城门失火，同学们就此事件做深度新闻采访和信息收集。

同学们整理采集获得信息，课上口头汇报，教师可就采访操作过程提出问题，最后教师给出成绩。

在实际教学中，教师可根据教学条件自由发挥，在实训设计上可能还有更丰富的案例，这里不过是抛砖引玉。

四、实训考核

(一)考核标准

结合理论知识，对学生新闻采集活动考核，考核成绩采取百分制。

总分为100分，根据学生作品实际情况，给出成绩。100—90分，优秀；90—80分，良好；80—70分，中等；70—60分，及格；60分以下为不及格。单项标准如下：

1. 准确把握新闻线索

具有新闻敏感，能及时发现和捕捉新闻线索；深入实际、深入群众发现新闻线索。（15分）

2. 做好充足采访准备

平时功课扎实，对政策、情况、知识、理论有充足准备。临时工作到位，制订完善采访计划，对采访可能出现的意外情况做充足地估计，同时做好物质准备。（30分）

3. 熟练运用新闻选择理论

能够正确理解新闻价值和新闻政策的作用，正确判断新闻报道价值。（10分）

4. 选择正确的新闻采访方式，传统采访和新媒体新闻采集方式综合使用

对用个别采访还是集体采访；用面对面的访问，还是通过电话、邮件、网络聊天进行沟通进行准确判断。能够搜集到全面、立体的新闻素材。（35分）

5. 做好新闻采集后续工作（10分）

（二）学生新闻采集活动评析

在实训教学中，对学生实践活动点评是一个非常重要的环节。目的是通过对学生实践的分析评价，指出优点和不足之处，提高学生的新闻采集能力。

这一环节要求教师根据学新闻采集活动，按照考核标准，逐一、逐小组地点评。

第二节 全媒体新闻写作能力训练

一、全媒体新闻消息写作能力训练

（一）实训目的

训练学生消息写作的技能。

（二）实训方法

由实训教师给出材料，学生按照教师要求，完成消息写作任务。

（三）实训任务

1. 范文评析训练

（1）指出该消息属于何种消息；

（2）说明该消息的结构部分；

（3）说明该消息语言运用及表达方式；

（4）说明该消息属于何种结构形式。

教师提供评析范文《唐山13位农民兄弟惜别郴州市民》材料。

2. 学生根据下面给出的材料，以记者身份写成一篇消息。要求500字左右。

12岁江苏少年捐献骨髓救母情况介绍

12岁江苏男孩邵帅捐献骨髓救母，引发社会各界关注。道培医院破例手术，1月25日，骨髓移植手术顺利进行。目前邵丹病情稳定。

应在学校度过无忧无虑的美好时光，12岁的江苏男孩邵帅却要背负起更多的责任。1岁时父母离异，12岁时母亲邵丹身患白血病。为了来京照看母亲，邵帅选择了休学，并决定为她捐献骨髓，但30多万的手术费（还差20余万）却几乎将他压垮。眼看邵丹病情恶化，道培医院决定，暂时先为邵丹做骨髓移植，"我们总不能见死不救"。

手术前夜：服安眠药入睡

前晚，邵帅第一次没有回家，而是在道培医院7层病房内休息了一夜。当晚，邵帅在床上辗转反侧。他说，即将手术，他担心母亲能不能撑过去。同时，他自己也很紧张，因此无法入睡。为保证他的睡眠，最后医院让他服下了适量安眠药，他才慢慢睡着。

进手术室前：做出胜利手势

昨天上午9点多，邵帅坐在病床上，安静地看着来往的护士，等待即将到来的手术。因为心疼儿子，邵丹告诉医生少抽一点骨髓。但邵帅却予以拒绝，他说："不要紧的，要多抽一点，我怕妈妈以后会再得上（白血病）。"

上午9点40分左右，邵帅被医护人员推进电梯，并送往手术室。临进电梯之前，他姥姥紧赶了几步，走到邵帅身边鼓励他加油。邵帅看着姥姥，说："我要坚强。"最后，他伸出手比划了一个胜利的V字手势，并调皮地说，手术完了自己想喝农夫山泉，"有点甜呗"。

手术后：给众人一个微笑

上午11点半左右，邵帅手术顺利结束，被推出手术室。脸色苍白的他，还是给等候在通道内的众人一个微笑。

中午12点26分，医院开始将骨髓输入到邵丹体内。半个小时后，移植手术顺利结束。

主治医师吴桐介绍，当天的手术是整个治疗过程中最为关键的一步，进行得非常顺利。目前邵帅已转入普通病房，邵丹仍在移植舱内休息，两人身体状况良好。

今天上午，医院将进行外周血造血干细胞的抽取，之后邵帅就可以出院了。邵丹则在输入外周血干细胞后仍需住院观察。

■ 侧记

买菜谱给妈妈做饭

自从母亲得病、自己休学来京后，12岁的邵帅就变得格外节省。尽管近日来收到众多好心人的捐款，但邵帅依然舍不得吃早饭，每次问他吃早饭了没有，他总说吃了，可是他的脸色总是很疲惫，全身无力，在逼问之下，他才承认自己没吃，想省钱。

尽管自己有时候不吃早饭，但邵帅却从未忘记给母亲做饭。在这之前，其实他根本就不会做饭。为了做可口的饭菜，他买来菜谱，照着上面的文字说明去学，"听说邵帅做的饭可好吃了"，医护人员说。

立志长大做志愿者

邵帅说，他有三个小心愿。第一个，是希望母亲早日康复，将来他可以凭借自己的力量去供养母亲。第二个愿望，是"好想好想找爸爸"。最后一个心愿则是，希望通过自己的努力学习，将来能考取中央美院。

邵帅还表示，在看到这么多热心人士来医院看望自己后，他决定长大以后做志愿者，去帮助别人。就算将来通过努力考上了画院，成为画家，也要回报社会。

另外专业教师也可把新近发生的新闻综合整理，给学生提供新闻素材进行消息写作训练。让学生尝试练习动态消息、述评消息、经验消息等的写作。

（四）实训考核

1. 考核标准

根据消息文体的写作特征，考核标准共有七大项。

总分为100分，根据学生作品实际情况，给出成绩。100—90分，优秀；90—80分，良好；80—70分，中等；70—60分，及格；60分以下为不及格。

第一，新闻选择标准，正确把握材料，判断是否具有写成消息的价值，主要依据新闻价值和新闻政策。（10分）

第二，适当选择文种，判断适合写成哪一类消息，常用的文种有动态消息、经验消息、综合消息和评述消息。（10分）

第三，结构形式合理，根据材料的不同特点，选择使用消息的结构，主要是倒金字塔、金字塔、两者的结合样式。（15分）

第四，结构成分安排恰当，包括电头、标题、导语、主体、背景、结尾。标题自定，角度合理，符合题型要求；背景穿插位置应适当；结尾表达方式要适当。整体布局段落层次合理、清晰。（30分）

第五，新闻要素交代完整，When、Where、Who、What、Why，根据材料，五要素可以有所选择和取舍。（10分）

第六，表述方式合理，使用恰当表述方式，叙述强调顺序，文字简洁，内容有所侧重，重点突出。（15分）

第七，语言形态适当，在不同语境下语言形态运用得当，多种语言形态运用协调、合理。（10分）

2. 学生作品评析

在实训教学中，对学生作品评析是一个非常重要的环节。目的是通过对学生作品的分析评价，指出优点和不足之处，迅速提高学生的写作能力。

这一环节要求教师根据学生作品，按照考核标准，逐一点评，指出优点和不足。

二、全媒体新闻专稿写作能力训练

（一）实训目的

训练学生专稿写作的技能。

（二）实训方法

由实训教师给出材料，学生按照教师要求，完成专稿写作任务。

（三）实训任务

1. 范文评析训练

学生分成若干小组（5人一组），由小组集体讨论分析。讨论结果，由一人执笔，形成书面材料。教师组织集中讨论，每小组派一名代表陈述小组讨论结果。

(1) 指出该专稿属于哪种类型；

(2) 说明专稿的主题、立意；

(3) 说明专稿的结构样式；

(4) 说明该专稿的材料处理；

(5) 说明专稿语言使用特征。

教师提供评析范文《方永刚：真情传播真理》材料。

2. 学生根据下面给出的材料，完成一篇人物专稿。可以根据自己掌握的材料适当添加内容，2500字左右。

大雪纷飞的2010年春节前夕，在北京当包工头的武汉市黄陂区人孙水林为赶在年前把工钱发到农民工手上，返乡途中遭遇车祸一家五口身亡；在天津的弟弟孙东林为了完成哥哥的遗愿，来不及处理哥哥的后事，赶在腊月二十九返乡，将33.6万元工钱一分不少地送到60余位农民工的手中。

【事件】

2月10日凌晨零时许，南兰高速河南开封县陇海铁路桥段，由于路面结冰，20多辆车追尾，事故造成多人死伤。孙水林一家五口在这场事故中遇难。在事故车内存放有26万现金，是孙水林准备带回家给工人们发放的工钱。

腊月二十九，孙水林的弟弟孙东林赶回黄陂家中，来不及休息，就让民工互相通知上门领钱。面对大家，他说："账目及账单现在都找不到了，这是本'良心账'，大家也凭着良心领钱，大家说多少钱，我们就给多少。"

这一天，共有60多个民工上门领钱，26万元不够，孙东林又垫了6万多，丧子的老母亲也硬是拿出了1万元养老钱，"拿去发工钱，不能让儿子背上欠钱的名声"。

晚上8点半工钱全部发完时的感受，神色一直凝重的孙东林轻吐了一口气说："真是如释重负。哥哥可以安心了，大家也都可以好好过个年了！"

"我们兄弟俩当了20年包工头，信守不欠工钱承诺，哥就是因为这个赶着回家才遇到了车祸，不付清工资他走得不安心，我活着也不会安心。"孙东林说，"这些都是农民工的血汗钱，每年年前发完，我们过年心里也踏实、放松。还从来没有过民工春节上门讨薪的情况。"

农民工邱述华这次也跟着孙东林来帮忙处理后事。回忆起跟着孙东林8年的打工经历，邱述华说，东林跟他哥一样，凭良心做事，从不拖欠工资，就在腊月二十九给哥哥手下的民工发工钱的同时，东林媳妇也在家结清了他手下的农民工工资。

孙家兄弟的诚信也得到了工友们的尊敬。邹爱桥、邹文桥等4名工友腊月二十八凌晨还专程坐火车赶到兰考，见孙水林最后一面。在孙家最悲伤的春节里，不断有农民工上门吊唁。工友孙建波带头对孙东林说："孙哥，明年我们跟你接着干！"

【背景】

上世纪80年代末，木匠和泥工出身的孙家兄弟开始拉起队伍单干。20年来，大家认准了孙水林的实在。跟着他打工的高峰时有300人，来自湖北、河南、河北、内蒙古等地。不少人已经跟着他干了十年、二十年。跟随孙水林多年的刘重喜接受采访时说，水林说话算数，到年底，如果自己从发包方那里要不到钱，自己贴钱也要把工资一分不少地付清。

上世纪90年代，孙水林在北京承包一所学校的工程，加班加点完工后6万余元的工钱却拿不到手，无奈之下，孙水林只能掏出自己刚攒的一点积蓄垫付了工资，后来将拖欠方告上法庭，胜诉了却执行不了。2002年，孙水林在武汉承包了一项装修工程，对方时至今日仍欠几十万元。为了付工钱，哥哥还向弟弟借了7万余元。

"那么困难的情况下，我哥也没欠一分钱工钱。"孙东林说，"外地农民工回家前，我们就将工钱全部结清。离老家近的农民工的部分没结算尾款,我们就赶在大年三十前回家结算,决不拖到正月初一。"

参阅范文:《"信义兄弟"孙水林、孙东林:超越生命的承诺》(荆楚网——湖北日报记者 罗序文 陈会君,2010—02—25),教师提供材料。

另外专业教师也可把其他类型的新闻素材整理提供给学生,让学生尝试练习事件专稿、工作专稿、新闻故事、新闻特写等的写作。

(四) 实训考核

1. 考核标准

根据专稿文体的写作特征,考核标准共有六大项。

总分为100分,根据学生作品实际情况,给出成绩。100—90分,优秀;90—80分,良好;80—70分,中等;70—60分,及格;60分以下为不及格。

第一、主题鲜明,根据给出的素材立意,拟出文章主题。(15分)

第二、文种选择合适,专稿按内容可分为人物专稿、事件专稿、工作专稿、风貌专稿、新闻故事。根据材料确定选择哪种类型,符合该文种的写作要求和特点(10分)

第三、结构安排合理,常用的有纵式结构、横式结构、纵横结合式三种结构,能选择适当结构来表达主题。整体结构层次分明,条理清晰,详略得当。(25分)

第四、材料处理恰当。材料主要有骨干材料、典型材料、背景材料、细节材料。骨干材料部分真实、丰富,细节材料能够变表现人和事物的特点,背景材料部分内容真实穿插适当。(20分)

第五、语言形态适当,对各种不同的人和事物在不同的语言环境中,采用不同的语言表达形式,多种语言形态协调地为表达内容服务。(15分)

第六、表达方式适当,叙述、描写、议论和抒情相结合。(15分)

一篇好的专稿作品应该主题鲜明,标题贴切新颖,情节起伏变化主旨突出,结尾形式适当深化主题,以叙述为主兼用描写、抒情等表达方式适当,语言朴实形象、生动流畅。

2. 学生作品评析

在实训教学中,对学生作品评析是一个非常重要的环节。目的是通过对学生作品的分析评价,指出优点和不足之处,迅速提高学生的写作能力。

这一环节要求教师根据学生作品,按照考核标准,逐一点评,指出优点和不足。

三、全媒体新闻样式互相转换能力训练

(一) 实训目的

通过实训,让学生掌握全媒体新闻稿件相互转化的写作技能。

(二) 实训方法

由实训教师给出材料,学生按照教师要求,将同一素材转化成报纸消息、电视消息口播稿、网络新闻、手机新闻。

(三) 实训任务

学生根据下面材料,各写一篇报纸消息、电视消息口播稿、网络新闻、手机新闻。

海地地震情况介绍（1月13日）

加勒比岛国海地当地时间2010年1月12日16时53分（北京时间13日5时53分）发生里氏7.0级地震（根据中国地震台网测定，海地当地时间2010年1月12日下午发生里氏7.3级强烈地震），首都太子港及全国大部分地区受灾情况严重。

这是海地自1770年以来最严重的大地震，多家权威地质监测机构数据显示，地震震中距太子港16公里，震源深度10公里。地震使这个西半球最贫穷的国家遭受到了前所未有的打击。包括总统府和联合国维和部队驻地在内的数百栋建筑坍塌。据国际红十字会初步估计，此次大地震将为海地带来多达300万难民。目前仍不清楚震后海地平民的具体伤亡情况。

数以千计民众12日晚聚集在公共广场，一些人啜泣不止，一些民众为失去的亲属默哀。救援人员不足，致使不少重伤民众13日晨依然在街道边等待救治。许多受伤者涌向一家受损医院寻求帮助。医生吉勒斯说："医院无法应对这么多伤员。"

至当地时间13日清晨，未有机构发布伤亡统计，难以估算伤亡数字，即便只是粗略估算。毋庸置疑，太子港数以千计民众失去居所。

联合国秘书长潘基文13日在纽约联合国总部说，联合国驻海地稳定特派团（联海团）驻地在地震中坍塌，联海团团长、联合国秘书长特别代表赫迪·安纳比及其副手达科斯塔已确认遇难。地震发生时，大约有100至150人在位于海地首都太子港的联海团总部大楼内办公。目前所得信息"仍十分有限。无法获知安纳比及其他联合国工作人员的准确情况"。联合国负责维和行动的副秘书长勒罗伊介绍，目前只有不到10人从倒塌的联海团总部大楼内被救出，其中一些已确认身亡。同样受到严重损害的还有联合国驻海地工作人员居住的蒙大拿饭店。除联海团外，联合国在海地还驻有联合国开发计划署等多个组织。联合国开发计划署执行主任克拉克对记者说，开发计划署目前有38名工作人员下落不明，其中10人在地震发生时在与联海团总部大楼相邻的楼内办公，而这栋楼也在地震中倒塌。

据了解，中国第八支赴海地维和警察防暴队是以云南公安边防部队为主抽组而成的，其中来自云南边防的官兵有96名，全国边防总队抽组的官兵有29名，合计125人。中国第八支赴海地维和警察防暴队的驻地就在太子港。1月13日，海地强烈地震造成联合国驻海地稳定特派团总部大楼倒塌，当时正在楼内与联合国官员进行商谈的4名公安部赴海地维和工作组人员及4名中国驻海地维和警察失去联系。

据了解，目前在海地的港澳台同胞、华人华侨，还有中资机构的成员人数并不很多。然后据我们中国驻海地商代处的代表一一核实，大家都没有什么问题。台胞有两位可能受了一点点轻伤，已经送去了治疗，但没有大碍。目前这就是华人华侨的一些情况。

总分为100分，根据学生作品实际情况，给出成绩。100—90分，优秀；90—80分，良好；80—70分，中等；70—60分，及格；60分以下为不及格。

（四）实训考核

1. 考核标准

考查学生能否正确理解消息这种文体，同时能够结合不同媒体特征，制作符合本媒体传播特点的消息。

第一，新闻选择标准，正确把握材料，判断是否具有写成消息的价值，主要依据新闻

价值和新闻政策。(15分)

第二，结构形式合理，根据材料的不同特点，选择使用消息的结构，主要是倒金字塔、金字塔、两者的结合样式。(10分)

第三，结构成分安排恰当，包括电头、标题、导语、主体、背景、结尾。标题自定，角度合理，符合题型要求；背景穿插位置应适当；结尾表达方式要适当。整体布局段落层次合理、清晰。(15分)

第四，新闻要素交代完整，When、Where、Who、What、Why，根据材料五要素可以有所选择和取舍。(15分)

第五，表述方式合理，使用恰当表述方式，叙述强调顺序，文字简洁，内容有所侧重，重点突出。(10分)

第六，正确把握消息文体特征，真、短、新、活、快。(10)

第七，正确理解不同媒体的传播特点（10）

第八，能够把消息文体特点和不同传播媒体特点有机结合，消息写作符合报纸消息、电视消息、网络新闻、手机新闻的写作特征。(15分)

2. 学生作品评析

在实训教学中，对学生作品评析是一个非常重要的环节。目的是通过对学生作品的分析评价，指出优点和不足之处，迅速提高学生的写作能力。

这一环节要求教师根据学生作品，按照考核标准，逐一点评，指出优点和不足。

第三节　全媒体校外新闻实训设计

在教学的过程中，伴随知识讲授，学生实际采写训练是必不可少的环节。如何让学生的实训更有效果，能够真正地将所学知识运用到实践的过程中，实训的设计、实训环节的管理、实训的总结提高是非常重要的。在本节内容中将从实训地点选择、实训指导书撰写、实训前资料准备、实训中的指导和管理、实训成果的评定、实训后的总结提高七方面加以分析，并提供可以量化的考核标准。

一、实训地点选择

在整个实训设计中，实训地点是开展各项实训教学活动的重要场所，是全面加强学生的实践能力、创新能力培养的重要保障；同时也为学校的教学科研的发展提供了良好平台，是办出高等教育特色的重要措施之一；也是培养创新型、创业型人才的基本条件之一。

2010年全国高校毕业生高达631万，新闻、播音主持等传媒类毕业生高也是与年俱增。现在不仅是毕业生求职难，在校大学生实习更是难。大学生实习形势的变化，使得我们的教学也不得不随之改变。因此在教学实训的设计过程中，实训不是实习，不是把学生放到媒体，而是在教学计划中教师有组织带领同学们在实际的生活中进行实践。所以这种实践首先在地点上有很大的创新，抛开传统的报社、电视台、广播台，选择具有新闻报道价值的村庄、单位、公司进行实践。

一般以各教学单位为主，经过充分调查研究与协商，确保其能够促进学生专业实践能力的提高，能够满足实训教学的基本要求。

1. 所选地点具有新闻报道价值，如全国、省市级的模范单位、村庄、旅游景区等。学生实训作品具有公开报道价值，有可能在传统媒体或新媒体上刊发传播。

2. 就近原则，实训地点尽可能在在学校所在地或较近的，便于联系和进行学生管理。

3. 能长远合作，实训地点相对稳定，学校能够与实训单位做进一步向更高层次合作发展，如建立实训基地、联合进行科研等。

二、实训指导书撰写

根据学校的教学计划，这门课程在每个学校一般都会安排 2 个或 3 个学期，128 或 192 个学时左右。这门课程的实训建议安排在第二学年的第二学期，具体时间在每年的 5 月份左右，时间为两周。为了使实训课程顺利进行，保证学生在实训的过程中得到提高和进步，建议制定统一的实训指导书。参见《河北传媒学院新闻传播学院实训指导书》。

河北传媒学院新闻传播学院
实训指导书

专业名称：广播电视新闻

班　　级：2009 级 1 班

实训地点：石家庄市井陉高柱村

实训时间：2010 年 5 月 8 日至 2010 年 5 月 23 日

指导教师：

简要说明：

1. 根据学院专业教学计划制定实训指导书。

2. 实训适用于新闻学、广播电视新闻学、播音主持艺术专业。

3. 专业实训共两次，每次 60 人。

注：说明该指导书编写的情况如编写的根据等。并写明适用的专业、实习（实训）者类型等范围，本专业应开实习（实训）次（个）数等。

实训指导书

项目内容	具体要求
一、实训目的	1. 将专业知识运用于实际；学会理论联系实际，培养学生综合运用专业知识分析、解决实际问题的能力。 2. 通过实训，提前接触社会，增强学生的社会适应能力，与人沟通、交流能力。 3. 专业实训，强化学生的职业素养，增强学生未来参加工作的适应性。

（续表）

项目内容	具体要求
二、实训内容	1. 成立新闻报道组，体验新闻采访、制作过程。 2. 根据实训教师要求，学生独立寻找新闻线索、新闻素材，讨论选择素材的所具备的新闻价值、宣传价值。 3. 实地采访、拍摄，积累直接材料和间接材料。 4. 对占有的新闻素材选择加工，进行写作、制作、编辑。 5. 将同一素材转化成不同媒体传播的样式。
三、实训的理论基础	新闻理论、新闻采访写作、新闻摄影、摄像等基本知识。
四、实训要求	1. 通过实际的新闻采访、写作、摄影、摄像、制作、编辑等的实训，进一步深化学生对课堂论知识的学习和理解。 2. 通过实训，了解媒体运作流程，增强学生实际动手能力。 3. 通过实训，了解网络等新兴媒体运作流程，掌握新闻素材转化成不同媒体的表现形式。 6. 在实训期间，学生每天应撰写实训日记，实训结束后写出实训报告。（不少于3000字） 7. 学生应定期向专业指导老师汇报实习情况。 8. 在整个实训的过程中学生要注意对实训作品（成果）、图片、文字材料、采访札记以及在实训过程中影像资料的收集和保存，并复印、刻录备份。
五、实训方法	1. 同学们自由结组，实行组长负责制，每一组不得超5人。 2. 小组讨论选题，教师旁听并做指导。 3. 组长每天上交工作计划和任务完成情况。 4. 学生为主，教师为辅，遇到问题及时解决。
六、实训纪律	1. 严格遵守实训单位的规章制度和工作纪律；服从实训单位的管理，保证实训期间的安全。 2. 严格遵守国家法律、法规，遵守社会公德，爱护公共财物，自觉维护社会安定秩序。 3. 自觉维护学校荣誉，不做违法乱纪的行为。 4. 加强组织纪律性，无特殊情况不得擅自离开，因故必须请假时，严格遵守请销假制度；如有事情及时与带队老师联系，保持与学院的联系，以便学院掌握情况，提供信息不得弄虚作假。 5. 学生因违反纪律而造成不良影响或重大损失者，由学院按相关规定给予处分。
七、实训考核	以学生的表现为基础，对每位学生进行考核（详见实训成绩考核表）。
八、实训时间	两周
九、实训地点	教师提前联系好的实训地点
十、实训报告	实训完成后要求每位学生上交一份实训报告

三、实训前准备

在实训正式开始之前，专业教师、辅导员要对同学们大致介绍实训地点，使同学们有一个初步的了解，在实训之前做好充分的准备。具体而言，实训前的准备主要有以下三方面。

（一）知识准备

这主要指的是专业知识及技能方面的准备，并结合实训实际需要，有针对性地做好相应的技能储备，如新闻采访写作技能、计算机基本操作技能、摄影、摄像技术以及有关编辑软件的熟悉和掌握。

（二）思想准备

相比较课堂教学，校外实训相对自由，因此要求学生有很强的自我约束能力和自律精神，端正态度，制订明确的学习目标。

（三）临时准备

学生通过网络、电话联系等查阅实训地具体情况，掌握充足材料，做到心中有数。

四、实训中组织与管理

教学实训是教学计划的重要组成部分，在整个实训过程中要有严格的组织和管理。按照教学计划，一般以院系党政领导、教研室专业教师、实训年级辅导员等组成实训领导小组。领导小组负责对整个实训进行组织和管理工作。

1. 专业实训属于集中的教学实训

这种实训是教学任务，也是一种教学方式，因此全体学生都有机会参加。

2. 带队实训计划

集中实训，一般是以班级为单位进行，一次集中实训学生人数不得超过60人，专业教师一名，辅导员一名。学院通过带队教师定期汇报指导情况的方式，加强对带队教师的管理，并采取相应的激励措施鼓励教师尤其是青年教师积极承担校外实训带队工作。另外学院领导还可以在实训期间到实训地检查，或电话联系等方式检查学生的实习情况。

3. 实训过程

在整个实训过程中，专业教师主要负责专业知识的指导、实训过程答疑解惑；辅导员主要负责学生日常生活、纪律安全等工作。

五、实训成果考核

参加实训的学生必须在规定的时间内完成全部实训任务，并提交实训指导书、实训作品、实训总结报告、实训日记。

专业实训的考核成绩由学院实训领导小组根据学生在实训期间的表现进行综合评定，即指导教师意见、辅导员反馈的信息和实训作品综合评定学生实训成绩。这是对学生实训期间的工作态度、团队精神、组织纪律、业务能力、实训报告、实训作品的综合考查，成绩按优秀、良好、中等、及格、不及格划分。参见《实训成绩考核表》。

实训成绩考核表

考核内容	考核等级	考核标准
1. 工作态度 2. 团队精神 3. 组织纪律 4. 业务能力 5. 实训总结 6. 实训作品	优秀	实训态度端正；工作积极主动、刻苦、勤奋，按照计划很好地完成实训内容；团队协作精神强；组织纪律性强，无缺勤和违纪；实际操作能力强，理论联系实际好；实习报告全面系统；实训成果突出。
	良好	实训态度较端正；工作积极主动，较好地完成了实训内容；有较强的团队协作精神；组织纪律性较强，无违纪现象；有一定实际操作能力，能理论联系实际；实习报告较全面系统；实训成果较多。
	中等	实训态度基本端正；完成了实训要求内容；有一定的团队协作精神；无违纪现象；有一定实际操作能力，能理论联系实际；实训报告比较全面；有一定的实训成果。
	及格	实训态度基本端正；基本完成了实训内容；体现了团队协作精神；无违纪现象；实际操作能力一般；完成了实习报告；有实训成果。
	不及格	实训态度不端正，不听从实习领导小组或实训教师指挥；未完成实训报告，无实训成果。

实训完成后，学生是否通过实训将所学理论运用于实践，并在实训的过程中提出新的问题，发现并总结自己的不足这非常关键。因此要求教师对每个参加实训的学生要给出实训成绩。

六、实训后总结提高

实训总结报告是根据教学计划进行实训后，学生向指导教师或专业课教研室及教学管理部门提交的有关实训收获及其他情况的书面材料。实训报告能够使指导教师较全面、具体地了解学生的实训收获和有关情况，便于检查理论与实践相结合的教学效果；同时，也有利于学生总结实实训过程中的经验、教训，加深对理论知识与实践技能相结合的重要性的认识，从而进一步提高思想觉悟，树立起坚定的专业思想和良好的职业道德观念。参见《实训报告》和《实训总结报告》。

实训报告

院　　系：＿＿＿＿＿＿＿＿

年级专业：＿＿＿＿＿＿＿＿

学　　号：＿＿＿＿＿＿＿＿

姓　　名：＿＿＿＿＿＿＿＿

指导教师：＿＿＿＿＿＿＿＿

提交日期：＿＿＿＿＿＿＿＿

姓名		实训报告成绩	
教师评语			

指导教师（签名）：_____

说明：指导教师签名后，实训报告交院系办公室保存。

实训总结报告

实训目的	
实训时间	
实训地点	
实训内容	
实训心得体会	
实训自我鉴定	

说明：实训总结报告不得少于 3000 字。

  实训报告要求就实训中遇到或解决的与所学专业有关的问题进行报告，其内容具有较强的专业特色；实训报告要求全面总结实训情况，并概括出具有规律性的东西，以便老师掌握情况，同时能够提升自我；实训报告要求努力做到客观准确，用语得体。

七、实训成果展示

学生通过一段时间实训，理论素养和业务能力都会得到大幅度提升，外在表现就是每一小组都有作品完成。实训完成后，教师要组织展示学生的实训作品。展示渠道有以下几种：一是联系新闻媒体，将具有新闻价值、写（制）作精良的新闻稿件公开发表；二是在校园媒体上公开发表，比如在校园内的电视台、广播台、报纸、网站上发表；三是利用展板、电子展板、公共场所的电视，图文并茂展示学生的实训成果。通过作品展示，不仅检验了教师的教学成果，鼓励教师创新教学方式，而且可以提高学生的学习兴趣，鼓励他们积极参加实训活动。

思考题

1. 校内新闻采集能力训练可以有哪些类型？
2. 消息写作能力训练的考核标准有哪些？
3. 校外新闻采写实训设计主要有哪几方面？

参考文献

[1] 尼葛洛庞帝. 数字化生存 [M]. 海口：海南出版社，1997.
[2] 靖鸣，刘锐. 手机传播学 [M]. 北京：新华出版社，2008.
[3] 刘海贵，尹德刚. 新闻采访写作新编（第二版）[M]. 上海：复旦大学出版社，2005.
[4] 许向东，刘学义. 新闻发现、采集与表达 [M]. 北京：中国人民大学出版社，2007.
[5] 杨秀国. 新闻采访学通论 [M]. 北京：人民出版社，2007.
[6] 蓝鸿文. 新闻采访学 [M]. 北京：中国人民大学出版社，2000.
[7] 邱沛篁. 新闻传播手册 [M]. 成都：四川大学出版社，2004.
[8] 刘海贵. 中国新闻采访写作教程 [M]. 上海：复旦大学出版社，2009.
[9] 张默. 新闻采访写作 [M]. 武汉：武汉大学出版社，2000.
[10] 李良荣. 新闻学概论 [M]. 上海：复旦大学出版社，2009.
[11] 北京市社科联编. 解读心灵心理健康手册 [M]. 北京：东方出版社，2005.
[12] 曹璐. 广播新闻业务 [M]. 北京：中国传媒大学出版社，2006.
[13] 刘明华，徐泓，张征. 新闻写作教程 [M]. 北京：中国人民大学出版社，2002.
[14] 戚鸣. 实用通讯写作 [M]. 北京：新华出版社，2006.
[15] 邱沛篁. 新闻传播百科全书 [M]. 成都：四川人民出版社，1998.
[16] 丁彦彬. 新闻写作实用全书 [M]. 北京：科学技术文献出版社. 2002.
[17] 胡欣. 新闻写作学 [M]. 武汉：武汉大学出版社，2003.
[18] 孙发友. 新闻文本与文化生态——媒介话语的框架性解读 [M]. 北京：人民出版社，2009.
[19] 何坦野. 新媒体写作论 [M]. 杭州：浙江大学出版社，2008.
[20] 〔澳〕奎因等. 媒介融合——跨媒体的写作和制作 [M]. 北京：人民邮电出版社，2009.
[21] 王春泉. 武装的眼睛：现代新闻报道形式与写作 [M]. 合肥：安徽人民出版社，2007.
[22] 王菲. 媒介大融合：数字新媒体时代下的媒介融合论 [M]. 广州：南方日报出版社，2007.
[23] 赵凯. 解码新媒体 [M]. 上海：文汇出版社，2007.
[24] 黄升民. 中国数字新媒体发展战略研究 [M]. 北京：中国广播电视出版社，2008.
[25] 朱强. 新媒体技术概论 [M]. 杭州：浙江大学出版社，2008.
[26] 杨继红. 新媒体生存 [M]. 北京：清华大学出版社，2008.
[27] 〔澳〕奎因，〔美〕费拉克. 媒介融合——跨媒体的写作和制作 [M]. 北京：人民邮电出版社，2009.
[28] 〔美〕梅尔门·门彻. 新闻报道与写作 [M]. 北京：华夏出版社，2004.
[29] 陈斌. 网络新闻采编评 [M]. 福州：福建人民出版社，2004.
[30] 〔美〕琼斯. 新媒体百科全书 [M]. 北京：清华大学出版社，2007.
[31] 王桂琴，田志友，王祥成. 采写编评一体化实训教程 [M]. 北京：北京大学出版社，2008.
[32] 周胜林，吕继红. 新闻采访实用实训教程 [M]. 上海：文汇出版社，2008.
[33] 田志友，王薇薇. 采写编实训教程 [M]. 北京：清华大学出版社，2007.
[34] 马嘉. 学术与职业——日本高等新闻教育研究 [M]. 北京：人民出版社，2009.

[35] 叶子,李艳. 电视新闻[M]. 北京:中国广播电视出版社,2008.

[36] 赵淑萍. 电视采访与写作[M]. 北京:中国广播电视出版社,1997.

[37] 何梓华,成美. 新闻理论教程[M]. 北京:高等教育出版社,1999.

[38] 沃野. 新闻采访提问的注意事项[J]. 新科教,2009(9).

[39] 周琼. 谈电视采访中的倾听技巧[J]. 新闻爱好者,2009(4).

[40] 余晓林. 谈如何提炼深化新闻主题[J]. 新闻世界,2009(11).

[41] 艾丰. 怎样提炼和表现主题[J]. 新闻爱好者,1993(9).

[42] 张玮. 采访录音是把"双刃剑"[J]. 新闻记者,2009(5).

[43] 申玲玲. 小议采访中的"观察"[J]. 新闻爱好者,2008(23).

[44] 江潜. 论电视采访与报纸采访之异同[J]. 南方电视学刊,1998(3).

[45] 于为苍. 网络新闻的写作艺术[J]. 新闻界,2009(2).

[46] 董宽. 提升主流报纸国际新闻报道的引导能力[J]. 新闻三味,2006(9).

[47] 蒋成成. 媒体对恐慌舆论的理性引导[J]. 青年记者,2008(29).

[48] 张世福,钱晓文. 重塑互联网价值观[J]. 网络传播,2009(3).

[49] 景志刚. 我们改变了什么?——《南京零距离》及其民生新闻[J]. 视听界,2004(1).

[50] 傅泽宇. 电视新闻编排与受众心理需求[J]. 记者摇篮,2002(4).

[51] 王建勋,李丽杰. 浅谈新闻线索的捕捉[J]. 理论观察,2006(5).

[52] 刘虹辰. 浅谈如何捕捉新闻线索[J]. 新闻知识,2009(6).

[53] 张骏德,叶昌前. 从当前中国电视新闻革新看新闻报道理念的变化[J]. 新闻战线,2004(3).

[54] 刘燕南. 反馈的变奏:"数字受众"vs"意见受众"[J]. 现代传播,2008(2).

[55] 阎安. 新闻写作的"视觉化"技法[J]. 军事记者,2004(3).

[56] 张渡. 版式设计视觉化的操作与思考[J]. 中国记者,2010(2).

[57] 郜书锴. 全媒体时代的报业结构转型[J]. 新闻记者,2009(9).

[58] 彭静. 手机报《新闻早晚报》的编辑特点[J]. 青年记者,2009(14).

[59] 邢彦辉. 记者创新思维的时代内涵[J]. 新闻传播,2008(11).

[60] 李春邦. 锻造记者的高品质思维[J]. 新闻战线,2003(3).

[61] 魏霞. 论通讯主题及提炼[J]. 咸阳师范专科学校学报,2006(6).

[62] 余琦. 通讯主题的形态[J]. 新闻知识,1999(8).

[63] 王伟,万国强. 浅谈连续报道的写作技巧[J]. 黑河学刊,2003(5).

[64] 刘雪飞. 系列报道的特征及操作规范[J]. 新闻前哨,2002(10).

[65] 闫肖岩. 试论通讯写作的九种结构形式[J]. 时代文学,2008(12).

[66] 张天龙. 怎样写好通讯的结尾[J]. 新闻采编,2003(2).

[67] 郑保卫. 论汶川地震报道的启示[J]. 西南民族大学学报,2008(12).

[68] 苏宝华. 新媒体定义新论[J]. 新闻界,2008(3).